CSS par l'exemple

Christopher Schmitt

CSS par l'exemple

Traduction de Hervé Soulard

Éditions O'REILLY
18 rue Séguier
75006 Paris
france@oreilly.com
`http://www.oreilly.fr/`

O'REILLY™

Cambridge • Cologne • Farnham • Paris • Pékin • Sebastopol • Taipei • Tokyo

L'édition originale de ce livre a été publiée aux États-Unis par O'Reilly Media Inc. sous le titre *CSS Cookbook, Second Edition*, ISBN 0-596-52741-1.

Couverture conçue par Karen MONTGOMERY *et* Marcia FRIEDMAN

Édition française : Dominique BURAUD

Les programmes figurant dans ce livre ont pour but d'illustrer les sujets traités. Il n'est donné aucune garantie quant à leur fonctionnement une fois compilés, assemblés ou interprétés dans le cadre d'une utilisation professionnelle ou commerciale.

ISBN 10 : 2-84177-432-5
ISBN 13 : 978-2-84177-432-6

À papa

Table des matières

Préface

Tous les livres racontent une histoire, même ceux traitant de la conception web. Cela dit, celui-ci ne contient aucun message caché ou intrigue renversante. Vous n'y rencontrerez aucune personne attendant Godot pas plus qu'un archéologue bourru sauvant des objets d'art religieux de l'armée allemande. Même si les livres de ce genre ont leur public, celui-ci est destiné aux concepteurs et aux développeurs web, auxquels il raconte une toute autre histoire.

Cet ouvrage s'intéresse aux feuilles de style en cascade (CSS — *Cascading Style Sheets*). CSS est un système simple et standardisé qui permet de maîtriser la présentation de ses pages web. Les CSS sont aujourd'hui un composant essentiel de la conception de pages web. Comparées aux techniques de développement des années 90, elles offrent aux auteurs une meilleure maîtrise de la conception d'un site web et leur permettent d'économiser du temps lors de l'édition et de la maintenance de leurs créations. CSS permet d'aller au-delà de la conception traditionnelle de pages web en contrôlant l'apparence de ces pages à l'impression.

Les feuilles de styles en cascade sont faciles à utiliser : elles ne réclament, ni matériel, ni logiciel spécial. Les contraintes de base sont un ordinateur, un navigateur moderne comme Firefox, Safari ou Internet Explorer pour Windows (pour ne nommer qu'eux) et votre éditeur favori de pages web. Il peut s'agir aussi bien d'un simple éditeur de texte, comme Notepad de Windows ou TextEdit pour Mac, que d'un outil WYSIWYG complet comme Dreamweaver d'Adobe.

Maintenant que vous connaissez le propos de ce livre, laissez-moi vous raconter son histoire.

Certains disent que la conception web a officiellement débuté lorsque Tim Berners-Lee, l'inventeur du World Wide Web, a réuni le premier ensemble de pages web. D'autres prétenderont qu'elle est arrivée lorsque la balise `center` a été proposé par Netscape comme extension de HTML.

C'est avec beaucoup d'humilité et d'ironie que je pense que la conception web a réellement commencé avec les livres. Dans les années 90, l'expansion des sociétés internet est en partie du à la publication, en janvier 1996, du premier livre en couleurs sur la conception web par Lynda Weinman, *Designing Web Graphics*, puis, plusieurs mois après, du livre de David Siegel, *Creating Killer Web Sites*. Ces deux ouvrages auront poussé la révolution web autant que les personnes qui ont inventée les technologies sous-jacentes. Cependant, les méthodes décrites dans ses livres, bien qu'avant-gardistes en leur temps, sont aujourd'hui obsolètes.

Alors que j'écris ces pages, dix ans se sont écoulés depuis la publication de ces livres et beaucoup de choses ont changé. Avec assez d'ironie, la première présentation de CSS a été faite en 1996, c'est-à-dire l'année de publication des livres de Wienman et Siegel.

Tout en étant ni robuste ni implémenté dans les navigateurs modernes de l'époque, CSS a poursuivi son chemin. Plus de 10 années de développement ont été consacrées à CSS et, ce n'est que maintenant, avec l'arrivée d'Internet Explorer 7 pour Windows en 2006, que les concepteurs et les développeurs web, ainsi que les utilisateurs de navigateurs sont en mesure d'exploiter entièrement CSS.

CSS par l'exemple est un ensemble de solutions aux problèmes de conception web classiques aidant les concepteurs et les développeurs web à mettre en œuvre les multiples techniques possibles avec CSS.

Si vous avez réellement l'intention de créer des sites web efficaces et à la pointe, utilisez CSS et cet ouvrage. Il vous permettra d'apporter votre petite contribution à l'histoire de la conception web.

Notre public

Ce livre est destiné aux concepteurs et aux développeurs ayant à se débattre avec CSS lors de tâches de conception. Avec ce livre, les créateurs de sites pourront résoudre les problèmes liés à la conception de pages web faisant appel à CSS.

Ce livre aidera les personnes qui ont toujours voulu utiliser CSS pour des projets sur le Web, mais ont renoncé à apprendre une nouvelle technologie. Si vous êtes ce type de lecteur, vous pouvez utiliser les solutions de ce livre isolément ou en les regroupant. Utilisez-le comme un guide et revenez-y lorsque vous en sentez le besoin ou bien, lorsque vous avez besoin d'apprendre une nouvelle technique ou un nouveau tour de main.

Si vous vous considérez comme un expert en CSS, sans pour autant être un expert en conception de pages, ce livre, posé à côté de votre ordinateur, vous sera précieux. Il aborde les éléments de la conception depuis la typographie web jusqu'à la mise en pages.

Pré-requis

Cet ouvrage fait plusieurs suppositions sur vos connaissances. L'une d'elles est que vous possédiez une certaine expérience du développement ou de la conception web, que ce soit comme amateur, étudiant ou professionnel.

CSS par l'exemple n'est, ni une introduction à CSS, ni un approfondissement du fonctionnement de CSS au sein des navigateurs. Si vous débutez en conception ou développement web, vous trouverez que ce livre est plus complexe qu'un livre général sur CSS. Si vous recherchez un ouvrage qui traite en détail de sujets comme les spécifications de

CSS, choisissez *CSS — La référence, 2e édition* (Éditions O'Reilly). Il sera un parfait complément à celui-ci.

Si vous utilisez des programmes tels qu'Adobe Dreamweaver uniquement en mode WYSIWYG[1], ou mode « conception », et si vous touchez rarement au balisage en mode « code », vous pourriez éprouver des difficultés à tirer la quintessence de ce livre. Si vous cherchez un livre d'introduction à HTML, lisez l'ouvrage *Learning Web Design* de Jennifer Niederst Robbins (O'Reilly Media).

Bien que les outils WYSIWYG permettent de concevoir des pages avec CSS, certains d'entre eux sont en retard par rapport à quelques approches non orthodoxes recommandées ici et pourraient vous poser des problèmes si vous tentiez de les implémenter en mode WYSIWYG uniquement. Pour tirer profit de ce livre, vous devrez être capable d'éditer manuellement le code HTML et le code CSS. Une partie du code de ce livre peut être réécrite avec des logiciels dédiés, mais vous risquez de rencontrer des problèmes en cours de route.

Les concepteurs et développeurs web, familiers des méthodes de formatage à l'aide de tableaux HTML, de balises font et d'images GIF d'un seul pixel, trouveront ce livre autant utile que frustrant. Ils auront un défi à relever avec CSS. L'« enfer des navigateurs », souvent associé au développement multi-navigateurs dans lesquels les spécifications CSS ne font pas toujours interprétées de la même manière ou même pas totalement implémentées, existe toujours. Cette frustration est un élément naturel du processus d'apprentissage. Apprendre à concevoir une page à l'aide de CSS doit s'envisager avec patience et un solide sens de l'humour.

Cependant, sachez que les principaux fournisseurs de navigateurs semblent avoir résolu les problèmes. Les versions récentes des navigateurs ont une implémentation correcte de CSS, mais il n'en reste pas moins complexe d'assurer une compatibilité avec les navigateurs anciens ou moins répandus. Quoi qu'il en soit, les avantages de CSS, comme une meilleure maîtrise de l'aspect des pages web et une maintenance facilitée des grands sites web, surpassent les défis associés à l'« enfer des navigateurs ».

Pour employer les solutions utilisant JavaScript, ce livre suppose que vous avez des connaissances générales de langage de scripts et que vous savez comment inclure du code JavaScript dans un document web. Si cela vous pose problème, nous vous conseillons de télécharger le code depuis la page de livre. Par ailleurs, si vous recherchez un livre qui apporte des solutions moins orientées CSS que JavaScript, tournez-vous vers *JavaScript & DHTML Cookbook* de Danny Goodman (O'Reilly Media).

Enfin, nous supposons que vous recherchez des réponses rapides à des problèmes de conception web CSS courants. Les solutions proposées, depuis la typographie web à la mise en pages multicolonnes, sont conçues pour des navigateurs modernes dont le numéro de version est supérieur ou égal à 5, à l'exception de Safari et Firefox dont il n'existe aucune version supérieure à 2 au moment de l'écriture de ces lignes.

Chaque fois que cela est possible, il est fait mention des problèmes qu'une technique peut causer avec les versions 5 et supérieures des navigateurs. Bien qu'il existe un chapitre sur les astuces et solutions de rechange permettant de masquer les feuilles de styles

1. NdT : WYSIWYG signifie *What You See Is What You Get*, c'est-à-dire, ce que vous aurez est ce que vous voyez.

aux navigateurs qui n'ont qu'une implémentation limitée des spécifications CSS, ce livre n'est pas une police d'assurance garantissant que le lecteur pourra présenter des créations parfaites au pixel près dans chaque navigateur. D'ailleurs, cela n'a jamais été le cas avec les méthodes traditionnelles de conception des années 90.

Organisation de ce livre

Pour moi, la meilleure utilisation d'un livre tel que celui-ci consiste à l'ouvrir de temps en temps, lorsque j'essaie de résoudre un problème particulier ; c'est ce que j'ai fait avec la première édition pour rafraîchir ma mémoire. À cette fin, ce livre sera très utile sur le bureau d'un concepteur web — constamment à portée de main pour résoudre un problème avec CSS ou une conception web. Cependant, vous êtes libre de lire l'ouvrage de la première page à la dernière.

Les paragraphes suivants passent en revue le contenu de chaque chapitre :

Chapitre 1, *Généralités*

Examine les bases de CSS, ainsi que quelques techniques associées aux meilleures pratiques de développement.

Chapitre 2, *Typographie pour le Web*

Expose l'utilisation de CSS pour maîtriser les polices des pages web, les titres, les effets sur le texte, etc.

Chapitre 3, *Images*

Présente des techniques CSS ayant un rapport direct avec la manipulation des styles et les propriétés des images web.

Chapitre 4, *Éléments de page*

Couvre un certain nombre d'éléments qui ne se trouvent pas nécessairement dans chaque chapitre, mais qui concernent tous un thème affectant la conception d'une page entière. Les recettes de ce chapitre abordent, entre autres, le centrage d'éléments, la définition d'une image de fond, le placement d'une bordure de page et d'autres techniques encore.

Chapitre 5, *Listes*

Décrit les différentes manières d'appliquer un style à une simple liste d'éléments. Les recettes concernent le rendu des indentations dans différents navigateurs, leur mise en œuvre, l'insertion d'images personnalisées comme marqueurs de listes, etc.

Chapitre 6, *Liens et navigation*

Montre comment utiliser CSS pour contrôler la présentation d'un lien et des ensembles de liens. Les solutions vont du plus simple, comme retirer le soulignage des liens, au plus complexe, comme la création de menus contextuels.

Chapitre 7, *Formulaires*

Expose les différentes manières d'améliorer le rendu basique des formulaires par les navigateurs. Les solutions exposées dans ce chapitre concernent l'application de styles à des éléments spécifiques de formulaires, la création de différentes sortes de boutons d'envoi, etc.

Chapitre 8, *Tableaux*

Explique comment appliquer des styles aux tableaux HTML. Même si CSS permet d'éviter les mises en pages à base de tableaux HTML, vous aurez parfois besoin de formater des données tabulées telles que calendriers et données statistiques. Ce chapitre propose des recettes telles que le réglage de l'écartement des cellules d'un tableau, le remplacement des espaces vides dans les cellules par des images ou la mise en forme d'un calendrier.

Chapitre 9, *Mise en pages*
: Décrit la mise en œuvre de CSS pour générer des mises en pages. Les recettes de ce chapitre décrivent des méthodes de présentation sur une ou plusieurs colonnes.

Chapitre 10, *Impression*
: Fournit des informations sur la manière de définir des styles pour l'impression des pages web. Les recettes exposées dans ce chapitre comprennent l'ajout d'une feuille de style d'impression à une page web, la définition de styles pour les formulaires web et l'insertion d'URI après les liens.

Chapitre 11, *Astuces, solutions de rechange et dépannage*
: Expose les solutions sur la manière de masquer les feuilles de styles qui ne peuvent être prises en compte par certains navigateurs. Les recettes traitent du masquage de feuilles de styles pour les navigateurs Netscape Navigator 4, Internet Explorer 5 et d'autres.

Chapitre 12, *Conception avec CSS*
: Ce chapitre est lié à la création. Développant la notion que CSS n'est qu'un outil de conception, il couvre des sujets comme l'utilisation de tailles de polices élargies, le travail des contrastes et la mise au point de présentations panoramiques.

Annexe A, *Ressources*
: Liste de liens et de sites web couvrant des sujets relatifs à CSS pour améliorer vos connaissances

Annexe B, *Propriétés CSS 2.1 et extensions particulières*
: Liste des propriétés CSS qui facilite la définition de l'aspect, dans certains cas sonore, des éléments HTML d'une page web.

Annexe C, *Sélecteurs, pseudo-classes et pseudo-éléments CSS 2.1*
: Liste des sélecteurs disponibles avec CSS.

Annexe D, *Styler les éléments de formulaire*
: Décrit comment les différents navigateurs modernes gèrent l'affichage des éléments de formulaires.

Conventions typographiques

Les conventions typographiques sont les suivantes :

Sans-sérif
: Indique des intitulés, des options et des boutons de menus, ainsi que des touches du clavier, comme Alt et Ctrl.

Italique
: Désigne des termes nouveaux, des URL, des adresses électroniques, des noms de fichiers, des extensions de fichiers, des noms de chemins, des répertoires et des utilitaires Unix.

`Chasse fixe`

Cette police est utilisée pour les commandes, les options, les variables, les attributs, les fonctions, les types, les classes, les espaces de noms, les méthodes, les modules, les propriétés, les paramètres, les valeurs, les objets, les événements, les gestionnaires d'événements, les balises XML, les balises HTML, les macros, le contenu des fichiers et la sortie des commandes.

`Chasse fixe gras`

Signifie à l'utilisateur de saisir littéralement des commandes ou du texte.

`Chasse fixe italique`

Montre que du texte doit être remplacé par des valeurs saisies par l'utilisateur.

Cette icône signifie un conseil, une suggestion ou une note générale.

Ce piège vous met en garde.

Utiliser les exemples de code

Ce livre a comme objectif de vous aider. En général, vous pourrez utiliser les exemples de code sans restriction dans vos pages web et vos conceptions. Vous n'aurez pas besoin de contacter O'Reilly pour une autorisation, à moins que vous ne vouliez reproduire des portions significatives de code. La conception d'un programme reprenant plusieurs extraits de code de cet ouvrage ne requiert aucune autorisation. Par contre, la vente et la distribution d'un CD-ROM d'exemples provenant des ouvrages O'Reilly en nécessitent une. Répondre à une question en citant le livre et les exemples de code ne requièrent pas de permission. Par contre intégrer une quantité significative d'exemples de code extraits de ce livre, dans la documentation de vos produits en nécessite une.

Nous apprécions, sans l'imposer, l'attribution de l'origine de ce code. Une attribution comprend généralement le titre, l'auteur, l'éditeur et le numéro ISBN. Par exemple, « *CSS par l'exemple*, de Christopher Schmitt. Copyright 2007 Éditions O'Reilly, 2-84177-432-5 ».

Si vous pensez que l'utilisation que vous avez faite de ce code sort des limites d'une utilisation raisonnable ou du cadre de l'autorisation ci-dessus, n'hésitez pas à nous contacter à l'adresse *editorial@oreilly.fr*.

Votre avis

Adressez vos commentaires et questions sur ce livre à l'éditeur :

Éditions O'Reilly
18 rue Séguier
75006 Paris

Une page web existe pour ce livre, où nous donnons les exemples, une liste d'errata et quelques informations supplémentaires, à l'adresse :

http://www.oreilly.fr/catalogue/2841774325

Pour donner vos commentaires ou poser des questions techniques sur ce livre, envoyez un courriel à :

editorial@oreilly.com

Pour plus d'informations sur les ouvrages, conférences, logiciels, les centres de ressources et le réseau O'Reilly, rendez-vous sur le site web O'Reilly à l'adresse :

http://www.oreilly.com et *http://www.oreilly.fr*

Remerciements

En premier lieu, mes remerciements vont à David Siegel et Lynda Weinman pour l'inspiration qu'ils m'ont insufflée et le soutien qu'ils m'ont apporté depuis le début de la conception web.

Je n'écrirais pas des livres pour une industrie que j'apprécie tant, sans le soutien et l'amitié de Molly Holzschlag.

Toute mon estime et mon respect aux créateurs web qui font la promotion d'une conception faisant appel à CSS : Douglas Bowman, Tantek Çelik, Dan Cenderhlem, Mike Davidson, Ethan Marcotte, Eric A. Meyer, Mark Newhouse, Dave Shea et Jeffrey Zeldman.

Des remerciements particuliers pour les éditeurs techniques, Erik J. Barzeski, Liza Daly et John Allsopp, de même qu'à la correctrice d'épreuves Nancy Reinhardt pour leur temps, leur expérience et leur patience.

À mon ami Porter Glendinning, qui semble avoir un talent particulier non seulement pour déchiffrer les recommandations du W3C et découvrir leurs implications deux ou trois étapes avant les autres développeurs web, mais aussi pour savoir articuler ses pensées d'une manière si limpide que même ma grand-mère pourrait comprendre ce qu'il dit. Tes traductions et tes pensées sont vraiment appréciées.

Je veux remercier Tatiana Apandi. Elle a réalisé un magnifique travail en s'assurant que mes questions recevaient une réponse et en me guidant tout au long de la vie du projet. Ce processus d'écriture a constitué pour moi l'expérience la plus stimulante et la plus gratifiante à ce jour. Et, franchement, je n'aurais pas voulu d'autre démarche que celle-ci avec aucun autre éditeur.

Merci aux amis qui me connaissent comme le fou du Web que je suis vraiment : Katrina Ferguson, Kelly et Nathan Hensley, Trueman Muhrer, Eric Ellis, Jessica Lorenzi, Ansley Simmons, Mark Trammell et Ryan Yordon.

Merci à ma famille pour l'amour et l'appréciation qu'elle m'a témoignés. Son soutien dans les bons et les mauvais moments a été un roc. Comme toujours, j'attends notre prochaine réunion.

1

Généralités

Introduction

Les feuilles de style en cascade (CSS — *Cascading Style Sheets*) offrent un mécanisme simple pour styler le contenu de vos pages web. De prime abord, CSS peut sembler complexe, mais ce chapitre vous prouvera combien son utilisation est facile. Les recettes vous apporteront les bases pour travailler avec CSS. Après avoir écrit quelques lignes de HTML, ajoutez un peu de CSS et vous verrez immédiatement le résultat.

Voici un exercice basé sur le traditionnel exemple « Bonjour tout le monde ». Tout d'abord, ouvrez un éditeur de texte ou votre outil de création de pages web favori, puis saisissez le code suivant :

```
<html>
 <head>
  <title>CSS par l'exemple</title>
 <head>
 <body>
  <p>Bonjour tout le monde</p>
 </body>
</html>
```

Enregistrez le fichier et affichez-le dans votre navigateur web. Comme vous pouvez le voir à la *figure 1-1*, vous n'obtenez rien de bien particulier.

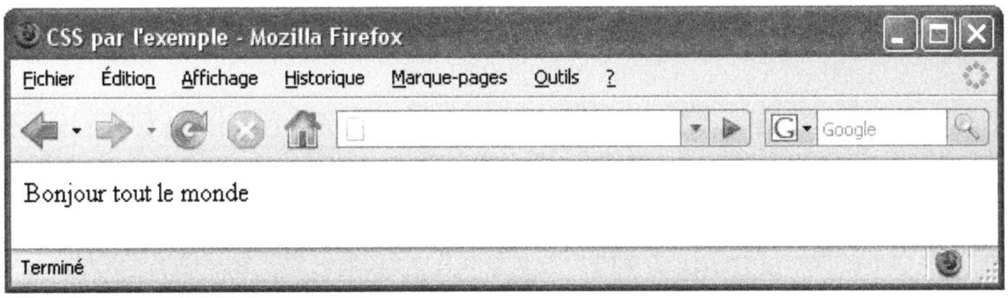

Figure 1-1. Affichage par défaut d'un texte HTML sans style CSS

Pour afficher le texte HTML dans une police sans sérif, ajoutez le code CSS suivant (voir la *figure 1-2*) :

```
<p style="font-family: sans-serif;">Bonjour tout le monde</p>
```

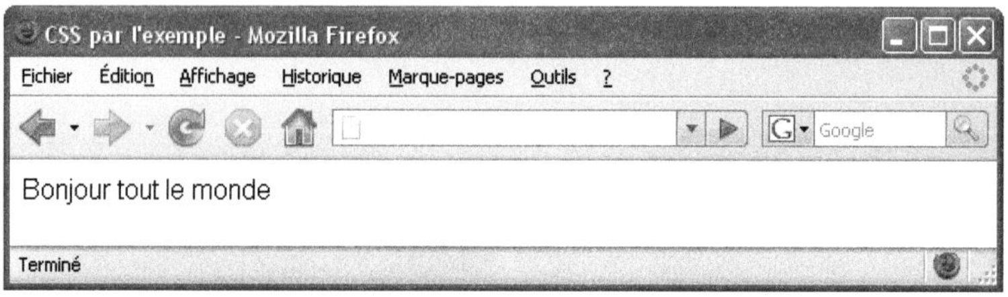

Figure 1-2. Les caractères sont affichés dans une police sans sérif grâce à CSS

Ou, tout en conservant la police par défaut, augmentez la taille du texte de 150 % grâce au code suivant (illustré à la *figure 1-3*) :

```
<p style="font-size: 150%";>Bonjour tout le monde</p>
```

Figure 1-3. La taille du texte est plus grande

Dans ce chapitre, vous allez faire connaissance avec les sélecteurs, les propriétés et le positionnement. Vous apprendrez aussi à organiser les feuilles de style. Ces recettes générales vous préparent aux recettes plus amusantes des chapitres suivants.

1.1. Utiliser CSS avec HTML

Problème

Vous souhaitez utiliser CSS dans vos pages web.

Solution

Commencez avec une page vide dans Notepad, votre traitement de texte préféré ou un logiciel de développement web comme Adobe Dreamweaver ou Microsoft Expression.

Ajoutez le code HTML suivant entre les balises body et enregistrez le fichier sous le nom `parexemple.html` (voir la *figure 1-4*) :

Figure 1-4. Affichage par défaut d'un contenu HTML dans le navigateur

```
<html>
 <head>
  <title>CSS par l'exemple</title>
 </head>
 <body>
  <h1>Titre de la page</h1>
  <p>Voici un exemple de paragraphe avec un
  <a href="http://www.oreilly.fr/catalogue/2841774325">lien</a>.</p>
 </body>
</html>
```

Ensuite, modifiez le code comme indiqué ci-après afin de redéfinir le style des liens, des listes à puces et des titres. La *figure 1-5* illustre les changements.

```
<html>
 <head>
  <title>CSS par l'exemple</title>
  <style type="text/css">
  <!--
  body {
   font-family: verdana, arial, sans-serif;
  }
  h1 {
   font-size: 120%;
  }
  a {
   text-decoration: none;
  }
  p {
   font-size: 90%;
  }
  -->
  </style>
 </head>
 <body>
  <h1>Titre de la page</h1>
  <p>Voici un exemple de paragraphe avec un
  <a href="http://www.oreilly.fr/catalogue/2841774325">lien</a>.</p>
 </body>
</html>
```

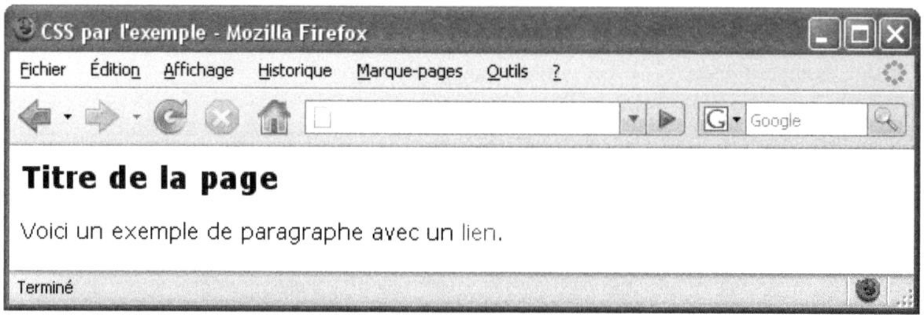

Figure 1-5. Page affichée différemment après avoir ajouté du code CSS

Discussion

Une règle CSS est constituée de deux parties : les sélecteurs et les propriétés. Un sélecteur identifie la partie de la page web à laquelle les styles sont appliqués. Dans un sélecteur, on trouve une ou plusieurs propriétés, ainsi que leurs valeurs. La *propriété* désigne au navigateur ce qu'il faut modifier et la *valeur* lui indique le changement à effectuer.

Par exemple, dans le bloc de déclarations suivant, le sélecteur précise au navigateur que le style doit être appliqué au contenu des éléments h1 de la page web afin que leur taille d'affichage soit égale à 120 % de la taille par défaut :

```
h1 {
 font-size: 120%;
}
```

Le *tableau 1-1* recense les différents sélecteurs, propriétés et valeurs employés dans la solution. La colonne Résultat explique ce qui se passe lorsqu'on applique la propriété et la valeur au sélecteur.

Tableau 1-1. Sélecteurs, propriétés et valeurs de la solution

Sélecteur	Propriété	Valeur	Résultat
h1	font-size	120%	La taille du texte est supérieure à celle par défaut.
a	text-decoration	none	Les liens n'ont plus aucune décoration, y compris leur soulignage.
p	font-color	blue	Le texte est affiché en bleu.
p	font-size	90%	La taille du texte est inférieure à celle par défaut.

La syntaxe générale de CSS inclut le sélecteur (normalement la balise à laquelle le style doit être appliqué), suivi des propriétés et des valeurs placées entre accolades :

```
sélecteur { propriété: valeur; }
```

Cependant, la plupart des concepteurs utilisent le format suivant afin d'améliorer la lisibilité du code :

```
sélecteur {
 propriété: valeur;
}
```

Les deux approches sont valides ; vous pouvez choisir celle qui vous convient le mieux.

D'autre part, CSS accepte que plusieurs propriétés soient indiquées dans un sélecteur, afin de créer des présentations plus complexes. Pour cela, placez un point-virgule de séparation entre les différentes propriétés :

```
sélecteur {
 propriété: valeur;
 propriété: valeur, valeur, valeur;
 propriété: valeur valeur valeur valeur;
}
sélecteur, sélecteur {
 propriété: valeur;
}
```

Voir aussi

La recette 1.2 pour plus d'informations sur les sélecteurs et l'annexe C, page 469, pour la liste des sélecteurs.

1.2. Utiliser différents sélecteurs pour appliquer des styles

Problème

Vous souhaitez utiliser des sélecteurs pour appliquer des styles uniques à différentes parties d'une page web.

Solution

Employez différentes sortes de sélecteurs pour cibler les différentes parties des pages web auxquelles les styles doivent être appliqués (voir la *figure 1-6*) :

```
<html>
 <head>
  <title>CSS par l'exemple</title>
  <style type="text/css">
  <!--
  * {
   font-family: verdana, arial, sans-serif;
  }
   h1 {
   font-size: 120%;
  }
  #navigation {
   border: 1px solid black;
   padding: 40px;
  }
```

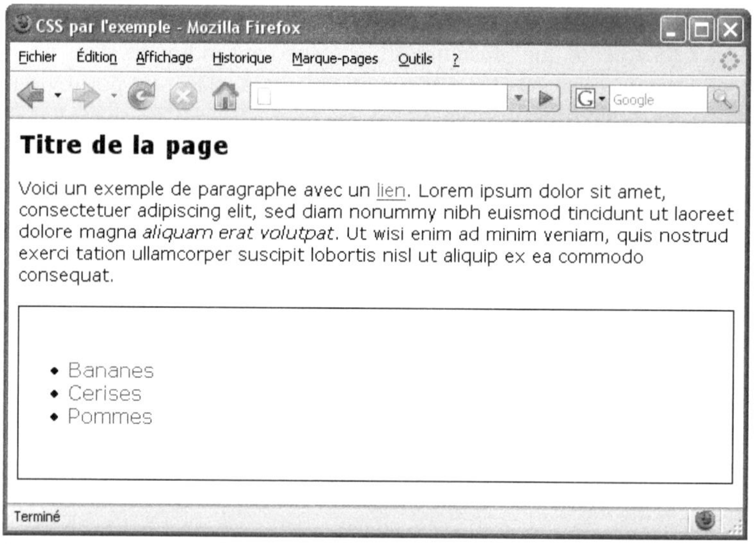

Figure 1-6. Page utilisant des styles CSS

```
  li a {
   text-decoration: none;
  }
  p {
   font-size: 90%;
  }
  -->
  </style>
 </head>
 <body>
  <h1>Titre de la page</h1>
  <p>Voici un exemple de paragraphe avec un
<a href="http://www.oreilly.fr/catalogue/2841774325">lien</a>. Lorem ipsum
dolor sit amet, consectetuer adipiscing elit, sed diam nonummy nibh euismod
tincidunt ut laoreet dolore magna <em class="avertissement">aliquam erat
volutpat</em>. Ut wisi enim ad minim veniam, quis nostrud exerci tation
ullamcorper suscipit lobortis nisl ut aliquip ex ea commodo consequat.<p>
   <ul id="navigation">
    <li><a href="http://www.oreilly.fr/catalogue/2841774325">Bananes</a>
    </li>
    <li><a href="http://www.oreilly.fr/catalogue/2841774325">Cerises</a>
    </li>
    <li><a href="http://www.oreilly.fr/catalogue/2841774325">Pommes</a>
    </li>
   </ul>
 </body>
</html>
```

Discussion

En CSS, il existe de nombreuses manières, parfois ingénieuses, de cibler les éléments d'une page web auxquels les styles doivent être appliqués.

Pour mieux comprendre comment les portions d'une page web sont choisies avec des sélecteurs, le développeur doit savoir que le contenu HTML balisé crée une structure. Bien que les éléments d'une page HTML puissent sembler dans un ordre quelconque, comme le montre la *figure 1-7*, il existe en réalité une structure.

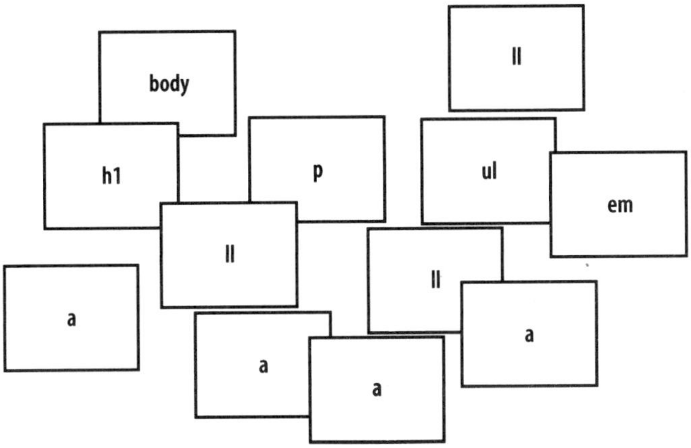

Figure 1-7. Éléments employés dans la recette

Cette structure peut être invisible à la personne qui consulte la page web, mais elle est un élément important du processus d'affichage déroulé par le navigateur.

Lorsqu'un navigateur télécharge une page web depuis le serveur et commence à l'afficher, les éléments qu'elle contient sont placés dans une structure créée par le navigateur. Même si ce processus de placement des éléments dans une structure organisée est principalement un problème de programmation, nous pouvons la représenter graphiquement sous forme d'un organigramme.

En se basant sur le code HTML de la recette, la *figure 1-8* montre l'organigramme correspondant.

Sélecteurs de type

Un sélecteur de type nomme l'élément (ou la balise) HTML auquel le style doit être appliqué. Les règles suivantes appliquent des styles de police aux éléments h1 et p de la page web (voir la *figure 1-9*) :

```
h1 {
 font-size: 120%;
}
p {
 color: blue;
}
```

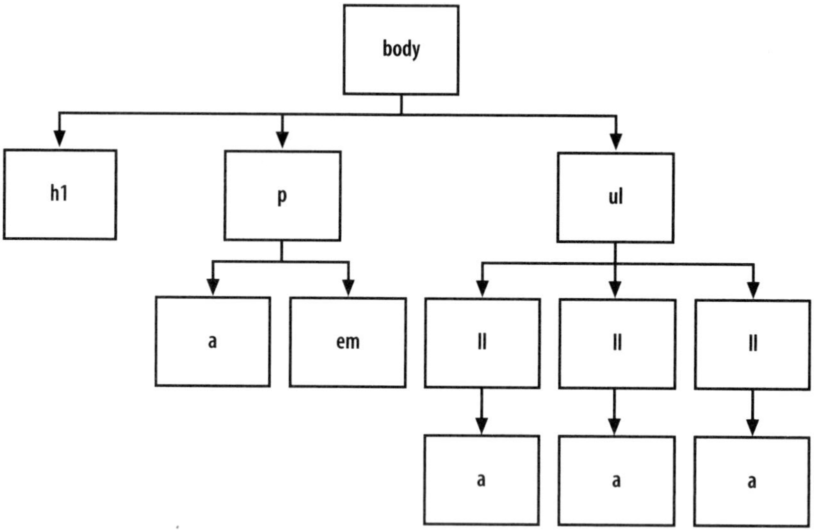

Figure 1-8. Éléments utilisés dans la page web, représentés sous forme d'une structure arborescente

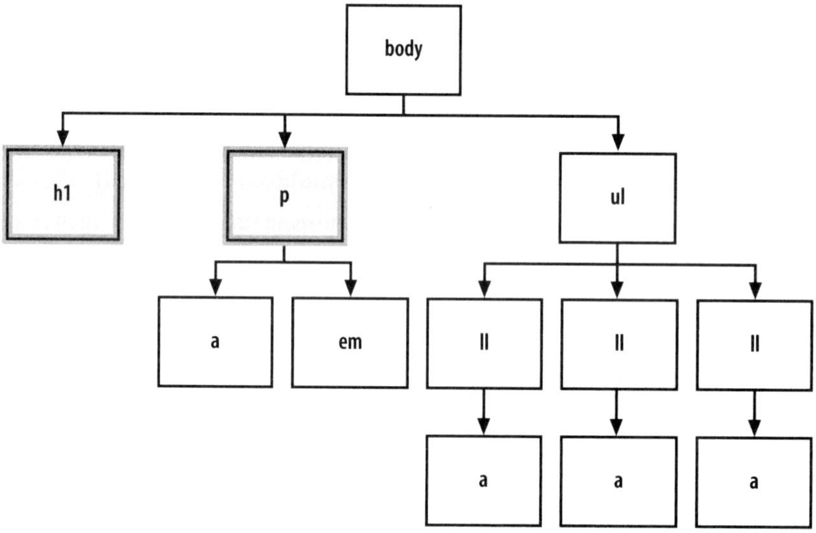

Figure 1-9. Les éléments sélectionnés par les règles CSS

Notez que certains éléments héritent des valeurs de propriétés de leur parent. Par exemple, le texte du paragraphe est affiché en bleu, tout comme l'élément `em`.

Sélecteurs de classe

Si vous souhaitez appliquer plusieurs fois la même règle CSS à différents éléments, utilisez un sélecteur de classe.

Par exemple, les sélecteurs de classe peuvent être utilisés pour signaler les avertissements en les affichant en rouge dans un paragraphe, ainsi que dans un élément de liste.

Tout d'abord, créez un sélecteur de classe pour les avertissements, en le faisant précéder d'un point (.) :

```
<html>
 <head>
  <title>CSS par l'exemple</title>
  <style type="text/css">
  <!--
  * {
   font-family: verdana, arial, sans-serif;
  }
  body {
  }
  h1 {
   font-size: 120%;
  }
  #navigation {
   border: 1px solid black;
   padding: 40px;
  }
  li a {
   text-decoration: none;
  }
  p {
   font-size: 90%;
  }
  .avertissement {
   font-weight: bold;
  }
  -->
  </style>
 </head>
 <body>
  <h1>Titre de la page</h1>
  <p>Voici un exemple de paragraphe avec un
<a href="http://www.oreilly.fr/catalogue/2841774325">lien</a>. Lorem ipsum
dolor sit amet, consectetuer adipiscing elit, sed diam nonummy nibh euismod
tincidunt ut laoreet dolore magna <em class="avertissement">aliquam erat
volutpat</em>. Ut wisi enim ad minim veniam, quis nostrud exerci tation
ullamcorper suscipit lobortis nisl ut aliquip ex ea commodo consequat.<p>
   <ul id="navigation">
    <li><a href="http://www.oreilly.fr/catalogue/2841774325">Bananes</a>
    </li>
```

```
      <li><a href="http://www.oreilly.fr/catalogue/2841774325">Cerises</a>
      </li>
      <li><a href="http://www.oreilly.fr/catalogue/2841774325">Pommes</a>
      </li>
     </ul>
   </body>
  </html>
```

Ensuite, ajoutez l'attribut class à un lien et à un élément de liste afin de leur appliquer un style, comme le montre la *figure 1-10* :

```
<html>
 <head>
  <title>CSS par l'exemple</title>
  <style type="text/css">
  <!--
  * {
   font-family: verdana, arial, sans-serif;
  }
  h1 {
   font-size: 120%;
  }
  #navigation {
   border: 1px solid black;
   padding: 40px;
  }
  li a {
   text-decoration: none;
  }
  p {
   font-size: 90%;
  }
  .avertissement {
   font-weight: bold;
  }
  -->
  </style>
 </head>
 <body>
  <h1>Titre de la page</h1>
  <p>Voici un exemple de paragraphe avec un
<a href="http://www.oreilly.fr/catalogue/2841774325"
class="avertissement">lien</a>. Lorem ipsum dolor sit amet, consectetuer
adipiscing elit, sed diam nonummy nibh euismod tincidunt ut laoreet dolore
magna <em class="avertissement">aliquam erat volutpat</em>. Ut wisi enim ad
minim veniam, quis nostrud exerci tation ullamcorper suscipit lobortis nisl
ut aliquip ex ea commodo consequat.<p>
   <ul id="navigation">
    <li class="avertissement">
      <a href="http://www.oreilly.fr/catalogue/2841774325">Bananes</a>
    </li>
```

```
      <li><a href="http://www.oreilly.fr/catalogue/2841774325">Cerises</a>
      </li>
      <li><a href="http://www.oreilly.fr/catalogue/2841774325">Pommes</a>
      </li>
    </ul>
  </body>
</html>
```

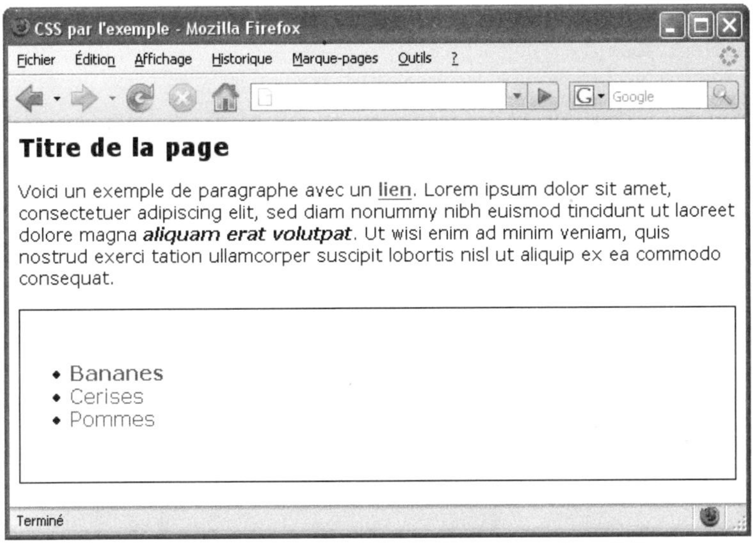

Figure 1-10. Effets des règles CSS modifiées sur la page web

La *figure 1-11* représente ces sélecteurs dans la structure de la page web.

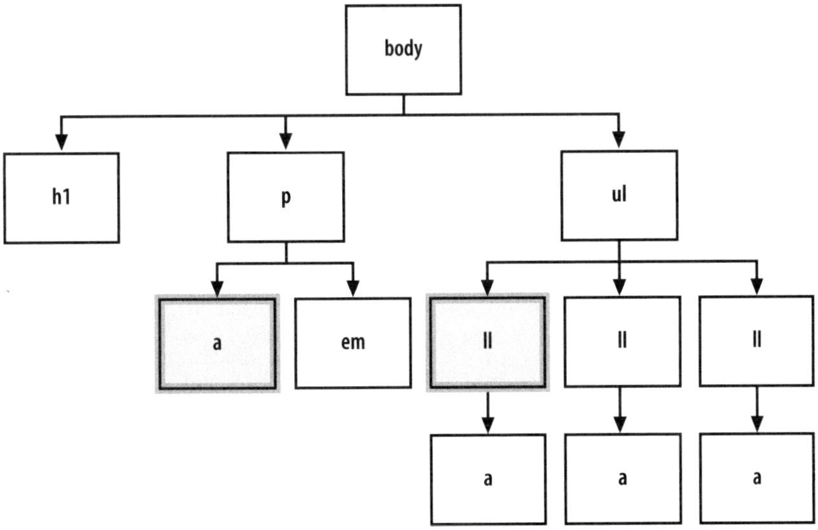

Figure 1-11. Les éléments stylés dans la structure de la page

Sélecteurs d'identifiant

Les sélecteurs d'identifiant sont similaires aux sélecteurs de classe, mais, d'après les spécifications, ils n'apparaissent qu'une seule fois dans le document. Le plus souvent, ils se trouvent dans un div, mais rien n'empêche de les employer ailleurs. Pour créer un sélecteur identifiant, utilisez le symbole dièse (#) immédiatement suivi d'une étiquette ou d'un nom :

```
#navigation {
   border: 1px solid black;
   padding: 40px;
  }
```

Ensuite, ajoutez un attribut id dont la valeur est navigation (voir la *figure 1-12*) :

```
<ul id="navigation">
 <li class="avertissement">
  <a href="http://www.oreilly.fr/catalogue/2841774325">Bananes</a>
 </li>
 <li><a href="http://www.oreilly.fr/catalogue/2841774325">Cerises</a></li>
 <li><a href="http://www.oreilly.fr/catalogue/2841774325">Pommes</a></li>
</ul>
```

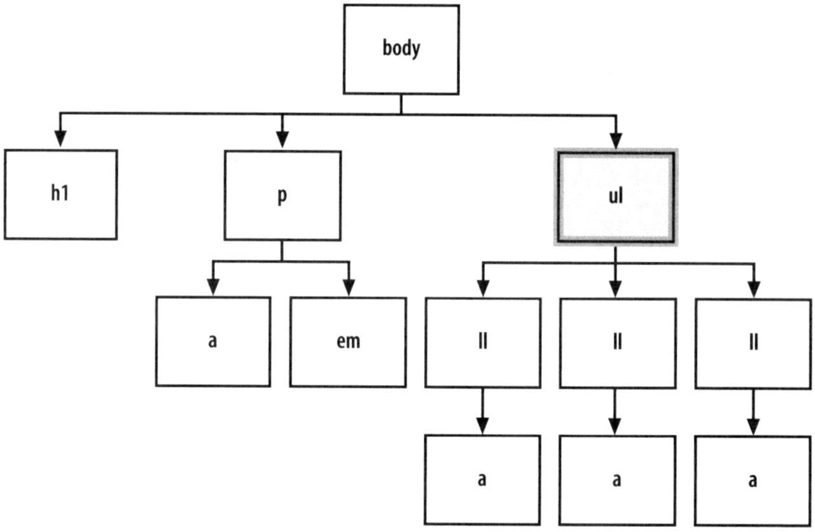

Figure 1-12. Un style est appliqué à l'élément de liste non ordonnée

Sélecteurs de descendant

Les sélecteurs de descendant viennent ensuite et écrasent les styles appliqués par les sélecteurs de type et de classe. Ils possèdent généralement deux éléments, le second étant un descendant du premier :

```
li a {
 text-decoration: none;
}
```

Ajoutez le code HTML dans lequel une balise a apparaît dans un élément li, comme le montre la *figure 1-13* :

```
<ul id="navigation">
 <li class="avertissement">
  <a href="http://www.oreilly.fr/catalogue/2841774325">Bananes</a>
 </li>
 <li><a href="http://www.oreilly.fr/catalogue/2841774325">Cerises</a></li>
 <li><a href="http://www.oreilly.fr/catalogue/2841774325">Pommes</a></li>
</ul>
```

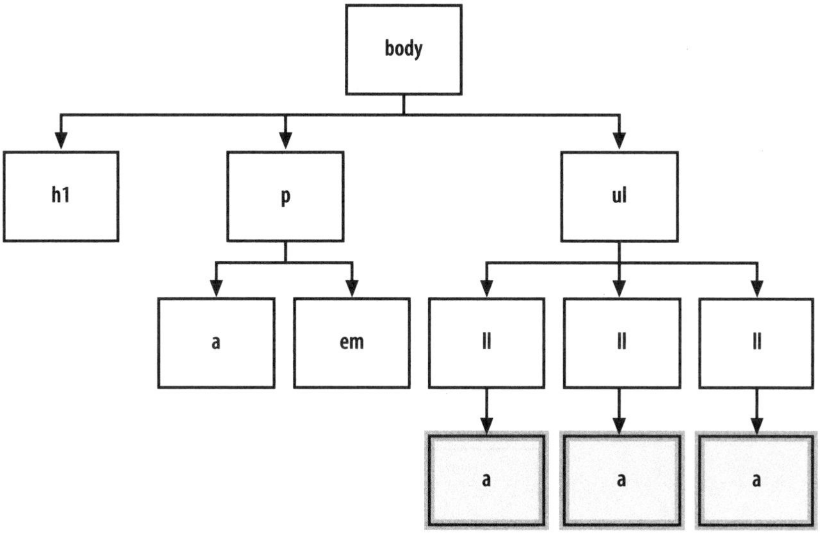

Figure 1-13. Les liens dans les éléments de liste sont sélectionnés

Sélecteurs d'enfant

Un sélecteur d'enfant applique un style à un élément si celui-ci est un descendant *direct* de son élément parent. Ce type de sélecteur est représenté par un symbole supérieur (>) souvent placé entre deux sélecteurs de type :

```
div > strong {
  text-decoration: underline;
}
```

Seuls les éléments strong qui se trouvent dans l'élément indiqué, dans ce cas l'élément div, sont soulignés (voir la *figure 1-14*) :

```
<div>
 <p>Rien ne se produit sur cette partie de la phrase car cet élément
 <strong>strong</strong> n'est pas le fils direct du div.</p>
 En revanche, ce <strong>strong</strong> est le fils direct du div.
 Par conséquent, il reçoit le style indiqué dans la règle CSS.
</div>
```

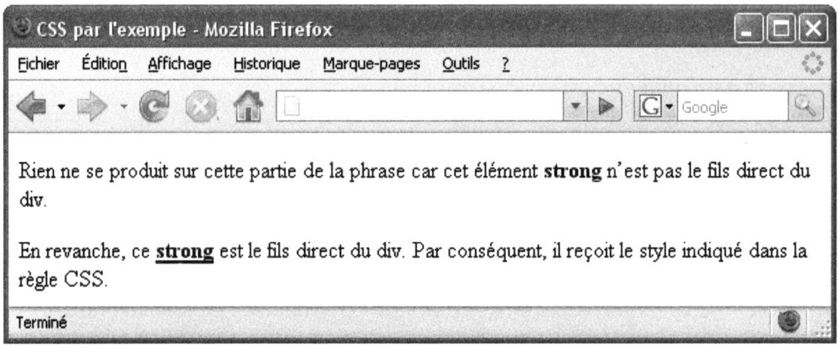

Figure 1-14. Effet d'un sélecteur d'enfant

La *figure 1-15* présente, sous forme d'organigramme, l'élément affecté par cette règle CSS.

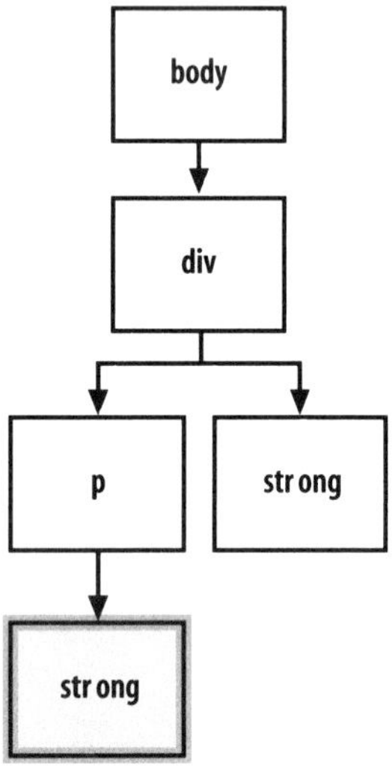

Figure 1-15. Le sélecteur d'enfant signalé dans le balisage

Dans les *figures 1-14* et *1-15*, le premier élément `strong` n'est pas souligné car il a été placé dans un élément p. Si la relation directe parent-enfant n'existe pas, alors le style n'est pas appliqué. Il s'agit d'une différence simple, mais puissante, entre un sélecteur d'enfant et un sélecteur de descendant.

Sélecteurs universels

Un sélecteur universel est représenté par un astérisque (*) et correspond à tous les éléments (voir la *figure 1-16*). Dans le code suivant, tout élément du texte HTML sera affiché en Verdana, en Arial ou dans une autre police sans sérif :

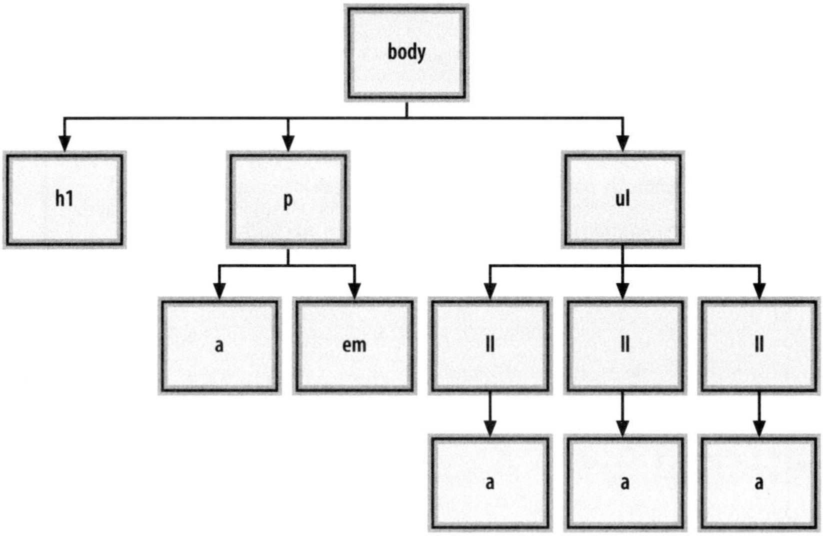

Figure 1-16. Avec le sélecteur universel, le style est appliqué à tous les éléments

```
* {
 font-family: Verdana, Arial, sans-serif;
}
```

Sélecteur de frère adjacent

Une relation de frères adjacents existe entre deux éléments qui sont placés côte à côte dans le flux du balisage d'une page web. Elle est représentée par le symbole plus (+) dans le sélecteur :

```
li + li {
 font-size: 200%;
}
```

L'effet de cette règle concernant des frères adjacents est illustré à la *figure 1-17*. Vous remarquerez que le style est appliqué uniquement aux deuxième et troisième éléments de la liste car ils se trouvent immédiatement après dans le flux, au côté d'un autre élément de liste.

La *figure 1-18* présente, sous forme d'organigramme, les éléments affectés par cette règle CSS qui utilise un sélecteur de frère adjacent.

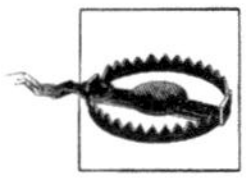

Notez que les sélecteurs de frère adjacent ne sont pas reconnus par tous les navigateurs modernes, en particulier Internet Explorer 6 pour Windows. En revanche, Mozilla, Firefox, Opera 5+, Safari et Internet Explorer 7 les prennent parfaitement en charge.

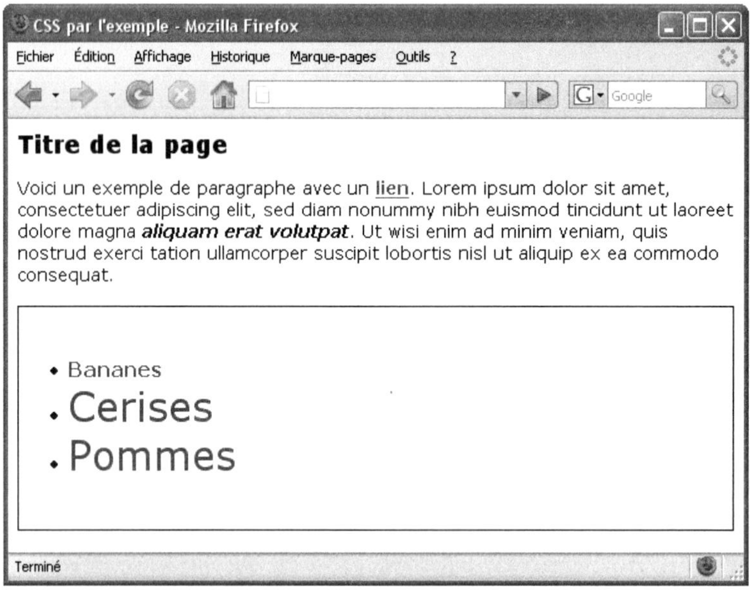

Figure 1-17. Un sélecteur de frère adjacent affecte uniquement les deux derniers éléments de la liste ordonnée car ils se trouvent immadiatement après un autre élément de liste

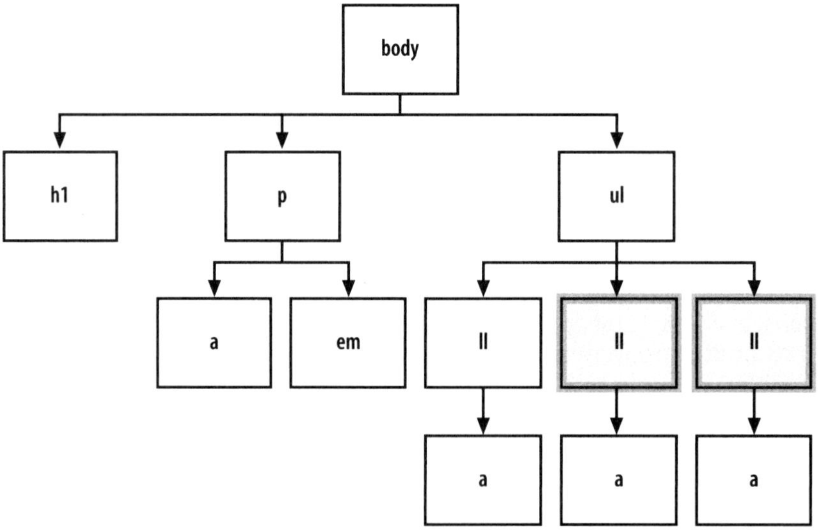

Figure 1-18. Les éléments choisis par le sélecteur de frère adjacent

Sélecteurs d'attribut

Il existe quatre façons pour un sélecteur d'attribut de trouver un élément possédant un attribut correspondant. Examinons chacune de ces possibilités.

[attribut] — rechercher des correspondances en fonction de l'attribut lui-même.

```
a[href] {
 text-decoration: none;
}
```

Lorsqu'un attribut `href` apparaît dans un élément `a` du balisage HTML, le lien n'est pas souligné.

[attribut=valeur] — rechercher des correspondances en fonction de la valeur d'un attribut.

```
a[href="oreilly.fr"] {
 text-decoration: none;
}
```

Lorsqu'un lien pointant vers `oreilly.fr` apparaît dans le contenu HTML, il n'est pas souligné.

[attribut~=valeur] — rechercher des correspondances avec des éléments dont la valeur de l'attribut contient celle indiquée.

```
a[title~="numerique"] {
 text-decoration: none;
}
```

Lorsque `"numerique"` apparaît dans l'attribut `title` d'une ancre, le lien n'est pas souligné.

[attribut|=valeur] — recherche des correspondances avec des éléments dont la valeur de l'attribut commence par celle indiquée suivie d'un trait d'union.

```
a[href|="numerique"] {
 text-decoration: none;
}
```

Lorsque `"numerique-"` apparaît dans l'attribut `href` d'une ancre, le lien n'est pas souligné.

> Notez que les sélecteurs d'attribut ne sont pas reconnus par tous les navigateurs modernes, en particulier Internet Explorer 6 pour Windows. En revanche, Mozilla, Firefox, Opera 5+, Safari et Internet Explorer 7 les prennent parfaitement en charge.

Pseudo-classes

Vous pourriez vouloir appliquer des styles à des éléments sans vous baser sur leur nom, leurs attributs ou leur contenu, utilisez des pseudo-classes, comme dans l'exemple suivant où nous créons un effet de survol :

```
a:link {
 color: blue;
}
a:visited {
 color: purple;
}
a:hover {
 color: red;
}
```

```
a:active {
 color: gray;
}
```

Avec ces règles, un lien normal apparaît en bleu. Dès que le pointeur de la souris le survole, il passe en rouge. Au moment où vous cliquez sur ce lien, il devient gris. Lorsque vous revenez à la page contenant le lien après l'avoir suivi, il est affiché en violet.

Les trois autres pseudo-classes sont `:first-child`, `:focus` et `:lang(n)`.

Pseudo-éléments

Avec la plupart des sélecteurs, un développeur utilise les éléments et leur organisation dans un document web pour appliquer les styles. Cependant, il est possible d'attribuer des styles à un élément du document web qui ne se trouve pas dans des balises, grâce aux pseudo-éléments `:first-letter`, `:first-line`, `:before` et `:after`.

La *figure 1-19* montre un exemple d'utilisation du pseudo-élément `:first-letter` :

```
p:first-letter {
 font-size: 200%;
 font-weight: bold;
}
```

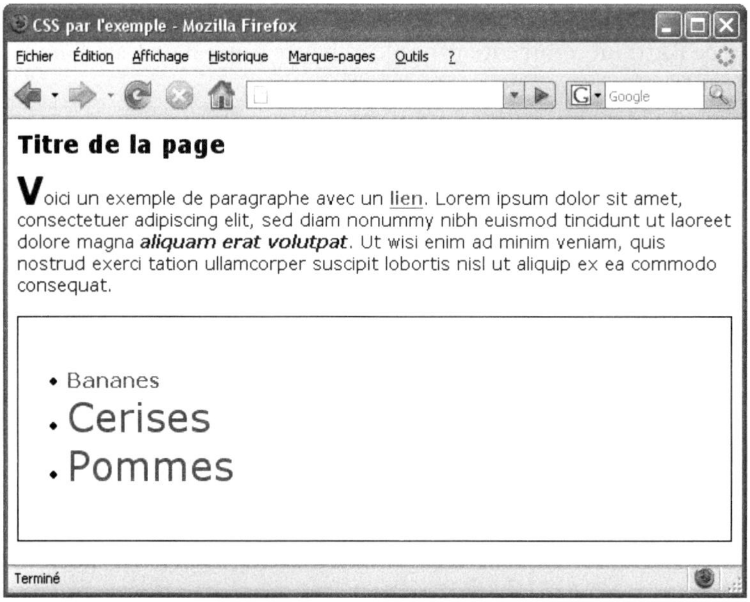

Figure 1-19. Le style est appliqué à la première lettre

Vous pouvez également employer `:first-line` pour appliquer le style à l'intégralité de la première ligne (voir la *figure 1-20*). Si la première ligne n'est pas une phrase complète ou si elle comporte le début d'une seconde phrase, `:first-line` agit tout de même sur la première ligne.

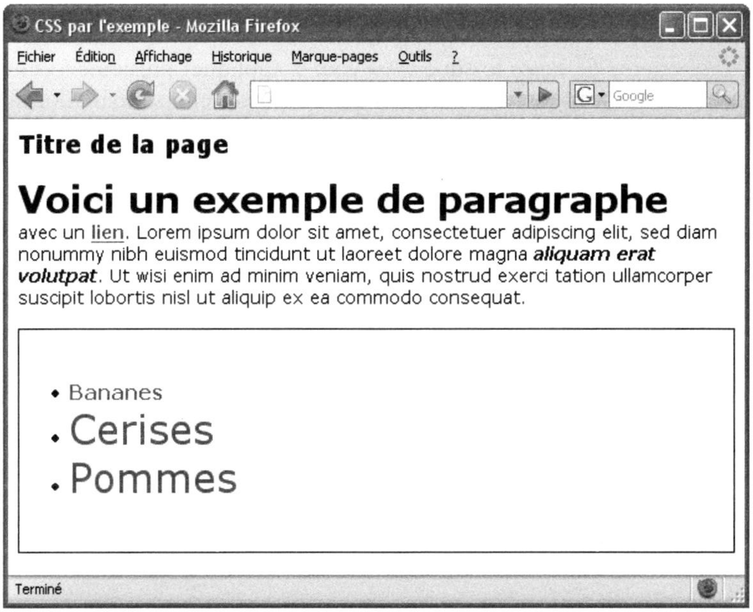

Figure 1-20. Le style est appliqué à la première ligne

```
p:first-line {
 font-size: 200%;
 font-weight: bold;
}
```

Voir aussi

Les Recommandations CSS 2.1 pour les sélecteurs (*http://www.w3.org/TR/CSS21/selector.html*) ; Selectutorial, un didacticiel sur les sélecteurs CSS (*http://css.maxdesign.com.au/select-utorial/*) ; le site de westciv (*http://westciv.com/style_master/academy/browser_support/selec-tors.html*) qui détaille la prise en charge des sélecteurs dans les navigateurs et l'annexe C pour la liste des sélecteurs.

1.3. Utiliser des sélecteurs de classe ou d'identifiant

Problème

Vous souhaitez déterminer la meilleure utilisation des sélecteurs de classe et d'identifiant.

Solution

Utilisez les sélecteurs de classe lorsque vous voulez appliquer plusieurs fois un style au sein d'un document et les sélecteurs d'identifiant lorsque le style ne doit apparaître qu'une seule fois.

Dans la feuille de style suivante, `#bandeau`, `#sous_bandeau`, `#nav1`, `#nav2`, `#pied` et `#contenu` sont des sélecteurs d'identifiant, tandis que `.titre` et `.contenu` sont des sélecteurs de classe.

```
body {
 margin: 0;
 font-family: Verdana, Arial, Helvetica, sans-serif;
 font-size: .75em;
 padding: 0;
}
#bandeau {
 margin-top: 0;
 margin-bottom: 0;
 background-color: #900;
 border-bottom: solid 1px #000;
 padding: 5px 5px 5px 10px;
 line-height: 75%;
 color: #fff;
}
#sous_bandeau {
 background-color: #ccc;
 border-bottom: solid 1px #999;
 font-size: .8em;
 font-style: italic;
 padding: 3px 0 3px 10px;
}
#contenu {
 position: absolute;
 margin-left: 18%;
 width: 40%;
 top: 100px;
 padding: 5px;
}
#nav1 {
 position: absolute;
 width: 30%;
 left: 60%;
 top: 100px;
 padding: 5px;
}
#nav2 {
 position: absolute;
 padding: 5px 5px 5px 10px;
 top: 100px;
 width: 15%;
}
```

```
#pied {
 text-align: center;
 padding-top: 7em;
}
.avertissement {
 font-weight: bold;
 color: red;
}
.titre {
 font-size: 120%;
}
.contenu {
 font-family: Verdana, Arial, sans-serif;
 margin-left: 20px;
 margin-right: 20px;
}
.pied {
 font-size: 75%;
}
```

Voici comment appliquer les sélecteurs de classe et d'identifiant dans le code HTML :

```
<!DOCTYPE html PUBLIC "-//W3C//DTD XHTML 1.0 Transitional//EN"
"http://www.w3.org/TR/xhtml1/DTD/xhtml1-transitional.dtd">
<html>
 <head>
  <title>CSS par l'exemple</title>
  <link href="1-2.css" rel="stylesheet" type="text/css" />
 </head>
 <body>
 <div id="entete">
  <h1>À propos de CSS</h1>
  <h2>Liste de sites web</h2>
 </div>
 <div id="contenu">
  <h3>Titre de la page de contenu</h3>
  <p class="titre">Titre du contenu</p>
  <p class="contenu">Emplacement du contenu.</p>
 </div>
 <div id="navigation">
  <h3>Autres</h3>
  <a href="http://www.oreilly.fr/catalogue/2841774325/">
  Proposer un site</a><br />
  <a href="http://www.oreilly.fr/catalogue/2841774325/">
  Ressources CSS</a><br />
  <a href="http://www.oreilly.fr/catalogue/2841774325/">RSS</a><br />
  <h3>Menu</h3>
  <a href="http://www.oreilly.fr/catalogue/2841774325/">Accueil</a><br />
  <a href="http://www.oreilly.fr/catalogue/2841774325/">Contact</a><br />
  <a href="http://www.oreilly.fr/catalogue/2841774325/">Blog</a><br />
  <a href="http://www.oreilly.fr/catalogue/2841774325/">Services</a><br />
 </div>
```

```
    <div id="pub">
     <h3>Emplacement des publicités.</h3>
    </div>
    <div id="infosite">
      <p class="pied">Copyright 2006</p>
    </div>
  </body>
  </html>
```

Discussion

Les sélecteurs d'identifiant ciblent des éléments uniques dont il n'existe qu'une seule instance dans l'arborescence du document, tandis que les sélecteurs de classe peuvent être employés à de multiples reprises dans la page web. N'oubliez pas que les sélecteurs d'identifiant utilisent le symbole dièse (#) et les sélecteurs de classe commencent par un point (.).

En général, les développeurs web utilisent les sélecteurs d'identifiant pour cibler des sections isolées d'une page. Dans la solution décrite précédemment, vous remarquerez que la page est divisée en cinq sections :

- `entete` ;
- `contenu` ;
- `navigation` ;
- `pub` ;
- `infosite`.

En écrivant un sélecteur d'identifiant pour chacune de ces sections, les concepteurs sont en mesure d'appliquer des styles différents à chacune d'elles, tout en garantissant que ces styles n'empiètent pas sur d'autres sections. Pour cela, il suffit de combiner des sélecteurs de descendant et des sélecteurs d'identifiant.

Dans l'exemple suivant, chaque élément `h3` fait l'objet de règles CSS différentes :

```
#contenu h3 {
 font-size: 2em;
 font-weight: bold;
}
#navigation h3 {
 font-size: 0.8em;
 font-weight: normal;
 text-decoration: underline;
}
```

Voir aussi

Les Recommandations CSS 2.1 pour les sélecteurs d'identifiant (*http://www.w3.org/TR/CSS21/selector.html#id-selectors*) ; les Recommandations CSS 2.1 pour les sélecteurs de classe (*http://www.w3.org/TR/CSS21/selector.html#class-html*).

1.4. Comprendre les propriétés CSS

Problème

Vous souhaitez en savoir plus sur les propriétés CSS.

Solution

Les recettes de ce chapitre s'appuient sur des propriétés répandues comme `color`, `font-family`, `font-size` et `text-decoration`. Les propriétés sont placées entre accolades et leurs valeurs viennent juste après, comme le montre l'exemple générique suivant :

```
selecteur {
 propriete: valeur;
}
```

Voici un exemple réel :

```
li {
 list-style-type: square;
}
```

Chaque fois qu'un élément `li` apparaît dans le document, à la place de la puce classique, un carré est affiché.

Discussion

Les sélecteurs identifient les éléments du document auxquels les styles doivent être appliqués, tandis que les propriétés et les valeurs indiquent quelle caractéristique de l'élément doit être modifiée et quel changement doit être apporté.

Par exemple, la propriété `color` stipule que la couleur de l'élément sera modifiée, mais n'indique pas quelle couleur sera appliquée. Ce rôle est réservée à la valeur. Le *tableau 1-2* recense quelques propriétés, valeurs et leur rôle.

Tableau 1-2. Courte liste de propriétés CSS

Propriété	**Valeur**	**Résultat**
`font-weight`	`bold`	Met le texte en gras.
`border-color`	Nom de couleur ou valeur de couleur HTML en hexadécimal (par exemple, #000000 pour le noir et #ffffff pour le blanc).	Ajoute une couleur à la bordure.

`border-style`	`solid`
	`dotted`
	`dashed`
	`double`
		Ajoute une ligne pleine.
		Ajoute une ligne en pointillés.
		Ajoute une ligne avec des tirets.
		Ajoute deux lignes.

Tableau 1-2. Courte liste de propriétés CSS (suite)

Propriété	Valeur	Résultat

`text-align`	`left`
	`center`
	`right`
	`justify`
		Aligne le texte à gauche.
		Aligne le texte au centre.
		Aligne le texte à droite.
		Aligne le texte à gauche et à droite.

L'annexe B, page 451, propose une liste plus complète des propriétés CSS disponibles.

Voir aussi

Le tableau complet des propriétés proposées par le W3C (*http://www.w3.org/TR/CSS21/propidx.html*) ; le site HTML Dog CSS Properties (*http://www.htmldog.com/reference/css-properties/*) ; l'étude détaillée de la propriété `border` à la recette 4.4, page 192 ; la liste complète des propriétés CSS dans l'annexe B.

1.5. Comprendre le modèle de boîte

Problème

Vous souhaitez mieux comprendre le modèle de boîte et comment les marges, les bordures et l'espacement s'appliquent autour du contenu.

Solution

Chaque élément de bloc, comme un `p` ou un `div`, contient un bord haut, droit, bas et gauche. Ces côtés d'éléments de blocs sont constitués de trois couches entourant le contenu. Ainsi, chaque élément de blocs est composé de quatre parties :

contenu

Le contenu réel de l'élément, comme du texte, des images, des applets Java ou d'autres objets. La zone de contenu se trouve au centre de la boîte.

espacement (`padding`*)*

Il entoure la zone de contenu.

bordure (`border`*)*

Il s'agit de la couche suivante qui entoure l'espacement et constitue la bordure de la boîte.

marge (`margin`*)*

Cette boîte transparente commence sur le bord de la zone de bordure et s'étend au-delà.

La valeur par défaut de la propriété `margin` est `0` ; la marge est alors alignée avec le bord de la zone de bordure. Lorsque la propriété `border` vaut `0`, la bordure est alignée avec le bord de la zone d'espacement.

Naturellement, lorsque la valeur de la propriété `padding` est `0`, l'espacement est aligné avec le contenu. Des valeurs supérieures à `0` augmentent la taille des boîtes. Le modèle de boîte est illustré à la *figure 1-21*.

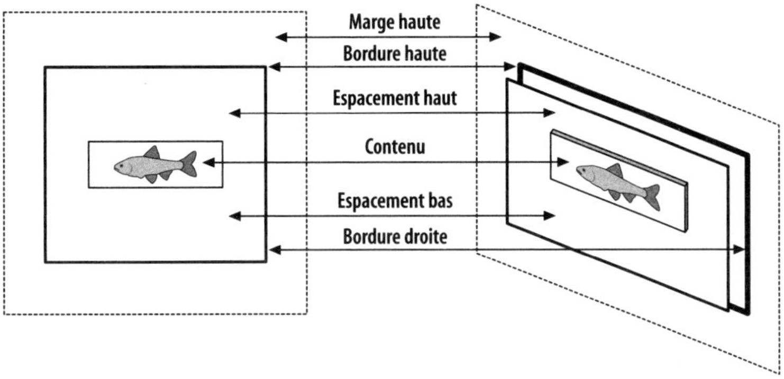

Figure 1-21. Le modèle de boîte vu de face et de côté

Discussion

Pour vous représenter une image du modèle de boîte, imaginez une boîte en carton posée sur le sol. En examinant cette boîte, vous pouvez voir ses quatre côtés : haut, droit, bas et gauche. La boîte peut être petite ou grande, selon la valeur de ses propriétés `height` et `width`.

```
div {
 height: 150px;
 width: 150px;
}
```

Placez autant de livres que vous pouvez dans la boîte afin de remplir l'espace avec ce contenu (voir la *figure 1-22*) :

Figure 1-22. Contenu placé dans un élément de bloc

```
<div>
 <li>Moby Dick</li>
 <li>La conquête du courage</li>
 <li>L'attrape-cœurs</li>
</div>
```

Pour mieux voir les bords de la boîte, nous l'entourons d'une fine bordure (voir la *figure 1-23*) :

```
div {
 border: thin solid #000000;
 height: 150px;
 width: 150px;
}
```

Figure 1-23. Une bordure est ajoutée autour du contenu

Les livres se superposent ou se touchent, ce qui est vraiment dommage pour ces ouvrages car, comme c'est le cas dans cet exemple, il s'agit de références. Nous ajoutons donc un *espacement* entre les livres et la boîte, grâce à la propriété `padding`, afin de leur donner plus d'espace et de les protéger. Plus vous ajoutez d'espacement, plus vous réduisez le nombre de livres que vous pouvez mettre dans la boîte. Un petit espacement a été ajouté à l'exemple illustré par la *figure 1-24* :

```
div {
 border: thin solid #000000;
 height: 150px;
 width: 150px;
 padding: 10px;
}
```

L'ajout d'un espacement modifie la taille totale de la boîte, bien que sa largeur et sa hauteur aient été fixées à 150 pixels. Puisque l'espacement est ajouté sur les quatre côtés de la boîte, sa nouvelle largeur est de 170 pixels (un espacement de 10 pixels est placé sur les côtés gauche et droit). De même, sa hauteur est maintenant de 170 pixels.

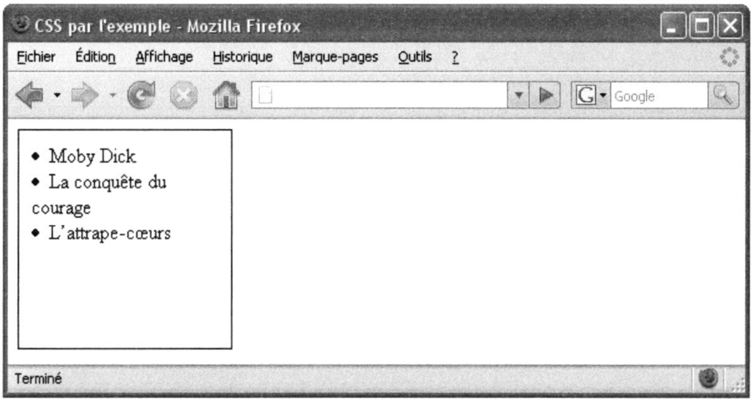

Figure 1-24. Un espacement est ajouté

La première boîte est pleine, vous avez besoin d'une seconde pour mettre d'autres livres. Vous créez donc cette boîte et y placez les livres restants, autrement dit du contenu. Posez la nouvelle boîte à côté de la première (voir la *figure 1-25*) :

```
<div>
 <li>Moby Dick</li>
 <li>La conquête du courage</li>
 <li>L'attrape-cœurs</li>
</div>
<div>
 <li>La cascade</li>
 <li>L'éveil</li>
 <li>La lettre écarlate</li>
</div>
```

Vous souhaitez cependant espacer les boîtes afin qu'elles ne se trouvent pas l'une sur l'autre. Pour cela, vous modifiez l'espace qui les sépare en utilisant la propriété `margin` (voir la *figure 1-26*) :

```
div {
 border: thin solid #000000;
 height: 150px;
 width: 150px;
 padding: 10px;
 margin: 25px;
}
```

Pour bien distinguer les deux boîtes, modifiez la propriété `border`. Tout comme les marges et l'espacement, la bordure peut avoir l'épaisseur que vous souhaitez (voir la *figure 1-27*) :

```
div {
 border: 5px double #000000;
 height: 150px;
 width: 150px;
 padding: 10px;
 margin: 25px;
}
```

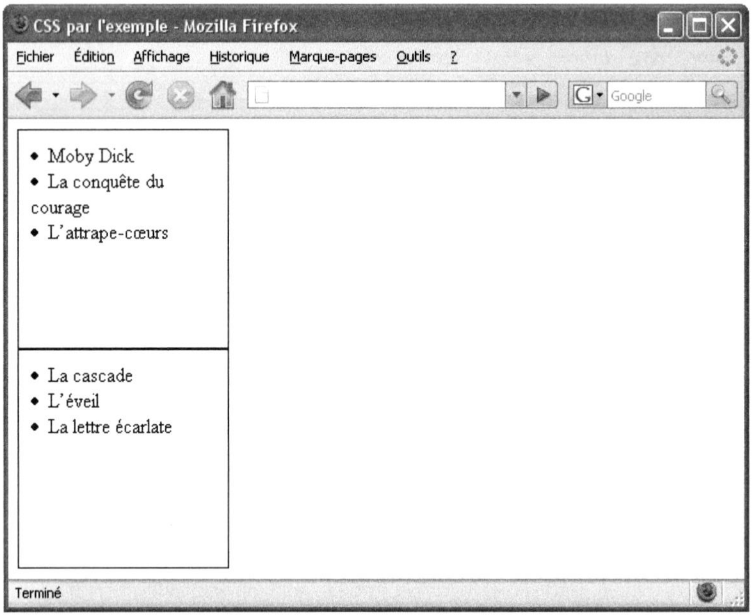

Figure 1-25. Une autre liste de livres est ajoutée

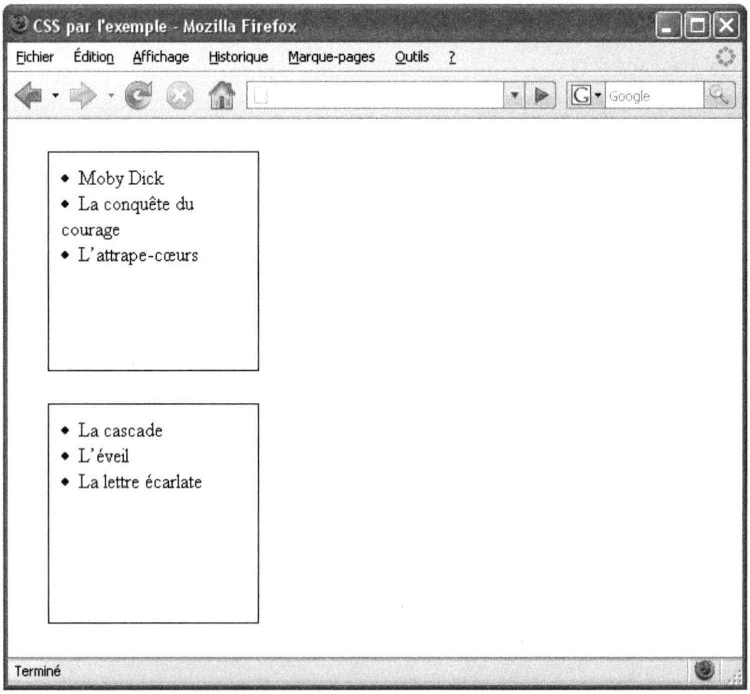

Figure 1-26. Ajouter des marges aux éléments de bloc

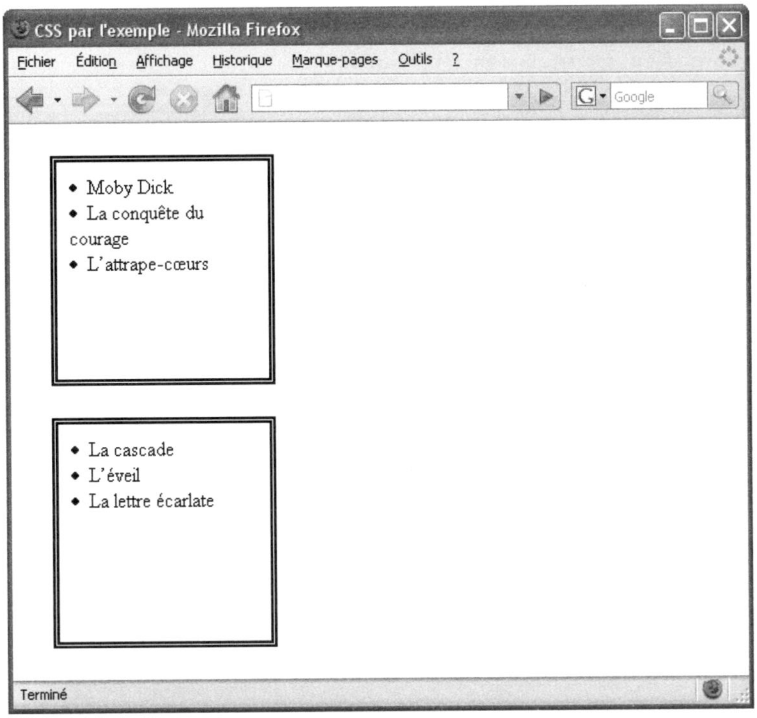

Figure 1-27. Ajout d'une bordure de cinq pixels

À ce stade, vous avez modifié de manière cohérente le modèle de boîte des deux éléments. Vous avez ajusté la marge, l'espacement et les bordures sur chaque côté. Vous pouvez cependant également modifier des côtés particuliers de boîtes.

Par exemple, si vous souhaitez ajuster le côté droit de l'élément `div` (voir la *figure 1-28*), tout en conservant les mêmes valeurs sur les trois autres côtés, voici le code que vous pouvez employer :

```
div {
  border: 5px double #000000;
  height: 150px;
  width: 150px;
  padding: 10px;
  margin: 25px;
  border-right: 1px solid #000000;
  padding-right: 1px;
  margin-right: 1px;
}
```

Vous pouvez également modifier les autres caractéristiques des côtés de manière spécifique. Par exemple, en utilisant la propriété `margin`, voici ce que le code peut devenir :

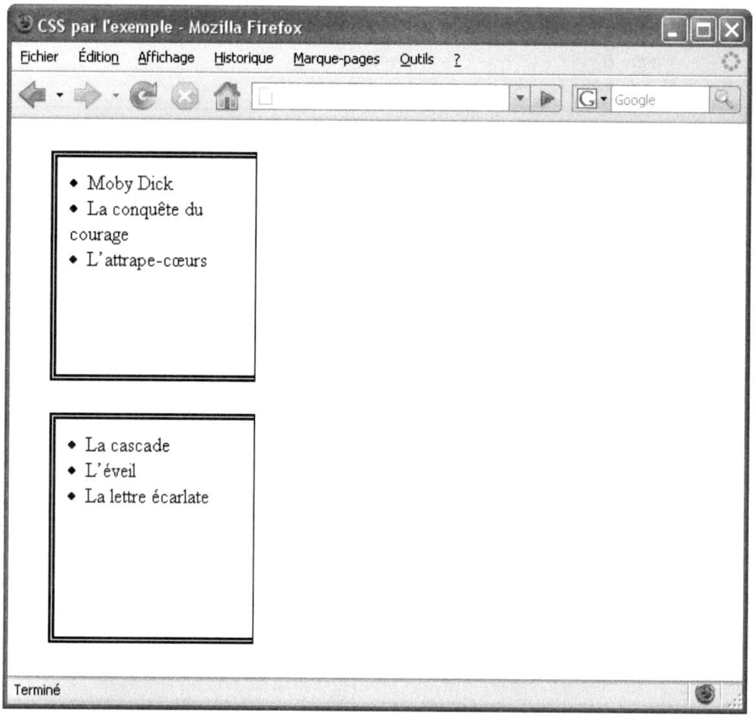

Figure 1-28. Ajustement du côté droit de la boîte

```
div {
 margin-top: 1px;
 margin-right: 1px;
 margin-bottom: 1px;
 margin-left: 1px;
}
```

En ajustant individuellement les côtés et les différentes propriétés du modèle de boîte, les développeurs sont en mesure d'obtenir une meilleure présentation de leurs pages web.

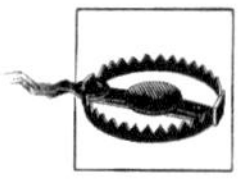

Microsoft a instauré son propre modèle de boîte dans son navigateur Internet Explorer pour Windows. Pour plus d'informations sur ce modèle de boîte et sa prise en charge, reportez-vous à la recette 11.2, page 413.

Voir aussi

Le modèle de boîte de CSS 2.1 (*http://www.w3.org/TR/CSS21/box.html*) ; le modèle de boîte de Brain Jar (*http://www.brainjar.com/css/positioning/default.asp*) ; le modèle de boîte interactif de CSS (*http://www.redmelon.net/tstme/box_model/*).

1.6. Comprendre DOCTYPE et ses effets sur la mise en pages

Problème

Vous souhaitez que votre page web soit valide et conforme aux standards.

Solution

En HTML 4.01, il existe trois types de documents : strict, transitoire et jeu de cadres. XHTML 1.1 n'en a qu'un seul, mais XHTML 1.0, comme HTML 4.01, en offre trois. Une seule définition de type de document (DTD — *Document Type Definition*) peut apparaître dans le document HTML, parmi les suivantes :

DTD HTML 4.01 stricte :

```
<!DOCTYPE HTML PUBLIC "-//W3C//DTD HTML 4.01//EN"
"http://www.w3.org/TR/html4/strict.dtd">
```

DTD HTML 4.01 transitoire :

```
<!DOCTYPE HTML PUBLIC "-//W3C//DTD HTML 4.01 Transitional//EN"
"http://www.w3.org/TR/1999/REC-html401-19991224/loose.dtd">
```

DTD HTML 4.01 pour jeu de cadres :

```
<!DOCTYPE HTML PUBLIC "-//W3C//DTD HTML 4.01 Frameset//EN"
" http://www.w3.org/TR/1999/REC-html401-19991224/frameset.dtd">
```

DTD XHTML 1.0 stricte :

```
<!DOCTYPE html PUBLIC "-//W3C//DTD XHTML 1.0 Strict//EN"
"http://www.w3.org/TR/xhtml1/DTD/xhtml1-strict.dtd">
```

DTD XHTML 1.0 transitoire :

```
<!DOCTYPE html PUBLIC "-//W3C//DTD XHTML 1.0 Transitional//EN"
"http://www.w3.org/TR/xhtml1/DTD/xhtml1-transitional.dtd">
```

DTD XHTML 1.0 pour jeu de cadres :

```
<!DOCTYPE html PUBLIC "-//W3C//DTD XHTML 1.0 Frameset//EN"
"http://www.w3.org/TR/xhtml1/DTD/xhtml1-frameset.dtd">
```

DTD XHTML 1.1 :

```
<!DOCTYPE html PUBLIC "-//W3C//DTD XHTML 1.1//EN"
"http://www.w3.org/TR/xhtml11/DTD/xhtml11.dtd">
```

Voici une page simple, conforme à la DTD XHTML 1.1, avec les balises obligatoires `head`, `body` et `html` :

```
<!DOCTYPE html PUBLIC "-//W3C//DTD XHTML 1.1//EN"
"http://www.w3.org/TR/xhtml11/DTD/xhtml11.dtd">
<html>
 <head>
  <title>DTD XHTML</title>
 </head>
```

```
<body>
 <p>XHTML impose une DTD pour chaque document, qui, sinon, ne passerait pas
le processus de validation.</p>
 </body>
</html>
```

Discussion

La déclaration DOCTYPE, ou de DTD, définit les éléments de construction d'un document HTML ou XHTML et indique aux navigateurs et aux outils de validation la version de HTML ou de XHTML employée par le document.

Cette déclaration doit apparaître au début de chaque page web, avant l'élément `html`, afin de garantir que le balisage et les règles CSS respectent les standards et que les navigateurs affichent les pages conformément à la DTD indiquée.

XHTML exige la présence d'une déclaration DOCTYPE, autrement les pages ne sont pas validées et les navigateurs doivent se replier sur le mode *quirks* (approximatif). Dans ce cas, les pages sont traitées comme si elles avaient été écrites avec un balisage invalide et risquent donc d'être affichées de manière incorrecte dans les navigateurs modernes, même si le code est parfaitement conforme aux standards XHTML et CSS.

Le W3C fournit des outils de validation HTML et CSS afin que vous puissiez vérifier la conformité de vos documents. Si la déclaration DOCTYPE est absente, la validation échoue (voir la *figure 1-29*).

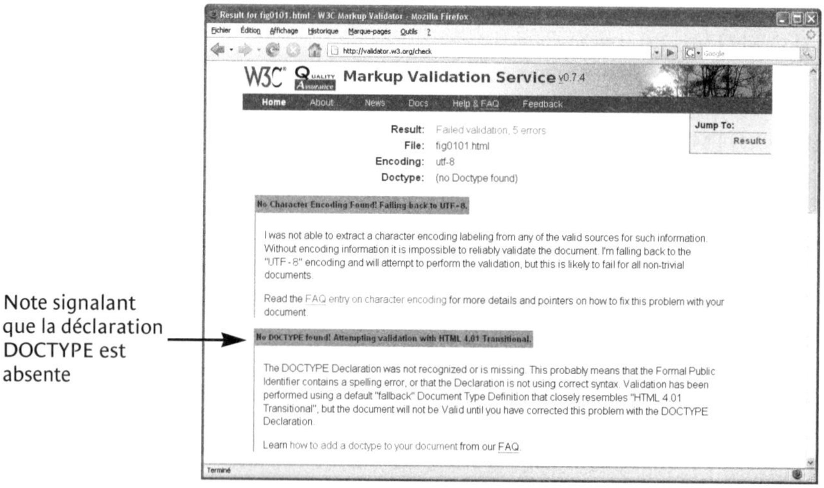

Figure 1-29. L'outil de validation du W3C

Une page dont la déclaration DOCTYPE est absente, ancienne ou mal définie conduit le navigateur à passer en mode *approximatif* et à considérer la page comme erronée. Dans certains cas, selon le navigateur, le contenu sera affiché conformément aux indications du W3C.

Les *figures 1-30* et *1-31* montrent comment un document web, contenant un tableau placé dans un élément `div` avec une largeur de `100%`, est affiché en mode approximatif dans Internet Explorer 6.0 et en mode standard.

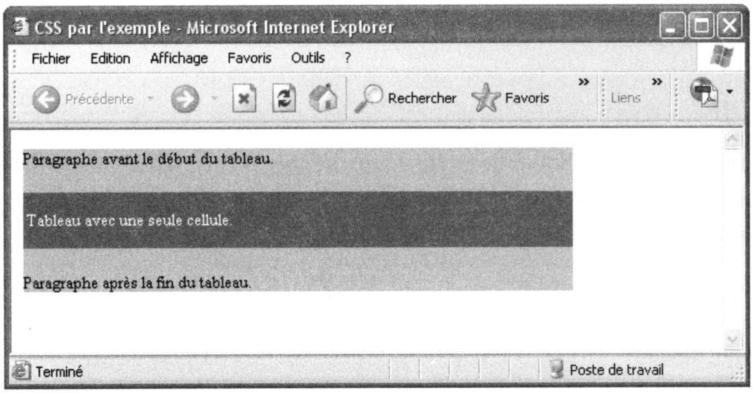

Figure 1-30. Largeur d'un tableau dans Internet Explorer 6.0, en mode approximatif sans DOCTYPE

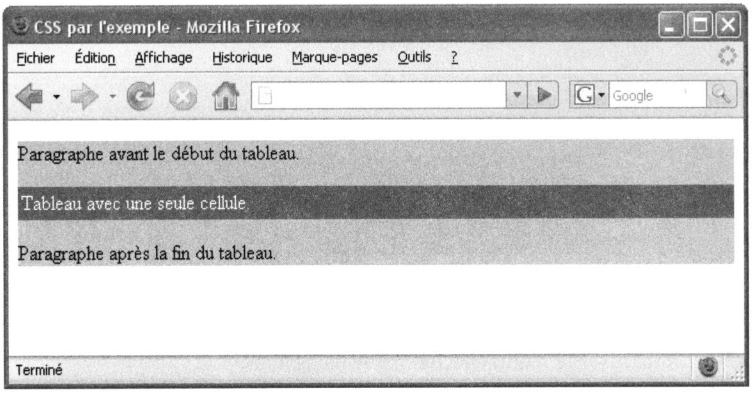

Figure 1-31. Largeur d'un tableau dans Firefox 2.0, en mode standard avec la DTD HTML 4.01 stricte

Voir aussi

Les spécifications de la DTD HTML 4.01 (*http://www.w3.org/TR/html401/intro/sgmltut.html#h-3.3* ; les outils de validation du W3C (*http://www.w3.org/QA/Tools/#validators*) ; l'article de *A List Apart* sur les déclarations DOCYTPE (*http://www.alistapart.com/stories/doctype/*) ; l'article de QuirksMode (*http://www.quirksmode.org/index.html?/css/quirksmode.html*) ; les informations fournies par Mozilla sur les différences entre les modes et la gestion du mode approximatif (*http://developer.mozilla.org/fr/docs/Mode_quirks_de_Mozilla*) ; la page DOCTYPE de Opera (*http://www.opera.com/docs/specs/doctype/*).

1.7. Associer des styles à une page web

Problème

Vous souhaitez connaître les différentes manières d'ajouter des styles à une page web.

Solution

Il existe trois façons d'appliquer des styles : *externe*, *interne* et *en-ligne*. Une feuille de style interne apparaît au début du document HTML, entre les balises `head` :

```
<style>
<!--
#entete {
 width: 100%;
 height: 100px;
 font-size: 150%
}
#contenu {
 font-family: verdana, arial, sans-serif;
 margin-left: 20px;
 margin-right: 20px
}
.titre {
 font-size: 120%
}
-->
</style>
```

> Notez l'emploi des commentaires HTML juste après l'élément `style`. Ils sont placés à cet endroit afin de masquer le contenu CSS et d'empêcher son affichage dans la page web ou qu'ils aient un quelconque impact sur le rendu effectué par le navigateur.

Les feuilles de style externes sont placées dans un fichier séparé, qui est associé au document HTML par le biais d'un lien. Le code suivant est enregistré dans son propre fichier :

```
/* Document CSS. */
h1 {
 font-size: 150%;
}
h2 {
 font-size: 120%;
}
p {
 font-family: Verdana, Arial, Helvetica, sans-serif;
}
```

> Vous remarquerez que l'élément `style` n'est pas présent dans la feuille de style externe. D'autre part, les commentaires HTML ne sont pas utilisés dans ces feuilles de style.

Dans la page web, ajoutez la ligne suivante entre les balises `head` afin d'associer la feuille de style externe précédente au document HTML :

```
<link href="ecran.css" rel="stylesheet" type="text/css" media="screen" />
```

Les styles en ligne ressemblent à l'élément `font` car ils apparaissent dans la balise à laquelle ils s'appliquent :

```
<h1 style="font-family: verdana, arial, sans-serif;
font-size: 150%; color: blue;">Titre de la page</h1>

<p style="font-family: sans-serif; font-size: 90%;">
Bonjour tout le monde</p>
```

Discussion

Voici les trois sortes de feuilles de style :

Externes
: Toutes les pages web sont associées à la feuille de style externe qui ne contient que des styles CSS. Si vous souhaitez modifier la couleur de police de toutes les pages associées à cette feuille de style, il vous suffit de changer la feuille de style externe. L'association entre les pages web et la feuille de style se fait avec la balise `link`.

Internes
: Une page web peut posséder sa propre feuille de style afin que les règles définies affectent uniquement cette page et aucune autres. La définition des styles internes se fait avec la balise `style`.

En-ligne
: Les styles en-ligne fonctionnent de manière similaire à la balise `font`, en appliquant les informations de style à la balise particulière dans la page web. Les concepteurs les emploient rarement.

Les feuilles de style externes et internes permettent de gagner du temps par rapport aux styles en-ligne lors de la maintenance des sites web.

Par exemple, vous disposez d'une page web dans laquelle le texte est affiché en bleu et dont la taille est fixée par la balise `font`. On vous demande de mettre le texte en noir. Vous recherchez donc toutes les occurrences de `<p>` afin de les passer du bleu au noir :

```
<p><font size="2" color="blue">Emplacement du texte.</font></p>
```

La modification de toutes les balises `p` à l'aide d'une feuille de style externe se fait en deux étapes : ouvrez le fichier CSS et modifiez la couleur.

```
p {
 color: blue;
}
```

Dans une feuille de style interne, ce processus se fait en une étape : recherchez le style depuis le début de la page et remplacez `blue` par `black`.

```
<style>
<!--
p {
 color: blue
}
-->
</style>
```

Choisir d'utiliser les styles en-ligne

Avec les styles en-ligne, la modification de la couleur demande plus de temps qu'une intervention sur le fichier d'origine qui emploie une balise `font` :

```
<p style="font-color: blue">Emplacement du texte.</p>
```

Alors, pourquoi voudrait-on employer des styles en-ligne si les modifications sont plus longues ? Il arrive, quoique rarement, que du contenu apparaissant une seule fois dans la globalité du site web ait besoin d'un style particulier. Au lieu d'encombrer la feuille de style externe avec une règle destinée à un seul élément, vous pouvez choisir d'utiliser des styles en-ligne.

Choisir d'utiliser des feuilles de style internes

La plupart des sites optent pour des feuilles de style externes. Cependant, lorsque vous écrivez le code CSS de présentation d'une page web, il est plus facile de commencer par une feuille de style interne. Lorsque la conception est terminée ou devient trop complexe, vous pouvez déplacer la feuille de style dans un fichier séparé. Les modifications se font ensuite dans la feuille de style externe.

D'autre part, il peut exister une page particulière qui n'a pas de rapport direct avec le site web ou qui utilise un style propre. Dans ce cas, il peut être plus facile d'employer une feuille de style interne que d'ajouter d'autres règles qui vont encombrer la feuille de style externe.

Voir aussi

La section Style Sheets dans la Recommandation HTML 4.01 du W3C (*http://www.w3.org/TR/html401/present/styles.html*) ; le document « CSS How to Insert a Style Sheet » sur le site de W3Schools (*http://www.w3schools.com/css/css_howto.asp*).

1.8. Utiliser différentes sortes de feuilles de style

Problème

Vous souhaitez fournir des feuilles de style pour différents types de médias, comme pour un rendu auditif, une impression ou un affichage sur les assistants numériques personnels.

Solution

Créez des feuilles de style externes pour chaque média et nommez-les d'après le média cible, par exemple *impression.css*, *ecran.css* et *pda.css*. Ensuite, utilisez dans la page web l'élément `link`, en précisant son attribut `media`, pour associer les différents styles. Une autre solution consiste à employer la directive `@media`.

Voici *impression.css* :

```
body {
 font: 10pt times, georgia, serif;
 line-height: 120%
}
```

La feuille de style *ecran.css* :

```
body {
 font: 12pt verdana, arial, sans-serif;
 line-height: 120%
}
```

Et enfin le fichier *projection.css* :

```
body {
 font: 14pt;
 line-height: 120%
}
```

L'association de ces trois fichiers avec la page web se fait en plaçant les lignes suivantes dans la section head. Chaque lien spécifie un type de média différent :

```
<link rel="stylesheet" type="text/css" href="/css/impression.css"
media="print" />
<link rel="stylesheet" type="text/css" href="/css/ecran.css"
media="screen" />
<link rel="stylesheet" type="text/css" href="/css/projection.css"
media="projection" />
```

Vous pouvez également employer la directive `@media` pour préciser différentes règles de média au sein de la même feuille de style :

```
<style type="text/css">
<!--
@media print {
 body { font: 10pt times, georgia, serif }
}
@media screen {
 body { font: 12pt verdana, arial, sans-serif}
}
@media projection {
 body { font-size: 14pt }
}
@media screen, print, projection {
 body { line-height: 120% }
}
-->
</style>
```

Discussion

Lorsque vous définissez des styles réservés à l'impression, ajoutez-les dans un fichier *impression.css* et ils seront appliqués uniquement au moment de l'impression de la page. Il est ainsi possible d'imprimer la page en optimisant l'espace et la quantité d'encre.

Seuls les périphériques reconnaissant le type de média indiqué interpréteront les styles CSS associés. Les feuilles de style destinées à un média n'ont pas d'impact sur l'aspect de la page web elle-même ou son rendu sur un autre média.

La directive `@media` permet de placer tous les médias dans une même feuille de style.

La *figure 1-32* montre l'apparence de la page web lorsqu'elle est imprimée dans son format écran d'origine. Les utilisateurs ne souhaitent pas imprimer les informations placées sur les côtés. Vous pouvez alors copier la feuille de style *ecran.css* et l'enregistrer dans un nouveau fichier nommé *impression.css*. Au lieu de partir de zéro, modifiez *ecran.css* afin d'optimiser la page web en vue de son impression. Les éléments suivants de *ecran.css* ont été modifiés dans *impression.css*.

```
#sous_bandeau {
 background-color: #ccc;
 border-bottom: solid 1px #999;
 font-size:.8em;
 font-style: italic;
 padding: 3px 0 3px 5px;
}
#nav1 {
 position: absolute;
 width: 30%;
 left: 60%;
 top: 100px;
 padding: 5px 5px px 5px 0;
}
#nav2 {
 position: absolute;
 width: 15%;
 left: 1%;
 top: 100px;
 padding: 5px 5px px 5px 0;
}
h1 {
 text-align: left;
 color: #fff;
 font-size: 1.2em;
 text-align: left;
 margin-bottom: 5px;
 margin-top: 5px;
}
.entree {
 padding-bottom: 20px;
 padding: 5px;
 border: solid 1px #999;
```

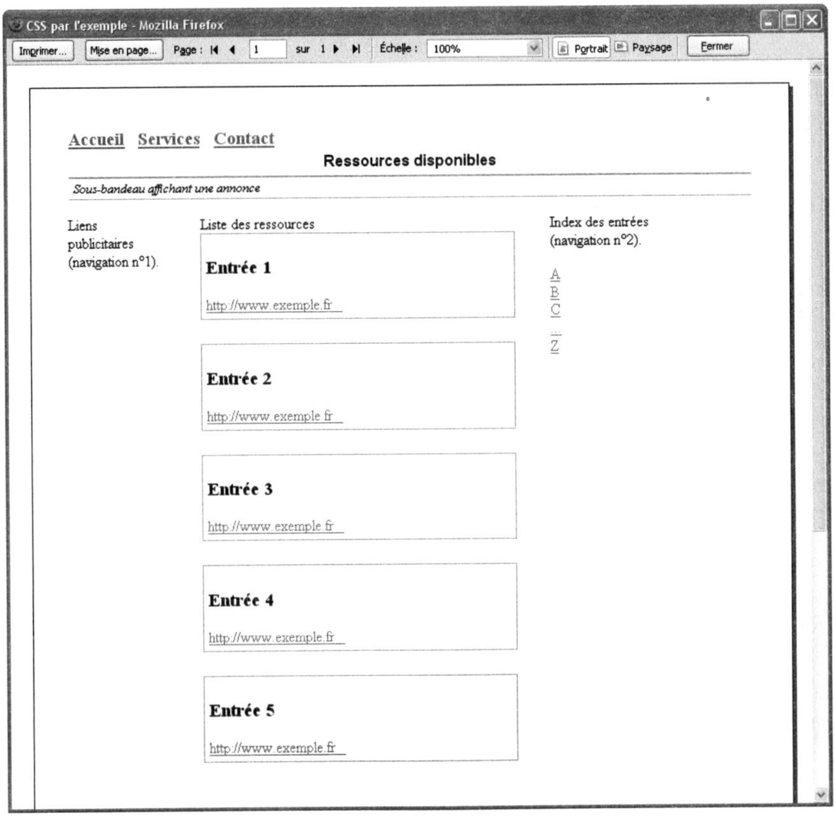

Figure 1-32. Aspect de la page web lorsqu'elle est imprimée sans impression.css

```
 background-color: #fcfcfc;
 margin-bottom: 25px;
}
```

La *figure 1-33* montre la nouvelle impression basée sur les règles de styles définies dans *impression.css* :

```
#sous_bandeau {
 display: none
}
#nav1, #nav2 {
 display: none
}
h1 {
 display: none
}
.entree {
 padding: 5px;
}
```

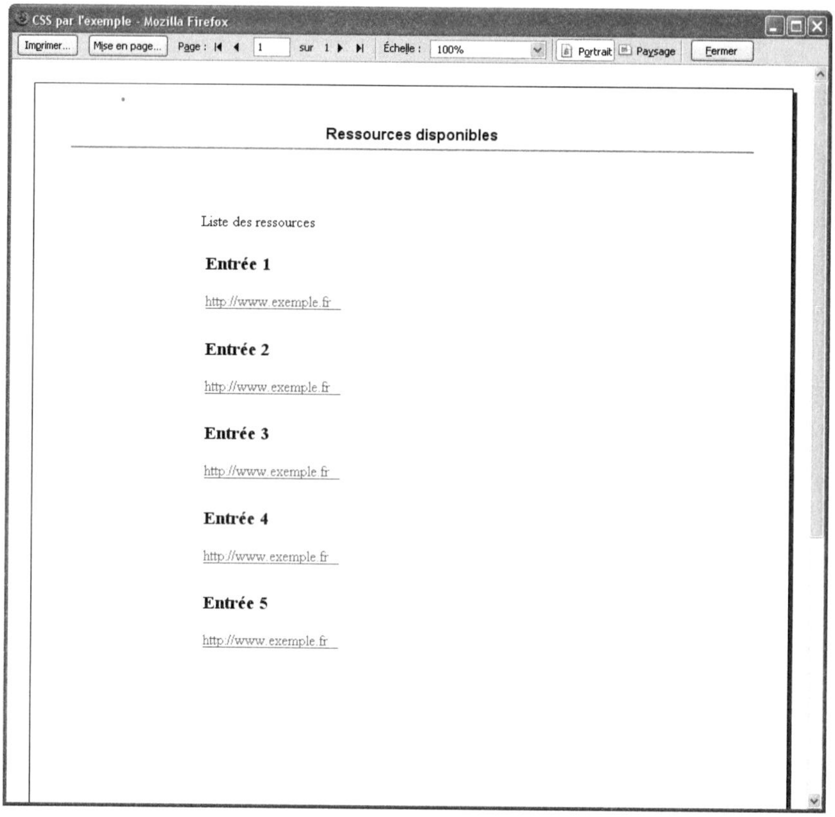

Figure 1-33. Après avoir créé impression.css et ajouté un lien vers cette feuille de style, l'impression de la page web donne un résultat mieux adapté

Avec ces nouvelles règles, le sous-bandeau contenant la ligne de menu et les deux colonnes de navigation sont retirés. L'élément `h1` n'est pas indispensable et sa suppression permet de gagner de l'espace en haut de la page. Les entrées étaient placées dans une petite boîte grise, très gourmande en encre, et ont donc été simplifiées pour ne conserver qu'un petit espace de séparation.

Il ne faut pas oublier d'ajouter l'élément `link` dans la page HTML :

```
<link rel="stylesheet" type="text/css" href="/css/impression.css"
media="print" />
<link rel="stylesheet" type="text/css" href="/css/ecran.css"
media="screen" />
```

CSS simplifie de nombreux aspects de la conception, y compris la définition de styles différents en fonction des médias. Le *tableau 1-3* recense les différents types de médias reconnus par les Recommandations CSS 2.1.

Tableau 1-3. Liste des types de médias

Type de média	Périphériques
`all`	Pour tous les périphériques.
`aural`	Employé avec les systèmes de rendu audio.
`braille`	Utilisé lors de la lecture avec un dispositif Braille.
`embossed`	Pour l'impression sur un périphérique Braille.
`handheld`	Employé avec les périphériques portables, comme les assistants numériques personnels et les téléphones mobiles.
`print`	Utilisé lors de l'impression et pour l'affichage d'un « aperçu avant impression ».
`projection`	Employé avec un média de projection.
`screen`	Destiné à l'affichage sur un écran couleur.
`tty`	Réservé aux périphériques utilisant des caractères de taille fixe, comme les télétypes, les terminaux et les périphériques portables ayant des possibilités d'affichage limitées.
`tv`	Employé pour la télévision par Internet.

Voir aussi

Le chapitre 9 pour la définition de styles réservés à l'impression ; la section sur les types de médias dans les Recommandations CSS 2.1 (*http://www.w3.org/TR/CSS21/media.html*) ; l'article « ALA's New Print Styles » (*http://www.alistapart.com/articles/alaprint-styles*) ; l'article « Pocket-Sized Design: Taking Your Website to the Small Screen » (*http://www. alistapart.com/articles/pocket*).

1.9. Ajouter des commentaires dans du CSS

Problème

Vous souhaitez organiser vos règles CSS en leur ajoutant des commentaires.

Solution

Ajoutez les séquences de caractères `/*` et `*/` dans les styles afin de marquer le début et la fin d'un commentaire.

```
/* Voici un commentaire. */
a {
 text-decoration: none;
}
/* Voici un autre commentaire. */
h1, h2 {
 font-size: 100%;
 color: #666666;
}
```

Discussion

Vous pourriez avoir à réexaminer du code ancien et ne plus savoir pourquoi vous avez effectué certaines étapes. Les commentaires peuvent expliquer et organiser le code afin de faciliter sa maintenance ultérieure. Les personnes qui n'ont pas écrit le code trouveront dans les commentaires une aide précieuse sur ce code. Les navigateurs ignorent le contenu placé entre les séquences `/*` et `*/`.

Si vous décomposez votre code en plusieurs parties, les commentaires permettent d'identifier chaque section, comme l'en-tête, le pied de page, la barre de navigation principale, les autres barres de navigation, etc. Ils représentent également une bonne manière de tester vos pages web. Si vous n'êtes pas satisfait d'une règle de style ou si vous voulez vérifier son impact, placez-la entre commentaires afin de la désactiver.

```
/*
a {
 text-decoration: none;
}
*/
```

La règle de style `text-decoration` ne sera pas appliquée car le commentaire la cache au navigateur. S'il n'existe aucun autre style pour les balises `a`, les liens resteront soulignés tant que les commentaires ne seront pas retirés.

Voir aussi

Les Recommandations CSS 2.1 pour les commentaires (*http://www.w3.org/TR/CSS21/syndata.html#comments*).

1.10. Organiser le contenu d'une feuille de style

Problème

Vous souhaitez savoir comment bien organiser le contenu d'une feuille de style afin d'en faciliter sa gestion.

Solution

La gestion du code CSS peut se faire en regroupant les éléments visuels communs d'une page web. La liste suivante suggère un ordre de regroupement des éléments dans une feuille de style :

- éléments (`h1`–`h6`, `p`, `a`, listes, liens, images) ;
- typographie ;
- mise en pages (en-tête, contenu, navigation, navigation globale, navigation secondaire, encarts, pied) ;
- balises de formulaires (`form`, `fieldset`, `label`, `legend`) ;
- contenu (envoi, événements, nouvelles).

Voici les commentaires provenant de trois feuilles de style qui organisent de manière différente le code CSS :

```
/* Typographie et couleurs.
------------------------------------ */
[code css ]

/* Structure.
------------------------------------ */
[code css ]

/* En-têtes.
------------------------------------ */
[code css ]

/* Images.
------------------------------------ */
[code css ]

/* Listes.
------------------------------------ */
[code css ]

/* Éléments de formulaires.
------------------------------------ */
[code css ]

/* Commentaires.
------------------------------------ */
[code css ]

/* Encarts.
------------------------------------ */
[code css ]

/* Éléments communs.
------------------------------------ */
[code css ]
```

Discussion

L'organisation du contenu CSS peut être propre à chaque personne. Les propositions données dans la solution reposent sur l'expérience et les meilleures pratiques adaptées à des sites web de petite taille ou de taille moyenne.

En fonction des projets et de vos préférences personnelles, vous pourriez trouver une organisation mieux adaptée. N'hésitez pas à visiter vos sites web préférés et à consulter leurs feuilles de style pour savoir comment elles sont organisées.

Voir aussi

L'article « CSS Organization Tip 1: Flags » de Doug Bowman qui décrit une méthode permettant de retrouver des règles dans les fichiers CSS (*http://www.stopdesign.com/log/2005/05/03/css-tip-flags.html*) ; la recette 1.11 qui explique comment organiser les fichiers des feuilles de style ; la recette 11.7, page 421, qui décrit la mise en place d'un système intelligent de gestion des astuces.

1.11. Organiser les fichiers des feuilles de style

Problème

Vous souhaitez gérer et organiser efficacement vos fichiers CSS.

Solution

Placez les différents fichiers CSS dans leurs propres répertoires. Les fichiers CSS suivants résident dans un dossier `css` :

```
/_actifs/css/impression.css
/_actifs/css/ecran.css
```

Pour un site web complexe, vous pouvez séparer les fichiers CSS en fonction de leur rôle plutôt que de créer un fichier pour chaque type de média (impression, écran, etc.). Comme précédemment, ils se trouvent dans le même répertoire :

```
/_actifs/css/disposition.css
/_actifs/css/couleurs.css
/_actifs/css/type.css
```

Ensuite, dans le fichier HTML, liez ces fichiers en plaçant le code suivant dans l'élément `head` :

```
<link rel="stylesheet" type="text/css" media="print"
href="/_actifs/css/impression.css" />
<link rel="stylesheet" type="text/css" media="screen"
href="/_actifs/css/ecran.css" />
```

Pour les sites web importants, le fichier *ecran.css* doit utiliser des méthodes d'importation des autres fichiers CSS qui réalisent la mise en pages à l'écran. Dans notre exemple, ce fichier peut contenir les lignes suivantes :

```
/* Importer des feuilles de style. */
@import url("/_actifs/css/disposition.css");
@import url("couleurs.css");
@import url("type.css");
```

Discussion

Si vous employez des feuilles de style externes (voir la recette 1.6, page 31) avec des sites petits ou faciles à gérer, la répartition des feuilles en fonction du type de média fonctionne parfaitement.

Avec des sites plus grands ou plus complexes, cette approche ne facilite pas l'analyse des fichiers pour comprendre le fonctionnement des styles.

Aujourd'hui, il n'existe aucun standard ou approche recommandée pour la gestion des fichiers CSS. Comme pour la recette précédente, vous pouvez découvrir d'autres approches qui sont mieux adaptées à votre situation. N'hésitez pas à tester différents systèmes d'organisation jusqu'à ce que vous trouviez celui qui convient.

Voir aussi

La recette 1.7, page 34, pour plus d'informations sur les feuilles de style externes.

1.12. Utiliser les propriétés abrégées

Problème

Vous souhaitez employer des propriétés abrégées dans les feuilles de style.

Solution

Vous devez tout d'abord disposer d'une section parfaitement balisée.

```
<h3>Propriété abrégée</h3>
<p>Utilisez la version abrégée des propriétés et, ainsi, économisez du
temps, de la saisie et quelques octets. Vos feuilles de style seront
également plus faciles à lire.</p>
```

Ensuite, utilisez simplement une instance de la propriété `font` à la place des trois propriétés `font-style`, `font-size` et `font-family` :

```
h3 {
 font: italic 18pt verdana, arial, sans-serif;
}
p {
 border: 2pt solid black;
}
```

Discussion

Plusieurs propriétés CSS peuvent être remplacées par leur version abrégée.

Par exemple, `border` est une propriété abrégée qui réunit trois propriétés en une seule. Elle permet de préciser les valeurs des propriétés suivantes :

- `border-color` ;
- `border-width` ;
- `border-style`.

`font` est également une propriété abrégée qui permet d'indiquer dans l'ordre les valeurs des propriétés suivantes :

- `font-style` ;
- `font-size/line-height` ;
- `font-family` ;
- `font-weight` ;
- `font-variant`.

Les valeurs sont données comme elles le seraient avec n'importe quelle propriété, à l'exception de `font-family` et de `font-size/line-height`. Pour `font-family`, indiquez les polices dans leur ordre de priorité et séparez-les par une virgule.

Si vous utilisez à la fois `font-size` et `line-height`, séparez les valeurs par une barre oblique :

```
h3 {
  font: italic 18pt/20pt verdana, arial, sans-serif
}
```

Le *tableau 1-4* recense les propriétés abrégées disponibles pour les développeurs web.

Tableau 1-4. Propriétés abrégées

Propriété	Valeurs	Exemple
background	background-color background-image background-repeat background-attachment background-position	background: url(livre.gif) #999 no-repeat top;
border border-left border-right border-top border-bottom	border-width border-style border-color	border: thin solid #000;
font	font-style font-variant font-weight font-size/line-height font-family caption icon menu message-box small-caption status-bar	font: 14px italic Verdana, Arial, sans-serif;
list-style	list-style-type list-style-position list-style-image	list-style: circle inside;

Tableau 1-4. Propriétés abrégées (suite)

Propriété	Valeurs	Exemple

`margin`	`margin-top`
	`margin-right`
	`margin-bottom`
	`margin-left`
		`margin: 5px 0px 5px 10px;`
		`margin: 5px;`

`padding`	`padding-top`
	`padding-right`
	`padding-bottom`
	`padding-left`
		`padding: 5px 10%;`

Voir aussi

Les Recommandations CSS 2.1 pour les propriétés abrégées concernant les bordures (*http://www.w3.org/TR/CSS21/box.html#border-shorthand-properties*) et les polices (*http://www.w3.org/TR/CSS21/about.html#shorthand*) ; l'annexe B pour une liste complète des propriétés CSS.

1.13. Définir des feuilles de style de remplacement

Problème

Vous souhaitez proposer différents styles aux utilisateurs qui voudraient un texte plus grand ou une palette de couleurs différente.

Solution

Utilisez l'élément `link` avec un attribut `title` et associez-le à des feuilles de style de remplacement. L'attribut `title` permet à l'utilisateur de connaître les choix disponibles lorsqu'il affiche la liste des styles définis. Dans Firefox, cliquez sur Affichage→Style de la page pour consulter la liste.

```
<link href="defaut.css" rel="stylesheet" title="Styles par défaut"
type="text/css" media="screen" />
<link href="vert.css" rel="alternate stylesheet" title="Tendance verte"
type="text/css" media="screen" />
<link href="bleu.css" rel="alternate stylesheet" title="Tendance bleue"
type="text/css" media="screen" />
```

Malheureusement, cette solution ne fonctionne pas avec Internet Explorer 6.0 et Safari.

Discussion

Les feuilles de style de remplacement fonctionnent comme les feuilles de style des médias présentées à la recette 1.7, page 34. Mais, au lieu de créer des styles pour différents médias, vous offrez aux utilisateurs un ensemble de choix de styles pour l'écran. Cette technique présente l'avantage de ne pas reposer sur du code JavaScript et fonctionnera avec les utilisateurs qui ont désactivé JavaScript.

Commencez par créer une copie de votre feuille de style par défaut et changez son nom. Effectuez les modifications nécessaires à la feuille de style et ajoutez l'élément `link` en précisant son attribut `title` (voir la *figure 1-34*).

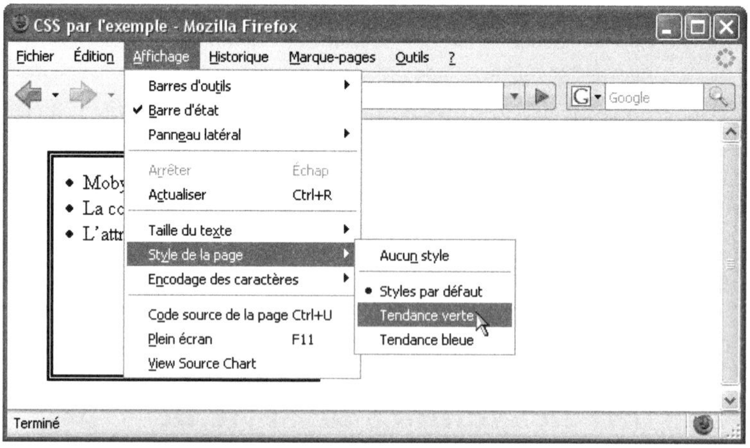

Figure 1-34. Changer de feuille de style via les options du navigateur

Voir aussi

L'article « Invasion of the Body Switchers » d'Andy Clarke et James Edwards explique comment créer un système de basculement de style en JavaScript (*http://www.alistapart.com/articles/bodyswitchers*) ; le didacticiel « CSS Style Switcher » d'Amit Ghaste (*http://ghaste.com/pubs/styleswitcher.html*).

1.14. Utiliser des images flottantes

Problème

Vous souhaitez placer une image sur le côté gauche ou droit avec du texte qui l'entoure au lieu qu'il apparaisse au-dessus ou en dessous (voir la *figure 1-35*).

Solution

Créez les sélecteurs de classe pour les images :

```
.aGauche {
 float: left
}
.aDroite {
 float: right
}
```

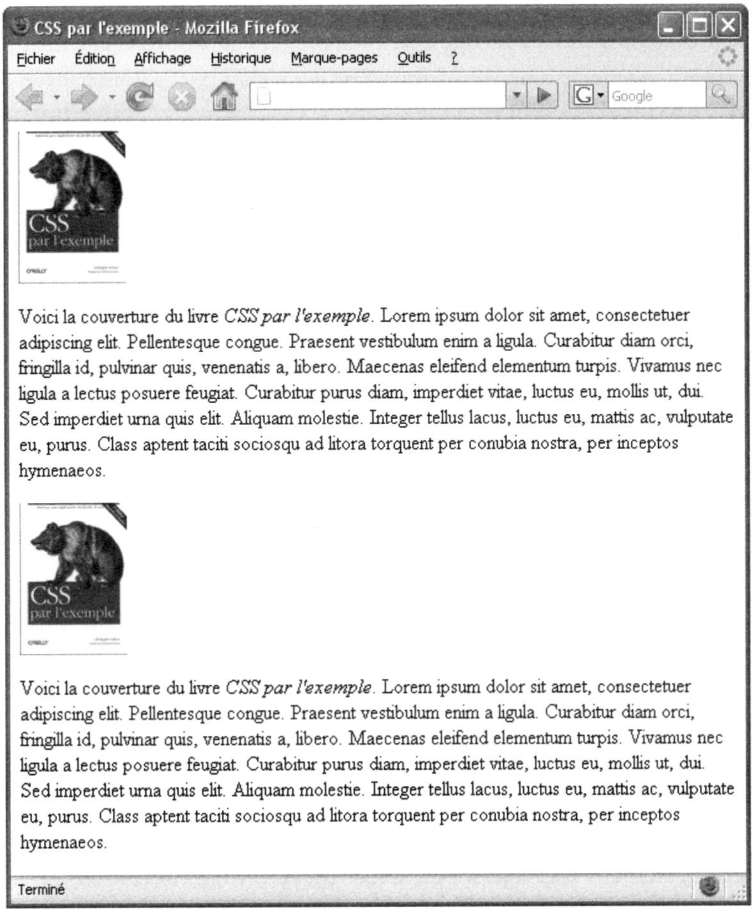

Figure 1-35. Par défaut, le texte n'enveloppe pas les images

Ajoutez ces sélecteurs aux balises et appréciez le résultat obtenu (voir la *figure 1-36*) :

```
<img src="cssparexemple.gif" class="aGauche" alt="couverture" />
<p>Voici la couverture du livre <em>CSS par l'exemple</em>.</p>
<img src="cssparexemple.gif" class="aDroite" alt="couverture" />
<p>Voici la couverture du livre <em>CSS par l'exemple</em>.</p>
```

Discussion

Avant que les standards n'existent, les concepteurs utilisaient l'attribut `align` avec l'élément `img` pour placer les images sur les côtés et faire en sorte que le texte les entoure. Le W3C a rendu l'attribut `align` obsolète et recommande maintenant l'emploi de `float`.

Les flottants peuvent être employés avec des éléments autres que les images afin de les décaler vers la gauche ou la droite de leur emplacement actuel. À la *figure 1-36*, la deuxième image se superpose avec le paragraphe contenant une référence à la première image. Ce problème doit être corrigé et, pour cela, nous utilisons `clear` :

```
p {
 clear: left;
}
```

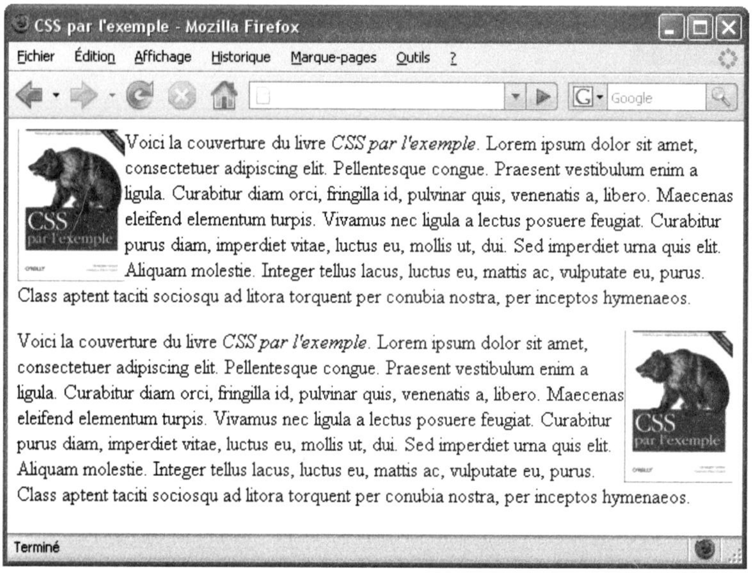

Figure 1-36. Avec la propriété float, le texte entoure les images

La propriété `clear` demande au paragraphe d'apparaître après la fin du flux de l'image. Pour le second élément `img`, la propriété `clear` pousse l'image vers le bas sur la première ligne qui suit la fin précédente. Au lieu de s'aligner avec le deuxième élément `p`, l'image attend le début d'une nouvelle ligne pour s'afficher.

Voir aussi

Les Recommandations CSS 2.1 sur les flottants (*http://www.w3.org/TR/CSS21/visuren.html#floats*) ; le site CSS/edge d'Eric Meyer (*http://meyerweb.com/eric/css/edge/*).

1.15. Utiliser le positionnement absolu

Problème

Vous souhaitez positionner un élément par rapport à la fenêtre et non par rapport à son emplacement par défaut.

Solution

Utilisez la propriété `position` avec la valeur `absolute` dans la feuille de style, ainsi que des propriétés `bottom` et `left` pour indiquer où un élément doit être positionné :

```
.absolu {
 position: absolute;
 bottom: 50px;
 left: 100px;
}
```

Discussion

La propriété `absolute` permet de placer le contenu *en dehors du flux normal de la page* et de le positionner exactement là où les propriétés CSS lui indiquent d'aller à l'intérieur de la boîte ou de la fenêtre courante. L'exemple de code présenté dans la solution demande au navigateur de positionner l'élément de classe `absolu` précisément 40 pixels à partir du bord supérieur de la fenêtre et 20 pixels à partir de son bord gauche.

La *figure 1-37* montre le flux naturel d'une image et d'un paragraphe.

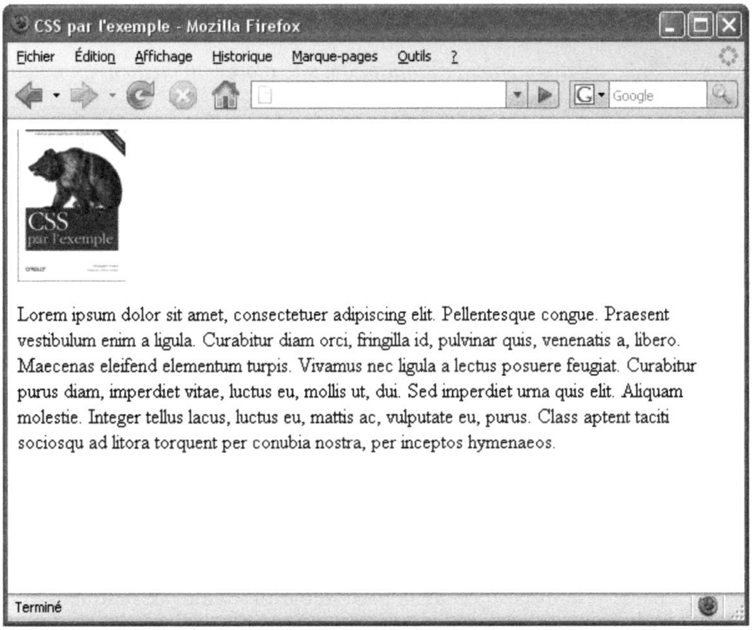

Figure 1-37. Affichage par défaut du contenu

Appliquez alors le positionnement absolu à l'élément `div` qui englobe le contenu en lui ajoutant simplement l'attribut `class` avec la valeur `absolu` (voir la *figure 1-38*) :

Figure 1-38. Le positionnement absolu permet de placer un élément en fonction de son emplacement dans une fenêtre

```
<div class="absolu">
 <img src="cssparexemple.gif" alt="couverture" />
<p>Lorem ipsum dolor sit amet, consectetuer adipiscing elit,
sed diam nonummy nibh euismod tincidunt ut laoreet dolore
magna aliquam erat volutpat...
 </p>
</div>
```

Vous pouvez également modifier la position absolue *via* les propriétés `right` et `bottom`. `bottom` représente le bas de la fenêtre, quelle que soit sa taille. Sachez que les propriétés `right` et `bottom` ne sont pas reconnues par Internet Explorer 5 et Netscape 6.0.

Le positionnement absolu des éléments a été employé pour déplacer un bloc de contenu dans une fenêtre afin d'en illustrer le fonctionnement. Cependant, cette technique doit être utilisée avec prudence car les éléments positionnés de manière absolue resteront à leur place même si la disposition de la page web évolue suite au redimensionnement du texte ou de la fenêtre du navigateur.

Voir aussi

La recette 9.8, page 367, pour une utilisation du positionnement absolu dans la mise en pages ; les Recommandations CSS 2.1 sur le positionnement absolu (*http://www.w3.org/TR/CSS21/visuren.html#absolute-positioning*) ; les didacticiels de W3Schools sur le positionnement (*http://www.w3schools.com/css/css_positioning.asp*).

1.16. Utiliser le positionnement relatif

Problème

Vous souhaitez placer du contenu relativement à sa position dans le document. Autrement dit, la position de l'élément est modifiée par rapport à sa position naturelle déterminée par le navigateur.

Solution

Utilisez la propriété `position` avec la valeur `relative` dans la feuille de style. Servez-vous également des propriétés `top` et `left` pour indiquer l'emplacement de l'élément.

En utilisant la règle CSS suivante sur l'image, nous pouvons la placer au-dessus du contenu du paragraphe (voir la *figure 1-39*) :

```
.relatif {
 position: relative;
 top: 100px;
 left: 20px;
}
```

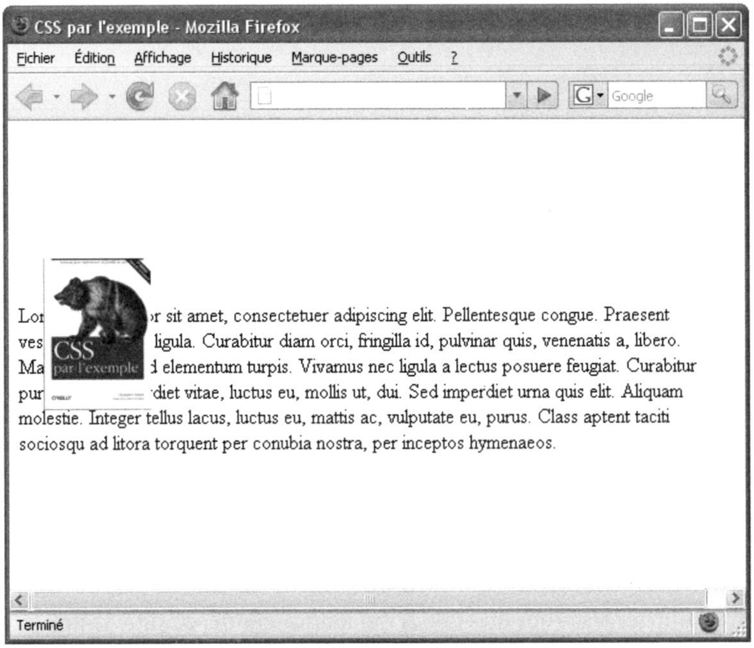

Figure 1-39. Le positionnement relatif place un élément relativement à son emplacement dans le flux naturel du document

Discussion

Contrairement au positionnement absolu, l'exemple de code ne place pas l'origine sur les bords haut et gauche de la fenêtre, mais là où les éléments `p` se trouveraient s'ils étaient seuls. Le code demande au navigateur de placer le paragraphe 100 pixels sous le bord supérieur de la position normale du paragraphe, et non de la fenêtre, et 20 pixels à partir du bord gauche. Avec `absolute`, le contenu est placé précisément là où les propriétés le positionnent dans la boîte courante.

Voir aussi

Les Recommandations CSS 2.1 sur le positionnement relatif (*http://www.w3.org/TR/CSS21/visuren.html#relative-positioning*) ; le didacticiel de W3Schools sur le positionnement (*http://www.w3schools.com/css/css_positioning.asp*).

1.17. Utiliser CSS dans Adobe Dreamweaver

Problème

Vous utilisez Dreamweaver pour créer et modifier des pages web et souhaitez bénéficier de ses fonctions CSS.

Solution

Utilisez le panneau Styles CSS pour créer, modifier, supprimer et afficher les styles CSS (voir les *figures 1-40* et *1-41*). Il existe plusieurs manières de manipuler les feuilles de style. Pendant la création d'une page HTML, vous pouvez lui associer une feuille de style externe en utilisant le panneau Styles CSS ou démarrer un nouveau document CSS (cliquez sur Fichier→Nouveau et choisissez ensuite Page de base et CSS).

Une autre solution consiste à utiliser l'affichage Code ou Code et création et à saisir directement les règles CSS dans les feuilles de style en-ligne ou internes.

1. Pour associer une feuille de style externe à une page web, cliquez sur l'icône Attacher dans le panneau Styles CSS (voir la *figure 1-42*).
2. Cliquez sur Fichier→Nouveau et choisissez Page de base et CSS pour commencer un nouveau document CSS.
3. Modifiez la page web comme un document texte et Dreamweaver ajoute automatiquement des styles internes.
4. Saisissez des styles en mode d'affichage Code.

Vous pouvez afficher les propriétés CSS selon leur catégorie, comme la police, l'arrière-plan et la bordure. Vous pouvez passer en mode Liste dans lequel une liste alphabétique des propriétés est présentée.

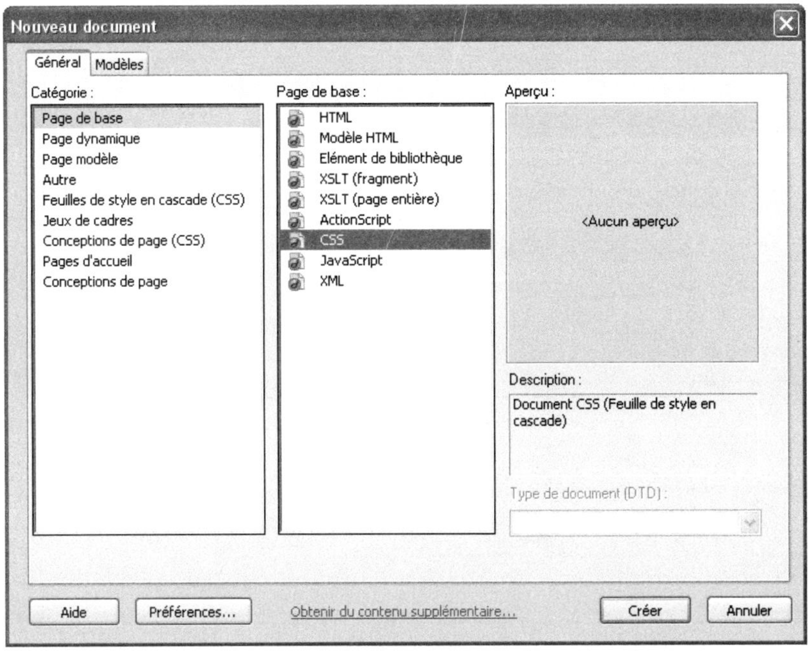

Figure 1-40. Créer un nouveau fichier CSS dans Dreamweaver

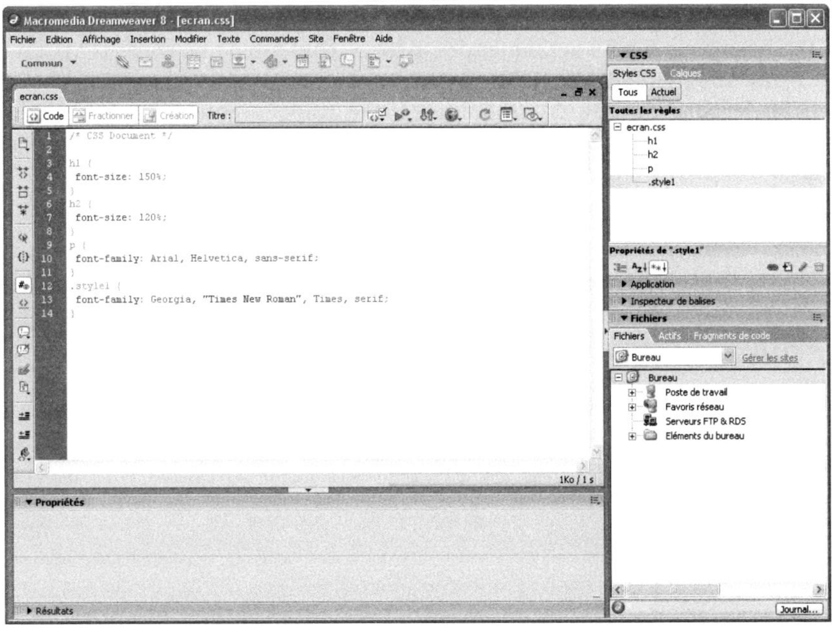

Figure 1-41. Saisir et modifier des styles dans le document CSS sous Dreamweaver

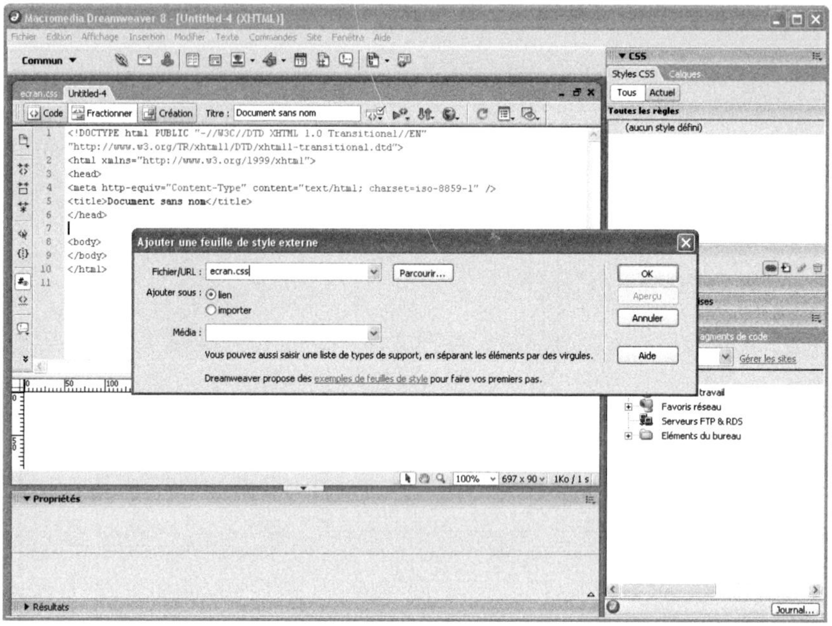

Figure 1-42. Utiliser le panneau CSS de Dreamweaver pour attacher une feuille de style externe

Discussion

Dans Dreamweaver, si vous appliquez des styles au contenu d'une page HTML en utilisant le panneau Propriétés, des styles en-ligne sont automatiquement ajoutés (voir la *figure 1-43*). Si vous choisissez une police et une couleur pour le texte sélectionné, Dreamweaver crée une feuille de style interne et n'utilise pas l'élément `font`. Dans les anciennes versions de Dreamweaver, le code aurait été le suivant :

```
<font face="georgia, times new roman, serif" color="#00cccc"
size="2">Voici du texte...</font>
```

Vous pouvez consulter la feuille de style générée par Dreamweaver (voir la *figure 1-44*).

Voir aussi

L'article « Best Practices of CSS » d'Adobe (*http://www.adobe.com/products/dreamweaver/bestpractices/css/*) ; la page d'accueil de Dreamweaver (*http://www.adobe.com/fr/products/dreamweaver/*).

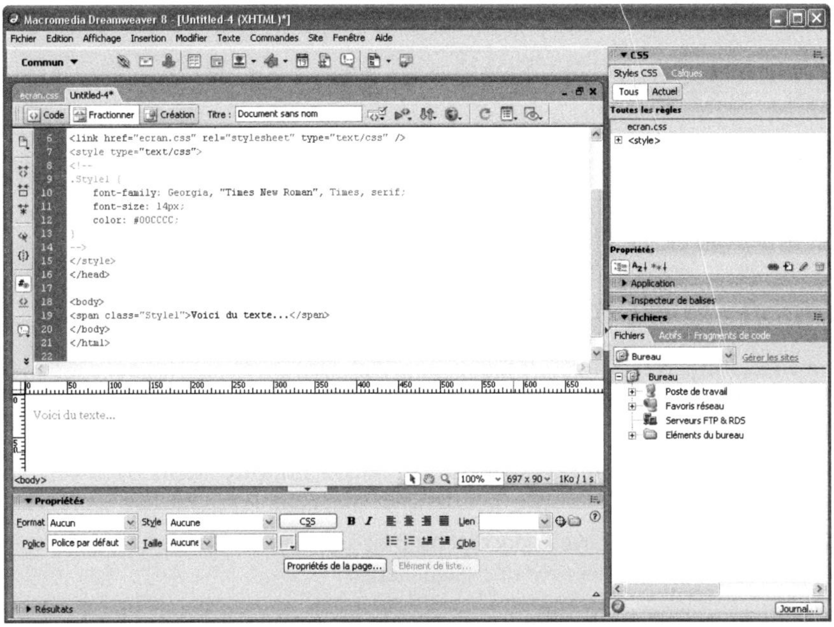

Figure 1-43. Dreamweaver crée automatiquement des nouveaux styles lorsqu'on attribue une police et une couleur au texte

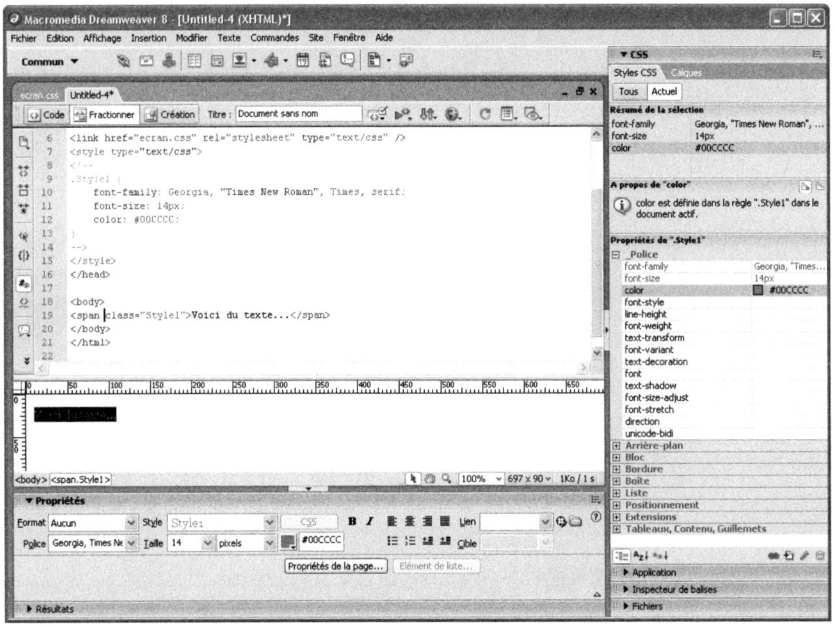

Figure 1-44. Consulter les styles du document dans le panneau CSS

1.18. Utiliser CSS dans Microsoft Expression Web Designer

Problème

Vous utilisez Microsoft Expression Web Designer pour concevoir des pages web et souhaitez bénéficier de ses fonctions CSS.

Solution

Comme Dreamweaver, Microsoft Expression Web Designer vous permet d'associer une feuille de style externe, d'en créer une nouvelle et d'ajouter des styles à la page HTML (voir les *figures 1-45* à *1-47*). Voici différentes manières d'ajouter des règles CSS :

- Pour attacher une feuille de style externe dans n'importe quelle page web, cliquez sur Attacher une feuille de style dans le volet Appliquer les styles.
- Cliquez sur l'icône Nouveau document, puis sur Feuille de style CSS pour créer un nouveau document CSS avec une page vierge.
- Modifiez la page web comme un document texte et Expression Web Designer ajoute automatiquement des styles internes.
- Saisissez des styles en mode d'affichage Code.

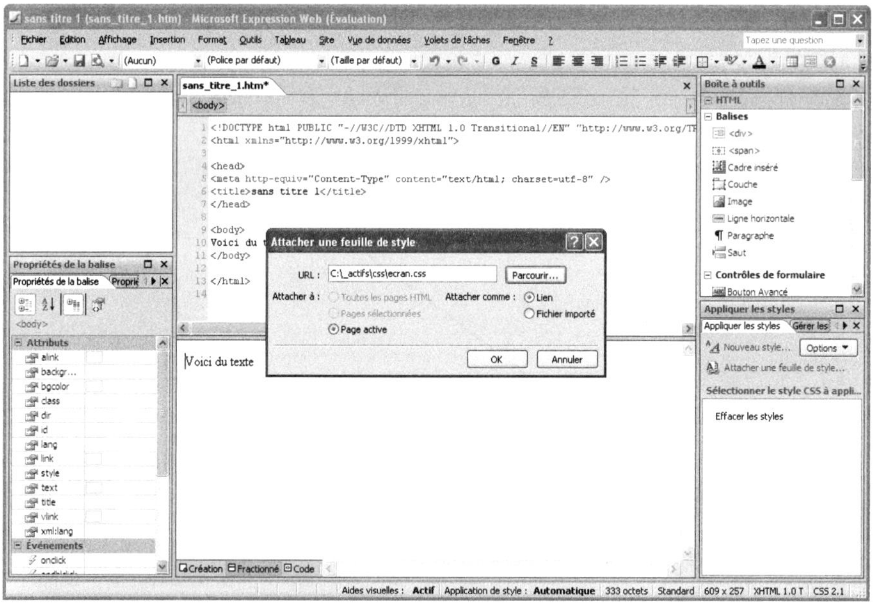

Figure 1-45. Utiliser le volet Appliquer les styles de Microsoft Expression Web Designer pour attacher une feuille de style externe

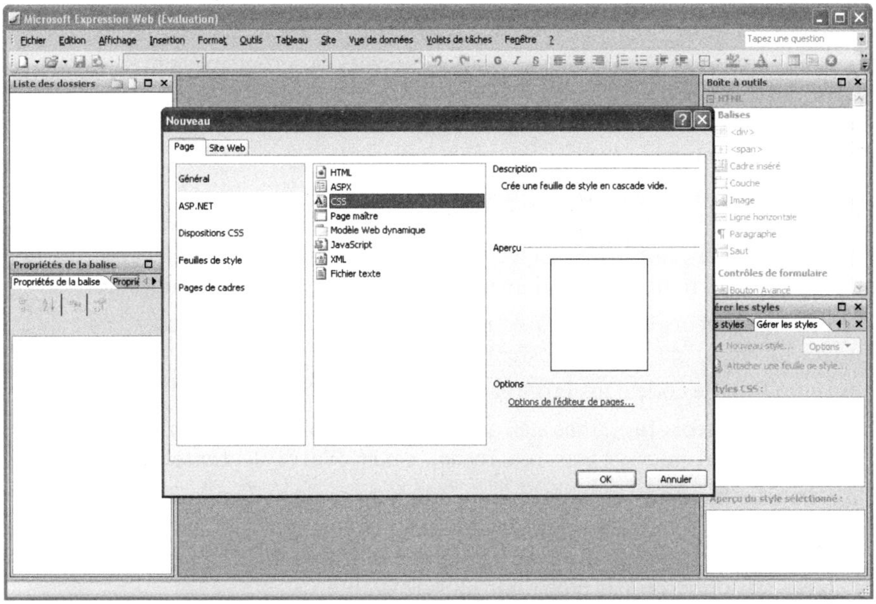

Figure 1-46. Créer un nouveau fichier CSS dans Microsoft Expression Web Designer

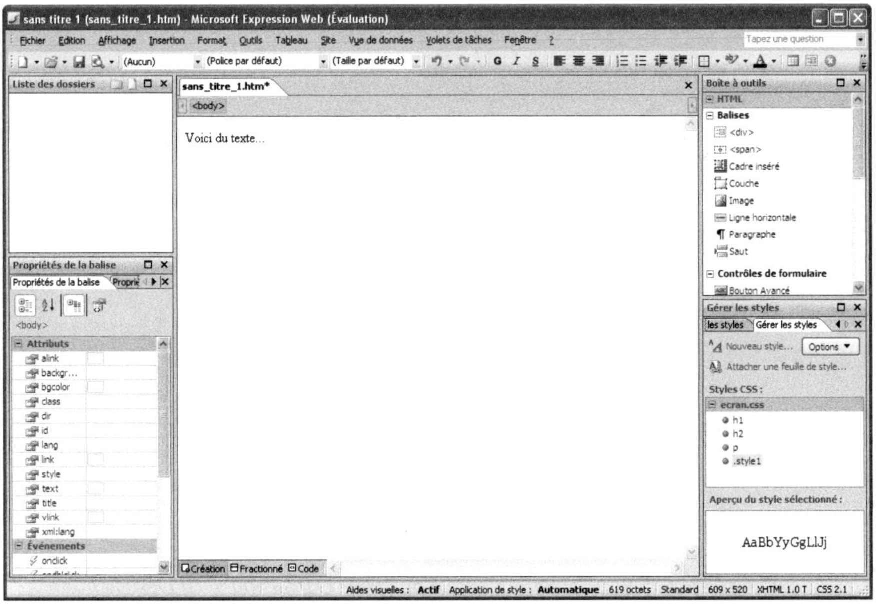

Figure 1-47. Gérer les styles dans Microsoft Expression Web Designer
à l'aide du volet Gérer les styles

Discussion

Microsoft Expression Web Designer a fait d'énormes progrès dans la prise en charge de CSS par rapport à son prédécesseur FrontPage. Après avoir ajouté des styles à une page web, consultez le volet Gérer les styles pour afficher la liste des styles et les passer en version externe ou interne.

Si vous ajoutez des styles au contenu d'une page HTML à l'aide de la barre d'outils Format, des règles CSS en-ligne sont automatiquement définies. Si vous choisissez une police et une couleur pour le texte sélectionné, Expression Web Designer crée une feuille de style interne et n'utilise pas l'élément `font`. Voici le code dans FrontPage :

```
<font face="georgia, times new roman, serif" color="#00cccc"
size="2">Voici du texte...</font>
```

Si vous modifiez le code dans FrontPage, il est souvent dédoublé :

```
<font face="georgia, times new roman, serif" color="#00cccc"
size="2"><font face="times new roman, serif">Voici du texte...</font></font>
```

Cela conduit à des pages surchargées qui s'affichent souvent de manière incorrecte dans les navigateurs autres qu'Internet Explorer. Expression Web Designer ne souffre pas de ce problème, comme vous pouvez le constater à la *figure 1-48*. De plus, les styles peuvent être classés par ordre ou par type pour plus de facilité.

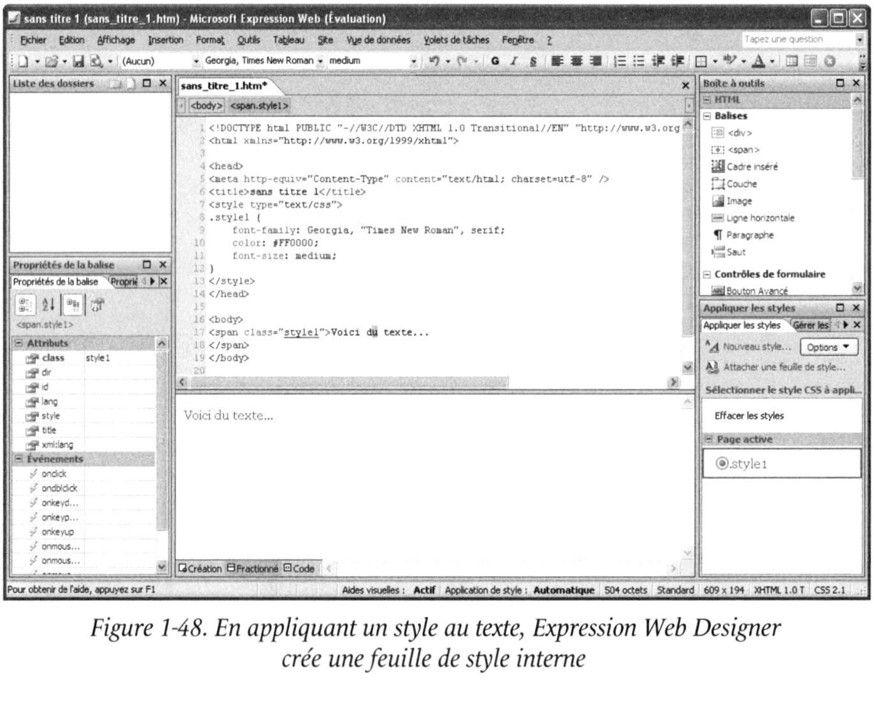

Figure 1-48. En appliquant un style au texte, Expression Web Designer crée une feuille de style interne

Voir aussi

La présentation de Microsoft Expression Web Designer (*http://www.microsoft.com/products/expression/fr/web_designer/default.mspx*).

2

Typographie pour le Web

Introduction

Avant l'arrivée de CSS (*Cascading Style Sheets*), les développeurs de contenu web utilisaient l'élément font pour définir la couleur, la taille et le style du texte dans les différentes parties d'une page web :

```
<font face="Verdana, Arial, sans-serif" size="+1" color="blue">
 Bonjour tout le monde !
</font>Bien que cette méthode soit efficace pour modifier l'apparence d'un
texte, elle est quelque peu limitée. Lorsque plusieurs balises font sont
employées dans de nombreuses pages, les mises à jour sont longues, la
taille globale des documents web s'accroît et la probabilité d'introduire
des erreurs dans le balisage augmente. Les CSS permettent d'éliminer ces
problèmes de conception et de maintenance.
```

Examinons un exemple simple, en plaçant du contenu dans un élément p :

```
<p>Bonjour tout le monde !</p>
```

Puis, définissons des styles dans l'en-tête du document afin de préciser l'aspect du paragraphe :

```
<style type="text/css" media="all">
 p {
  color: blue;
  font-size: small;
  font-family: Verdana, Arial, sans-serif;
 }
</style>
```

Désormais, grâce à cette solution, la structure du paragraphe et sa présentation visuelle sont séparées. Le processus d'édition et de maintenance d'un site web en est ainsi considérablement simplifié, en particulier du point de vue de la typographie. Les modifications de style peuvent être effectuées dans une feuille de style sans avoir à toucher au contenu.

Les développeurs web gèrent plus facilement les modifications et contrôlent mieux la typographie. En dehors de la définition de la couleur, du style et de la taille des polices, ce chapitre couvre aussi les techniques suivantes : définition de lettrines, création de citations visuellement attrayantes, modification de l'interlignage, etc.

2.1. Définir les polices

Problème

Vous souhaitez définir un style de police pour le texte d'une page web.

Solution

Utilisez la propriété `font-family` :

```
body {
 font-family: Georgia, Times, "Times New Roman", serif;
}
```

Discussion

Vous pouvez spécifier les polices que le navigateur doit afficher dans une page web, dans une liste de valeurs délimitées par des virgules, associée à la propriété `font-family`. Si le navigateur ne peut trouver la première police de la liste, il essaie de trouver la suivante et ainsi de suite, jusqu'à ce qu'il en trouve une.

Si le nom de la police comporte des espaces, comme « Times New Roman », il doit être placé entre guillemets ou apostrophes.

À la fin de cette liste de polices, il est conseillé d'insérer une famille de polices générique. CSS offre un choix de cinq valeurs, comme l'illustre le *tableau 2-1*.

Tableau 2-1. Familles de polices CSS

Valeurs génériques des familles de polices	**Exemples de polices**
`serif`	Georgia, Times, Times New Roman, Garamond et Century Schoolbook.
`sans-serif`	Verdana, Arial, Helvetica, Trebuchet et Tahoma.
`monospace`	Courier, MS Courier New et Prestige.
`cursive`	Lucida Handwriting et Zapf-Chancery.
`fantasy`	Comic Sans, Whimsey, Critter et Cottonwood.

Tous les navigateurs web incorporent une liste de polices qui rentrent dans les cinq familles du *tableau 2-1*. Si une police n'est pas désignée dans une règle CSS ou n'est pas disponible sur l'ordinateur de l'utilisateur, le navigateur utilise une police prise dans l'une de ces familles.

La valeur générique qui pose le plus de problèmes est `fantasy`, car cette valeur est un fourre-tout de toutes les polices qui ne rentrent pas dans les quatre autres catégories. Les concepteurs utilisent rarement cette valeur générique car ils ne peuvent pas savoir à l'avance quels caractères ou symboles seront affichés ! La valeur générique `cursive` pose également des problèmes parce que certains systèmes sont incapables d'afficher ce type de police. Si un navigateur ne peut utiliser une telle police, il utilise à sa place une autre police par défaut. Puisque le texte marqué comme `cursive` ne peut être affiché en réalité dans une police cursive, les concepteurs évitent aussi cette valeur générique.

Si vous voulez utiliser une police inhabituelle qui fait défaut sur la plupart des machines, une règle de bon sens consiste à définir la dernière valeur de la propriété `font-family` à `serif`, `sans-serif` ou `monospace`. Ceci permettra d'obtenir une bonne lisibilité pour le lecteur visualisant le document web.

Vous n'avez pas à définir les mêmes propriétés pour chaque balise utilisée. Un élément enfant *hérite* de son élément parent (a les mêmes valeurs de propriété) si les spécifications CSS qui définissent une propriété donnée indiquent qu'elle peut être héritée. Par exemple, si vous définissez la propriété `font-family` pour qu'elle affiche une police serif dans un paragraphe contenant un élément `em` comme enfant, le texte dans l'élément `em` est également défini dans une police serif :

```
<p style="font-family: serif;">La fontaine sur laquelle se trouve
une pancarte en panne est <em>réellement</em> en panne.</p>
```

Il n'y a pas d'héritage dans deux circonstances. L'une est prévue dans les spécifications CSS et concerne les éléments pouvant générer une boîte. Les éléments tels que `h2` et `p` sont désignés comme des *éléments de bloc* et peuvent avoir d'autres propriétés telles que des propriétés de marge, de bordure, d'espacement et d'arrière-plan, comme le montre la *figure 2-1*.

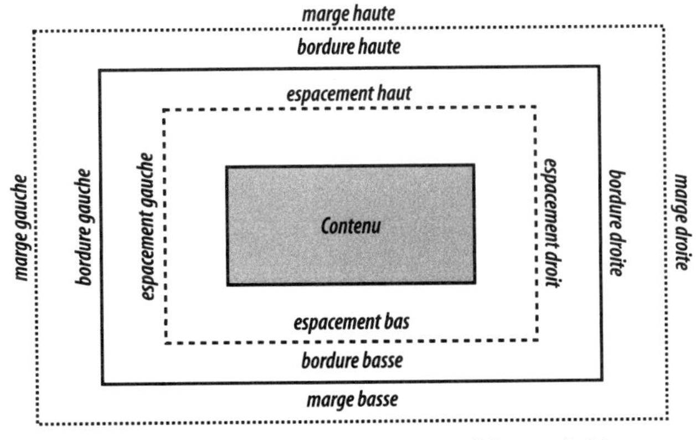

Figure 2-1. Le modèle de boîte d'un élément de bloc

Comme ces propriétés ne sont pas passées aux éléments de bloc enfants, vous n'avez pas à écrire de règles supplémentaires pour contrer les effets visuels qui apparaîtraient si elles l'étaient. Par exemple, si vous appliquiez une marge de 15% à un élément `body`, cette règle serait appliquée à chaque élément `h2` et `p` qui est un enfant de l'élément `body`. Si ces propriétés étaient héritées, la page ressemblerait à celle de la *figure 2-2*.

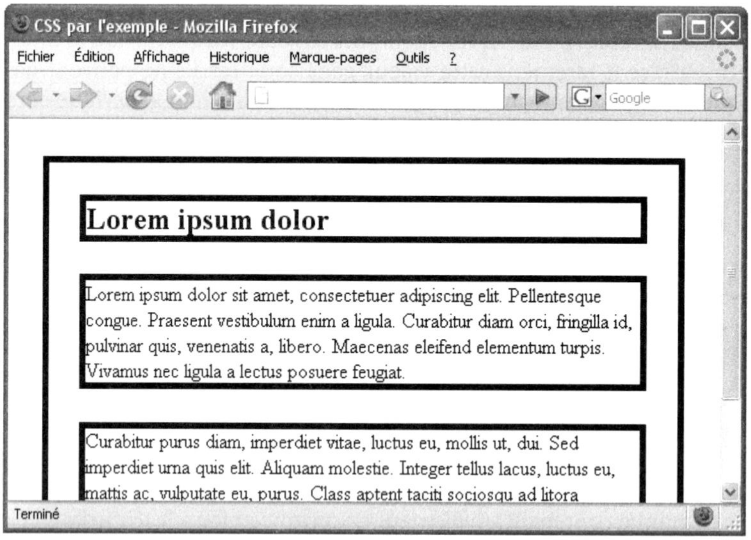

Figure 2-2. Simulation hypothétique de marges et de bordures héritées

Puisque certaines propriétés sont définies comme transmissibles par héritage et que d'autres ne le sont pas, la page ressemble en fait à celle de la *figure 2-3* dans un navigateur moderne qui implémente les spécifications CSS.

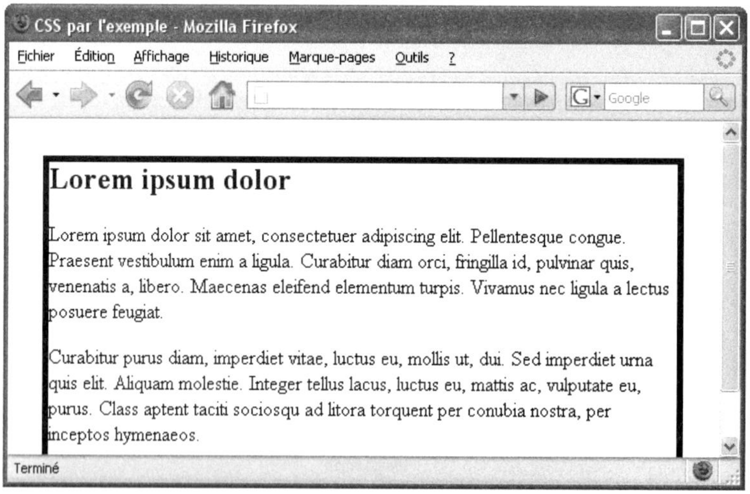

Figure 2-3. Aspect de la page lorsque des éléments de bloc n'héritent pas de certaines propriétés

L'autre circonstance où l'héritage ne fonctionne pas est, naturellement, lorsque le navigateur ne respecte pas les spécifications CSS. Par exemple, dans Netscape Navigator 4, les éléments enfants n'héritent pas les valeurs de `font-family` et `color` définies dans le sélecteur de type `body`. Pour contourner ce problème, définissez explicitement les valeurs de `font-family` et `color` pour les éléments de bloc :

```
body {
 font-family: Georgia, Times, "Times New Roman", serif;
 color: #030;
}
h1, h2, h3, h4, h5, h6, p, td, ul, ol, li, dl, dt, dd, {
 font-family: Georgia, Times, "Times New Roman", serif;
 color: #030;
}
```

Voir aussi

Les Recommandations CSS 2.1 pour l'héritage (*http://www.w3.org/TR/CSS21/cascade.html#inheritance*) ; les Recommandations CSS 2.1 pour les valeurs de `font-family` (*http://www.w3.org/TR/CSS21/fonts.html#propdef-font-family*) ; les informations sur les problèmes de Netscape 4 avec CSS (*http://www.mako4css.com/cssfont.htm*).

2.2. Préciser les unités de mesure et la taille des polices

Problème

Vous souhaitez fixer la taille de la police utilisée dans la page web.

Solution

Définissez les valeurs des polices à l'aide de la propriété `font-size` :

```
p {
 font-size: 0.9em;
}
```

Discussion

La propriété `font-size` peut prendre différentes valeurs et ce dans diverses unités. Dans notre solution, nous avons indiqué des `em`. Il existe d'autres unités, comme les pourcentages.

La définition de la taille d'une police en pourcentage force le navigateur à calculer la taille de la police en se basant sur celle de l'élément parent. Par exemple, si la taille de la police du corps du texte est fixée à 12 pixels et si la taille de la police de l'élément `p` est définie à 125 %, la taille de la police du texte des paragraphes sera définie à 15 pixels.

Vous pouvez utiliser des pourcentages, des unités de dimension et des raccourcis pour définir la taille.

Unités de dimension

Les unités de taille de police se rangent en deux catégories : absolues et relatives. Les unités de dimension absolues sont les suivantes :

- pouce (in) ;
- centimètre (cm) ;
- millimètre (mm) ;
- point (pt) ;
- pica (pc).

Un point, selon les termes des spécifications CSS, est égal à 1/72e d'un pouce et un pica est égal à 12 points.

Unités relatives

Les *unités relatives* fixent la valeur d'une propriété en fonction de la valeur d'une autre propriété de dimension. Voici les unités de dimension relatives existantes :

- em ;
- hauteur-x (ex) ;
- pixels (px).

Les unités *em* se réfèrent à la taille de la police par défaut définie dans les préférences du navigateur de l'utilisateur, tandis que la *hauteur-x* renvoie à la hauteur de la lettre minuscule *x* de la police.

Les *pixels* correspondent au plus petit point qu'il est possible d'afficher sur l'écran d'un ordinateur.

Fixer la taille de police à zéro ou à une valeur négative

Les spécifications CSS n'indiquent pas comment les navigateurs doivent traiter le texte lorsque la propriété `font-size` vaut zéro. En conséquence, ils l'interprètent de manière imprévisible.

Par exemple, un tel texte n'est pas visible dans les navigateurs Firefox ou Mozilla. Dans Internet Explorer pour Mac et dans Safari, le texte n'est pas masqué, mais est affiché avec la valeur par défaut de la taille de la police. Le navigateur Opera affiche le texte dans une taille plus petite, mais qui reste lisible. Internet Explorer pour Windows réduit la taille à une ligne de texte très fine illisible, mais bien visible, donnant l'impression d'être égale à 0,1 em (voir la *figure 2-4*).

Si vous voulez rendre invisible le texte, utilisez les propriétés CSS `visibility` ou `display` au lieu de définir la taille des polices à zéro :

```
p {
 display: none;
}
```

Une valeur négative de la propriété `font-size`, telle que `-25cm`, n'est pas acceptée.

Voir aussi

Les Recommandations CSS 2.1 de la propriété `font-size` (*http://www.w3.org/TR/CSS21/fonts.html#font-size-props*).

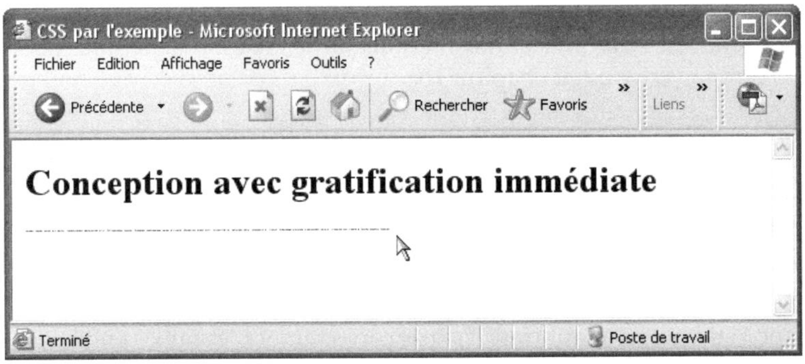

Figure 2-4. Internet Explorer pour Windows affiche une police illisible lorsque sa taille est fixée à zéro

2.3. Mieux contrôler la taille des polices

Problème

Vous souhaitez que la taille reste cohérente sur les différents navigateurs et systèmes d'exploitation.

Solution

Fixez la propriété `font-size` à la valeur `62.5%` dans l'élément `body` :

```
body {
 font-size: 62.5%;
}
```

Ensuite, pour Internet Explorer pour Windows, fixez à `1em` la valeur de `font-size` dans les éléments de formulaires et de tableaux hérités :

```
input, select, th, td {
 font-size: 1em;
}
```

Ainsi, la taille de la police de votre document sera équivalente à 10 pixels pour chaque unité de 1 em. Par exemple, si vous ajoutez la déclaration body précédente, la règle suivante indique que la taille de police d'un paragraphe est de 19 pixels :

```
p {
 font-size: 1.9em // Affiche le texte en 19 pixels.
}
```

Discussion

Puisque l'affichage des navigateurs varie en fonction des différents systèmes d'exploitation et des paramètres graphiques, définir pour la police une valeur *fixe* (ou *absolue*) n'a pas beaucoup de sens. En fait, il est préférable d'éviter les valeurs absolues dans les documents web, à moins de les destiner à un affichage fixe. Par exemple, lorsque vous créez une feuille de style pour imprimer un document web, les unités de mesure absolues sont préférables. Pour plus d'informations sur la création de feuilles de style pour l'impression, reportez-vous au chapitre 10.

Utiliser les pixels

Bien que les pixels semblent contrôler de manière cohérente la taille de la typographie dans un document web sur la plupart des plates-formes et des navigateurs, il est préférable de ne pas les employer dans une création de documents web pour les navigateurs suivants :

- Netscape Navigator 4.*x*, qui n'affiche pas correctement les tailles en pixels ;
- Opera 5 pour Mac, qui affiche des tailles en pixels plus petites que la taille définie dans la feuille de style.

Si la plupart des visiteurs de votre site utilisent des navigateurs autres que Netscape Navigator 4.7x et Opera 5 pour le Macintosh, vous pouvez utiliser les pixels en toute sécurité pour définir la taille de votre police.

Accessibilité et typographie

Le principal problème de la définition d'une taille de police en pixels ne concerne pas la précision mais l'accessibilité. Les personnes ayant des problèmes de vue peuvent souhaiter redimensionner une police pour lire plus facilement le document. Or, si vous utilisez les pixels pour définir la police de votre page web, les personnes utilisant Internet Explorer pour Windows seront incapables de modifier la taille de cette police. Comme Internet Explorer pour Windows est le navigateur le plus populaire de la planète, la définition de la taille des polices en pixels devient un problème pour la plupart des utilisateurs qui ont besoin de redimensionner une police dans leur navigateur.

Si vous devez absolument utiliser des mesures absolues, les pixels devraient être utilisés de préférence aux points, même si les concepteurs sont davantage habitués aux mesures en points. La raison en est que les systèmes d'exploitation du Macintosh et Windows rendent les tailles en points différemment, alors que les tailles en pixels restent identiques.

> Même si les pixels sont, techniquement, une unité relative, les concepteurs les considèrent comme une unité absolue. Un pixel est relatif lorsqu'on fait référence à sa taille physique, mais il est absolu en terme de rapport de taille sur une page web ; c'est ce qui importe pour les concepteurs.

Si l'accessibilité est un problème, passez aux unités em. À la section *Solution*, nous avons défini le texte dans les paragraphes à `1.9em`. Cette valeur équivaut à définir la taille de la police à 90% de la taille de la police par défaut, définie dans les préférences du navigateur.

Cependant, l'utilisation d'unités *em* soulève un autre problème. Cette fois le problème concerne la praticité. Bien que vous puissiez redimensionner la police d'une page web, si vous définissez une police à une taille plus petite que la taille du texte par défaut dans le navigateur (par exemple à 0,7 em), Internet Explorer pour Windows affichera des lignes de texte de très petite taille, quasi illisibles, comme le montre la *figure 2-5*. Voici la leçon à retenir : soyez prudent avec les tailles relatives, tellement il est facile d'obtenir du texte illisible.

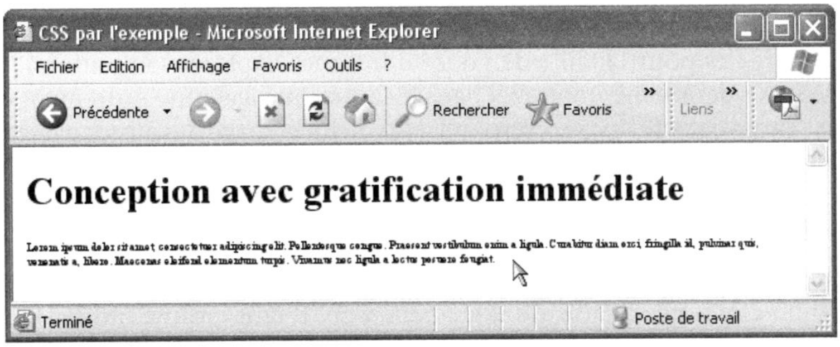

Figure 2-5. Police presque illisible, définie en unités em

Utiliser les mots-clés de police

Cela soulève la possibilité d'une autre solution : l'utilisation des mots-clés pour la taille de la police. Les Recommandations CSS 2.1 retiennent sept mots-clés pour une taille absolue que vous pouvez utiliser pour fixer la taille d'une police (voir la *figure 2-6*) : `xx-small`, `x-small`, `small`, `medium`, `large`, `x-large` et `xx-large`.

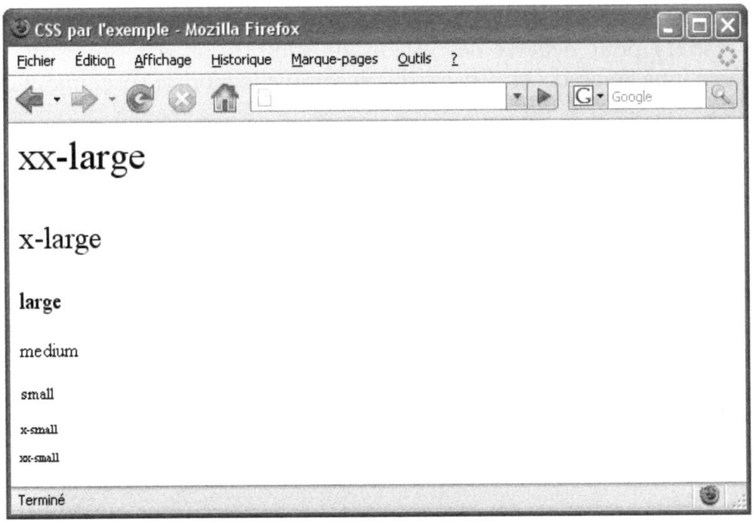

Figure 2-6. Les mots-clés de taille d'une police affichés à l'écran

Il existe deux mots-clés pour une taille relative : `larger` et `smaller`. Si un élément enfant est défini à `larger`, le navigateur peut interpréter la valeur `small` de `font-size` de l'élément parent et augmenter la taille du texte de l'élément enfant à `medium`.

Les mots-clés pour la taille offrent deux avantages : ils facilitent l'augmentation ou la diminution de la taille du texte dans la plupart des navigateurs et les tailles de police des navigateurs ne descendent jamais en-dessous de 9 pixels, garantissant que le texte reste lisible. Si vous définissez le texte à une plus petite taille, utilisez une police sans-serif, telle que Verdana, pour augmenter les chances de lisibilité.

Le principal inconvénient avec les mots-clés pour la taille est qu'Internet Explorer 4/5.5 définit la valeur `small` comme paramètre par défaut au lieu de `medium`. En raison de ce chois, les mots-clés pour la taille de police d'Internet Explorer se positionnent un niveau en dessous des mêmes mots-clés dans les autres navigateurs. Autrement dit, la valeur de `xx-large` dans IE 4/5.5 correspond à la valeur `x-large` des autres navigateurs, `x-large` dans IE correspond à `large` dans un autre navigateur et ainsi de suite. Un autre inconvénient est que, dans Netscape 4, les tailles les plus petites sont parfois illisibles parce qu'elles ne sont pas bien rendues par le navigateur.

Pour corriger ces inconvénients, il faut d'abord créer une feuille de style séparée contenant les mots-clés pour la taille du document web. Il faut ensuite utiliser la méthode `@import` pour associer une feuille de style, comme l'explique la recette 10.1, page 390, et comme le montre l'exemple ci-dessous (ceci empêche Navigator 4 d'afficher une police illisible) :

```
<link href="/_actifs/base.css" media="all"
rel="stylesheet" />
<style type="text/css" media="screen">
 @import url(/_actifs/taillepolice.css);
</style>
```

Pour empêcher Internet Explorer 5 et 5.5 pour Windows d'afficher dans une taille incorrecte les mots-clés de taille de police, contournez le problème en utilisant la propriété `voice-family` pour délivrer des valeurs de substitution dans Internet Explorer, comme l'explique la recette 11.2, page 413, et comme le montre l'exemple ci-dessous :

```
#contenu {
 /*
  solution au problème de font-size pour WinIE 5 :
  1) valeur pour WinIE 5/5.5 en premier :
 */
 font-size: x-small;
 voice-family: "\"}\"";
 voice-family: inherit;
 /*
  2) valeur correcte répétée ensuite 2 fois :
 */
font-size: small;
}
html>#contenu
 font-size: small;
}
```

Utiliser les em pour contrôler la police

Bien que les mots-clés apportent un contrôle général sur la taille de la typographie, les concepteurs souhaitent généralement disposer de possibilités plus vastes que celles offertes par ces mots-clés. La solution proposée dans cette recette, conçue par Richard Rutter (*http://www.clagnut.com/*), apporte ces possibilités.

Les navigateurs fixent la taille par défaut du texte à 16 pixels, ce qui équivaut au mot-clé `medium`. En attribuant la valeur `62.5%` à la propriété `font-size` de l'élément body, cette taille par défaut devient 10 pixels :

```
(16 pixels)62.5% = 10 pixels
```

Comme nous l'avons expliqué précédemment, un em correspond à la taille de police par défaut dans le navigateur de l'utilisateur. En modifiant la taille par défaut de l'élément body, un em équivaut désormais à 10 pixels.

```
1em = 10px
```

Cette solution permet au développeur web de fixer indirectement la taille des polices en pixels, sans les contraintes d'emploi des pixels imposées par les navigateurs.

Par exemple, si le développeur souhaite fixer la taille des titres à 24 pixels et le texte des paragraphes à 15 pixels, il peut employer les règles suivantes :

```
body {
 font-size: 62.5%;
}
input, select, th, td {
 font-size: 1em;
}
h2 {
 font-size: 2.4em;
}
p {
 font-size: 1.5em;
}
```

L'autre intérêt de cette solution réside dans l'héritage naturel sous-jacent. L'utilisation des unités relatives n'entrave pas l'utilisabilité et l'accessibilité, comme c'est le cas des autres solutions.

Voir aussi

L'article de Richard Butter qui détaille la solution décrite (*http://www.clagnut.com/about/*) ; l'article « CSS Design: Size Matters » de Todd Fahrner, qui est un membre invité du groupe de travail sur CSS du W3C (*http://www.alistapart.com/articles/sizematters/*) ; la recette 12.1, page 429, pour l'augmentation de la taille du texte dans le but d'attirer l'attention ; les Recommandations CSS 2.1 (*http://www.w3.org/TR/CSS21/cascade.html#q1*) décrivant la manière dont le navigateur détermine des valeurs ; les Recommandations CSS 2 pour les unités de longueur (*http://www.w3.org/TR/REC-CSS2/syndata.html#length-units*) ; la section *Taille de la police* du chapitre 5 du livre *CSS — La référence*, 2e édition, d'Eric A. Meyer (Éditions O'Reilly).

2.4. Forcer la taille des polices

Problème

Vous voulez forcer le contrôle sur la taille des polices.

Solution

Utilisez la règle `!important` pour annuler les règles de la feuille de style de l'utilisateur :

```
p {
 font-size: 12px !important;
}
```

Discussion

La règle `!important` comprend un point d'exclamation (!) suivi immédiatement du mot *important*.

Dans certains navigateurs, un utilisateur peut définir une feuille de style lui permettant de naviguer sur le Web en paramétrant la taille des polices (et d'autres propriétés CSS) à sa convenance. Cependant, en tant que créateur de documents web, vous pourriez souhaiter avoir un contrôle sur la conformité de l'affichage de vos créations par rapport à ce que vous aviez imaginé. La règle `!important` vous donne une petite assurance sur le maintien de l'intégrité de vos créations. (Cependant, en raison de la nature du support, les documents ne sont jamais absolument précis au « pixel près » d'un écran à l'autre.)

Bien que ce soit vous, en tant que concepteur, qui écriviez les règles `!important`, l'utilisateur a aussi la faculté d'écrire ces règles dans sa propre feuille de style. Et dans les spécifications CSS 2, les règles`!important` écrites par l'utilisateur ont la priorité sur les règles `!important` du concepteur.

Voir aussi

Les Recommandations CSS 2.1 pour les règles `!important` (*http://www.w3.org/TR/CSS21/cascade.html#important-rules*).

2.5. Centrer du texte

Problème

Vous souhaitez centrer du texte dans un paragraphe ou un titre.

Solution

Utilisez la propriété `text-align` avec une valeur fixée à `center` :

```
h3 {
 text-align: center;
}
p {
 text-align: center;
}
```

Discussion

La valeur `center` de la propriété `text-align` est conçue pour contrôler l'alignement du contenu en-ligne au sein d'un élément de bloc.

Voir aussi

Les Recommandations CSS 2.1 pour la propriété `text-align` (*http://www.w3.org/TR/CSS21/text.html#alignment-prop*) ; la recette 4.3, page 186, pour des informations sur le centrage de différents éléments dans une page web.

2.6. Justifier du texte

Problème

Vous voulez justifier du texte à gauche et à droite, comme à la *figure 2-7*.

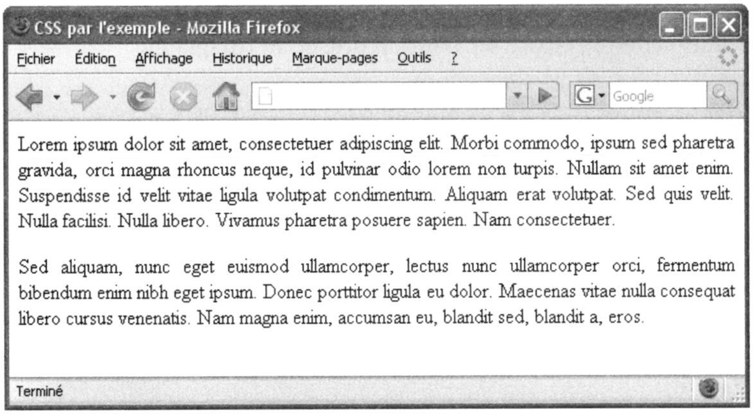

Figure 2-7. Paragraphe justifié à gauche et à droite

Solution

Utilisez la propriété `text-align` :

```
P {
 width: 600px;
 text-align: justify;
}
```

Discussion

Dans quelle mesure la justification du texte fonctionne-t-elle ? Selon les Recommandations CSS 2.1, cela dépend des algorithmes mis au point par les développeurs des navigateurs pour visualiser la page web. Comme il n'existe pas d'accord sur un algorithme unique de justification du texte, l'aspect du texte varie d'un navigateur à l'autre, même si l'éditeur du navigateur prend techniquement en charge la justification.

Le support de la propriété est bon dans Internet Explorer 4+ pour Windows, Internet Explorer 5 pour Mac, Safari et Opera 3+. Dans ces navigateurs, le texte justifié est plaisant à l'œil. Dans d'autres navigateurs, le texte justifié n'a pas belle allure ; par exemple, il peut y avoir de nombreux espaces entre les mots.

Voir aussi

Les Recommandations CSS 2.1 pour la propriété `text-align` (*http://www.w3.org/TR/REC-CSS2/text.html#alignment-prop*).

2.7. Supprimer l'espace entre les titres et les paragraphes

Problème

Vous souhaitez réduire l'espace séparant un titre et un paragraphe.

Solution

Fixez la valeur des propriétés `margin` et `padding` du titre et du paragraphe à zéro :

```
h2 {
 margin: 0;
 padding: 0;
}
p {
 margin: 0;
 padding: 0;
}
```

Discussion

Les navigateurs disposent de leurs propres feuilles de style internes qui attribuent des valeurs par défaut aux éléments HTML. En particulier, les marges et l'espacement des éléments de titre et de paragraphe sont prédéterminés.

Ces valeurs par défaut facilitent la création de documents lisibles sans employer des styles, mais les concepteurs web regrettent souvent leur existence.

Pour retirer l'espacement par défaut entre la zone d'affichage (parfois appelée fenêtre du navigateur) et les éléments de la page web, fixez la valeur des propriétés `margin` et `padding` de l'élément `body` à zéro.

Voir aussi

La feuille de style par défaut pour HTML 4 donnée par les Recommandations CSS 2.1 (*http://www.w3.org/TR/CSS21/sample.html*).

2.8. Définir une lettrine

Problème

Vous voulez qu'un paragraphe commence par une lettrine.

Solution

Balisez le texte concerné comme paragraphe à l'aide de l'élément p :

```
<p>En ligne, les échanges d'idées sont accélérés. La distribution de
messages de propagande comme la diffusion de fausses informations a lieu
de manière incroyablement rapide grâce à l'état des technologies&hellip;</p>
```

Utilisez le pseudo-élément `:first-letter` pour appliquer un style à la première lettre du paragraphe, comme le montre la *figure 2-8* :

```
p:first-letter {
 font-size: 1.2em;
 background-color: black;
 color: white;
}
```

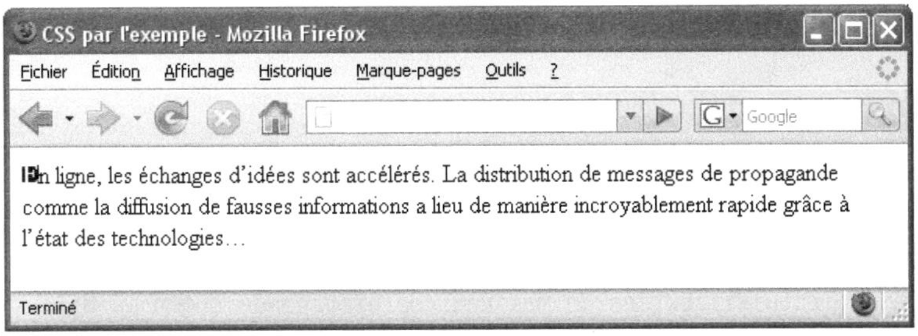

Figure 2-8. Une lettrine simple

Discussion

Les spécifications CSS offrent un moyen commode d'appliquer des styles à la première lettre d'un paragraphe pour en faire une lettrine traditionnelle : utilisez le pseudo-élément `:first-letter`.

`:first-letter` est reconnu par les navigateurs modernes, comme Internet Explorer 6 pour Windows, Firefox, Safari et Opera. Pour les autres navigateurs, une solution différente est nécessaire.

Placez un élément span avec l'attribut `class` autour de la première lettre de la première phrase du premier paragraphe :

```
<p><span class="lettrine">E</span>n ligne, les échanges d'idées sont
accélérés. La distribution de messages de propagande comme la diffusion
de fausses informations a lieu de manière incroyablement rapide grâce à
l'état des technologies&hellip;</p>
```

Puis définissez le style de la lettrine :

```
p .lettrine {
 font-size: 1.2em;
 background-color: black;
 color: white;
}
```

Les lettrines sont traditionnellement agrandies de quelques points jusqu'à trois lignes de texte.

Voir aussi

Les Recommandations CSS 2.1 pour le pseudo-élément `:first-letter` (*http://www.w3.org/TR/CSS21/selector.html#x52*) ; plus d'informations sur les lettrines en général (*http://fonts.lordkyl.net/fonts.php?category=vers*).

2.9. Définir une lettrine au centre

Problème

Vous voulez placer une lettrine de grande taille au centre d'un paragraphe.

Solution

Enveloppez la lettrine de la première phrase du premier paragraphe d'un élément `span` ayant comme attribut `class` :

```
<p><span class="lettrine">E</span>n ligne, les échanges d'idées sont
accélérés. La distribution de messages de propagande comme la diffusion
de fausses informations a lieu de manière incroyablement rapide grâce
à l'état des technologies&hellip;</p>
```

En plus d'appliquer un style à la première lettre du paragraphe à l'aide de l'élément `span` associé à un sélecteur de classe, créez la décoration qui définit l'indentation du texte du paragraphe (voir la *figure 2-9*) :

```
p {
 text-indent: 37%;
 line-height: 1em;
}
p span.lettrine {
 font-size: 6em;
```

```
    line-height: 0.6em;
    font-weight: bold;
  }
```

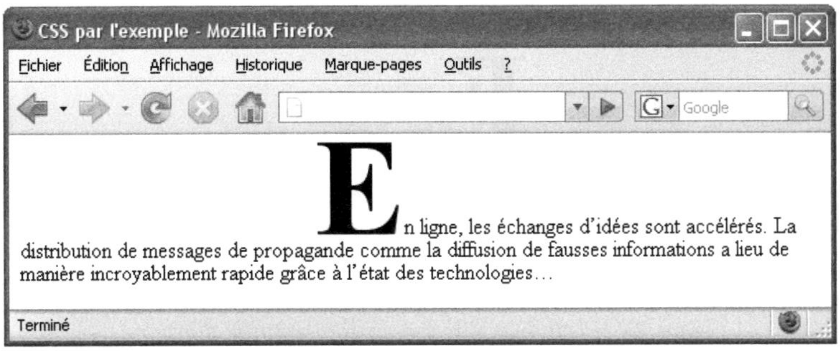

Figure 2-9. Une lettrine de grande taille au centre

Discussion

La solution fonctionne en raison de l'interaction de trois propriétés CSS. La première est `text-indent` qui déplace la première ligne de texte vers le milieu du paragraphe. La valeur est fixée à 37%, ce qui représente un peu plus d'un tiers de la distance depuis le bord gauche du paragraphe (voir la *figure 2-10*), mais pas suffisamment pour « centrer » la lettrine.

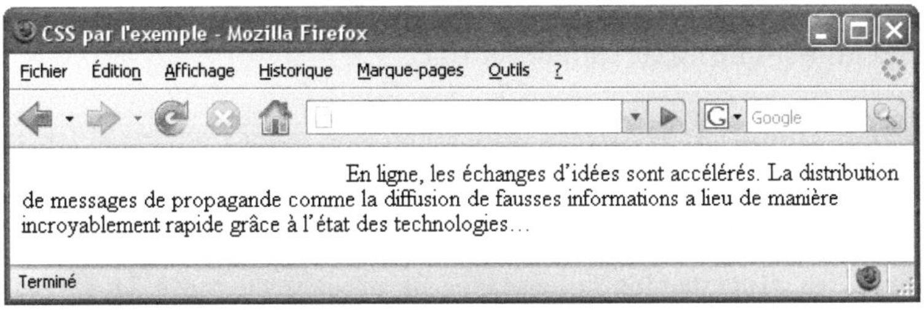

Figure 2-10. Le texte indenté

La propriété suivante dans l'ordre d'intervention est `font-size`. La définition de la taille à 6 em équivaut à six fois (soit 600%) la taille par défaut de la police définie dans le navigateur (voir la *figure 2-11*).

Puisque la taille de la police est six fois plus grande que le reste du texte, l'interlignage entre la première et la deuxième ligne est désormais plus important qu'il ne l'est dans le reste du texte. Pour corriger cela, définissez la hauteur de ligne de l'élément `span` à 0,6 em.

Notez que cette recette, qui centre une lettrine, fonctionne techniquement lorsque la largeur des caractères est égale à 26% de la largeur du paragraphe. Autrement dit, si la lettre de la lettrine ou si la largeur du paragraphe sont différents dans votre propre travail, des ajustements de valeurs dans les règles CSS sont nécessaires pour déplacer la lettrine au centre.

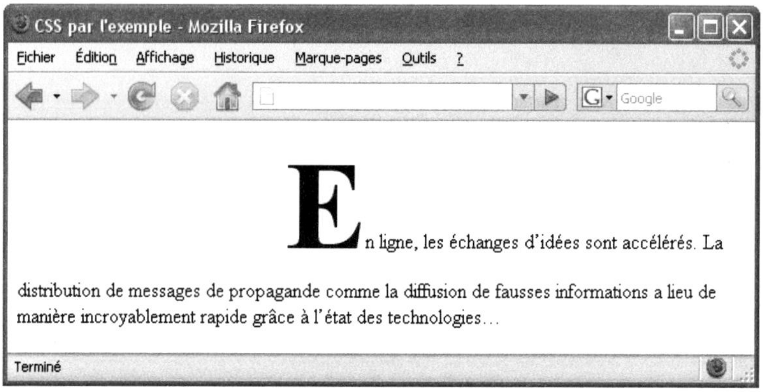

Figure 2-11. Lettrine définie à six fois sa taille d'origine

Voir aussi

La recette 2.23, page 104, pour l'ajustement de l'interligne avec la hauteur de ligne ; les Recommandations CSS 2.1 pour la propriété `text-indent` (*http://www.w3.org/TR/CSS21/text.html#propdef-text-indent*).

2.10. Définir une lettrine avec enluminures

Problème

Vous voulez utiliser une image comme lettrine.

Solution

Placez la lettrine de la première phrase du premier paragraphe dans un élément `span` :

```
<p><span class="lettrine">E</span>n ligne, les échanges d'idées sont
accélérés. La distribution de messages de propagande comme la diffusion
de fausses informations a lieu de manière incroyablement rapide grâce
à l'état des technologies&hellip;</p>
```

Masquez le contenu de l'élément `span` :

```
span.lettrine {
 display: none;
}
```

Définissez ensuite une image à utiliser comme lettrine dans le fond du paragraphe (voir la *figure 2-12*) :

```
p {
 line-height: 1em;
 background-image: url(lettrine-e.gif);
 background-repeat: no-repeat;
 text-indent: 55px;
 padding-top: 45px;
}
```

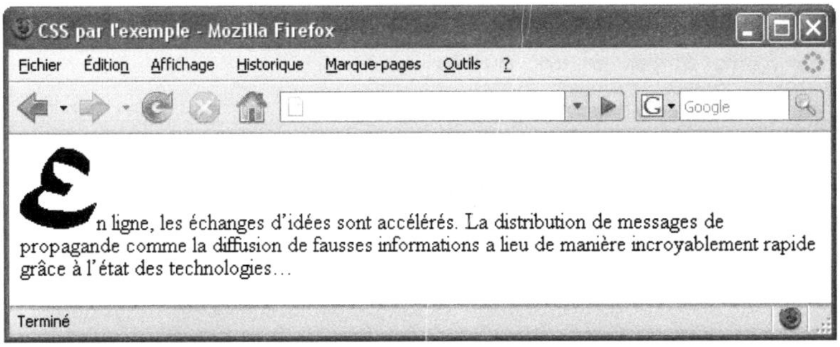

Figure 2-12. Une image utilisée comme lettrine

Discussion

La première étape de la solution est de créer une image à utiliser comme lettrine. Une fois l'image créée, notez sa largeur et sa hauteur. Dans cet exemple, l'image de la lettrine mesure 55 × 58 pixels (voir la *figure 2-13*).

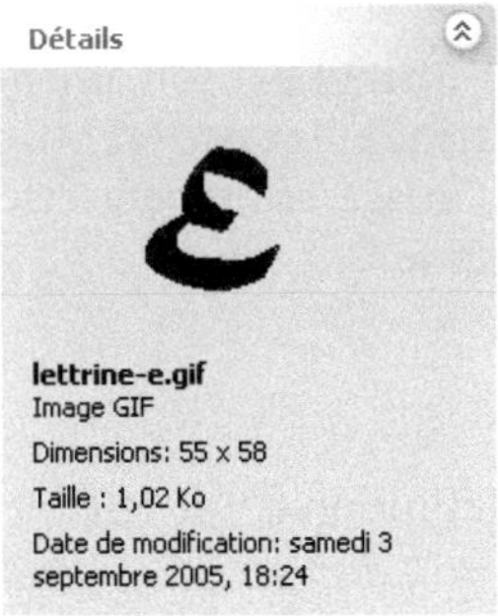

Figure 2-13. L'image de la lettrine

Ensuite, masquez le première lettre du texte HTML en définissant la propriété `display` à `none`, placez l'image à l'arrière-plan du paragraphe, en veillant à ce qu'elle ne se répète pas ; pour cela, définissez la valeur de `background-repeat` à `no-repeat` :

```
background-image: url(lettrine-e.gif);
background-repeat: no-repeat;
```

Les dimensions de l'image étant connues, affectez la largeur de l'image à la propriété `text-indent` et utilisez sa hauteur comme espacement supérieur du paragraphe (voir la *figure 2-14*) :

```
text-indent: 55px;
padding-top: 58px;
```

Modifiez ensuite les valeurs de `text-indent` et de `padding-top` pour que la lettrine repose sur la ligne de base, comme l'illustre la *figure 2-12*.

Notez que les utilisateurs qui désactivent l'affichage des images dans leur navigateur ne peuvent voir la lettrine, en particulier du fait que la solution ci-dessus n'autorise pas d'attribut `alt` pour cette image. Si vous voulez utiliser une image associée à un attribut

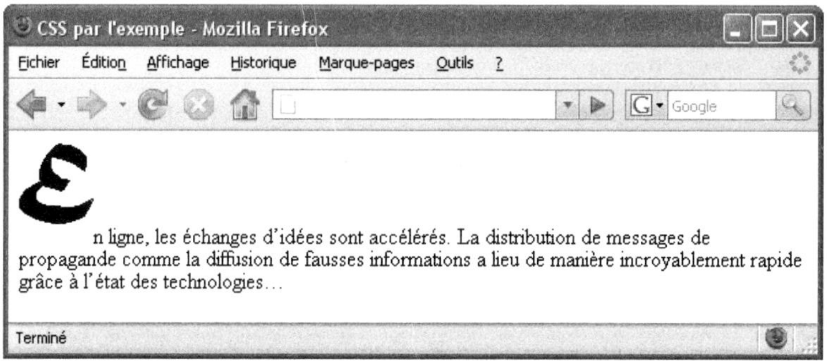

Figure 2-14. Ajustement de l'espace autour de la lettrine

`alt` qui affiche un texte lorsque l'utilisateur désactive l'affichage des images, utilisez une image pour remplacer le caractère HTML :

```
<p><img src="lettrine-e.gif" alt="E">n ligne, les échanges d'idées sont
accélérés. La distribution de messages de propagande comme la diffusion
de fausses informations a lieu de manière incroyablement rapide grâce
à l'état des technologies&hellip;</p>
```

Notez également que, bien que l'attribut `alt` soit affiché dans cette solution, la possibilité d'agir sur l'espace entre la lettrine et le texte HTML est perdue. Le texte HTML commence exactement à droite de l'image et ne peut être rapproché de la lettre qui est affichée dans le graphique lui-même.

Voir aussi

La recette 2.8, page 75, pour la définition d'une lettrine simple.

2.11. Créer un titre avec un texte mis en forme

Problème

Vous voulez utiliser les propriétés CSS pour créer un titre différent du titre par défaut. Par exemple, vous voulez mettre en italique le titre de la *figure 2-15*, comme le montre la *figure 2-16*.

Solution

En premier lieu, balisez correctement le titre :

```
<h2>Génération d'une satisfaction immédiate</h2>
<p>En ligne, les échanges d'idées sont accélérés. La distribution de
messages de propagande comme la diffusion de fausses informations a lieu de
manière incroyablement rapide grâce à l'état des technologies&hellip;</p>
```

Ensuite, utilisez la propriété abrégée `font` pour modifier facilement le style du titre :

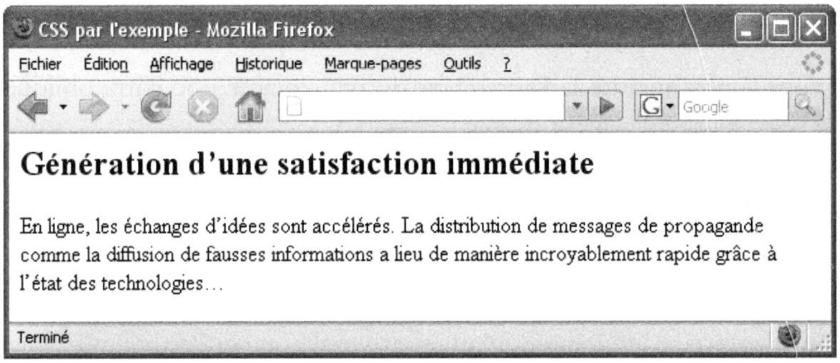

Figure 2-15. Rendu par défaut d'un titre

Figure 2-16. Mise en forme du texte du titre

```
h2 {
 font: bold italic 2em  Georgia, Times, "Times New Roman", serif;
 margin: 0;
 padding: 0;
}
p {
 margin: 0;
 padding: 0;
}
```

Discussion

Comme nous l'avons expliqué à la recette 1.12, page 45, une *propriété abrégée* combine plusieurs propriétés en une seule. La propriété `font` est l'une de ces propriétés qui économisent du temps. Une propriété `font` synthétise les propriétés suivantes :

- `font-style` ;
- `font-variant` ;
- `font-weight` ;
- `font-size/line-height` ;
- `font-family`.

Les valeurs des trois premières propriétés peuvent être placées dans n'importe quel ordre, alors que les autres doivent respecter celui indiqué.

Lorsque vous voulez inclure la valeur `line-height`, placez une barre oblique entre la valeur de `font-size` et la valeur de `line-height` :

```
p {
 font: 1em/1.5em Verdana, Arial, sans-serif;
}
```

En définissant les titres, souvenez-vous que les navigateurs ont leurs propres valeurs par défaut pour l'espacement et les marges des paragraphes. Ces valeurs par défaut sont généralement basées sur des données mathématiques, non sur l'esthétique ; aussi, n'hésitez pas à les ajuster pour améliorer l'aspect de votre document web.

Voir aussi

Les Recommandations CSS 2.1 pour la propriété abrégée `font` (*http://www.w3.org/TR/CSS21/fonts.html#propdef-font*).

2.12. Créer un titre avec du texte mis en forme et des bordures

Problème

Vous voulez appliquer un style aux bordures supérieure et inférieure d'un titre (voir la *figure 2-17*).

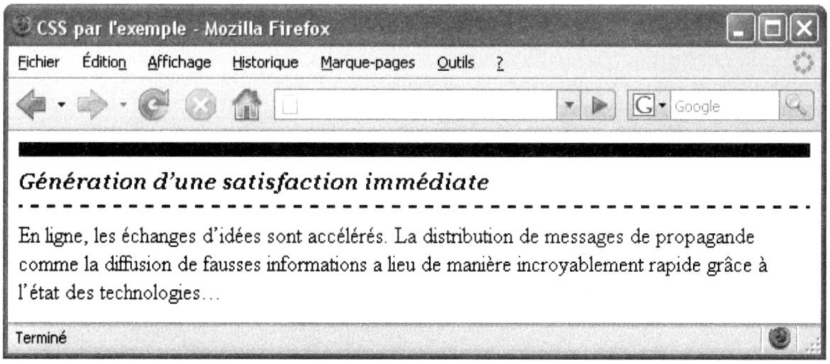

Figure 2-17. Titre mis en forme avec des bordures

Solution

Utilisez les propriétés `border-top` et `border-bottom` pour définir le style du titre :

```
h2 {
 font: bold italic 2em Georgia, Times, "Times New Roman", serif;
 border-bottom: 2px dashed black;
```

```
    border-top: 10px solid black;
    margin: 0;
    padding: 0.5em 0 0.5em 0;
    font-size: 1em;
}
p {
    margin: 0;
    padding: 10px 0 0 0;
}
```

Discussion

En plus de bordures haute et basse, un élément de bloc peut avoir également une bordure sur les côtés gauche et droit *via* les propriétés `border-left` et `border-right`, respectivement. Les propriétés `border-top`, `border-bottom`, `border-left` et `border-right` sont des propriétés abrégées qui permettent aux développeurs de définir la largeur, le style et la couleur de chaque côté d'une bordure.

Sans les deux déclarations abrégées de bordure dans la solution ci-dessus, la règle CSS du titre devrait s'étendre sur quatre déclarations supplémentaires :

```
h2 {
    font: bold italic 2em Georgia, Times, "Times New Roman", serif;
    border-bottom-width: 2px;
    border-bottom-style: dashed;
    border-bottom-color: black;
    border-top-width: 10px;
    border-top-style: solid;
    border-top-color: black;
    margin: 0;
    padding: 0.5em 0 0.5em 0;
    font-size: 1em;
}
```

Il existe aussi une propriété abrégée pour les propriétés abrégées `border-top`, `border-bottom`, `border-left` et `border-right` : `border`. La propriété `border` définit un même style de bordure (largeur, style, couleur) sur les quatre côtés d'un élément :

```
h2 {
    border: 3px dotted #33333;
}
```

En définissant les bordures, veillez à ajuster l'espacement pour ménager suffisamment d'espace entre les bordures et le texte du titre. Cela facilite la lisibilité. Sans suffisamment d'espace autour du titre, le texte de celui-ci peut apparaître confiné.

Voir aussi

La recette 4.4, page 192, pour plus d'informations sur les styles de bordures et la propriété abrégée `border`.

2.13. Mettre en forme un titre avec du texte et une image

Problème

Vous voulez répéter une image en bas d'un titre, telle l'image d'herbes hautes de la *figure 2-18.*

Solution

Utilisez les propriétés background-image, background-repeat et background-position :

```
h2 {
 font: bold italic 2em Georgia, Times, "Times New Roman", serif;
 background-image: url(herbes_hautes.jpg);
 background-repeat: repeat-x;
 background-position: bottom;
 border-bottom: 10px solid #666;
 margin: 10px 0 0 0;
 padding: 0.5em 0 60px 0;
}
```

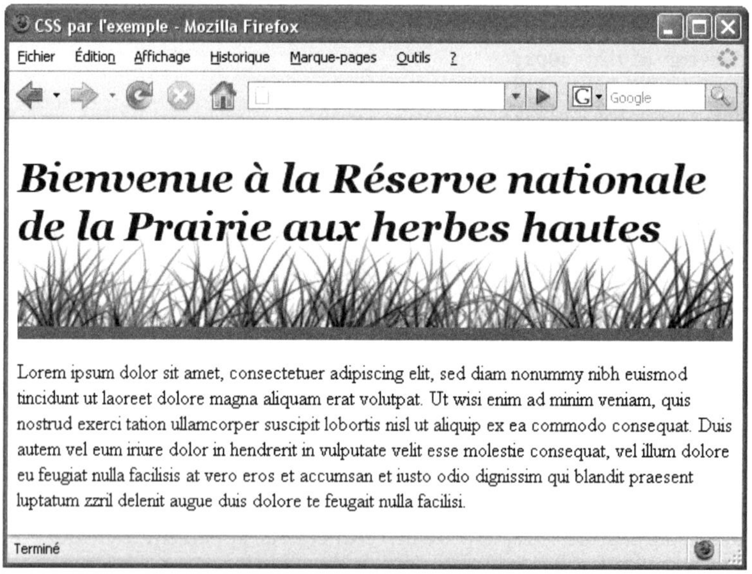

Figure 2-18. Image d'arrière-plan utilisée avec un titre

Discussion

Notez la hauteur de l'image utilisée en arrière-plan. Dans cet exemple, elle est de 100 pixels (voir la *figure 2-19*).

Figure 2-19. Une image d'herbes hautes

Fixez la propriété `background-repeat` à la valeur `repeat-x`, ce qui provoquera la répétition horizontale de l'image :

```
background-image: url(herbes_hautes.jpg);
background-repeat: repeat-x;
```

Ensuite, définissez la propriété `background-position` à `bottom` :

```
background-position: bottom;
```

La propriété `background-position` admet deux valeurs correspondant à l'axe horizontal et vertical. Les valeurs de `background-position` peuvent être une unité de mesure (comme des pixels), un pourcentage ou un mot-clé. Pour positionner un élément sur l'axe des x, utilisez les valeurs `left`, `center` ou `right`. Pour l'axe des y, utilisez les valeurs `top`, `center` ou `bottom`.

Lorsqu'un axe n'est pas mentionné, l'image est placée au centre de cet axe, comme le montre la *figure 2-20*.

```
background-position: bottom;
```

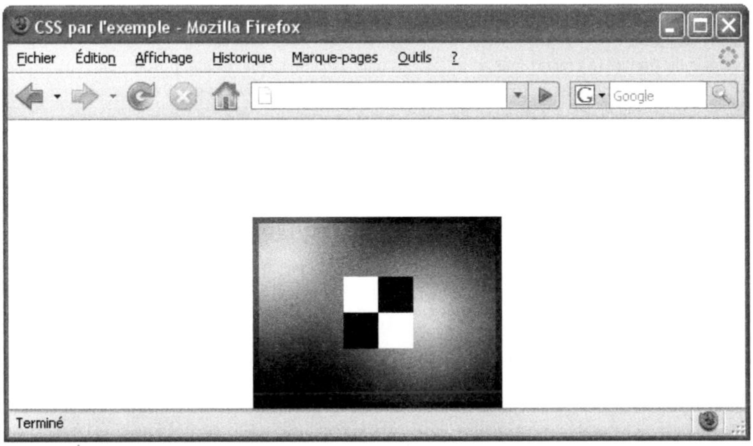

Figure 2-20. L'image est alignée en bas de l'axe des y et au centre de l'axe des x

Par conséquent, dans cette solution, l'image se trouve en bas de l'axe des y et est répétée le long de l'axe des x.

Voir aussi

La recette 3.3, page 117, pour la définition d'une image d'arrière-plan dans toute une page web.

2.14. Créer une citation avec du texte HTML

Problème

Vous voulez appliquer un style au texte d'une citation pour qu'elle diffère d'une citation par défaut. Il n'est pas évident que les citations indifférenciées soient d'un autre auteur (voir la *figure 2-21*), tandis que les citations mises en forme le sont (voir la *figure 2-22*).

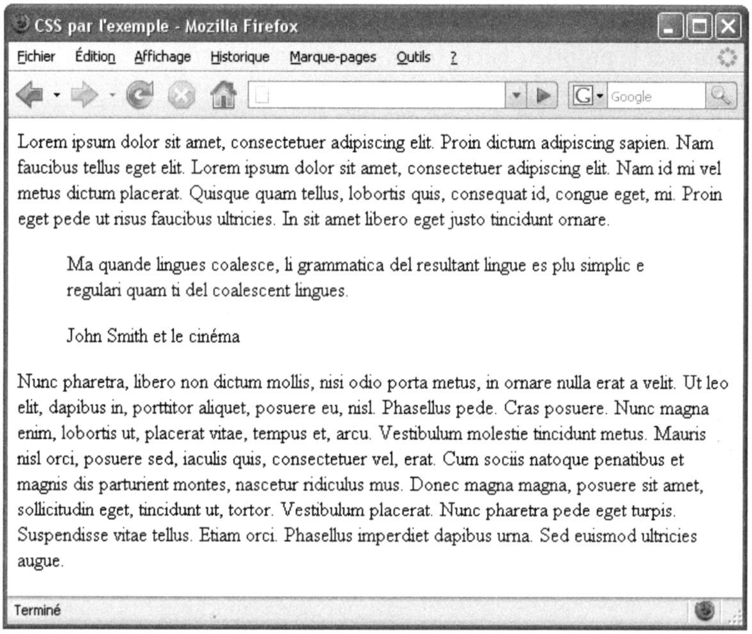

Figure 2-21. Le rendu par défaut du texte d'une citation

Solution

Utilisez l'élément `blockquote` pour baliser sémantiquement la citation :

```
<blockquote>
 <p>Ma quande lingues coalesce, li grammatica del resultant lingue es plu
simplic e regulari quam ti del coalescent lingues.</p>
 <div class="source">John Smith et le cinéma</div>
</blockquote>
```

À l'aide de CSS, appliquez les valeurs de marge, d'espacement et de couleur à l'élément `blockquote` :

```
blockquote {
 margin: 0;
 padding: 0;
 color: #555;
}
```

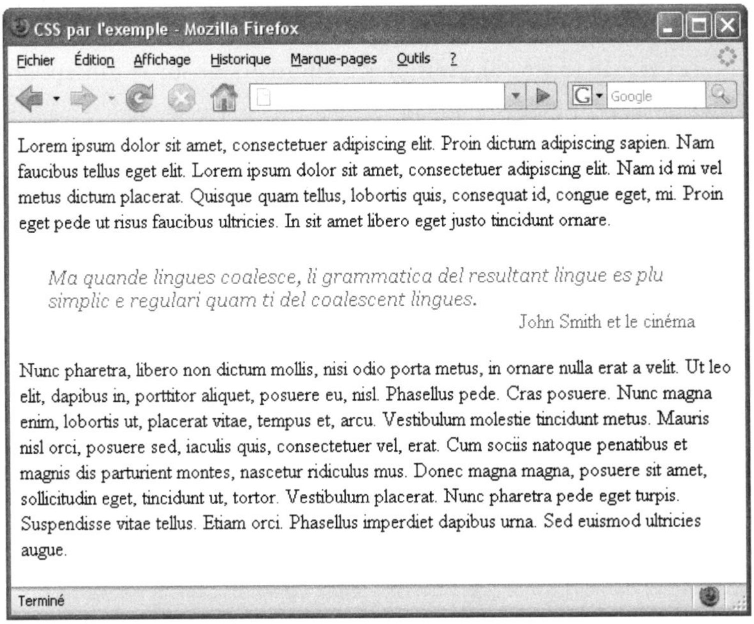

Figure 2-22. La citation mise en forme

Ensuite, définissez le style des éléments `p` et `div` insérés dans l'élément `blockquote` :

```
blockquote p {
 font: italic 1em Georgia, Times, "Times New Roman", serif;
 font-size: 1em;
 margin: 1.5em 2em 0 1.5em;
 padding: 0;
}
blockquote .source {
 text-align: right;
 font-style: normal;
 margin-right: 2em;
}
```

Discussion

Une citation est utilisée en conception pour capter l'attention d'un lecteur et l'encourager à en lire davantage. Un moyen facile de créer une citation est de changer la couleur d'une portion du texte principal. Augmentez l'impact en ajoutant un contraste : changez de police générique dans la citation pour qu'elle se détache du texte courant. Par exemple, si le texte courant d'un document web est dans une police sans-serif, définissez le texte de la citation dans une police serif.

Voir aussi

Les recettes 2.15 et 2.16 (page 90), pour plus d'informations sur la conception de citations avec CSS.

2.15. Créer une citation avec des bordures

Problème

Vous voulez mettre en forme une citation avec des bordures en haut et en bas, comme le montre la *figure 2-23*.

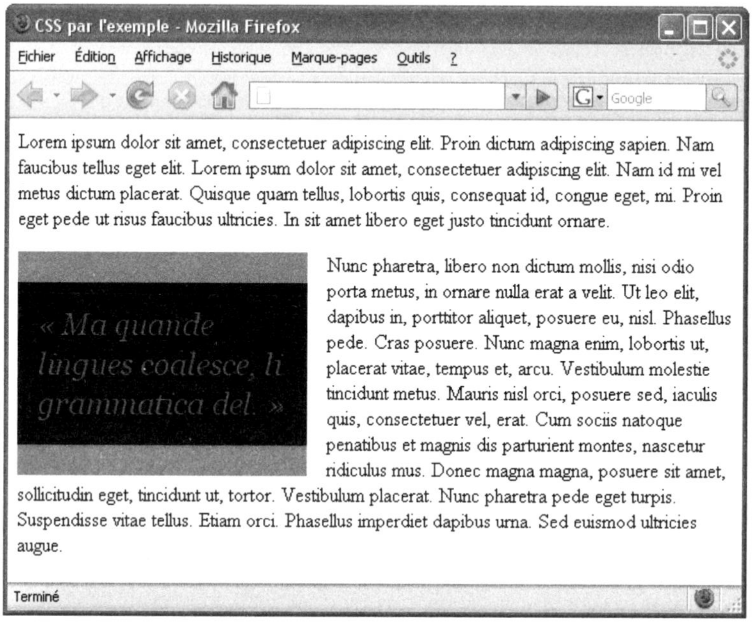

Figure 2-23. Une citation mise en forme en utilisant des bordures

Pour placer les bordures à gauche et à droite et non au-dessus et en bas, utilisez les propriétés `border-left` et `border-right` :

```
border-left: 1em solid #999;
border-right: 1em solid #999;
```

Solution

Utilisez l'élément `blockquote` pour délimiter le contenu de la citation :

```
<blockquote>
 <p>&laquo; Ma quande lingues coalesce, li
grammatica del. &raquo;</p>
</blockquote>
```

Ensuite, définissez les règles CSS pour la bordure et le texte dans la citation :

```
blockquote {
 float: left;
 width: 200px;
 margin: 0 0.7em 0 0;
 padding: 0.7em;
 color: #666;
 background-color: black;
 font-family: Georgia, Times, "Times New Roman", serif;
 font-size: 1.5em;
 font-style: italic;
 border-top: 1em solid #999;
 border-bottom: 1em solid #999;
}
blockquote p {
 margin: 0;
 padding: 0;
 text-align: left;
 line-height: 1.3em;
}
```

Discussion

Fixez les propriétés `float` et `width` de l'élément `blockquote`. Ces deux propriétés CSS permettent le déroulement du contenu autour de la citation :

```
float: left;
width: 200px;
```

Mettez la citation en contraste avec le texte environnant en modifiant ses couleurs d'avant-plan et d'arrière-plan :

```
color: #666;
background-color: black;
```

Utilisez les propriétés `border-top` et `border-bottom` pour correspondre à la couleur du texte dans la citation :

```
border-top: 1em solid #999;
border-bottom: 1em solid #999;
```

Voir aussi

Le chapitre 9 pour les techniques de mise en pages qui tirent profit de la propriété `float` ; la recette 2.12, page 82, pour l'habillage de titres avec des bordures ; les recettes 12.3 (page 433) et 12.4 (page 435), pour plus d'informations sur l'utilisation des contrastes dans la conception.

2.16. Créer une citation avec des images

Problème

Vous voulez appliquer des styles à une citation avec des images de chaque côté, comme par exemple les accolades de la *figure 2-24*.

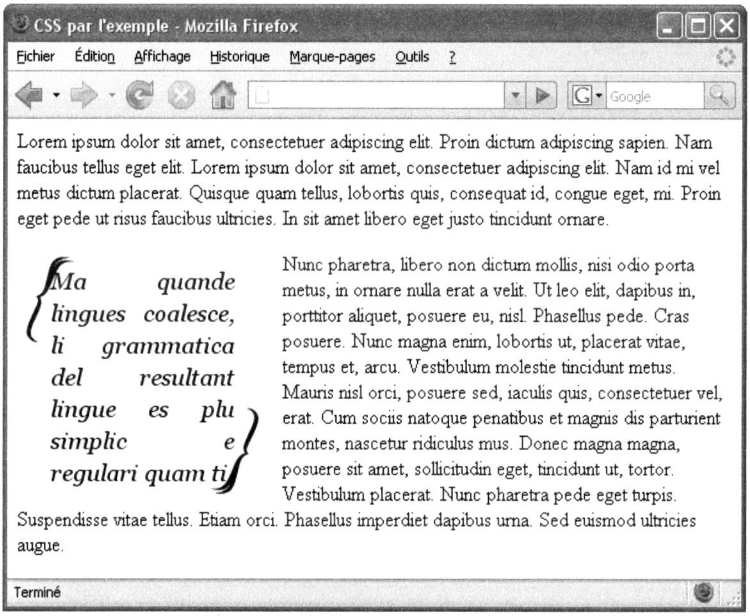

Figure 2-24. Une citation avec des images

Solution

Utilisez l'élément blockquote pour baliser le contenu de la citation :

```
<blockquote>
 <p>Ma quande lingues coalesce, li grammatica del resultant
lingue es plu simplic e regulari quam ti.</p>
</blockquote>
```

Définissez ensuite le style d'une citation, en plaçant une image à l'arrière-plan de l'élément blockquote et une autre à l'arrière-plan de l'élément p :

```
blockquote {
 background-image: url(accolade_gauche.gif);
 background-repeat: no-repeat;
 float: left;
 width: 175px;
 margin: 0 0.7em 0 0;
 padding: 10px 0 0 27px;
 font-family: Georgia, Times, "Times New Roman", serif;
```

```
  font-size: 1.2em;
  font-style: italic;
  color: black;
}
blockquote p {
  margin: 0;
  padding: 0 22px 10px 0;
  width:150px;
  text-align: justify;
  line-height: 1.3em;
  background-image: url(accolade_droite.gif);
  background-repeat: no-repeat;
  background-position: bottom right;
}
```

Discussion

Pour cette solution, les images des accolades se présentent par paire, l'une étant dans le coin supérieur gauche et l'autre étant dans le coin inférieur droit. Avec CSS, vous ne pouvez affecter qu'une seule image d'arrière-plan par élément de bloc.

Pour contourner le problème, la solution consiste à fournir à ces images un emplacement approprié ; placez une image à l'arrière-plan de l'élément `blockquote` et l'autre à l'arrière-plan de l'élément `p`, qui est un enfant de l'élément `blockquote` :

```
blockquote {
  background-image: url(accolade_gauche.gif);
  background-repeat: no-repeat;
  float: left;
  width: 175px;
}
blockquote p {
  background-image: url(accolade_droite.gif);
  background-repeat: no-repeat;
  background-position: bottom right;
}
```

Ajustez ensuite l'espacement, les marges et la largeur des éléments `blockquote` et `p` pour avoir une vue dégagée des images :

```
blockquote {
  background-image: url(accolade_gauche.gif);
  background-repeat: no-repeat;
  float: left;
  width: 175px;
  margin: 0 0.7em 0 0;
  padding: 10px 0 0 27px;
}
blockquote p {
  margin: 0;
  padding: 0 22px 10px 0;
  width: 150px;
```

```
    background-image: url(accolade_droite.gif);
    background-repeat: no-repeat;
    background-position: bottom right;
  }
```

Cette solution présente l'avantage qu'en cas de redimensionnement du texte, comme l'illustre la *figure 2-25*, les images (accolades) se repositionnent d'elles-mêmes.

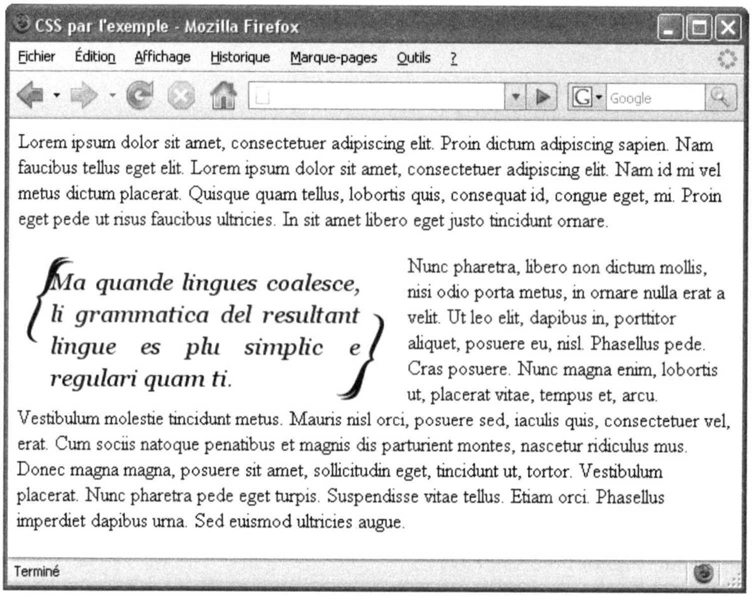

Figure 2-25. Les images d'arrière-plan restent dans les coins lorsque le texte est redimensionné

Voir aussi

La recette 6.15, page 257, pour un autre exemple de la technique de l'élastique. Si vous tirez sur les deux extrémités d'un élastique, il reste intact, tout comme la présentation des images lorsque vous redimensionnez le texte.

2.17. Indenter la première ligne d'un paragraphe

Problème

Vous voulez indentez la première ligne de chaque paragraphe et transformer les paragraphes de la *figure 2-26* en paragraphes de la *figure 2-27*.

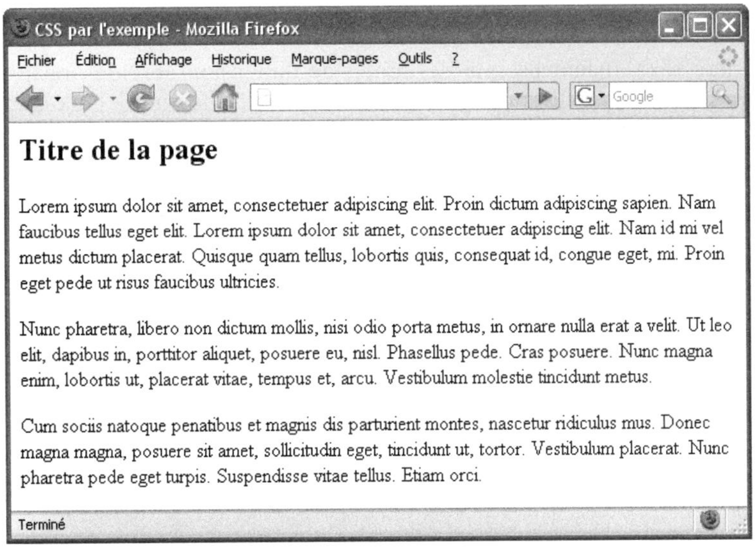

Figure 2-26. Rendu par défaut des paragraphes

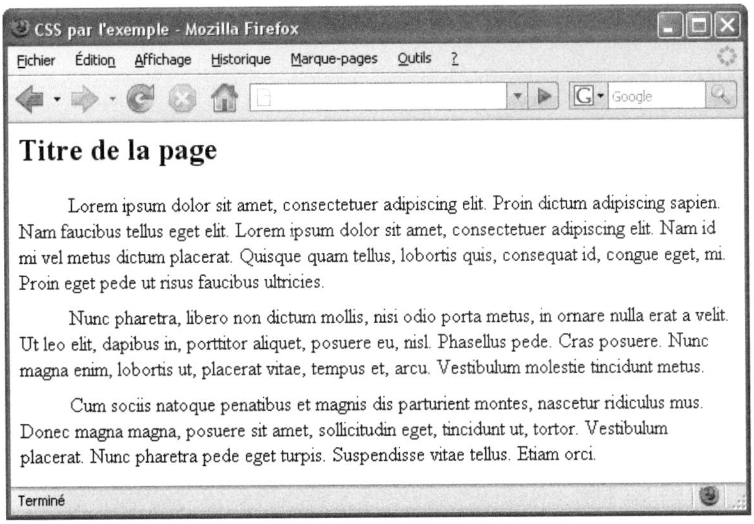

Figure 2-27. Rendu des paragraphes avec indentation de la première ligne

Solution

Utilisez la propriété `text-indent` pour créer l'indentation :

```
p {
 text-indent: 2.5em;
 margin: 0 0 0.5em 0;
 padding: 0;
}
```

Discussion

La propriété `text-indent` accepte des unités de dimension absolues, relatives ou en pourcentage. Si vous utilisez des pourcentages, ils font référence à la largeur de l'élément et non à la largeur totale de la page. Autrement dit, si l'indentation est définie à 35% d'un paragraphe dont la largeur est de 200 pixels, la largeur de l'indentation est 70 pixels.

Voir aussi

Les Recommandations CSS 2.1 pour plus d'informations sur la propriété `text-indent` (*http://www.w3.org/TR/CSS21/text.html#propdef-text-indent*).

2.18. Définir l'indentation de paragraphes entiers

Problème

Vous voulez indenter des paragraphes entiers, ou passer de la *figure 2-28* à la *figure 2-29*.

Solution

Pour obtenir l'effet désiré, utilisez les sélecteurs de classe :

```
p.normal {
 padding: 0;
 margin-left: 0;
 margin-right: 0;
}
p.large {
 margin-left: 33%;
 margin-right: 5%;
}
p.medium {
 margin-left: 15%;
 margin-right: 33%;
}
```

Placez ensuite l'attribut approprié dans les balises :

```
<p class="normal">Lorem ipsum dolor sit amet, consectetuer adipiscing elit.
Proin dictum adipiscing sapien. Nam faucibus tellus eget elit. Lorem ipsum
dolor sit amet, consectetuer adipiscing elit...</p>
<p class="large">Nunc pharetra, libero non dictum mollis, nisi odio porta
metus, in ornare nulla erat a velit. Ut leo elit, dapibus in, porttitor
aliquet, posuere eu, nisl. Phasellus pede...</p>
<p class="medium">Cum sociis natoque penatibus et magnis dis parturient
montes, nascetur ridiculus mus. Donec magna magna, posuere sit amet,
sollicitudin eget, tincidunt ut, tortor...</p>
```

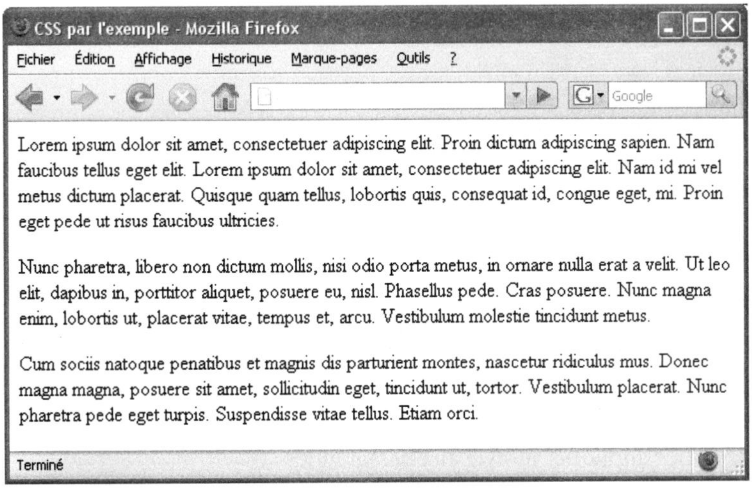

Figure 2-28. Les paragraphes tels qu'affichés par défaut par le navigateur

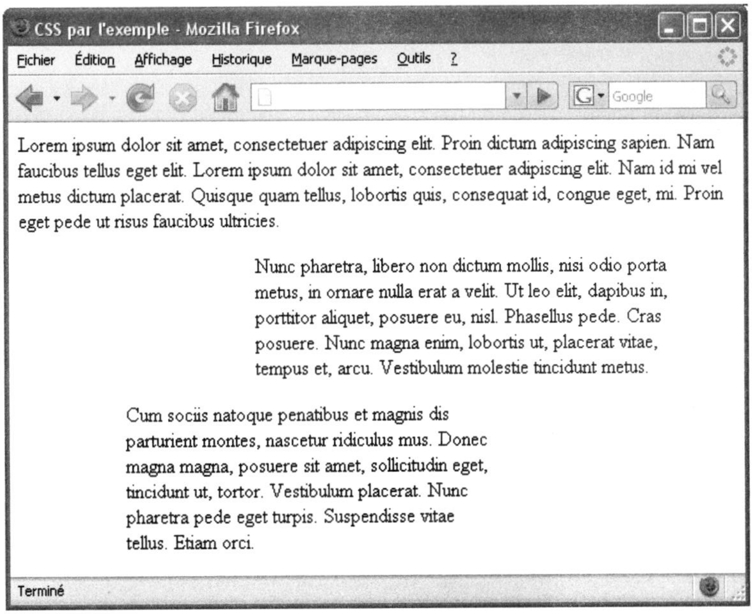

Figure 2-29. Paragraphes indentés

Discussion

Les sélecteurs de classe récupèrent tout élément HTML ayant un attribut `class`. La différence entre les sélecteurs de classe et les sélecteurs de type est que ces derniers récupèrent toutes les occurrences de l'élément HTML. Dans les deux règles CSS suivantes, le premier sélecteur est un sélecteur de type signifiant que tout contenu de titre `h2` doit être affiché en rouge, tandis que la règle CSS suivante, un sélecteur de classe, définit le placement d'un élément à 33% :

```
h2 {
  color: red;
}
.indentationLarge {
  padding-left: 33%;
}
```

La combinaison des sélecteurs de type et de classe sur un élément entraîne une plus grande spécificité de style des éléments. Dans le code suivant, le troisième élément est défini à rouge et comporte un espacement sur la gauche fixé à 33% :

```
<h2>Ce texte est en rouge.</h2>
<h3 class="indentationLarge">Voici une indentation assez importante.</h3>
<h2 class="indentationLarge">Ce texte est en rouge et indenté.</h2>
```

Une autre solution pouvant être utilisée à la place des sélecteurs de classe consiste à appliquer l'indentation en utilisant des marges et ensuite en utilisant des sélecteurs de frère adjacent pour appliquer le style aux paragraphes :

```
p, p+p+p+p {
 padding: 0;
 margin-left: 0;
 margin-right: 0;
}
p+p, p+p+p+p+p {
 margin-left: 33%;
 margin-right: 5%;
}
p+p+p, p+p+p+p+p+p {
 margin-left: 15%;
 margin-right: 33%;
}
```

Cette méthode tire profit des sélecteurs de frère adjacent, représentés par deux sélecteurs standard (ou plus) séparés par des signes plus (+). Par exemple, le sélecteur `h2+p` applique des styles au paragraphe *suivant immédiatement* un élément `h2`.

Dans cette recette, nous voulons appliquer un style à certains paragraphes dans l'ordre où ils apparaissent à l'écran. Par exemple, `p+p` sélectionne l'élément paragraphe qui suit un autre paragraphe. Cependant, lorsqu'il existe plus de deux paragraphes, le troisième paragraphe (ou d'autres après le troisième) est rendu dans le même style que le second paragraphe. Cela se produit parce que le troisième paragraphe est immédiatement suivi d'un autre.

Pour séparer les styles du second et du troisième paragraphe, définissez une autre règle CSS pour le troisième paragraphe qui sélectionne trois paragraphes à la suite :

```
p+p+p {
 margin-left: 15%;
 margin-right: 33%;
}
```

Ensuite, reconstruisez ces règles CSS en *groupant* les sélecteurs. Au lieu d'écrire deux règles CSS pour appliquer un style au troisième et au sixième paragraphes, séparez les sélecteurs par une virgule et un espace :

```
p+p+p, p+p+p+p+p+p {
 margin-left: 15%;
 margin-right: 33%;
}
```

Le principal problème relatif aux sélecteurs de frère adjacent est qu'ils ne sont pas pris en charge par toutes les versions d'Internet Explorer pour Windows. Par conséquent, les utilisateurs ne verront pas tous les paragraphes indentés. Les sélecteurs de frère adjacent sont reconnus dans Safari, Firefox, Netscape Navigator 6+ et Opera 5+.

Voir aussi

Les Recommandations CSS 2.1 pour les sélecteurs de classe (*http://www.w3.org/TR/CSS21/selector.html#class-html*) ; les spécifications CSS 2.1 pour les sélecteurs de frère adjacent (*http://www.w3.org/TR/CSS21/selector.html#adjacent-selectors*).

2.19. Créer une composition en sommaire

Problème

Vous souhaitez créer une composition en sommaire (ou alinéa).

Solution

Affectez une valeur négative à la propriété `text-indent` :

```
p.sommaire {
 text-indent: -5em;
}
```

Discussion

La composition en sommaire existe déjà pour la présentation des listes de définitions dans la plupart des navigateurs. Avec le simple code suivant, une suite de compositions en sommaire (voir la *figure 2-30*) est créée sans demander trop d'efforts.

```
<dl>
 <dt>Composition en sommaire</dt>
 <dd>Effet typographique classique dans lequel la première ligne d'un
paragraphe est alignée sur la marge gauche tandis que les lignes suivantes
sont indentées. Cette composition décale la première ligne vers la gauche
par rapport aux lignes de texte suivantes.</dd>
</dl>
```

Si vous souhaitez effectuer une composition en sommaire uniquement sur un paragraphe, et non une liste, une liste de définitions n'est pas adaptée. L'approche décrite dans la solution implique l'utilisation de la propriété CSS `text-indent`.

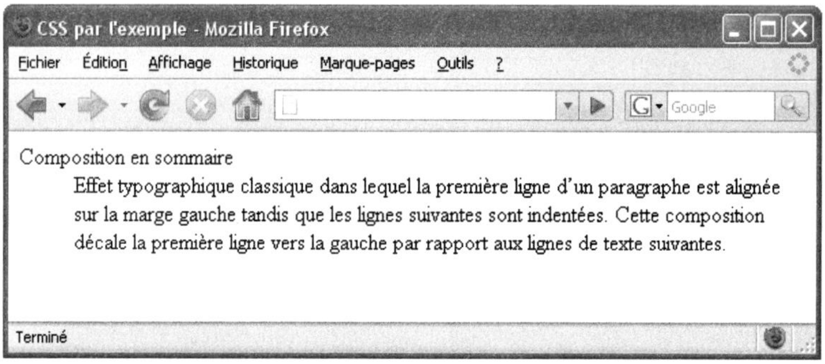

Figure 2-30. Par défaut, les listes de définitions sont affichées avec une composition en sommaire

Composition en sommaire fiable

Avant de placer la propriété `text-indent` dans une feuille de style, vous devez vérifier que le code est écrit de manière adéquate. Par exemple, si vous placez simplement la propriété `text-indent` dans une règle CSS au côté de quelques propriétés de mise en forme de la police, cette composition en sommaire peut provoquer des problèmes de lisibilité.

À la *figure 2-31*, vous remarquerez que la composition en sommaire décale le texte au-delà du bord gauche de la zone d'affichage. Le lecteur pourrait être en mesure de deviner les mots coupés en fonction du contenu du paragraphe, mais ce n'est vraiment pas pratique.

Pour résoudre ce problème, appliquez à la marge gauche du paragraphe une valeur égale à celle de l'indentation. La composition en sommaire se fera alors dans la zone dégagée par la marge, garantissant que le texte qu'elle contient reste visible.

```
p.sommaire {
 text-indent: -5em;
 margin-left: 5em;
}
```

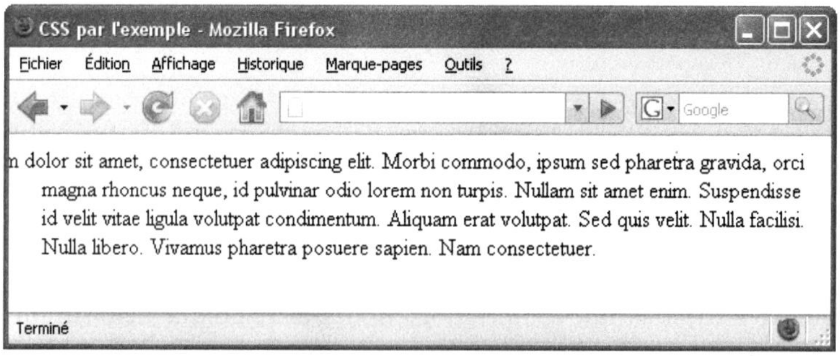

Figure 2-31. La composition en sommaire déborde sur la gauche

Composition en sommaire appariée

Au lieu d'indenter uniquement la première ligne, le décalage d'un titre sur la gauche produit une composition en sommaire appariée (voir la *figure 2-32*) :

```
#contenu p.sommaire {
 text-indent: -60px;
 margin: 0 0 0 60px;
 padding: 0;
}
#contenu h3 {
 text-indent: -60px;
 margin: 0 0 0 60px;
 padding: 0;
}
```

Voici le balisage HTML permettant d'obtenir cette présentation :

```
<div id="contenu">
 <h3>Retour sur nos motivations</h3>
 <p class="sommaire">
Lorem ipsum dolor sit amet, consectetuer adipiscing elit, sed diam
nonummy nibh euismod tincidunt ut laoreet dolore magna aliquam erat
volutpat...</p>
</div>
```

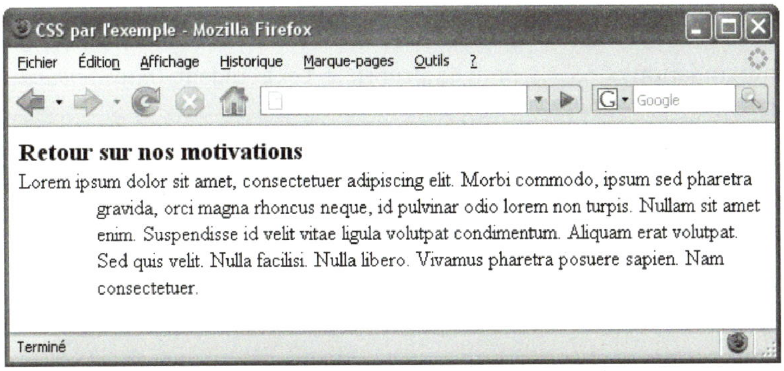

Figure 2-32. Double empilement de la composition en sommaire

Avec un petit ajustement, seul le titre bénéficie de la composition en sommaire (voir la *figure 2-33*) :

```
#contenu p {
 margin: 0;
 padding: 0 0 0 60px;
}
#contenu h3 {
 text-indent: -60px;
 margin: 0 0 0 60px;
 padding: 0;
}
```

Voici le balisage HTML modifié :

```
<div id="contenu">
 <h3>Retour sur nos motivations</h3>
 <p>
Lorem ipsum dolor sit amet, consectetuer adipiscing elit, sed diam
nonummy nibh euismod tincidunt ut laoreet dolore magna aliquam erat
volutpat...</p>
</div>
```

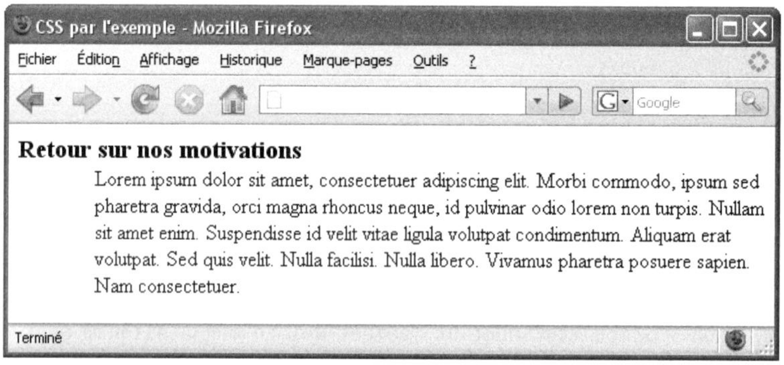

Figure 2-33. Composition en sommaire pour le titre

Voir aussi

Les Recommandations CSS 2.1 pour la propriété `text-indent` (*http://www.w3.org/TR/CSS21/text.html#propdef-text-indent*).

2.20. Mettre en forme la première ligne d'un paragraphe

Problème

Vous voulez définir la première ligne d'un paragraphe en gras, comme à la *figure 2-34*.

Solution

Utilisez le pseudo-élément `:first-line` pour définir le style de la première ligne :

```
p:first-line {
 font-weight: bold;
}
```

Discussion

À l'instar d'un sélecteur de classe, un *pseudo-élément* vous permet de manipuler le style de certaines parties d'un document web. Cependant, contrairement à ce qui se passe

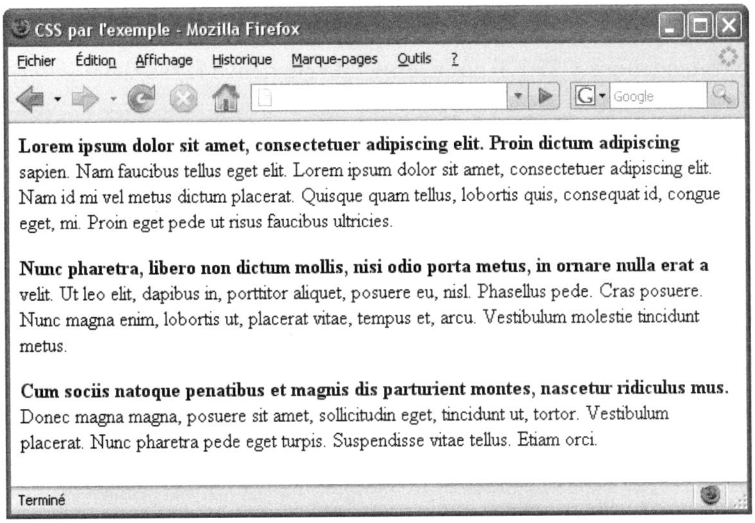

Figure 2-34. Première ligne de chaque paragraphe en gras

pour un sélecteur de classe, le redimensionnement d'une fenêtre du navigateur ou la modification de la taille de la police peut modifier la zone marquée par un pseudo-élément. Dans cette solution, la quantité de texte à la première ligne peut évoluer si le navigateur est redimensionné, comme le montre la *figure 2-35*.

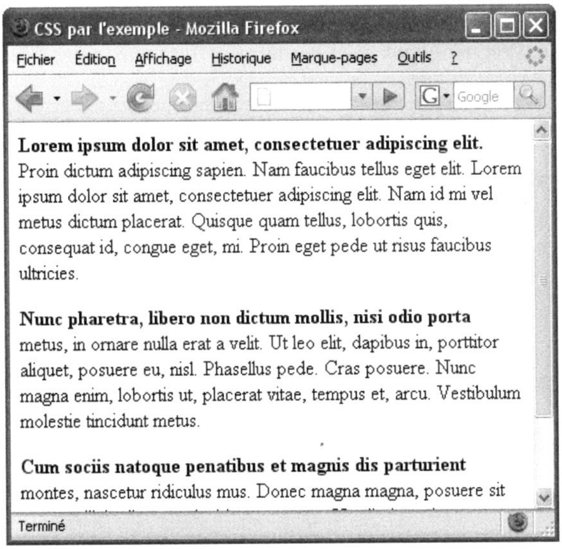

Figure 2-35. La quantité de texte sur la première ligne change lorsque la fenêtre du navigateur est redimensionnée

Voir aussi

Les Recommandations CSS 2.1 pour le pseudo-élément `:first-line` (*http://www.w3.org/TR/CSS21/selector.html#first-line-pseudo*).

2.21. Mettre en forme la première ligne d'un paragraphe à l'aide d'une image

Problème

Vous voulez appliquer un style à la première ligne d'un paragraphe et inclure une image ; par exemple, comme à la *figure 2-36*.

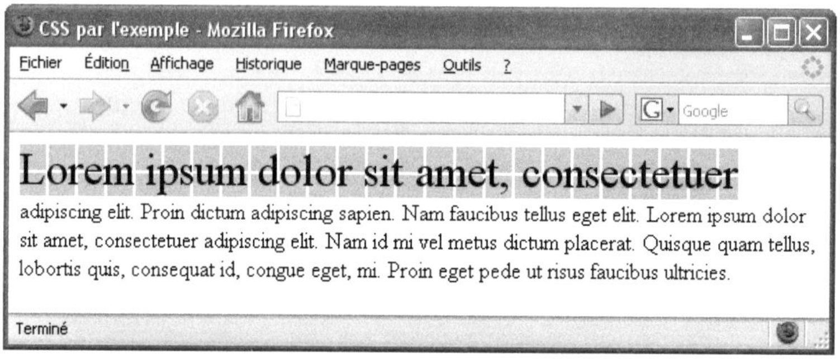

Figure 2-36. Première ligne d'un paragraphe avec une image en arrière-plan

Solution

Utilisez la propriété `background-image` dans le pseudo-élément `:first-line` :

```
p:first-line {
 font-size: 2em;
 background-image: url(fond-ligne.gif);
}
```

Discussion

Par l'intermédiaire de pseudo-éléments `:first-line` des styles ne peuvent s'appliquer qu'à la première ligne de texte d'un élément et non à la largeur de l'élément lui-même.

En plus de la propriété `background-image`, le pseudo-élément `:first-line` prend aussi en charge les propriétés suivantes pour offrir un meilleur contrôle sur la conception :

```
font
color
background
word-spacing
```

```
letter-spacing
text-decoration
vertical-align
text-transform
text-shadow
line-height
clear
```

Voir aussi

Les Recommandations CSS 2.1 pour le pseudo-élément `:first-line` (*http://www.w3.org/TR/CSS21/selector.html#first-line-pseudo*).

2.22. Créer un effet de surbrillance du texte

Problème

Vous voulez mettre en évidence une portion de texte dans un paragraphe, comme à la *figure 2-37*.

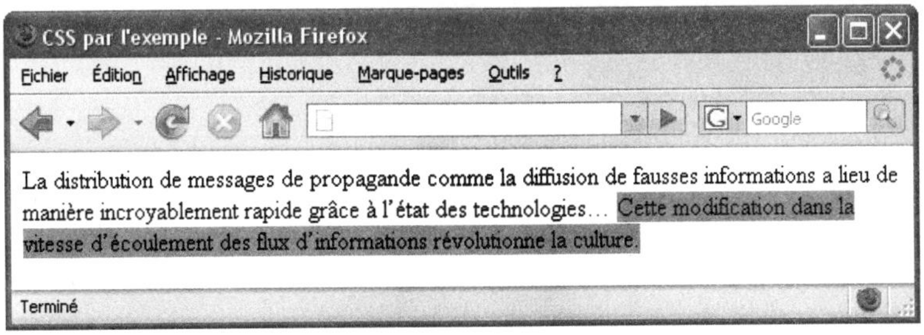

Figure 2-37. Texte en surbrillance

Solution

Utilisez l'élément `strong` pour marquer les portions de texte que vous voulez mettre en évidence :

```
<p>La distribution de messages de propagande comme la diffusion
de fausses informations a lieu de manière incroyablement rapide grâce
à l'état des technologies&hellip; <strong>Cette modification dans la vitesse
d'écoulement des flux d'informations révolutionne la culture.</strong></p>
```

Ensuite, définissez la règle CSS permettant d'obtenir la surbrillance du texte :

```
strong {
 font-weight: normal;
 background-color: yellow;
}
```

Discussion

Bien que l'élément `strong` soit utilisé dans la solution ci-dessus, vous pouvez également utiliser l'élément `em` à sa place pour mettre du texte en exergue. Les spécifications HTML 4.01 stipulent que `em` devrait être utilisé pour marquer du texte *mis en exergue*, tandis que `strong` indique une mise en avant plus accentuée.

Une fois que le texte a été balisé, définissez la couleur de surbrillance à l'aide de la propriété `background-color`. Comme certains navigateurs appliquent une graisse plus importante au texte entre les balises `strong`, fixez `font-weight` à `normal`. Lorsque vous utilisez l'élément `em`, veillez à définir `font-style` à `normal` ; ceci empêchera les navigateurs de définir le type en italique, comme le montre le code suivant :

```
em {
 font-style: normal;
 background-color: #ff00ff;
}
```

Voir aussi

Les Recommandations HTML pour `strong` et `em` (*http://www.w3.org/TR/html401/struct/text.html#edef-STRONG*).

2.23. Modifier l'interlignage

Problème

Vous voulez ménager plus ou moins d'espace entre les lignes. La *figure 2-38* affiche l'interlignage par défaut du navigateur et la *figure 2-39* affiche les paragraphes avec un interlignage augmenté de 50%.

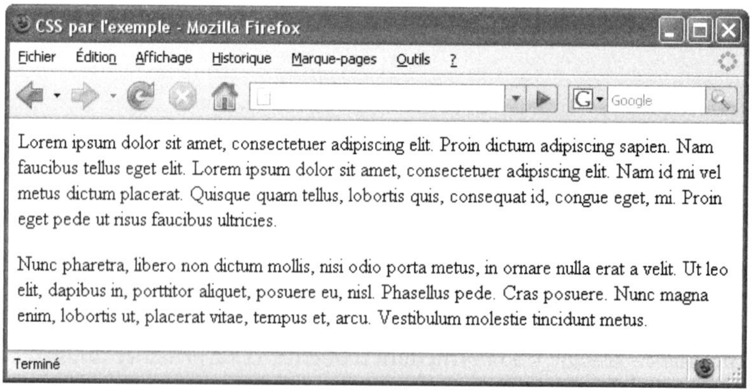

Figure 2-38. Interlignage par défaut d'un paragraphe

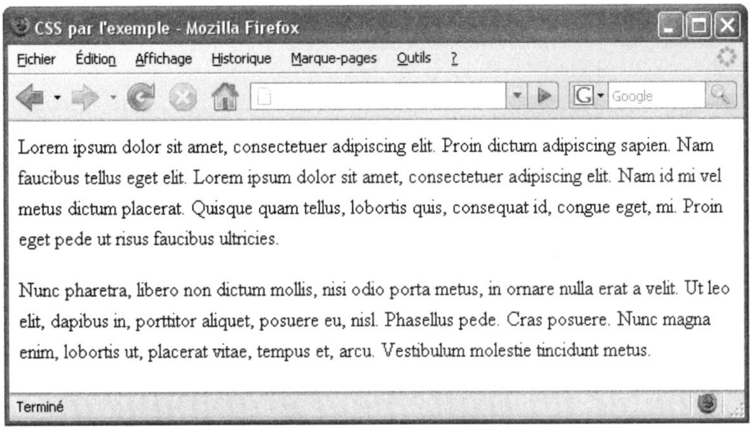

Figure 2-39. Augmentation de l'interlignage dans le texte

Solution

Utilisez la propriété `line-height` :

```
p {
 line-height: 1.5em;
}
```

Discussion

La distance entre les lignes d'un texte augmente lorsque la valeur de `line-height` augmente. Lorsque cette valeur décroît, la distance entre les lignes diminue et elles finissent par se superposer. Les concepteurs désignent la hauteur de ligne par le terme *interlignage*.

La valeur de `line-height` peut être exprimée par un nombre et une unité telle que le point, par un nombre seul ou par un nombre associé au symbole de pourcentage. Si la valeur de `line-height` est juste un nombre, elle est utilisée comme pourcentage ou comme unité d'échelle pour l'élément lui-même aussi bien que pour ses éléments enfants.

Les valeurs négatives ne sont pas permises pour `line-height`.

L'exemple suivant fixe `font-size` à 12 pixels et `line-height` à 14,4 pixels ((10px * 1,2) * 1,2px = 14,4px) :

```
body {
 font-size: 10px;
}
p {
 font-size: 1.2em;
 line-height: 1.2;
}
```

Vous pouvez également définir la propriété `line-height` à l'aide de la propriété abrégée `font` lorsqu'elle est appariée à une valeur de `font-size`. La ligne suivante transforme tout texte dans un élément `p` et lui affecte une taille de police de 1 em, une hauteur de ligne `line-height` de 1,5 em et une police sans-serif :

```
p {
 font: 1em/1.5em sans-serif;
}
```

Voir aussi

Les Recommandations CSS 2.1 pour la propriété `line-height` (*http://www.w3.org/TR/CSS21/visudet.html#propdef-line-height*) ; la recette 2.11, page 80, pour plus d'informations sur la propriété `font`.

2.24. Ajouter un traitement graphique au texte HTML

Problème

Vous souhaitez répéter un traitement graphique sur du texte HTML, comme des bords dégradés ou les rayures illustrées à la *figure 2-40*.

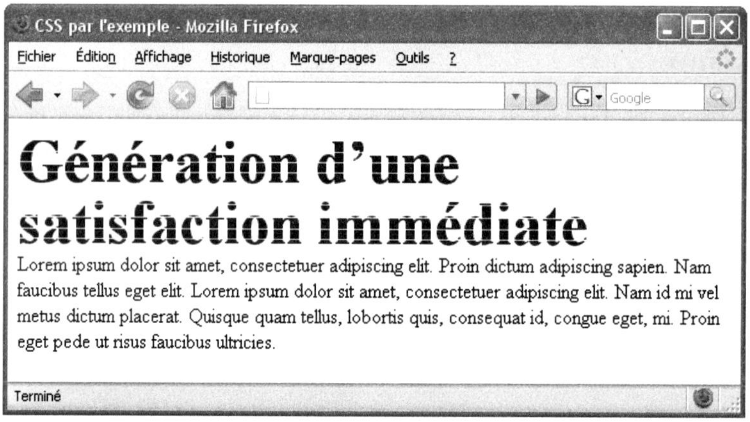

Figure 2-40. Répétition d'une image de rayures au-dessus du texte HTML

Solution

Placez un élément span après la balise d'ouverture d'un élément de titre, mais avant le texte HTML :

```
<h2><span></span>Génération d'une satisfaction immédiate</h2>
```

Ensuite, utilisez une variante de la technique de *remplacement par une image de Gilder/Levin* (voir la recette 3.9, page 128) pour placer un fichier GIF contenant le motif adéquat au-dessus du texte HTML :

```
h2 {
 font:3em/1em Times, serif;
 font-weight: bold;
 margin:0;
 position: relative;
 overflow: hidden;
 float: left;
}
h2 span {
 position: absolute;
 width: 100%;
 height: 5em;
 background: url(rayures.gif);
}
p {
 clear: left;
}
```

Discussion

Le texte de l'élément de titre est déclaré flottant à gauche. Cette technique permet de placer l'image d'arrière-plan, insérée dans l'élément `span`, au-dessus du texte HTML à l'aide d'un positionnement absolu.

Normalement, avec un élément flottant, le titre devrait se déplacer sur la gauche et le contenu l'entourer sur le côté droit. Grâce à la propriété `clear` appliquée au paragraphe, on évite ce comportement.

La propriété `height` est fixée à 5 em et la propriété `overflow` à la valeur `hidden` afin que l'image d'arrière-plan ne déborde pas de l'élément de titre et affecte les autres parties du document web.

Voir aussi

La page décrivant la technique de remplacement par une image de Gilder/Levin (*http://www.mezzoblue.com/tests/revised-image-replacement/#gilderlevin*) ; une autre présentation de cette technique (*http://www.khmerang.com/index.php?p=95*).

2.25. Placer une ombre derrière du texte

Problème

Vous souhaitez ajouter une ombre derrière le texte d'un titre, comme le montre la *figure 2-41*.

Solution

Utilisez la propriété `text-shadow` pour fixer la couleur et l'emplacement de l'ombre :

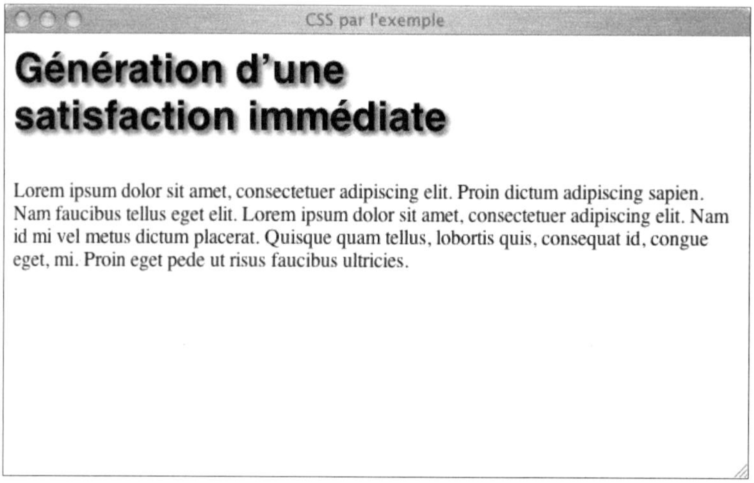

Figure 2-41. Ombre portée sur du texte HTML

```
h2 {
 font-size: 2em;
 font-family: Myriad, Helvetica, Arial, sans-serif;
 width: 66.6%;
 text-shadow: #666666 .15em .15em .15em;
 margin: 0 0 1em 0;
}
```

Discussion

La première valeur de la propriété `text-shadow` fixe la couleur. La première unité de longueur, `.15em`, déplace l'ombre sur l'axe horizontal, relativement à la position du texte HTML. La valeur suivante déplace l'ombre sur l'axe vertical. La dernière valeur définit le flou de l'ombre. Plus elle est élevée, plus l'ombre se dissipe.

Safari est le seul navigateur qui reconnaît la propriété `text-shadow`.

> Les valeurs utilisées pour cet effet doivent permettre une répétition harmonieuse, mais également apporter un contraste suffisant pour que le texte reste lisible.

Voir aussi

Les Recommandations CSS 2.1 pour la propriété `text-shadow` (*http://www.w3.org/TR/REC-CSS2/text.html#text-shadow-props*).

2.26. Ajuster l'espace entre les lettres et les mots

Problème

Vous souhaitez ajuster l'espace séparant les lettres et les mots d'un texte HTML (voir la *figure 2-42*).

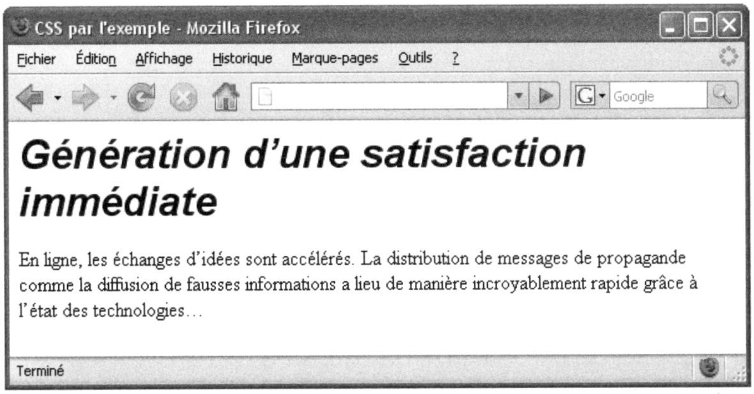

Figure 2-42. Espacement par défaut entre les lettres et les mots d'un texte HTML

Solution

Utilisez la propriété `letter-spacing` pour modifier l'espace entre les lettres (voir la *figure 2-43*) :

```
h2 {
 font: bold italic 2em "Helvetica Nue", serif;
 margin: 0;
 padding: 0;
 letter-spacing: -0.1em;
}
```

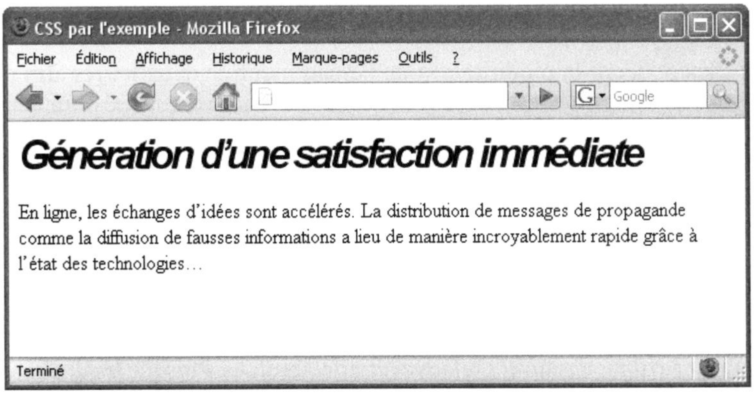

Figure 2-43. Ajustement de l'espacement des lettres dans le titre

Pour ajuster l'espace entre les mots, utilisez la propriété `word-spacing`, comme l'illustre la *figure 2-44* :

```
h2 {
 font: bold italic 2em "Helvetica Nue", serif;
 margin: 0;
 padding: 0;
 word-spacing: 0.33em;
}
```

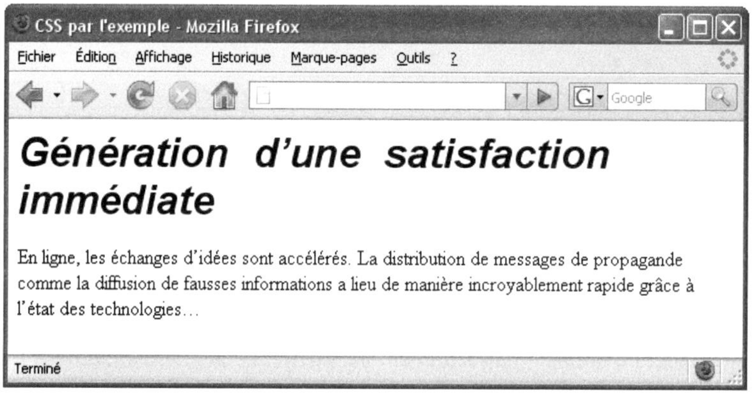

Figure 2-44. Les mots du titre sont plus espacés

Discussion

L'un des principaux intérêts de CSS réside dans son traitement de la typographie. Auparavant, les développeurs et les concepteurs web devaient utiliser toute une combinaison d'éléments `b`, de polices et d'images d'un seul pixel pour obtenir une mise en forme du texte intéressante. Des effets comme l'ajustement de l'espace entre les lettres et la séparation des mots d'un paragraphe sont très faciles à réaliser avec CSS.

L'ajustement de l'espace entre les lettres afin d'améliorer l'esthétique du texte est un effet classique. Deux termes décrivent la modification de l'espacement du texte : le crénage et l'approche.

Le terme *crénage* décrit la modification de l'espacement de deux lettres afin d'obtenir une meilleure présentation visuelle. Par exemple, le crénage est utilisé pour adapter l'espace entre la lettre majuscule *T* et la lettre minuscule *i*. L'*approche* concerne l'ajustement de l'espace entre les lettres sur toute la longueur d'un texte et pas simplement entre deux lettres.

La propriété `word-spacing` est reconnue par les navigateurs Firefox, Internet Explorer 6+ pour Windows, Internet Explorer 4+ pour Mac, Netscape Navigator 6+, Opera 3.5+ et Safari.

Pour obtenir les meilleurs résultats, les valeurs de `letter-spacing` et `word-spacing` doivent être données dans des unités relatives et non absolues. Puisque les utilisateurs peuvent modifier la taille de police dans leur navigateur, une valeur d'espacement fixe de 5 points adaptée à une taille de police de 12 pixels restera de 5 points si l'utilisateur augmente la taille du texte. Autrement dit, l'espacement de 5 points entre les lettres sera à peine remarquable si la taille de la police est de 72 pixels ou plus. Avec les unités relatives, comme les em, si la propriété `letter-spacing` a la valeur 1,5 em, elle évolue avec le redimensionnement du texte.

D'autre part, il est, bien entendu, préférable d'employer des effets conservant la lisibilité du texte. Si la communication est importante à vos yeux et à ceux de vos clients, un effet subtil est préférable à la création d'éléments textuels ésotériques. Si le texte n'est plus lisible, vous pourriez ennuyer toutes les personnes que vous essayez de cibler.

Voir aussi

Les Recommandations CSS 2.1 pour les propriétés `letter-spacing` (*http://www.w3.org/TR/CSS2/text.html#propdef-letter-spacing*) et `word-spacing` (*http://www.w3.org/TR/CSS2/text.html#propdef-word-spacing*) ; une explication du crénage et de l'approche (*http://desktop-pub.about.com/cs/typespacing/a/kerningtracking.htm*).

3

Images

Introduction

Lorsque, dans les années 90, Marc Andreessen, fondateur de Netscape, a proposé l'affichage en-ligne des images, il a non seulement initié une discussion globale, mais introduit un élément visuel attrayant. Les documents n'étaient plus limités à des articles universitaires constitués uniquement de texte, mais permettaient à leurs auteurs d'entrer dans l'ère de la conception web.

Dans ce chapitre, nous présentons des recettes ayant trait aux interactions entre CSS et les images. Elles concernent le traitement des bordures, la manipulation des images d'arrière-plan, l'ajout d'angles arrondis aux boîtes, le remplacement du texte HTML par des images, etc.

3.1. Placer une bordure autour d'une image

Problème

Vous souhaitez placer une bordure autour d'une image.

Solution

Utilisez la propriété `border` sur l'élément `img` (voir la *figure 3-1*) :

```
img {
 width: 300px;
 border: 6px double #666;
 background: #fff;
 padding: 6px;
}
```

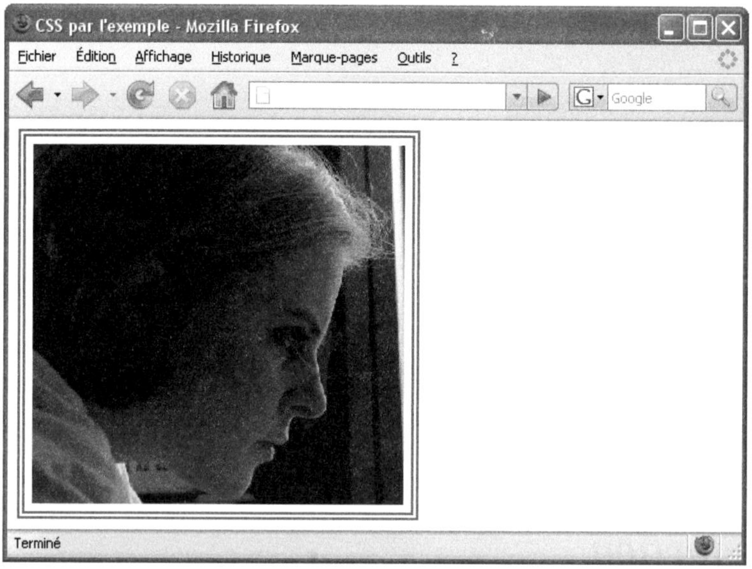

Figure 3-1. Une bordure est ajoutée autour de l'image

Discussion

Si l'image est un lien, il est possible de créer une présentation plus complexe basée sur la propriété `border`. En utilisant la pseudo-classe `:hover`, le style de la bordure peut être modifié dès que le pointeur de la souris survole l'image (voir la *figure 3-2*) :

```
img {
 width: 300px;
 border: 6px double #666;
 background: #fff;
 padding: 6px;
}
a:hover img {
 border-style: solid;
 background: #999;
}
```

Alors que la bordure joue le rôle de cadre autour de l'image, son style et sa couleur peuvent être modifiés lorsque le pointeur de la souris la survole. L'espacement de 6 pixels indiqué dans le bloc de déclaration `img` permet de modifier la couleur à l'intérieur de ce cadre. Par conséquent, un simple déplacement au-dessus de l'image crée un effet visuel, obtenu avec uniquement deux blocs de déclaration.

Voir aussi

La recette 3.2 pour la suppression de la bordure autour d'une image.

Figure 3-2. Combiner couleur d'arrière-plan et style de bordure pour créer un effet de survol intéressant

3.2. Retirer les bordures appliquées par défaut aux images par certains navigateurs

Problème

Vous souhaitez retirer les bordures appliquées aux images cliquables, comme celle de la *figure 3-3*.

Solution

Fixez la bordure des images à zéro (voir la *figure 3-4*) :

```
a img {
 border: 0;
}
```

Discussion

Avant CSS, les développeurs web modifiaient la bordure des images à l'aide de l'attribut `border` de l'élément `img` :

```
<a href="http://www.oreilly.fr/catalogue/2841774325.html">
 <img src="logo.jpg" border="0" alt="logo" />
</a>
```

Figure 3-3. Une image avec une bordure

Figure 3-4. Désormais, les images représentant des liens n'ont plus de bordure

Depuis l'avènement de CSS, les développeurs séparent la présentation et le contenu, et cela concerne également la propriété `border`. Même si la présence de l'attribut `border` dans l'élément HTML n'est plus obligatoire, cette manière de procéder peut amener quelques complications.

Voir aussi

La recette 3.1 pour savoir comment appliquer une bordure à une image.

3.3. Définir une image d'arrière-plan

Problème

Vous voulez insérer une image d'arrière-plan qui ne se répète pas.

Solution

Utilisez les propriétés background-image et background-repeat pour contrôler l'affichage d'une image (voir la *figure 3-5*) :

```
body {
 background-image: url(fond.jpg);
 background-repeat: no-repeat;
}
```

Figure 3-5. L'image d'arrière-plan est affichée une fois dans le coin supérieur gauche

Discussion

Vous pouvez placer du texte et d'autres images en-ligne par-dessus une image d'arrière-plan pour créer une impression de profondeur dans une page web. De même, vous pouvez fournir un système de cadres à cette page web en juxtaposant une image d'arrière-plan sur les côtés du navigateur web.

Voir aussi

La recette 3.4 pour la répétition d'images d'arrière-plan horizontalement ou verticalement.

3.4. Créer une suite d'images d'arrière-plan

Problème

Vous voulez qu'une suite d'images d'arrière-plan s'aligne verticalement ou horizontalement.

Solution

Pour afficher en mosaïque horizontale (selon l'axe des x) une image d'arrière-plan, utilisez la règle CSS suivante (voir la *figure 3-6*) :

```
body {
 background-image: url(fond.jpg);
 background-repeat: repeat-x;
}
```

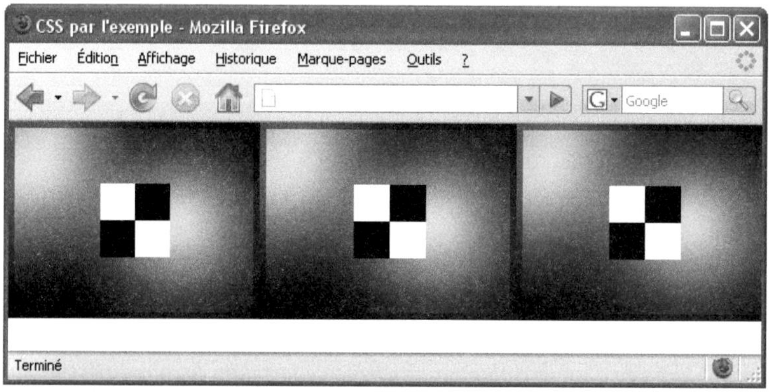

Figure 3-6. Mosaïque horizontale d'une image d'arrière-plan

Pour que l'image se répète selon l'axe vertical des y, attribuez la valeur `repeat-y` à la propriété `background-repeat`.

Voir aussi

La recette 3.5 pour le placement d'une image d'arrière-plan à un emplacement spécifique d'une page web.

3.5. Placer une image d'arrière-plan

Vous voulez positionner une image d'arrière-plan à un emplacement précis d'une page web.

Solution

Utilisez la propriété `background-position` pour définir l'emplacement de l'image d'arrière-plan. Pour placer une image à 75 pixels du bord gauche et à 150 pixels du bord supérieur de la zone d'affichage du navigateur (voir la *figure 3-7*), employez la règle CSS suivante :

```
body {
 background-image: url(fond.jpg);
 background-repeat: no-repeat;
 background-position: 75px 150px;
}
```

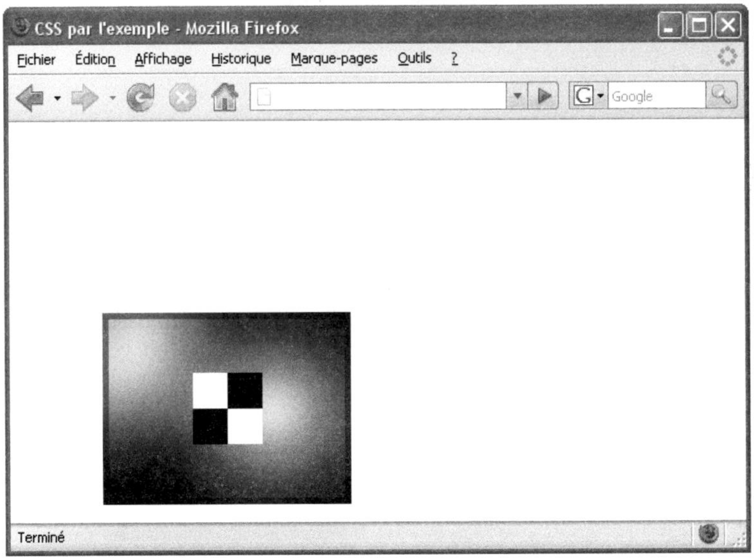

Figure 3-7. Image d'arrière-plan placée précisément à 75 pixels à droite du bord gauche et à 150 pixels sous le bord supérieur de la zone d'affichage du navigateur

Discussion

Deux valeurs, séparées par un espace, sont associées à la propriété `background-position`. La première fixe le point d'origine sur l'axe des x, tandis que la seconde définit le point sur l'axe des y. Si une seule valeur est précisée, elle est utilisée pour la position horizontale et la position verticale est alors définie à 50%.

La solution de cette recette utilise le pixel comme unité de mesure pour déterminer le placement de l'image d'arrière-plan ; cependant, vous pouvez également utiliser des pourcentages. Une valeur de `50%` pour `background-position` signifie que le navigateur place l'image au centre de la zone d'affichage, comme l'illustre la *figure 3-8*, tandis que les valeurs `0%` et `100%` placent l'image respectivement au coin supérieur gauche et au coin inférieur droit.

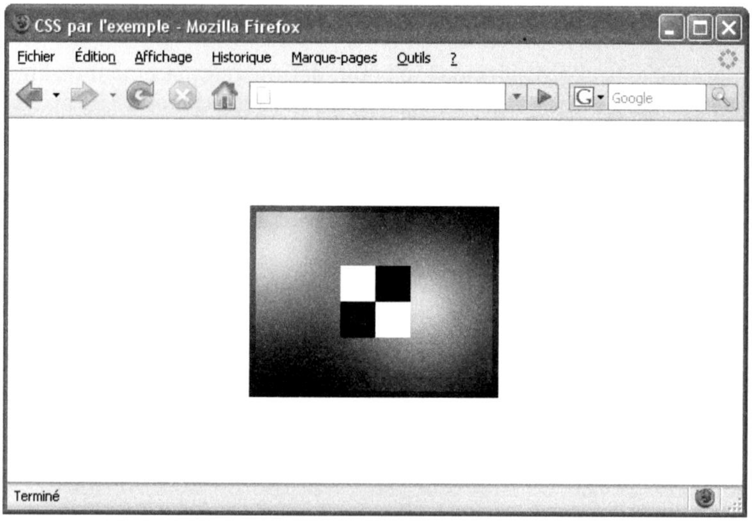

Figure 3-8. Image d'arrière-plan centrée dans la fenêtre du navigateur

Avec les pourcentages, vous pouvez utiliser les valeurs `top`, `center` et `bottom` sur l'axe des y et `left`, `center` et `right` sur l'axe des x. En combinant ces valeurs, vous pouvez placer l'image d'arrière-plan à huit emplacements en suivant les bords de la zone d'affichage (aux quatre coins et entre les quatre coins), de même qu'au milieu de la zone d'affichage. Par exemple, pour recréer la valeur de 50% de la *figure 3-8*, vous pouvez utiliser cette règle CSS à la place :

```
body {
 background-image: url(fond.jpg);
 background-repeat: no-repeat;
 background-position: center;
}
```

Pour placer une image d'arrière-plan au coin inférieur droit, comme l'illustre la *figure 3-9*, employez la règle CSS suivante :

```
body {
 background-image: url(fond.jpg);
 background-repeat: no-repeat;
 background-position: bottom right;
}
```

Vous pouvez également utiliser les propriétés `background-position` et `background-repeat` pour les images d'arrière-plan qui se juxtaposent sans être enchaînées aux côtés de la fenêtre. Par exemple, le bloc de code CSS suivant crée une page web telle que celle affichée à la *figure 3-10* :

```
body {
 background-image: url(montage.jpg);
 background-repeat: repeat-x;
 background-position: 55px 100px;
}
```

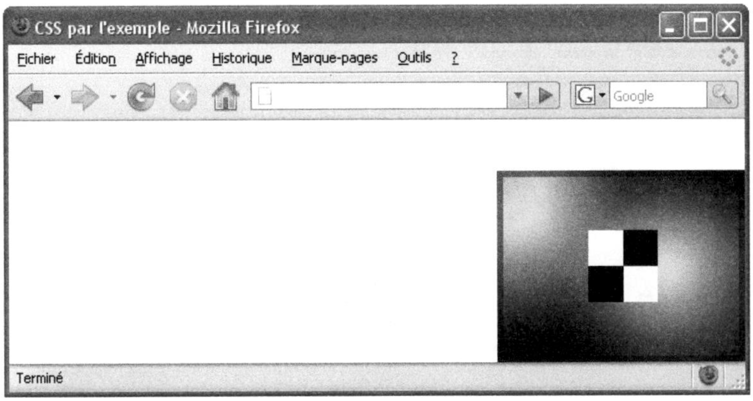

Figure 3-9. Image d'arrière-plan placée dans le coin inférieur droit

```
h1 {
 font-size: 75px;
 font-family: Verdana, Helvetica, Arial, sans-serif;
 text-align: center;
 margin: 0;
 padding: 0 0 125px 0;
}
p {
 line-height: 1.5em;
 font-family: Verdana, Helvetica, Arial, sans-serif;
 margin: 0 15%;
}
```

> Notez que Netscape Navigator 4 n'offre pas le support de `background-position` et qu'il est impossible de contourner ce problème à l'aide de CSS.

Voir aussi

La recette 3.7, page 124, pour définir une image d'arrière-plan (qui ne défile pas avec le texte) ; les Recommandations CSS 2.1 pour la propriété `background-position` (*http://www.w3.org/TR/CSS21/colors.html#propdef-background-position*).

3.6. Utiliser plusieurs images d'arrière-plan avec un sélecteur

Problème

Vous souhaitez placer plusieurs images d'arrière-plan en utilisant un sélecteur CSS.

Figure 3-10. Montage répétitif créé en utilisant les propriétés CSS background-repeat et background-position

Solution

Au moment de l'écriture de ces lignes, seul Safari pour Mac a implémenté les Recommandations CSS 3 qui autorisent la présence de plusieurs images d'arrière-plan dans un sélecteur.

En CSS 3, la propriété abrégée background accepte plusieurs ensembles d'informations pour des images d'arrière-plan, en les séparant par des virgules (voir la *figure 3-11*) :

```
h2 {
 padding-top: 72px; /* Suffisamment d'espace pour les images. */
 text-align: center;
 background: url(avion.gif) center no-repeat,
  url(courrier.gif) top center no-repeat,
  url(imprimante.gif) 40% 24px no-repeat,
  url(cadeau.gif) 60% 24px no-repeat;
}
```

Discussion

Comme pour la plupart des propriétés abrégées, le code décrivant les multiples images d'arrière-plan peut être placé dans des blocs de déclaration CSS séparés :

```
h2 {
 padding-top: 72px; /* Suffisamment d'espace pour les images. */
 text-align: center;
 background: url(avion.gif), url(courrier.gif), url(imprimante.gif),
  url(cadeau.gif);
```

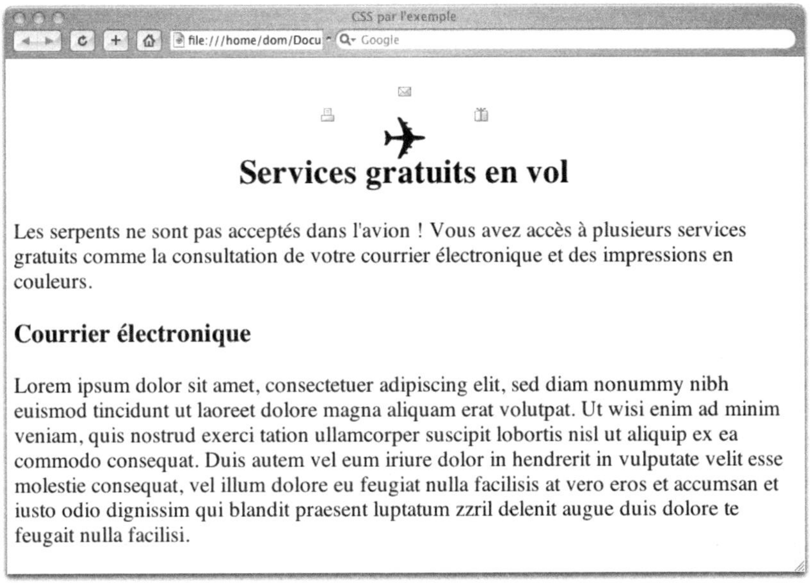

Figure 3-11. Les différentes icônes sont insérées comme des images d'arrière-plan dans le titre

```
  background-position: center, top center, 40% 24px, 60% 24px;
  background-repeat: no-repeat, no-repeat, no-repeat, no-repeat;
}
```

Puisqu'aucune image d'arrière-plan de la règle CSS n'est répétée, une seule valeur `no-repeat` peut être placée dans le code et appliquée à l'ensemble des images :

```
h2 {
  padding-top: 72px; /* Suffisamment d'espace pour les images. */
  text-align: center;
  background: url(avion.gif), url(courrier.gif), url(imprimante.gif),
   url(cadeau.gif);
  background-position: center, top center, 40% 24px, 60% 24px;
  background-repeat: no-repeat;
}
```

Ce regroupement de valeurs similaires peut être utilisé avec toutes les propriétés CSS qui concernent l'arrière-plan, garantissant ainsi qu'elles sont appliquées à toutes les images de fond.

Actuellement, la seule technique permettant d'obtenir plusieurs images d'arrière-plan dans tous les navigateurs modernes consiste à insérer plusieurs éléments et à leur appliquer les images. Pour plus d'informations, consultez les recettes 3.15 (page 148) et 3.16 (page 152) qui permettent d'obtenir des angles arrondis.

Voir aussi

Les Recommandations CSS 3 pour la superposition de plusieurs images (*http://www.w3.org/TR/2005/WD-css3-background-20050216/#layering*).

3.7. Fixer l'image d'arrière-plan

Problème

Vous voulez qu'une image d'arrière-plan reste en place dans la fenêtre du navigateur, même lorsque l'utilisateur fait défiler la page web vers le bas.

Solution

Utilisez la propriété `background-attachment` définie à la valeur `fixed`, comme ici :

```
body {
 background-image: url(fond.jpg);
 background-repeat: no-repeat;
 background-attachment: fixed;
}
```

Discussion

En utilisant cette technique, vous verrouillez l'image d'arrière-plan. Ainsi, même si un visiteur fait défiler l'écran, l'image reste à son emplacement d'origine. Une autre valeur acceptable de `background-attachment` est `scroll`, qui est la valeur par défaut. Ainsi, même si vous ne spécifiez pas `scroll`, l'image d'arrière-plan se déplace avec le reste du document lorsque le visiteur fait défiler la page vers le bas.

Par exemple, imaginez que vous vouliez exposer dans votre page web une photo de voyage et que vous vouliez la positionner sur le côté gauche de la page avec le texte à sa droite. Lorsque le lecteur fait défiler le texte pour en lire davantage sur votre voyage, la photo reste en place, comme l'illustre la *figure 3-12*. Voici le code :

```
body {
 background-image: url(fond2.jpg);
 background-repeat: no-repeat;
 background-attachment: fixed;
 background-position: -125px 25px;
 margin: 25px 5px 0 365px;
}
h1, h2, h3 {
 padding-top: 0;
 margin-top: 0;
 text-transform: uppercase;
}
p {
 text-align: justify;
}
```

Pour aller plus loin, vous pouvez arrimer l'image à des éléments de bloc autres que `body`. Par exemple, essayez les éléments de titre lorsque vous concevez une critique de film ou de concert. La règle CSS suivante peut créer une intéressante expérience de navigation :

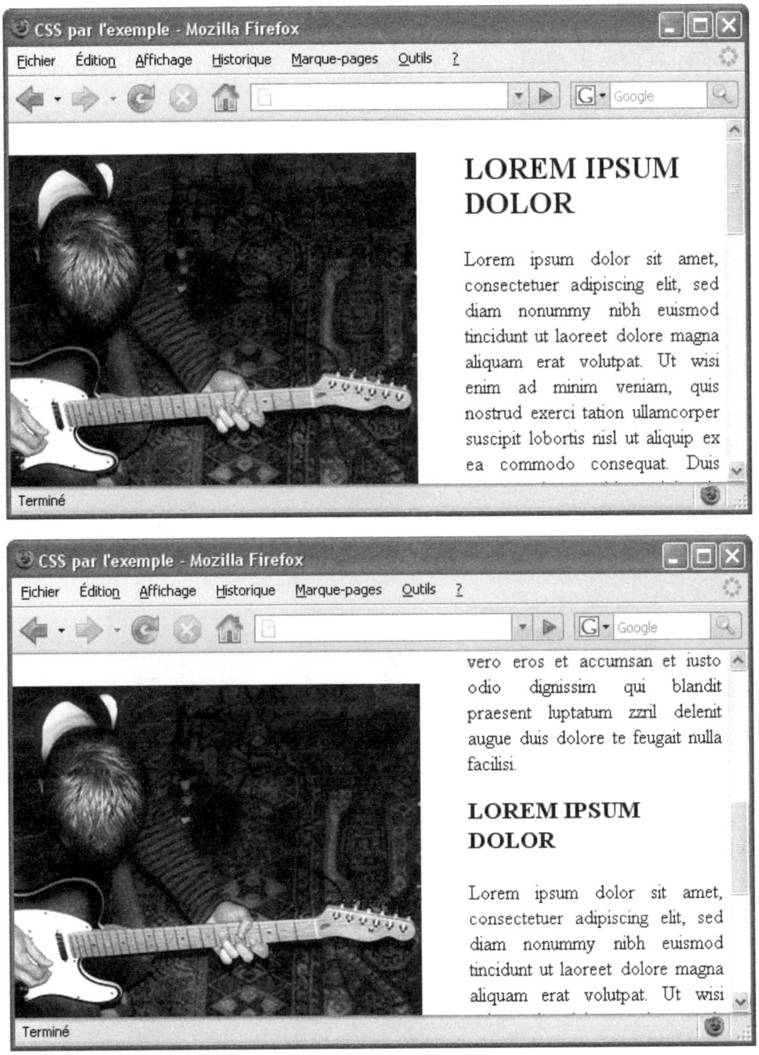

Figure 3-12. La photo reste en place lorsque le texte défile

```
h1, h2, h3 {
 font-size: 200%;
 background-image: url(fond2.jpg);
 background-repeat: no-repeat;
 background-attachment: fixed;
 background-position: center;
 padding: 1.5em;
 text-align: center;
 color: white;
}
```

En raison de l'espacement et de la couleur claire des titres, il y a suffisamment d'espace pour apercevoir l'image de fond « à travers » les éléments et pour lire les manchettes. En faisant défiler le texte de la page à la lecture de l'article ou de la critique, le lecteur verra le reste de l'image (voir la *figure 3-13*).

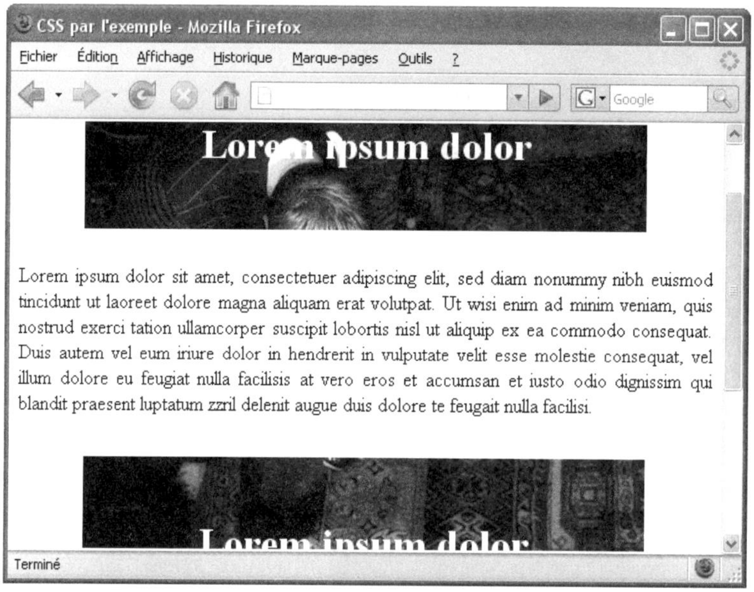

Figure 3-13. La photo passe sous les titres au lieu de passer sous l'élément body

Au moment de l'impression de ce livre, seuls Mozilla, Firefox, Safari, Netscape 6+ et Internet Explorer 7 prenaient en charge l'attachement fixe d'images d'arrière-plan à des éléments de bloc tels que les éléments de titre utilisés dans la solution ci-dessus. Par contre, Internet Explorer 5.x et 6 pour Windows répètent l'image d'arrière-plan dans chaque élément de titre.

Voir aussi

La recette 3.5, page 118, pour positionner une image d'arrière-plan ; la recette 11.4, page 418, proposant une astuce pour corriger le manque de support de `background-fixed` dans Internet Explorer pour Windows ; les Recommandations CSS 2.1 pour la propriété `background-attachment` (*http://www.w3.org/TR/CSS21/ colors.html#propdef-background-attachment*).

3.8. Superposer du texte HTML à une image

Problème

Vous souhaitez placer du texte HTML par-dessus une image.

Solution

Placez l'image en arrière-plan, puis positionnez le texte HTML au bon endroit et appliquez-lui un style.

Tout d'abord, le texte est mis dans un div ayant un attribut id (voir la *figure 3-14*) :

```
<div id="cadre">
 <div id="bandeau">
  <h1>Les secrets de la Maison blanche<br /><span>
ou comment avoir un gazon bien vert</span></h1>
 </div><!-- Fin de #bandeau -->
 <p>...</p>
</div><!-- Fin de #cadre -->
```

Figure 3-14. La photo est visible sous le titre et non dans l'élément body

Insérez l'image à l'aide de la propriété background-image, en n'oubliant pas de fixer sa hauteur et sa largeur :

```
#bandeau {
 width: 550px;
 height: 561px;
 overflow: hidden;
 background-image: url(maisonblanche.jpg);
 background-position: 0;
 background-repeat: no-repeat;
}
```

Ensuite, ajustez les styles (voir la *figure 3-15*) :

```
h1 {
 margin: 0;
 padding: 0;
 font-family: Verdana, Arial, sans-serif;
 margin-top: 325px;
 margin-left: 25px;

 /* Place autour du texte. */
 padding-left: 25px;
 padding-bottom: 15px;

 /* Ajouter l'image d'arrière-plan translucide. */
 background-image: url(bandeaublanc.png);
 background-position: bottom;
 background-repeat: no-repeat;
}
h1 span {
 font-size: .8em;
}
```

Discussion

Lorsque le rôle d'une image est purement décoratif, il est préférable de l'afficher à l'aide de la propriété background-image plutôt que de l'insérer en-ligne ou dans le contenu de la page. Cette méthode conduit à un contenu plus cohérent, tout en obtenant la présentation visuelle souhaitée.

Voir aussi

La recette 3.9 pour remplacer du texte HTML par une image.

3.9. Remplacer du texte HTML par une image

Problème

Vous souhaitez remplacer du texte HTML, comme le titre de la *figure 3-16*, par une image dont la présentation est plus riche.

Figure 3-15. La photo est visible sous le titre et non dans l'élément body

Figure 3-16. Rendu par défaut du texte du titre

Solution

Utilisez la technique de remplacement par une image de Gilder/Levin.

Tout d'abord, insérez un élément span avant le texte HTML :

```
<h1>
 <span></span>
 Texte à remplacer
</h1>
```

Puis, fixez la hauteur et la largeur de l'image de remplacement dans le sélecteur h1 et précisez que l'élément est positionné de manière relative :

```
h1 {
 width: 303px;
 height: 74px;
 position: relative:
}
```

Ensuite, en indiquant que l'élément span est positionné de manière absolue et en ajustant sa largeur et sa hauteur dans l'élément h1, il se superpose au texte HTML. La dernière étape consiste à insérer l'image d'arrière-plan à l'aide de la propriété background (voir la *figure 3-17*) :

```
h1 span {
 background: url(imageremplacement.jpg) no-repeat;
 position: absolute;
 width: 100%;
 height: 100%;
}
```

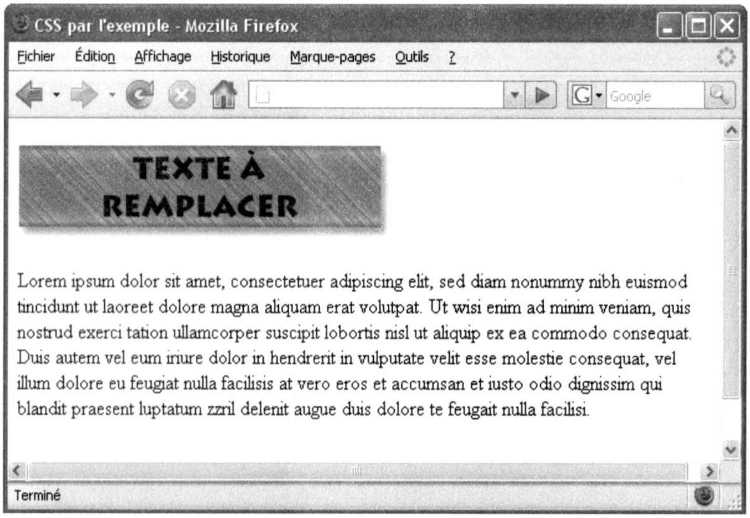

Figure 3-17. Le texte HTML est remplacé par une image

Discussion

Il existe plusieurs techniques de remplacement par une image et elles ont toutes leurs avantages et leurs inconvénients.

Origine de la méthode de remplacement par une image

Todd Fahrner fait partie des personnes à l'origine de la technique de remplacement par une image.

Le balisage de la méthode FIR (*Farhner Image Replacement*) s'appuie également sur un élément span sans sémantique, mais il est placé autour du contenu :

```
<h1>
 <span>
  Texte à remplacer
 </span>
</h1>
```

Ensuite, les règles CSS placent l'image de remplacement *via* le sélecteur de l'élément h1, tout en masquant le texte :

```
h1 {
 background: url(imageremplacement.jpg) no-repeat;
 width: 303px;
 height: 74px;
}
h1 span {
 display: none;
}
```

Inconvénient de la méthode FIR

La simplicité de la technique FIR l'a rendue très populaire dans le développement web. Cependant, les lecteurs d'écran utilisés par les personnes présentant un handicap visuel sautent généralement la lecture du texte HTML car l'élément span qui le contient a été masqué. Pour ce public, le texte important est donc perdu.

Méthode de Phark

Les méthodes FIR et de Gilder/Levin s'appuient toutes deux sur une balise span sans sémantique. Une autre technique de remplacement par une image, imaginée par Mike Rundle de *phark.net*, supprime la balise span.

Tout d'abord, retirez la balise span du texte HTML :

```
<h1>
 Texte à remplacer
</h1>
```

Dans la règle CSS, donnez une valeur négative à la propriété text-indent au lieu de masquer le texte à l'aide de la propriété display :

```
h1 {
 text-indent: -9000em;
 background: url(imageremplacement.jpg) no-repeat;
 width: 303px;
 height: 74px;
}
```

Comme les autres méthodes, celle-ci fonctionne parfaitement. Elle a pour principal inconvénient de ne pas faire apparaître le texte HTML si le visiteur désactive l'affichage des images dans son navigateur.

Solution de CSS 3

Les Recommandations CSS 3 apportent une méthode simple pour le remplacement par une image, pour peu que les navigateurs l'implémentent. Par exemple, pour remplacer le texte d'un élément `h1`, un bloc de déclaration CSS suffit :

```
h1 {
 content: url(logo.gif);
}
```

Les spécifications ne placent aucune contrainte sur le type du fichier indiqué dans la propriété `content`. En théorie, un développeur web peut remplacer un GIF animé par une vidéo QuickTime :

```
h1 {
 content: url(logo.mov);
}
```

Cependant, au moment de l'écriture de ces lignes, les navigateurs modernes ne prennent pas en charge les Recommandations CSS 3. D'autre part, ces spécifications sont toujours en cours de développement.

Voir aussi

La page web de Levin Alexander qui traite de la technique de remplacement par une image de Gilder/Levin (*http://levin.grundeis.net/files/20030809/alternatefir.html*) ; les informations sur l'insertion de contenu avec CSS 3 (*http://www.w3.org/TR/css3-content/#inserting3*).

3.10. Remplacer du texte HTML par du texte Flash

Problème

Vous souhaitez disposer d'un choix typographique plus important pour le texte HTML, sans avoir à modifier manuellement des images statiques (comme le propose la recette 3.9).

Solution

Utilisez la technique sIFR (*Scalable Inman Flash Replacement*).

Téléchargez le code JavaScript et les autres éléments utilisés par cette technique à partir de l'adresse *http://www.mikeindustries.com/sifr/*.

Dans Flash, ouvrez le fichier *sifr.fla*. Double-cliquez sur la zone de dessin blanche (elle apparaît comme vide) pour afficher la palette Propriétés (voir la *figure 3-18*).

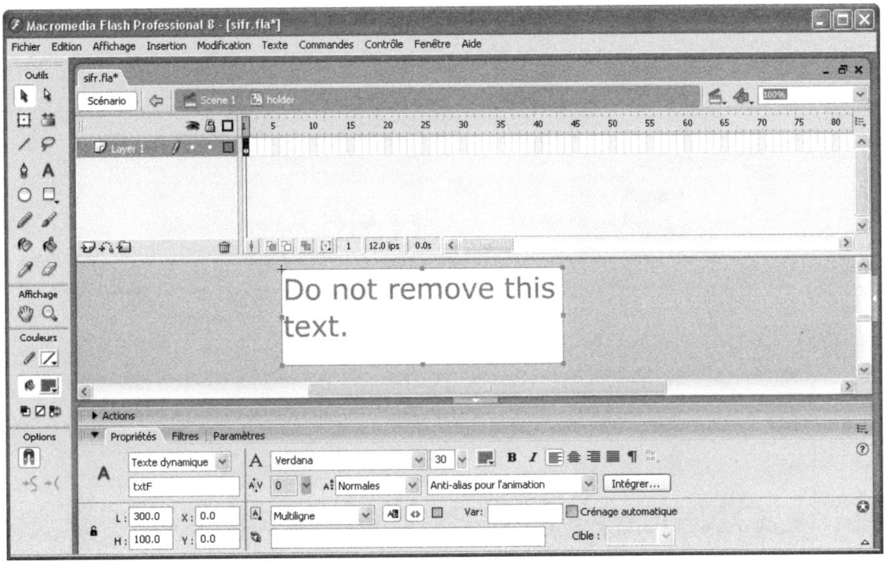

Figure 3-18. Afficher la palette propriétés de Flash

Choisissez la police que vous souhaitez utiliser pour votre site web (voir la *figure 3-19*).

Ensuite, exportez le fichier et donnez-lui le nom de la police, par exemple `charlesworth.swf`.

Les fichiers sFIR comportent un ensemble de règles CSS qui doivent être copiées et collées dans les fichiers CSS de votre site. N'oubliez pas d'inclure ces fichiers. Pour utiliser la police choisie, ajustez les règles CSS incluses. Par exemple :

```
h1 {
 font-family: "Charlesworth", Arial, Verdana, sans-serif;
 margin: 0 0 .3em 0;
 padding: 0 0 .3em 0;
 border-bottom: 2px solid #666;
 text-align: left;
 font-size: 2em;
}
```

Enfin, téléchargez les fichiers pour que le titre soit affiché dans la nouvelle police (voir la *figure 3-20*).

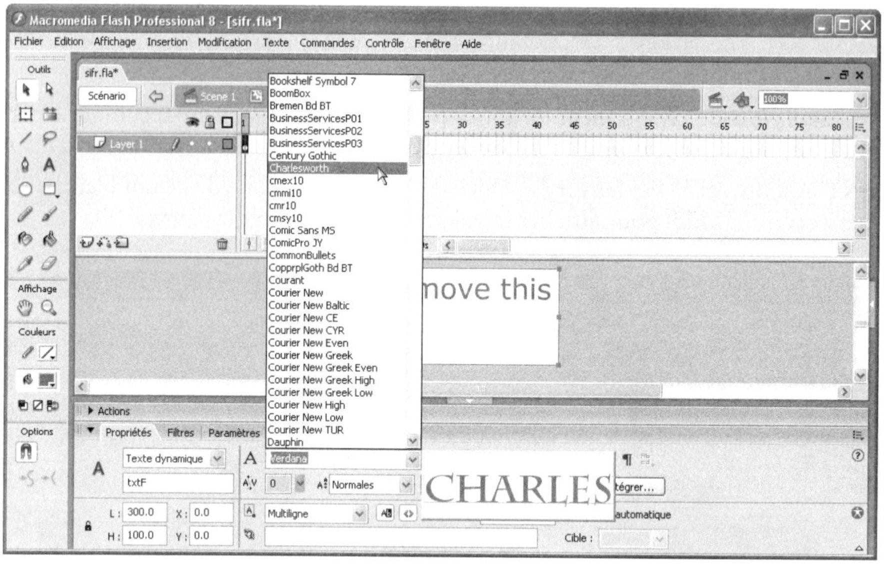

Figure 3-19. *Sélectionnez la police dans la palette Propriétés*

Figure 3-20. *Le titre est affiché dans la police Charlesworth*

Discussion

En 2004, le développeur web Shaun Inman a créé la méthode *Inman Flash Replacement*. Tout en restant relativement simple, elle permet de remplacer du texte HTML par du texte Flash.

Un autre développeur web, Mike Davidson, a utilisé la technique d'Inman comme base d'un système plus robuste permettant d'obtenir du texte redimensionnable sur plusieurs lignes.

La méthode sFIR est principalement employée pour remplacer le texte des titres et non les liens textuels. Même s'il est possible de l'utiliser avec les liens, cette solution est déconseillée car les utilisateurs ne pourront pas cliquer avec le bouton droit ou le bouton central sur les liens pour ouvrir les pages dans un nouveau navigateur.

Puisque la technique utilise beaucoup de code JavaScript et Flash, les visiteurs de votre site pourraient remarquer que le navigateur prend plus de temps pour afficher le texte sFIR.

D'autre part, bien que la plupart des navigateurs modernes, comme Internet Explorer pour Windows, Opera 8+, Safari et Firefox, prennent en charge la transparence Flash, l'affichage des images d'arrière-plan avec la transparence impose une charge importante au processeur. Les utilisateurs dont les machines sont lentes pourraient être gênés lors de leur navigation.

Voir aussi

Les informations sur la méthode sFIR de Shaun Inman (*http://www.shauninman.com/plete/2004/04/ifr-revisited-and-revised*).

3.11. Utiliser plusieurs PNG avec transparence

Problème

Vous souhaitez placer plusieurs images PNG avec transparence alpha.

Solution

Utilisez le script Sleight actualisé de Drew McLellan pour activer la transparence alpha dans Internet Explorer 5.5–6 (elle est prise en charge par IE 7).

Vous pouvez écrire le code dans un fichier JavaScript séparé ou le télécharger depuis le site de McLellan à *http://allinthehead.com/code/samples/bgsleight.js* :

```
if (navigator.platform == "Win32" &&
 navigator.appName == "Microsoft Internet Explorer" &&
 window.attachEvent) {
  window.attachEvent("onload", fnLoadPngs);
}

function fnLoadPngs( ) {
 var rslt = navigator.appVersion.match(/MSIE (\d+\.\d+)/, '');
 var itsAllGood = (rslt != null && Number(rslt[1]) >= 5.5);
 for (var i = document.all.length - 1, obj = null;
  (obj = document.all[i]); i--) {
   if (itsAllGood &&
```

```
    obj.currentStyle.backgroundImage.match(/\.png/i) != null) {
     this.fnFixPng(obj);
     obj.attachEvent("onpropertychange",
    this.fnPropertyChanged);
     }
    }
   }

   function fnPropertyChanged( ) {
    if (window.event.propertyName == "style.backgroundImage") {
     var el = window.event.srcElement;
     if (!el.currentStyle.backgroundImage.match(/x\.gif/i)) {
       var bg = el.currentStyle.backgroundImage;
       var src = bg.substring(5,bg.length-2);
       el.filters.item(0).src = src;
       el.style.backgroundImage = "url(x.gif)";
     }
    }
   }

   function fnFixPng(obj) {
    var bg = obj.currentStyle.backgroundImage;
    var src = bg.substring(5,bg.length-2);
    obj.style.filter =
   "progid:DXImageTransform.Microsoft.AlphaImageLoader(src='"
    + src + "', sizingMethod='scale')";
    obj.style.backgroundImage = "url(x.gif)";
   }
```

Associez le fichier JavaScript à la page web en ajoutant la ligne suivante entre les éléments head :

```
<script src="/_actifs/js/bgsleight.js" type="text/javascript"></script>
```

> Faites attention à la référence au script JavaScript. Dans cet exemple, il se trouve dans le sous-dossier `js` du dossier `_actifs`.

N'oubliez pas de télécharger le fichier GIF d'un seul pixel transparent (nommé `x.gif` dans le script) sur le serveur web et d'adapter à vos besoins la référence à son emplacement dans le script.

Discussion

La transparence alpha est prise en charge par quasiment tous les navigateurs modernes. Le format PNG est reconnu par les navigateurs Netscape Navigator 6+, Opera, Safari et Internet Explorer pour Windows 7. Malheureusement, Internet Explorer pour Windows 6 est absent de cette liste.

Pour résoudre ce problème, Aaron Boodman a développé du code JavaScript basé sur la propriété `filter` spécifique à Microsoft afin d'activer la prise en charge par Internet Explorer pour Windows 5.5–6 des images PNG avec transparence alpha, sans que cela ait un impact sur les autres navigateurs qui supportent nativement ce format.

Drew McLellan a repris le travail de Boodman et a modifié le code JavaScript pour qu'il fonctionne également avec les images d'arrière-plan (voir *http://allinthehead.com/retro/69/sleight-of-hand*).

Le JavaScript de McLellan est exécuté au moment du chargement de la page. Il parcourt le contenu HTML à la recherche des éléments `img` qui font référence à des fichiers d'images ayant l'extension `png`.

Lorsqu'il trouve un tel élément, le script modifie dynamiquement le balisage HTML. Il commence par remplacer l'image PNG par une image GIF d'un seul pixel transparent.

Ensuite, le fichier PNG est associé à la propriété `filter` d'Internet Explorer afin d'activer la transparence alpha dans ce navigateur. Puisqu'il s'agit de la seule manière de procéder, l'image PNG est placée à l'arrière-plan.

Ainsi, l'image PNG est affichée à l'arrière-plan derrière l'image GIF transparente.

> Lorsque vous écrivez le contenu de la page, n'oubliez pas d'affecter la largeur et la hauteur de l'image PNG aux propriétés CSS `width` et `height`, sinon le script ne s'exécutera pas correctement.

Voir aussi

Le script de Sleight (*http://www.youngpup.net/2001/sleight*) ; les informations sur la propriété `filter` de Microsoft (*http://msdn.microsoft.com/workshop/author/filter/reference/filters/alpha.asp*).

3.12. Présenter une image au format panoramique

Problème

Vous souhaitez que la largeur d'une image augmente ou décroisse lorsque l'utilisateur change la taille de la fenêtre de son navigateur, comme l'illustre la *figure 3-21*.

Solution

Placez un élément `img`, qui fait référence à une photo panoramique, à l'arrière-plan d'un élément de bloc (voir la *figure 3-22*).

```
<h1>Visitez notre petit village !</h1>
 <div><img src="village.jpg" alt=" " /></div>
<h2>Le charme et la tranquilité pour vos vacances</h2>
```

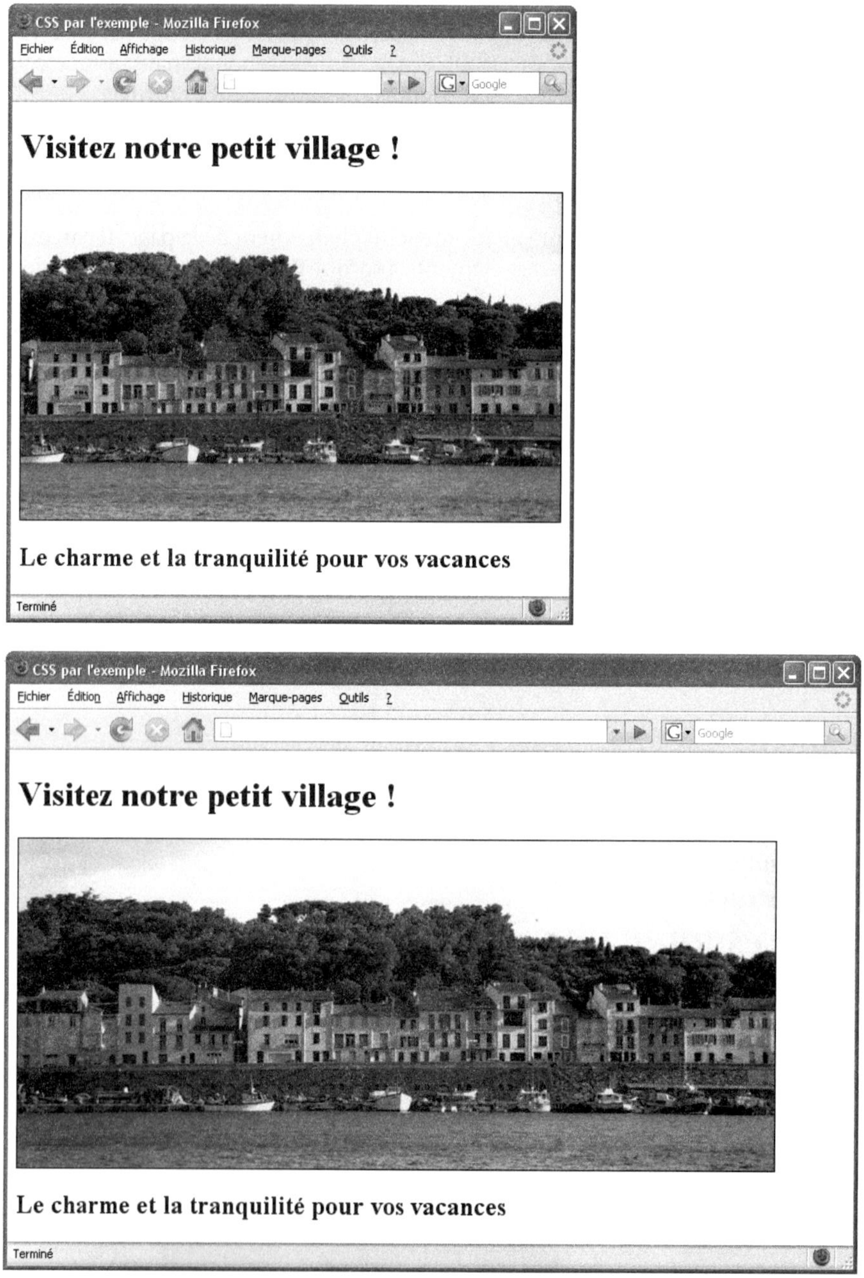

Figure 3-21. Élargissement de la fenêtre du navigateur pour voir une plus grande partie de la photo panoramique

Positionnez l'élément de l'image dans le coin supérieur droit de l'élément de bloc, puis masquez l'image en fixant sa propriété `display` à `none` :

```
div {
 background-image: url(village.jpg);
 background-repeat: no-repeat;
 background-position: top right;
 height: 300px;
 border: 1px solid black;
 max-width: 714px;
}
div img {
 display: none;
}
```

Lorsque l'image est placée en arrière-plan, elle est redimensionnée en fonction de la taille de la fenêtre du navigateur.

Discussion

Pour créer une présentation panoramique, vous avez besoin d'une photographie prise dans ce format. Ensuite, placez l'image dans le coin supérieur droit de l'élément de bloc afin qu'elle suive le dimensionnement de la fenêtre du navigateur. La propriété `max-width` empêche que la largeur de l'élément `div` dépasse celle de l'image elle-même.

Dans cette solution, la même image est utilisée dans le code HTML et le code CSS. De cette manière, l'image (ou le contenu) est affichée même si l'agent utilisateur qui effectue le rendu de la page ne comprend pas CSS.

Figure 3-22. Photo panoramique placée sur une page web

Voir aussi

Les informations sur la manière de créer des photos panoramiques (*http://www.creighton.edu/~jaypl/oldpage/panhow.html*) ; les Recommandations CSS 2.1 pour la propriété `max-width` (*http://www.w3.org/TR/CSS21/visudet.html#propdef-max-width*).

3.13. Combiner différents formats d'images

Problème

Vous souhaitez combiner deux formats d'images différents dans une présentation. Par exemple, vous voulez associer des images GIF et JPEG dans un seul élément graphique (voir la *figure 3-23*).

Figure 3-23. Deux images de format différent combinées en une seule

Solution

Placez une image dans un élément de bloc, comme un `div` ou un `h2` :

```
<h2><img src="texte-titre.gif" alt="Image de titre au format GIF" /></h2>
```

Utilisez un programme de création d'images pour enregistrer les éléments de l'image dans des fichiers de format différent (voir la *figure 3-24*).

Figure 3-24. Les deux images utilisées pour en créer une seule

L'une des deux images doit avoir le nom donné à l'attribut src de l'élément img. La seconde image est placée à l'arrière-plan de l'élément de bloc afin de combiner les deux images dans une seule présentation :

```
h2 {
 background-image: url(fond-titre.jpg);
 background-repeat: none;
 width: 587px;
 height: 113px;
}
```

Discussion

Les deux formats d'images prédominants sur le Web sont les formats GIF et JPEG. Chacun d'eux applique une compression différente. En général, les images ayant des aplats de couleur (zones de couleurs unies) sont mieux compressées dans le format GIF, tandis que le format JPEG est mieux adapté aux photos ou aux images contenant des dégradés de couleurs.

Dans l'exemple illustré aux *figures 3-23* et *3-24*, la somme des tailles des deux fichiers d'image est inférieure à la taille du fichier combinant les deux images. Cela provient du fait qu'une partie de l'image limite les possibilités de compression d'un des formats de fichier. Si vous enregistrez la combinaison au format GIF, la partie photographique de l'image gonfle la taille du fichier. Si vous l'enregistrez au format JPEG, les aplats augmentent la taille. En décomposant l'image en deux fichiers de formats différents qui bénéficient pleinement de leur méthode de compression, la taille globale est réduite.

Bien que la méthode décrite dans cette solution utilise les propriétés d'arrière-plan de CSS, vous pouvez obtenir le même effet en positionnant des éléments de bloc qui contiennent des images en-ligne. Par exemple, à la *figure 3-25*, vous pouvez constater que le dessin du bateau est superposé à la photographie de deux enfants.

Pour que cette méthode fonctionne, placez les éléments d'image dans des éléments de bloc div :

```
<!DOCTYPE html PUBLIC "-//W3C//DTD XHTML 1.0 Transitional//EN"
    "http://www.w3.org/TR/xhtml1/DTD/xhtml1-transitional.dtd">
<html xmlns="http://www.w3.org/1999/xhtml">
 <head>
  <title>CSS par l'exemple</title>
 </head>
 <body>
  <img src="enfants.jpg" width="360" height="304"  alt="Enfants jouant" />
  <div id="bateau"><img src="bateau.gif" width="207" height="123"
   alt="bateau" /></div>
  <div id="eau"><img src="paysage.gif" width="315" height="323"
   alt="Paysage" /></div>
 </body>
</html>
```

Figure 3-25. Combinaison complexe d'images de formats différents

Puis, en CSS, mettez les éléments en position absolue. En attribuant la valeur `absolute` à la propriété `position`, vous sortez les éléments du flux normal de la page web et affectez les valeurs des propriétés `left`, `top` et `z-index` pour déterminer leurs nouveaux emplacements :

```
#bateau {
 position: absolute;
 width: 207px;
 height: 123px;
 z-index: 2;
 left: 264px;
 top: 0;
}
#eau {
 position: absolute;
 width: 315px;
 height: 323px;
 z-index: 1;
 left: 359px;
 top: -20px;
}
```

Les propriétés `left` et `top` fixent le placement des images à l'intérieur de leur élément ancêtre le plus proche. S'il n'existe pas, le bloc conteneur initial est choisi. Dans notre cas, il s'agit du bloc conteneur initial des éléments `div`.

D'autre part, la marge de l'élément `body` est fixée à `0` afin que l'origine se trouve dans le coin supérieur gauche de la zone d'affichage du navigateur :

```
body {
 margin: 0;
}
```

Bien que cette méthode fonctionne, la modification ultérieure du document web peut remettre en cause le positionnement précis. Par exemple, en ajoutant un simple titre au-dessus des images dans le code HTML, on obtient la page erronée de la *figure 3-26* :

```
<h2>Les enfants accueillent un nouveau bateau !</h2>
<img src="enfants.jpg" width="360" height="304"  alt="Enfants jouant" />
  <div id="bateau"><img src="bateau.gif" width="207" height="123"
   alt="bateau" /></div>
  <div id="eau"><img src="paysage.gif" width="315" height="323"
   alt="Paysage" /></div>
```

Figure 3-26. La présentation est perturbée par l'ajout d'un titre

Puisque l'image des enfants n'a pas été positionnée de manière absolue, elle est décalée vers le bas dans le document. L'autre image ne bouge pas car elle a été positionnée à l'intérieur du bloc conteneur initial et conserve sa place même après l'ajout d'un titre.

En utilisant la méthode `background-positioning` à l'intérieur d'éléments de bloc, vous pouvez créer un conteneur autonome. Ensuite, lorsque du contenu est ajouté ou retiré de la page web, la présentation reste la même, comme le montrent la *figure 3-27* et le code suivant :

```
<!DOCTYPE html PUBLIC "-//W3C//DTD XHTML 1.0 Transitional//EN"
    "http://www.w3.org/TR/xhtml1/DTD/xhtml1-transitional.dtd">
<html xmlns="http://www.w3.org/1999/xhtml">
 <head>
 <title>CSS par l'exemple</title>
<style type="text/css">
```

```
body {
 margin: 2% 4% 0 4%;
}
#contenu {
 background-image: url(paysage.gif);
 background-repeat: no-repeat;
 background-position: bottom right;
 height: 400px;
 width: 674px;
}
h2 {
 margin: 0;
 padding: 0;
 background-image: url(enfants.jpg);
 background-repeat: no-repeat;
 background-position: bottom left;
 height: 400px;
 width: 600px;
}
#bateau {
 background-image: url(bateau.gif);
 background-repeat: no-repeat;
 display: block;
 width: 207px;
 height: 123px;
 margin-left: 250px;
 margin-top: 75px;
}
</style>
 </head>
 <body>
  <div id="contenu">
   <h2>Les enfants accueillent un nouveau bateau !
    <span id="bateau">
    </span>
   </h2>
  </div>
 </body>
</html>
```

Voir aussi

La recette 12.2, page 431, pour créer une incongruité inattendue entre deux éléments ; la recette 12.3, page 433, pour combiner des éléments dissemblables.

Figure 3-27. Une autre approche de la combinaison d'images

3.14. Arrondir des angles avec des colonnes de largeur fixe

Problème

Vous souhaitez ajouter des angles arrondis à des colonnes dont la largeur est fixée.

Solution

Créer deux images d'arrière-plan dont l'une contient les coins supérieurs et l'autre les coins inférieurs (voir la *figure 3-28*).

Ajoutez un élément div autour du contenu de la colonne :

```
<div id="boite">
 <h2>
  J'ai rencontré une fille que j'aimerais mieux connaître
 </h2>
 <p>Lorem ipsum dolor sit amet, consectetuer adipiscing elit, sed diam
nonummy nibh euismod tincidunt ut laoreet dolore magna aliquam erat
volutpat.
Ut wisi enim ad minim veniam.</p>
</div>
```

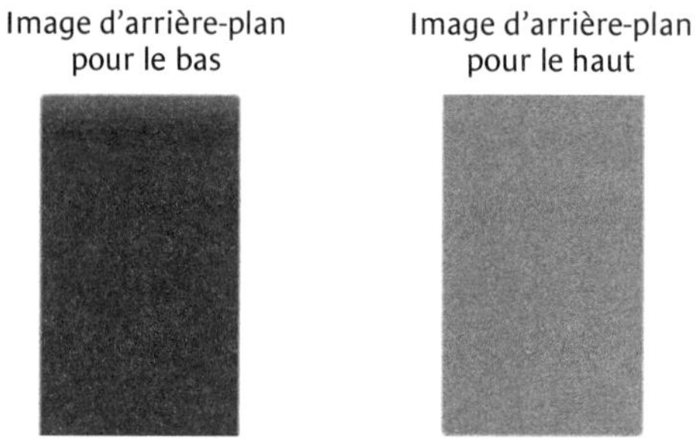

Figure 3-28. Une image pour les coins supérieurs et une autre pour les coins inférieurs

Placez l'image du bas dans l'élément div (voir la *figure 3-29*) :

```
#boite {
 width: 214px;
 background-image: url(fond-bas.gif);
 background-position: bottom;
 background-repeat: no-repeat;
}
```

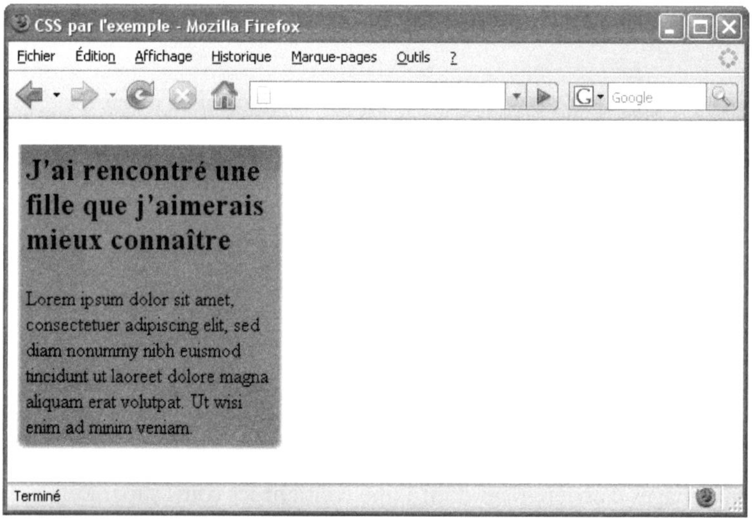

Figure 3-29. Une image d'arrière-plan est placée en bas de la colonne

Puis, placez l'image du haut dans l'élément h2 (voir la *figure 3-30*) :

```
h2 {
 background-image: url(fond-haut.gif);
 backgroung-position: left top;
 background-repeat: no-repeat;
 padding: 7px 7px 3px 7px;
 margin: 0;
 border-bottom: 1px solid #999;
```

```
  font-size: 1.3em;
  font-weight: normal;
  color: #eee;
}
```

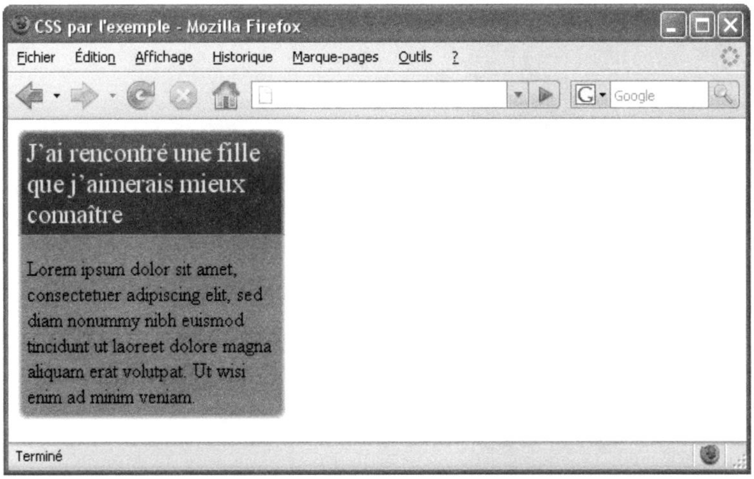

Figure 3-30. Une image d'arrière-plan est placée en haut de la colonne

Discussion

Pour que la taille du texte ne perturbe pas la présentation (voir la *figure 3-31*), faites en sorte que les images d'arrière-plan soient plus longues que l'espace qui leur est réservé dans la mise en forme. Par exemple, les images utilisées dans cette solution ont une hauteur de 600 pixels, mais il peut être bon qu'elles fassent plus de 1 000 pixels afin de s'assurer que la conception de la page garde sa cohérence même avec des tailles de police très importantes.

En fixant la largeur de colonnes avec une unité de longueur comme les pixels, il est possible de placer les deux angles haut ou bas dans une même image. Si la largeur change lorsque l'utilisateur redimensionne la fenêtre du navigateur, cette solution n'est plus adaptée.

Voir aussi

Les recettes 3.15, 3.16 et 3.17 pour savoir comment appliquer des angles arrondis lorsque la largeur des colonnes n'est pas figée.

Figure 3-31. Même lorsque la taille de la police augmente, la présentation reste cohérente

3.15. Angles arrondis (technique des portes coulissantes)

Problème

Vous souhaitez ajouter des angles arrondis à des colonnes de largeur variable.

Solution

Utilisez la technique des portes coulissantes (*Sliding Doors technique*) créée par le concepteur web Douglas Bowman.

Commencez par créer la présentation des angles arrondis (voir la *figure 3-32*).

Ensuite, créez des images séparées pour les quatre angles, comme l'illustre la *figure 3-33*.

Figure 3-32. Conception de base d'une colonne

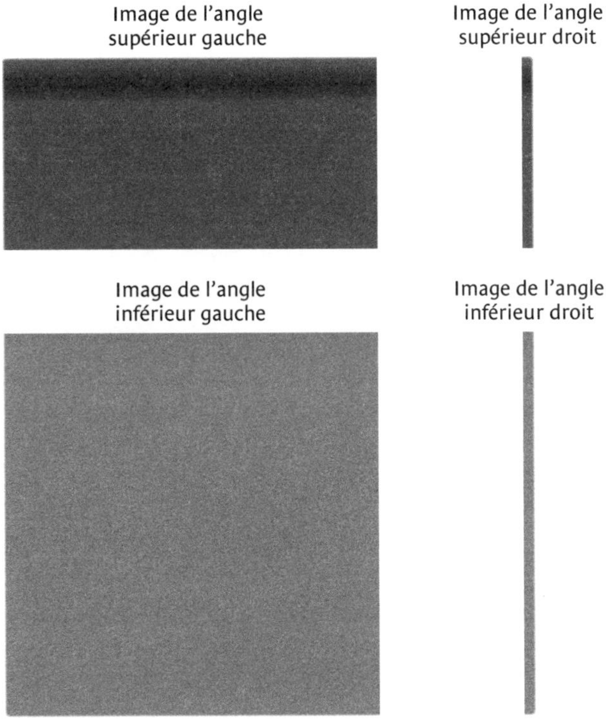

Figure 3-33. La mise en forme de la colonne décomposée en quatre images

Placez le contenu de la colonne dans des éléments div supplémentaires :

```
<div id="boite">
 <div id="titreinterne">
  <h2>
   J'ai rencontré une fille que j'aimerais mieux connaître
  </h2>
 </div>
 <div id="contenu">
  <div id="contenuinterne">
   <p>Lorem ipsum dolor sit amet, consectetuer adipiscing elit, sed
```

```
diam nonummy nibh euismod tincidunt ut laoreet dolore magna aliquam
erat volutpat. Ut wisi enim ad minim veniam.</p>
  </div>
 </div>
</div>
```

Puis, positionnez les images d'arrière-plan à l'aide de CSS (voir la *figure 3-34*). L'angle supérieur gauche va dans le sélecteur d'identifiant « titreinterne », l'angle supérieur droit dans l'élément h2 existant, l'angle inférieur gauche dans le sélecteur d'identifiant « contenu » et l'angle inférieur droit dans le sélecteur d'identifiant « contenuinterne ».

```
#titreinterne {
 background-image: url(angle_sg.gif);
 background-position: top left;
 background-repeat: no-repeat;
}
h2 {
 background-image: url(angle_sd.gif);
 background-position: top right;
 background-repeat: no-repeat;
 margin: 0;
 padding: 7px;
 border-bottom: 1px solid #999;
 font-size: 1.3em;
 font-weight: normal;
 color: #eee;
}
#contenu {
 background-image: url(angle_ig.gif);
 background-position: bottom left;
 background-repeat: no-repeat;
}
#contenuinterne {
 background-image: url(angle_id.gif);
 background-position: bottom right;
 background-repeat: no-repeat;
}
```

Discussion

Les éléments div et h2 jouent le rôle de points d'ancrage pour les images d'arrière-plan des quatre angles de la colonne. Si la fenêtre du navigateur est redimensionnée, les images d'arrière-plan restent dans leur angle respectif (voir la *figure 3-35*).

Pour que la conception garde sa cohérence lors du redimensionnement de la colonne, il peut être nécessaire de retoucher les images. Vous devez agir sur l'un des deux côtés, le gauche ou droit, et étendre les deux images correspondantes, tant verticalement qu'horizontalement. Par exemple, les images de l'angle supérieur gauche et inférieur gauche (voir les *figures 3-36* et *3-37*) ont été agrandies pour la mise en œuvre de notre solution.

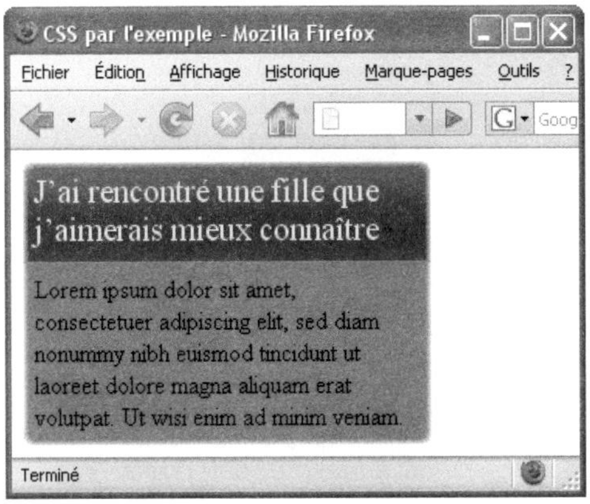

Figure 3-34. Les angles arrondis apparaissent dans la colonne

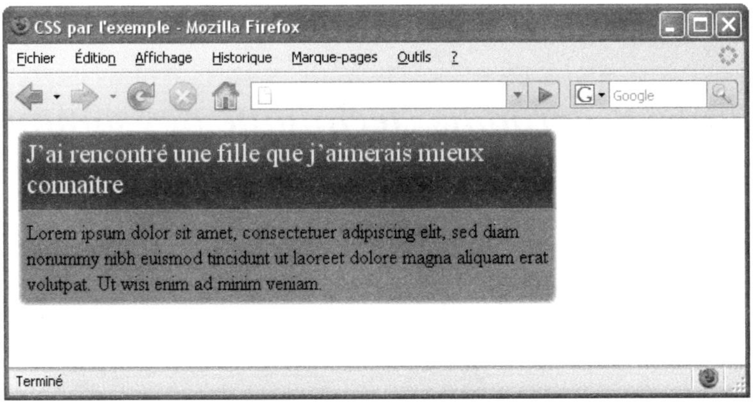

Figure 3-35. Les angles arrondis sont conservés même lorsque la colonne est élargie

Figure 3-36. L'image de l'angle supérieur gauche a une largeur de 600 pixels et une hauteur de 300 pixels

Figure 3-37. L'image de l'angle inférieur gauche a une largeur et une hauteur de 600 pixels

Voir aussi

La recette 3.16 pour une solution simple permettant d'appliquer des angles arrondis à une colonne.

3.16. Angles arrondis (technique des sommets montagneux)

Problème

Vous souhaitez créer un ensemble d'images permettant d'obtenir des angles arrondis tout en étant capable d'afficher différentes couleurs d'arrière-plan dans la colonne.

Solution

Utilisez la technique des sommets montagneux (*Mountaintop technique*) vulgarisée par le concepteur web Dan Cederholm.

Commencez par créer une petite image qui servira d'élément de base pour les angles arrondis (voir la *figure 3-38*).

> Notez que la couleur noire de la *figure 3-38* sera déclarée transparente lors de l'enregistrement de l'image au format GIF.

Exportez l'image au format GIF dans un fichier nommé *angle_sg.gif*.

Ensuite, faites pivoter l'image de 90° (voir la *figure 3-39*) et exportez-la au format GIF dans un fichier nommé *angle_sd.gif*. Reproduisez les deux dernières étapes afin de créer les images des angles inférieurs, enregistrées dans les fichiers *angle_ig.gif* et *angle_id.gif*.

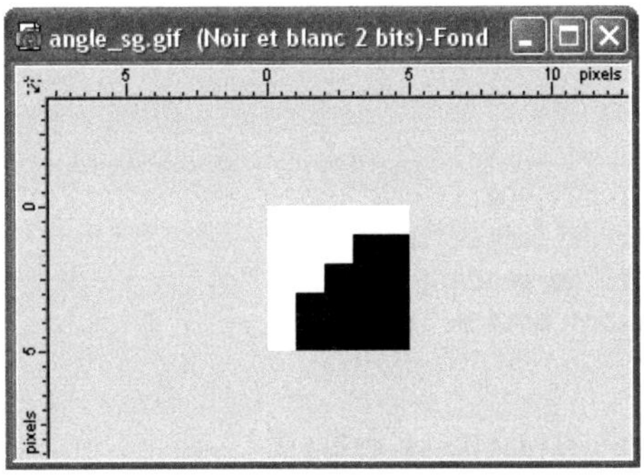

Figure 3-38. Image de l'angle supérieur gauche

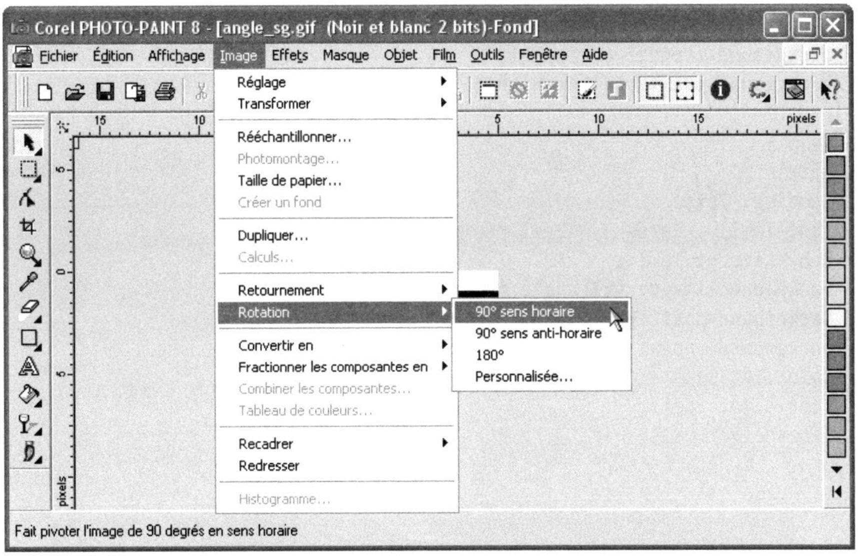

Figure 3-39. Pivotement de l'image de 90 degrés

Ajoutez des éléments div supplémentaires autour du contenu de la colonne :

```
<div id="boite">
 <div id="titreexterne">
  <div id="titreinterne">
   <h2>
    J'ai rencontré une fille que j'aimerais mieux connaître
   </h2>
  </div>
 </div>
 <p>Lorem ipsum dolor sit amet, consectetuer adipiscing elit, sed diam
nonummy nibh euismod tincidunt ut laoreet dolore magna aliquam erat
volutpat. Ut wisi enim ad minim veniam.</p>
</div>
```

Puis, placez les quatre images dans les sélecteurs d'identifiant et du paragraphe (voir la *figure 3-40*) :

```
div#boite {
 width: 55%;
 background-color: #999999;
 background-image: url(angle_ig.gif);
 background-repeat: no-repeat;
 background-position: bottom left;
}
#titreexterne {
 background-image: url(angle_sg.gif);
 background-repeat: no-repeat;
}
#titreinterne {
 background-image: url(angle_sd.gif);
 background-repeat: no-repeat;
 background-position: top right;
}
div p {
 margin: 0;
 padding: 7px;
 font-family: Verdana, Arial, Helvetica, sans-serif;
 font-size: 1.1em;
 background-image: url(angle_id.gif);
 background-position: bottom right;
 background-repeat: no-repeat;
 color: #333333;
 font-size: .8em;
 line-height: 1.5;
}
```

Figure 3-40. Exemple d'angles arrondis avec la technique des sommets montagneux

Discussion

Tout l'intérêt de la technique des sommets montagneux réside dans sa simplicité. Quatre petites images sont enregistrées dans des fichiers de petite taille grâce à l'algorithme de compression GIF et placées ensuite à l'arrière-plan de quatre éléments de bloc.

D'autre part, contrairement à la solution de la recette 3.15, il est inutile d'augmenter la taille des images pour que l'intégrité de la conception soit conservée en cas de redimensionnement de la colonne.

Enfin, avec cette technique, il est possible de modifier la couleur d'arrière-plan de la colonne sans toucher aux images d'angles (voir la *figure 3-41*). Cependant, les images devront être retouchées si la couleur de fond de la page web ou de l'élément parent de la colonne est modifiée.

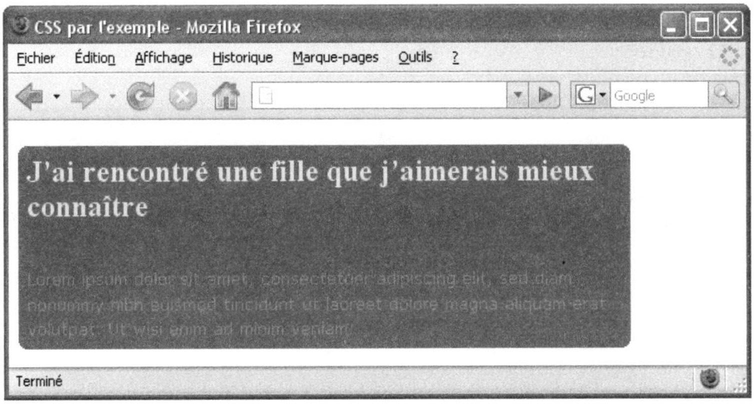

Figure 3-41. L'intégrité de la présentation de la colonne est conservée même lorsque sa couleur et sa taille sont modifiées

Voir aussi

La recette 3.17 pour l'ajout automatique d'angles à des colonnes sans utiliser d'images.

3.17. Angles arrondis avec JavaScript

Problème

Vous souhaitez ajouter des angles arrondis à des éléments sans passer par l'insertion manuelle de nouvelles balises et images.

Solution

Utilisez le code Nifty Corners Cube d'Alessandro Fulciniti.

Tout d'abord, téléchargez les composants de la solution Nifty Corners Cube, qui comprennent un fichier CSS et un fichier JavaScript, à l'adresse *http://www.html.it/articoli/niftycube/NiftyCube.zip*.

Placez ces fichiers sur votre serveur web, puis associez le code JavaScript à la page web en utilisant l'attribut `src` d'un élément `script` :

```
<script type="text/javascript" src="/_actifs/js/niftycube.js"></script>
```

Vous n'avez pas besoin d'associer le fichier CSS car le fichier JavaScript le fait à votre place. Vérifiez que la référence au fichier JavaScript est correcte. Dans cet exemple, il est placé dans le dossier `js` qui se trouve lui-même dans le dossier `_actifs`.

Ensuite, modifiez les balises qui recevront des angles arrondis (voir la *figure 3-42*) en donnant une valeur unique à leur attribut `id` :

```
<div id="boite">
<h2>Marquee selectus</h2>
<p>...<p>
</div>
```

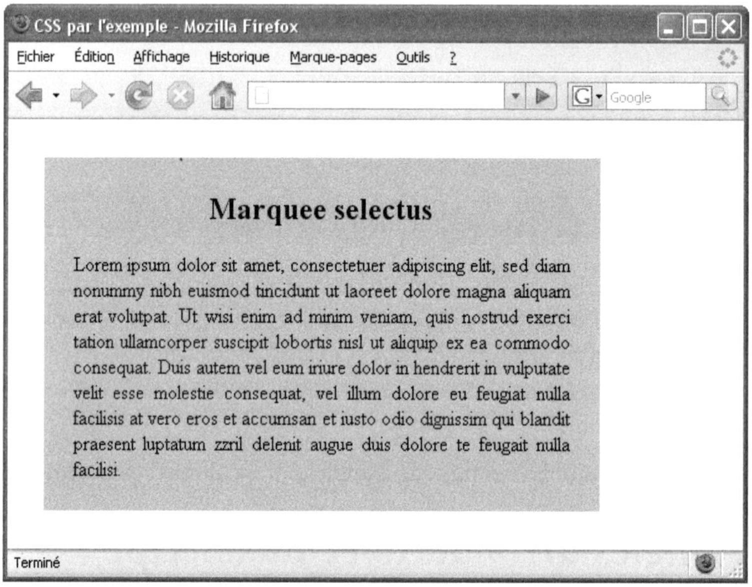

Figure 3-42. Affichage par défaut de la colonne

Enfin, appelez le code JavaScript pour indiquer au navigateur les éléments qui auront des angles arrondis et fixer leur taille (voir la *figure 3-43*) :

```
<script type="text/javascript" src="niftycube.js"></script>
<script type="text/javascript">
 window.onload=function( ) {
  Nifty("div#boite","big");
}
</script>
```

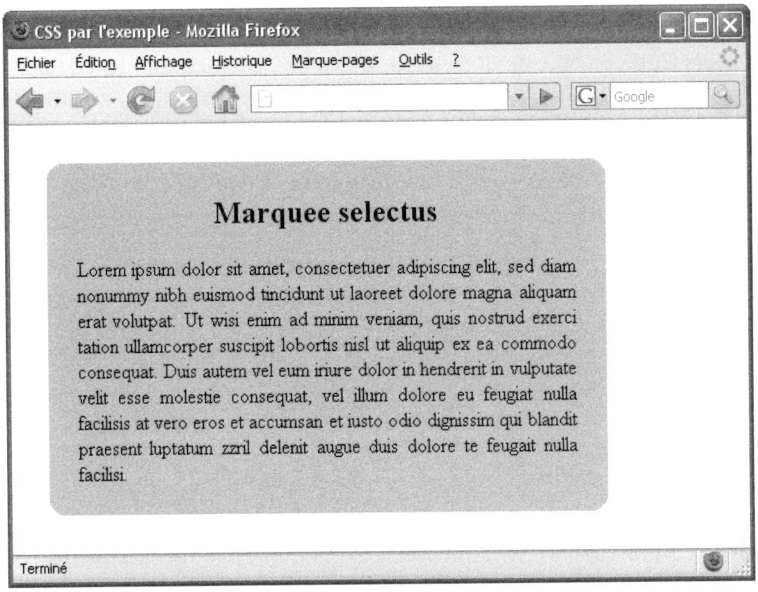

Figure 3-43. Les angles arrondis apparaissent

Discussion

Puisque cette méthode de création d'angles arrondis ne demande aucun travail annexe, la solution Nifty Corners Cube est plus un outil qu'une technique.

Différentes couleurs

Les couleurs sont détectées automatiquement. Le code JavaScript les modifie automatiquement afin qu'elles correspondent à la couleur d'arrière-plan de l'élément et de son élément parent (en général le corps de la page web). Autrement dit, le développeur doit juste indiquer les éléments qui auront des angles arrondis ainsi que la taille de ces derniers.

Différentes tailles

Quatre mots-clés de taille sont définis dans le code JavaScript de Nifty Corners Cube : `none`, `small`, `normal` (par défaut) et `big`. `small` équivaut à 2 pixels, `normal` à 5 pixels et `big` à 10 pixels.

Par exemple, pour que les angles soient petits, l'appel JavaScript doit être modifié de la manière suivante :

```
<script type="text/javascript">
 window.onload=function( ) {
  Nifty("div#boite","small");
}
</script>
```

Différentes éléments

Nifty Corners Cube accepte de nombreux sélecteurs, permettant ainsi de désigner facilement les éléments auxquels vont s'appliquer les angles arrondis ; ils sont recensés au *tableau 3-1*.

Tableau 3-1. Sélecteurs reconnus par le code JavaScript de Nifty Corners Cube

Sélecteur	Exemple
de type	`"div"` `"h3"`
d'identifiant	`"div#boite"` `"h3#principal"`
de classe	`"div.boite"` `"h3.boite"`
de descendant avec identifiant	`"div#boite h3"` `"h3#principal div"`
de descendant avec classe	`"div.boite h3"` `"h3.principal div"`
de groupe	`"div, h3"` `"div, h3.principal div, p"`

Par exemple, pour appliquer des angles arrondis à plusieurs éléments, la fonction JavaScript peut être la suivante :

```
<script type="text/javascript">
 window.onload=function( ) {
  Nifty("div, h3.principal div, p","small");
}
</script>
```

Cibler les angles

Nifty Corners Cube autorise également les développeurs à ne pas arrondir tous les angles. Le *tableau 3-2* donne la liste des mots-clés qui permettent aux développeurs de sélectionner les angles à arrondir ou non.

Tableau 3-2. Mots-clés reconnus par le code JavaScript de Nifty Corners Cube

Mot-clé	Signification
`tl`	Angle supérieur gauche (*top-left*).
`tr`	Angle supérieur droit (*top-right*).
`bl`	Angle inférieur gauche (*bottom-left*).
`br`	Angle inférieur droit (*bottom-right*).
`top`	Angles supérieurs.
`bottom`	Angles inférieurs.

Tableau 3-2. Mots-clés reconnus par le code JavaScript de Nifty Corners Cube (suite)

Mot-clé	Signification
`left`	Angles gauches.
`right`	Angles droits.
`all` (par défaut)	Tous les angles.

Par exemple, pour arrondir uniquement les angles supérieurs de plusieurs éléments d'une page web, la fonction JavaScript peut être la suivante :

```
<script type="text/javascript">
 window.onload=function( ) {
  Nifty("div, h3.principal div, p","small top");
}
</script>
```

Voir aussi

Les informations sur Nifty Corners Cube (*http://www.html.it/articoli/niftycube/index.html*).

3.18. Placer une ombre derrière une image

Problème

Vous souhaitez ajouter une ombre derrière une image, comme l'illustre la *figure 3-44*.

Figure 3-44. Une ombre est placée derrière l'image

Solution

Placez l'élément d'image (voir la *figure 3-45*) dans une balise `div` dont la valeur de l'attribut `class` est `conteneurimage` :

Figure 3-45. L'image placée au-dessus du contenu

```
<div class="conteneurimage">
 <img src="dadsaranick2.jpg" alt="Photo de Papa, Sara et Nick" />
</div>
```

Pour l'élément `div`, fixez l'alignement de l'image à `left` afin que le texte s'enroule autour. Ensuite, définissez l'image d'arrière-plan de l'ombre dans deux propriétés `background`. Dans la première, utilisez une image possédant une transparence alpha, comme une image au format PNG :

```
div.conteneurimage {
 float:left;
 background: url(ombre.png) no-repeat bottom right !important;
 background: url(ombre.gif) no-repeat bottom right;
 margin: 10px 7px 0 10px !important;
 margin: 10px 0 0 5px;
}
```

Pour l'image elle-même, fixez les propriétés `margin-right` et `margin-bottom` de manière à représenter le décalage de l'image de l'ombre. Définissez également les propriétés `border` et `padding` pour obtenir un effet plus saisissant :

```
div.conteneurimage img {
 display: block;
 position: relative;
 background-color: #fff;
 border: 1px solid #666;
 margin: -3px 5px 5px -3px;
 padding: 2px;
}
```

Discussion

La première étape consiste à créer une image d'ombre dans votre logiciel de dessin. Il est préférable de lui donner une taille de 600×600 pixels ou plus (voir la *figure 3-46*). Ainsi, la technique décrite ici peut être utilisée avec pratiquement toutes les images que l'on trouve généralement sur une page web.

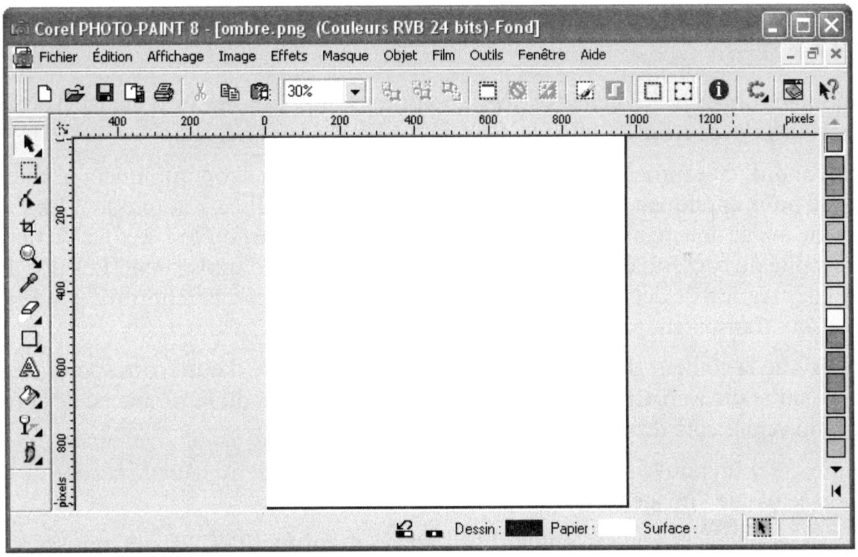

Figure 3-46. L'ombre est visible sur les bords droit et inférieur

La première propriété `background` spécifie la règle `!important` afin d'afficher le fichier PNG comme une ombre portée. Grâce à ce format, la couleur ou l'image d'arrière-plan de la page web peut être modifiée sans que cela ait un impact sur l'ombre. Pour les navigateurs anciens qui ne prennent pas en charge cette règle, comme Internet Explorer pour Windows, passez à la propriété `background` suivante et utilisez l'image GIF pour l'ombre.

Les propriétés `margin-left` et `margin-bottom` de l'élément d'image fixent le décalage de l'image de l'ombre sous la photographie. Si le décalage à droite ou en bas est supérieur à cinq pixels (celui employé dans cette solution), modifiez la valeur de ces propriétés en conséquence.

Voir aussi

L'article de A List Apart sur la création d'ombres portées en CSS (*http://www.alistapart.com/articles/cssdropshadows/*) ; la recette 3.19 pour créer des ombres portées avec dégradé derrière une image.

3.19. Placer une ombre en dégradé derrière une image

Problème

Vous souhaitez que les bords de l'ombre d'une image soient en dégradé.

Solution

En ajoutant un autre élément `div` non sémantique autour d'une autre image d'arrière-plan, vous pouvez créer un effet de dégradé sur l'ombre portée.

Tout d'abord, créez une nouvelle image dans Adobe Photoshop qui jouera le rôle de masque pour appliquer un dégradé sur l'ombre portée utilisée à la recette 3.18. Cette nouvelle image doit avoir les mêmes dimensions que celle de l'ombre. Retirez du fichier l'intégralité du contenu de l'image, en ne laissant qu'un fond transparent. Ensuite, avec l'outil de création de dégradés, choisissez l'option qui permet d'obtenir un dégradé Premier plan - Transparent (voir la *figure 3-47*).

Vérifiez que la couleur d'arrière-plan indiquée dans la barre d'outil correspond à celle utilisée sur le site web. Créez un dégradé de six pixels à partir du bord gauche de la zone de dessin vers le côté droit de l'image.

Ensuite, créez un nouveau dégradé, mais, cette fois-ci, à partir du haut de la zone de dessin vers le bas de l'image.

Une fois les dégradés réalisés, enregistrez l'image au format PNG-24 avec transparence (voir la *figure 3-48*) :

Une fois les images à disposition, modifiez le code HTML afin d'inclure le nouvel élément `div` :

```
<div class="conteneurimage">
 <div>
  <img src="dadsaranick2.jpg" alt="Photo de Papa, Sara et Nick" />
 </div>
</div>
```

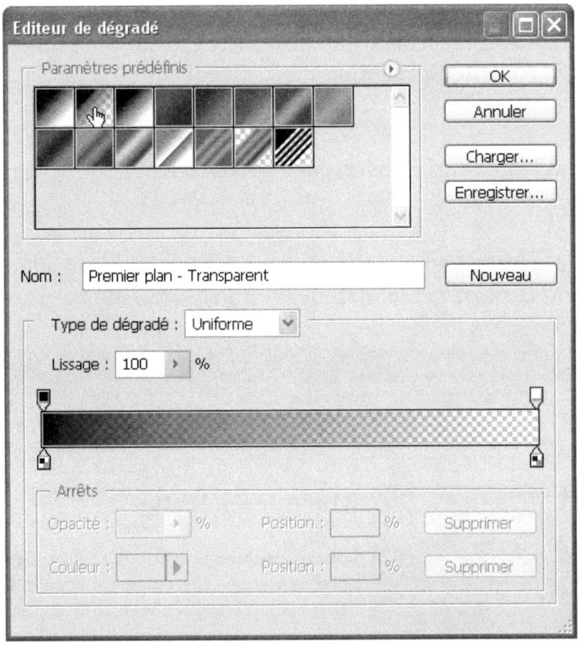

Figure 3-47. Sélection du bon type de dégradé

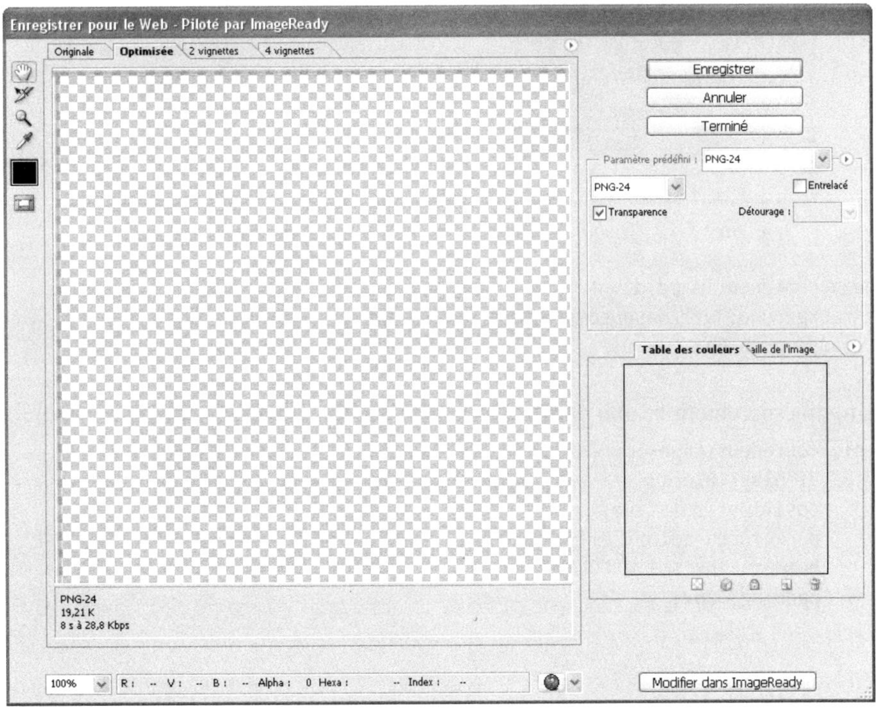

Figure 3-48. Enregistrement de l'image au format PNG avec transparence alpha

Les règles CSS pour le div de la première image doivent également être ajustées. L'image est rendue flottante à gauche, l'ombre portée est appliquée et un espacement est défini entre l'image et le contenu HTML :

```
div.conteneurimage {
 float: left;
 background: url(ombre.gif) no-repeat bottom right;
 margin: 0 7px 7px 0;
}
```

Ensuite, le masque servant à adoucir l'ombre est défini, de même qu'un espace permettant d'afficher l'ombre portée et le masque (voir la *figure 3-49*) :

Figure 3-49. Les bords adoucis sont maintenant sur l'ombre portée

```
div.conteneurimage div {
 background: url(masqueombre.png) no-repeat;
 padding: 0 6px 6px 0;
}
```

Enfin, un espacement et une bordure sont appliqués à l'image (voir la *figure 3-50*) :

```
div.conteneurimage img {
    display: block;
    position: relative;
    background-color: #fff;
    border: 1px solid #666;
    padding: 2px;
}
```

Discussion

La partie la plus complexe de cette solution est de créer une image PNG avec transparence alpha qui soit adaptée à l'ombre portée et à l'arrière-plan du site web.

Figure 3-50. Un style est appliqué à l'image possédant une ombre

Avec Internet Explorer pour Windows 5.5–6 qui, en natif, ne prend pas en charge le format PNG avec transparence alpha, contrairement à IE 7, utilisez la solution de la recette 3.11, page 135.

Voir aussi

La recette 3.18, page 159, pour créer une ombre portée simple sur une image.

3.20. Rendre les images redimensionnables

Problème

Vous souhaitez que la taille des images suive celle de la fenêtre du navigateur.

Solution

Définissez la largeur des images en pourcentages (voir les *figures 3-51* et *3-52*) :

```
img {
 border: 1px solid #cecece;
 width: 60%;
 float: left;
 margin-right: .7em;
 margin-bottom: .5em;
}
```

Les navigateurs modernes ajusteront la hauteur des images relativement à leur largeur. Il est donc inutile de fixer à la fois la largeur et la hauteur.

Figure 3-51. L'image est réduite

Figure 3-52. L'image a une taille plus grande car la fenêtre du navigateur a été élargie

Discussion

Lorsqu'on met en place des mises en pages adaptatives, le texte HTML contenu dans les colonnes suit le redimensionnement de la fenêtre du navigateur. Cependant, les images, dont les dimensions sont fréquemment indiquées en pixels, conservent leur taille initiale.

Pour faire en sorte que tous les éléments de la page soient redimensionnés relativement les uns aux autres, les développeurs peuvent fixer la largeur et la hauteur en utilisant des valeurs en pourcentage.

Lorsque les dimensions sont données en pourcentage, les navigateurs peuvent étirer les images jusqu'à leur faire perdre leur intégrité. Par exemple, les effets de la compression pratiquement invisibles dans une image JPEG ou le crénelage d'une image GIF peuvent commencer à apparaître lorsque l'agrandissement est trop important.

Pour empêcher que les images ne soient étirées au-delà d'une largeur définie, servez-vous de la propriété `max-width` avec des unités de longueur (voir la *figure 3-53*) :

```
img {
 border: 1px solid #cecece;
 width: 60%;
 max-width: 300px;
 float: left;
 margin-right: .7em;
 margin-bottom: .5em;
}
```

Figure 3-53. La largeur de l'image ne peut dépasser la valeur de la propriété max-width

Voir aussi

Les recettes 9.4 (page 355) et 9.6 (page 362).

3.21. Créer des bulles de texte

Problème

Vous voulez créer une bulle de texte, comme le montre la *figure 3-54*.

Figure 3-54. Une bulle de texte

Solution

Balisez le contenu pour en faire une bulle et incorporez à la fois le texte de la bulle et le nom de la personne citée comme source (voir la *figure 3-55*) :

```
<blockquote>
 <p>
  <span>
   De l’audace, baby !
  </span>
 </p>
 <cite>
  Christopher Schmitt
 </cite>
</blockquote>
```

Formez la bulle de texte à l’aide des propriétés CSS `border` et `background`. Puis, alignez la signature de la citation pour qu’elle tombe sous la queue de la bulle :

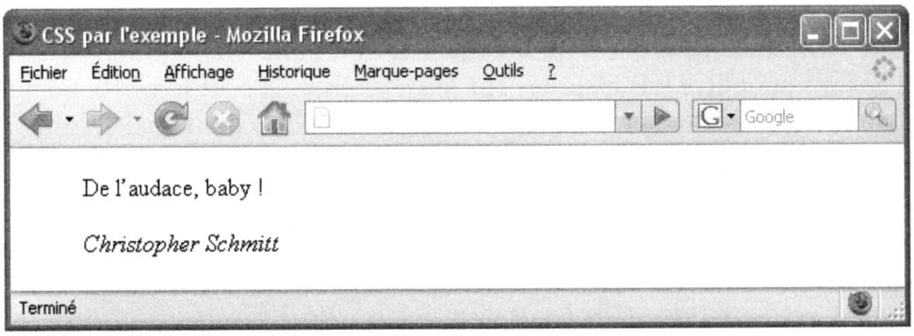

Figure 3-55. Contenu structuré d'une bulle

```
blockquote {
 width: 250px;
}
blockquote p {
 background: url(appelbulle.gif);
 background-repeat: no-repeat;
 background-position: bottom;
 padding-bottom: 28px;
}
blockquote p span {
 display: block;
 padding:  0.25em 0.25em 0.5em 0.5em;
 border: 1pt solid black;
 border-bottom-width: 0;
 font-size: 3em;
 font-family: "Comic Sans MS", Verdana, Helvetica, sans-serif;
 line-height: 0.9em;
}
cite {
 text-align: right;
 display: block;
 width: 250px;
}
```

Discussion

Pour créer une bulle, vous devez avoir au moins une image comportant une queue de bulle et une bordure de bulle (voir la *figure 3-56*). L'image est disponible en téléchargement sur le site de ce livre, comme indiqué dans la préface. Vous pouvez créer les trois autres côtés de la bulle en définissant la bordure dans la balise span.

Figure 3-56. Queue de la bulle

Pour obtenir un effet bande dessinée, assurez-vous de définir la famille de polices à `Comic Sans MS`, une police gratuite de Microsoft :

```
font-family: "Comic Sans MS", Verdana, Helvetica, sans-serif;
```

Si vous avez un ordinateur fonctionnant sous Windows, il se peut que la police soit déjà installée sur votre machine. Bien qu'il s'agisse d'une police répandue, certains utilisateurs ne l'auront peut-être pas installée sur leur système. Si c'est le cas, le navigateur recherchera la police suivante, dans l'ordre indiqué par la liste des valeurs, jusqu'à ce qu'il trouve une police disponible pour rendre la page.

Vous pouvez créer une présentation plus fantaisiste à l'aide de la technique des bulles moyennant des ajustements mineurs dans le code HTML et le code CSS. Placez pour commencer un élément `span` avec un attribut `class` défini à `non` dans l'élément `cite` correspondant à la signature de la citation :

```
<blockquote>
 <p>
  <span>
   De l'audace, baby !
  </span>
 </p>
 <cite>
  <span class="non">
   Christopher Schmitt
  </span>
 </cite>
</blockquote>
```

Ensuite, en CSS, ajoutez la règle suivante qui empêche l'affichage du texte dans le navigateur :

```
.non {
 display: none;
}
```

Placez une photographie dans l'élément `cite` à l'aide de la propriété `background-position` pour finaliser l'effet (voir la *figure 3-57*) :

```
cite {
 margin: 0;
 padding: 0;
 background-image: url(bebe.jpg);
 background-position: 0 0;
 height: 344px;
 text-align: right;
 display: block;
 width: 250px;
}
```

Voir aussi

Les informations de base sur les polices Comic Sans MS (*http://www.microsoft.com/typography/web/fonts/comicsns/default.htm*) ; la propagande exposant les raisons de ne pas utiliser Comic Sans MS (*http://www.bancomicsans.com*).

Figure 3-57. Bulle associée à une image

3.22. Empêcher le vol de vos images

Problème

Vous souhaitez compliquer la tâche aux gens qui copient les images présentes sur vos pages web.

Solution

Utilisez une image GIF d'un seul pixel transparent comme marqueur d'emplacement et placez un élément `div` autour de la balise `img` :

```
<div class="support">
 <img src="unpixel.gif" alt="" />
</div>
```

Ensuite, insérez l'image sur la page web en utilisant la propriété background-image et n'oubliez pas de fixer la largeur et la hauteur de l'image dans les éléments div et img :

```
div.support {
 width: 500px;
 height: 468px;
 background-image: url(visage.jpg);
 background-repeat: no-repeat;
}
.support img {
 width: 500px;
 height: 468px;
}
```

Discussion

L'image GIF d'un seul pixel utilisée comme conteneur n'est pas indispensable pour que l'image réelle soit affichée. Pour cela, il suffit d'utiliser l'élément img avec l'image source :

```
<div class="support">
</div>
```

L'ajout de l'image transparente n'est qu'une feinte. Les utilisateurs penseront télécharger l'image réelle alors qu'ils n'obtiendront qu'une image vide.

Barre d'outils Image de Microsoft

Dans Internet Explorer 6 pour Windows, Microsoft a ajouté une fonctionnalité appelée barre d'outils Image. Elle a été retirée dans IE 7.

Grâce à elle, un visiteur de votre site peut, par un seul clic, télécharger, imprimer ou envoyer par courrier électronique votre image. Pour empêcher que cette barre d'outils n'apparaisse sur vos pages web, ajoutez les balises meta suivantes dans les éléments d'en-tête :

```
<meta http-equiv="imagetoolbar" content="no" />
<meta http-equiv="imagetoolbar" content="false" / >
```

Cet ajout de code aux pages web pour empêcher le vol des images est assez pénible. Mais vous n'avez pas vraiment le choix car Microsoft fournit le navigateur le plus répandu.

Aucune image n'est en sécurité

Même en utilisant la technique présentée dans la solution et le contournement de la barre d'outils Image, il est impossible d'empêcher la copie d'une image depuis votre site web vers l'ordinateur de l'utilisateur.

Tout d'abord, le navigateur stocke automatiquement les images dans un dossier temporaire afin d'accélérer le rechargement des pages web. Ces images en cache sont effacées périodiquement ou lorsque l'utilisateur le demande.

Cela dit, le navigateur renomme souvent ces images de manière automatique et la plupart des visiteurs ne savent pas où se trouve le cache de leur ordinateur.

Pour l'utilisateur, la solution la plus simple consiste à effectuer une capture de l'écran pendant que l'image est affichée par le navigateur. Ensuite, il lui suffit de lire cette capture dans son logiciel de dessin préféré et d'y découper l'image.

Bien que les méthodes décrites puissent arrêter certains visiteurs, il n'existe aucune solution incontournable.

Voir aussi

Les informations sur la barre d'outils Image (*http://www.microsoft.com/windows/ie/ie6/using/howto/customizing/imgtoolbar.mspx#EXE*) ; une technique basée sur JavaScript pour compliquer le vol des images (*http://javascript.internet.com/page-details/no-right-click.html*).

3.23. Insérer automatiquement des reflets sur des images

Problème

Vous souhaitez placer automatiquement un reflet sur une image de titre.

Solution

Téléchargez le code JavaScript qui se charge de la mise en œuvre de l'effet, à l'adresse *http://cow.neondragon.net/stuff/reflection/*.

Après l'avoir placé sur le serveur web, associez le fichier JavaScript à la page web :

```
<script type="text/javascript" src="scripts/reflection.js">
</script>
```

Insérez dans la page web l'image à laquelle vous souhaitez appliquer le reflet (voir la *figure 3-58*) :

```
<img src="christina.png" alt="christina m. huggins" />
```

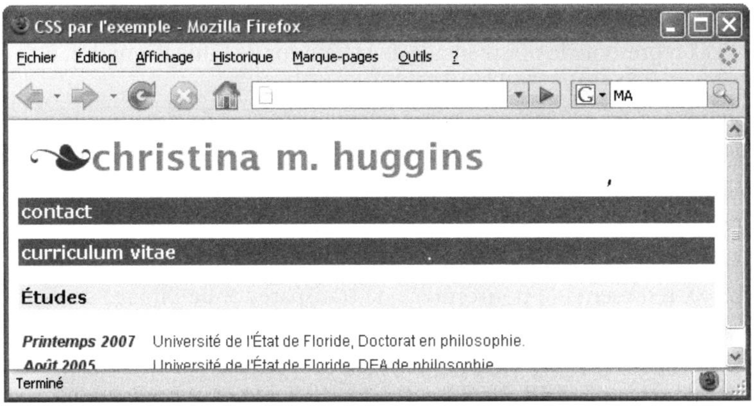

Figure 3-58. L'image de titre est affichée

Pour activer le reflet (voir la *figure 3-59*), ajoutez un attribut `class` avec la valeur `reflect` :

```
<img src="christina.png" alt="christina m. huggins" class="reflect" />
```

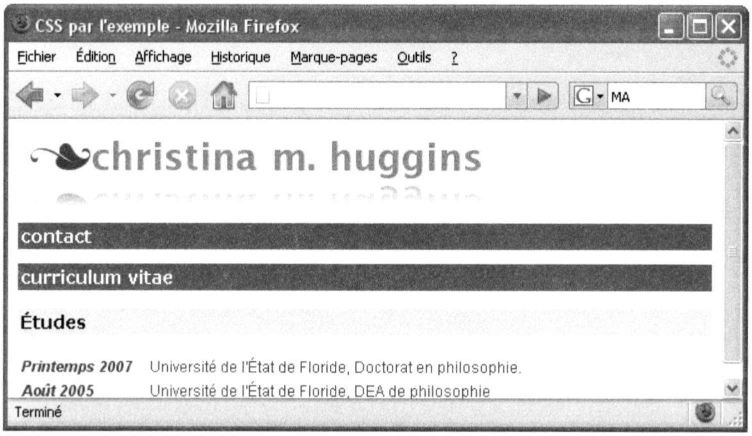

Figure 3-59. Un reflet de l'image de titre apparaît

Discussion

Lors du chargement de la page, le navigateur exécute le code JavaScript implémentant le reflet. Celui-ci parcourt les éléments d'image présents sur la page et recherche les attributs `class` dont la valeur est `reflect`. Ensuite, le script utilise le fichier source de l'image pour créer une nouvelle image.

Si le script trouve un élément `img` répondant à ces critères, il copie l'image, l'inverse et applique ensuite la valeur 50% aux propriétés d'opacité et de hauteur de la nouvelle image.

Possibilités de personnalisation

Le script accepte deux formes de personnalisation : la hauteur du reflet et son opacité.

Pour ajuster la hauteur du reflet, ajoutez une valeur `rheightXX` à l'attribut `class` de l'image, où `XX` représente le pourcentage de la hauteur de l'image qui doit être dupliqué dans le reflet (voir la *figure 3-60*) :

```
<img src="christina.png" alt="christina m. huggins"
class="reflect rheight99" />
```

Plus le pourcentage est élevé, plus la taille du reflet augmente. Par exemple, la valeur `rheight99` signifie que 99% de la taille de l'image d'origine sera utilisé pour le reflet.

Pour ajuster l'opacité du reflet, ajoutez une valeur `ropacityXX` à l'attribut `class` de l'image, où `XX` représente le pourcentage de transparence de l'image servant au reflet (voir la *figure 3-61*) :

```
<img src="christina.png" alt="christina m. huggins"
class="reflect ropacity33" />
```

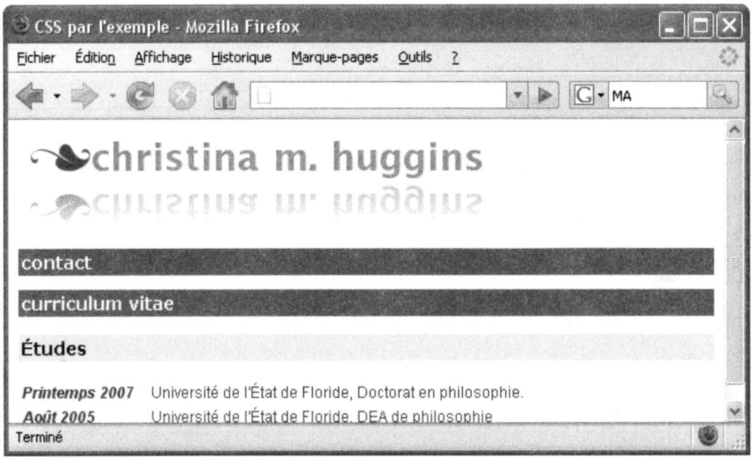

Figure 3-60. La hauteur du reflet est pratiquement égale à celle de l'image source

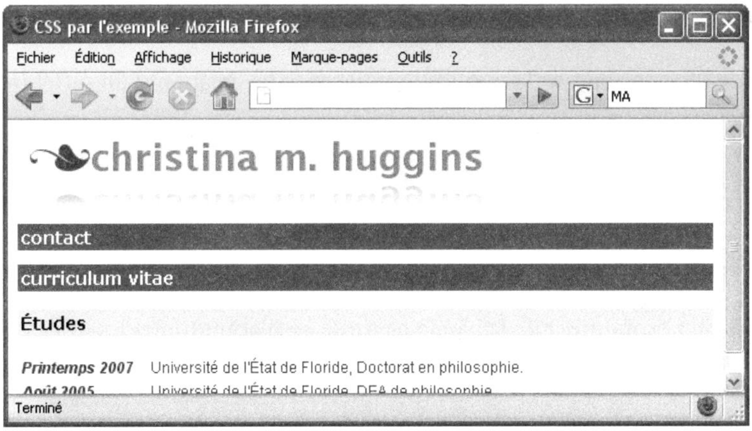

Figure 3-61. Le reflet devient moins visible

Plus la valeur de l'opacité est faible, moins le reflet devient visible. Par exemple, la valeur `ropacity33` signifie que 33% de l'opacité de l'image d'origine sera utilisé pour le reflet.

La hauteur et l'opacité peuvent être ajustées en même temps afin de créer des effets plus subtils, comme celui illustré à la *figure 3-62* :

```
<img src="christina.png" alt="christina m. huggins"
class="reflect rheight99 ropacity33" />
```

Problèmes des navigateurs

Internet Explorer pour Windows 5.5+, Firefox 1.5+, Opera 9+ et Safari prennent parfaitement en charge le script de création du reflet. Les images animées ne sont pas compatibles avec ce script, excepté dans Internet Explorer pour Windows. D'autre part, les images redimensionnées posent des problèmes d'affichage dans Internet Explorer pour Windows.

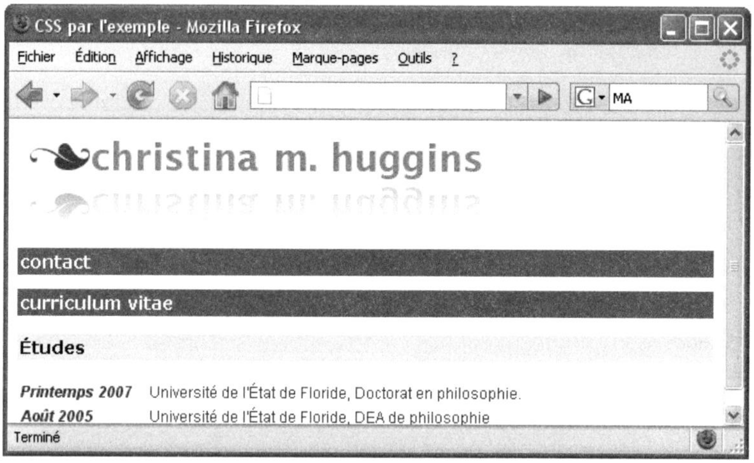

Figure 3-62. Des valeurs personnalisées ont été attribuées à l'opacité et à la hauteur

Voir aussi

L'article de blog annonçant la publication du script de création d'un reflet (*http://cow.neondragon.net/index.php/1025-Reflectionjs-Version-15*).

3.24. Optimiser l'utilisation d'icônes

Problème

Vous souhaitez économiser de la bande passante en plaçant toutes les icônes, ou la majorité, dans une seule image.

Solution

Placez les icônes les plus souvent utilisées dans une image maître, en vous assurant qu'elles sont séparées par un espace suffisant (voir la *figure 3-63*).

Réservez un espace suffisant pour chacune des icônes. Dans notre exemple, une icône sera placée à côté d'un titre (voir la *figure 3-64*) :

```
h2 {
 margin: 0;
 font-family: Verdana, Arial, Helvetica, sans-serif;
 padding: 0 0 0 24px;
 font-weight: normal;
}
```

À l'aide de sélecteurs d'identifiant, associez chaque icône au titre adéquat en utilisant la propriété `background-position` (voir la *figure 3-65*) :

```
h2#avertissement {
 background-image: url(source-icones.gif);
```

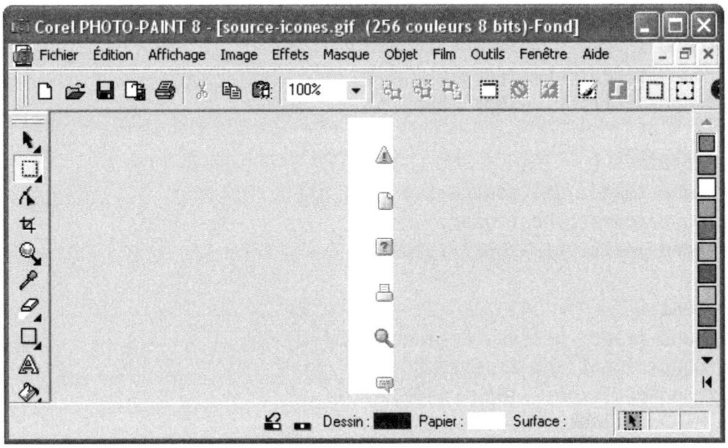

Figure 3-63. Les icônes sont placées dans une image

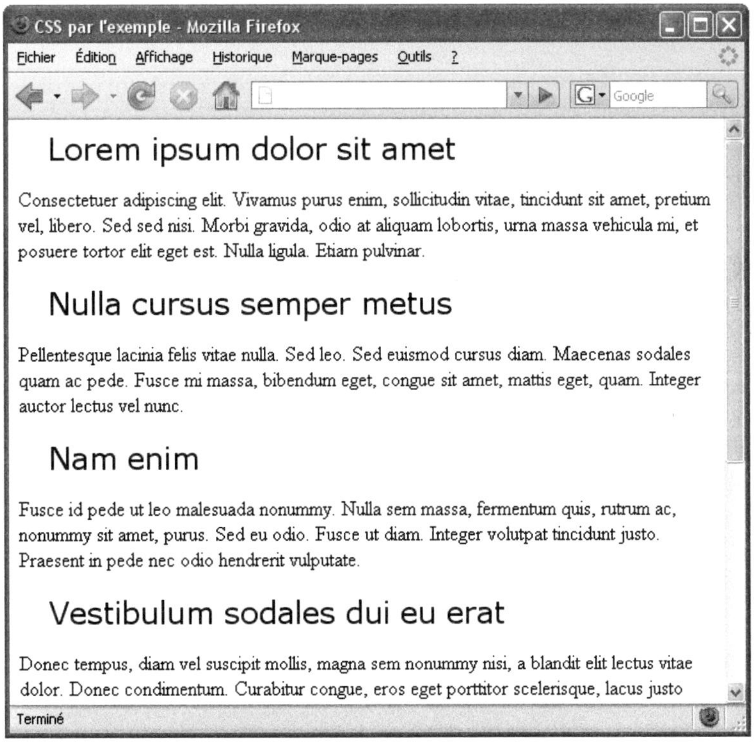

Figure 3-64. Réserver un espace pour les icônes

```
  background-repeat: no-repeat;
  background-position: -16px -12px;
}
```

```
h2#questions {
 background-image: url(source-icones.gif);
 background-repeat: no-repeat;
 background-position: -16px -84px;
}
h2#commentaires {
 background-image: url(source-icones.gif);
 background-repeat: no-repeat;
 background-position: -16px -192px;
}
h2#document {
 background-image: url(source-icones.gif);
 background-repeat: no-repeat;
 background-position: -16px -48px;
}
h2#impression {
 background-image: url(source-icones.gif);
 background-repeat: no-repeat;
 background-position: -16px -120px;
}
h2#recherche {
 background-image: url(source-icones.gif);
 background-repeat: no-repeat;
 background-position: -16px -156px;
}
```

Discussion

De même que les développeurs utilisent de manière répétée la même image afin d'exploiter le cache du navigateur, l'emploi d'une image réunissant toutes les icônes va au-delà de cette optimisation. En regroupant différents éléments graphiques dans une image, les développeurs web peuvent réduire le nombre d'appels au serveur effectués par le navigateur. Cette solution est particulièrement bien adaptée aux sites recevant un trafic moyen ou important.

Voir aussi

L'article « CSS Sprites » (*http://www.alistapart.com/articles/sprites*).

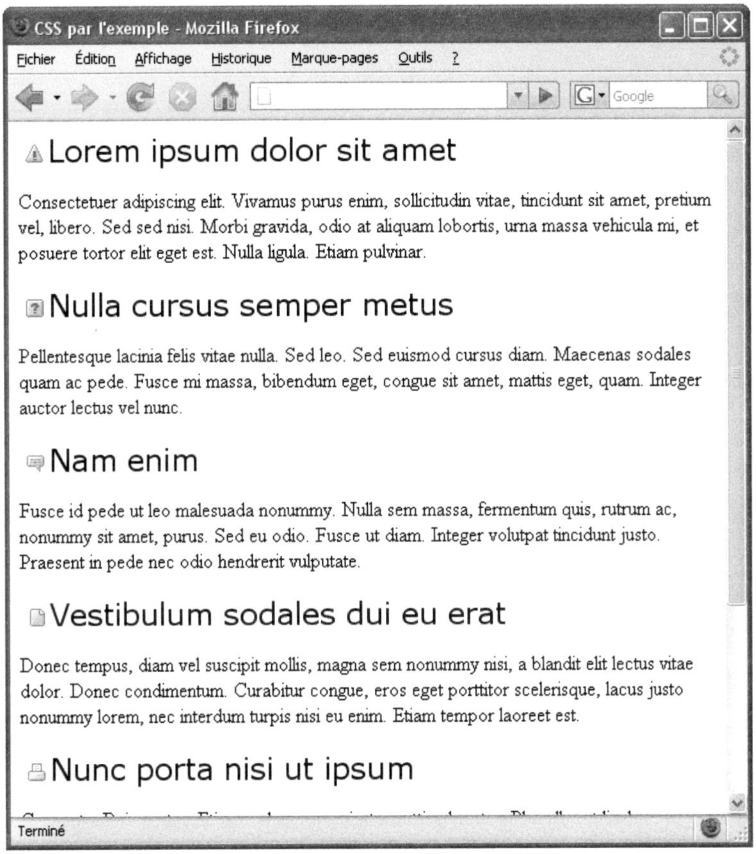

Figure 3-65. Les icônes affichées proviennent d'une même image

4

Éléments de page

Introduction

Entre des choix de conception évidents, comme la sélection de la typographie et des images adéquates, et ceux souvent négligés, comme l'ajustement de l'interligne et le modèle de couleurs, chaque décision affecte la manière dont le message d'un site web est passé au visiteur.

Ce chapitre aborde les éléments facilitant l'encadrement d'une page, comme le cadre d'une toile. Les *éléments de page* sont des éléments qui affectent l'apparence d'une page web, sans pour autant faire partie de celle-ci, par exemple une barre de défilement.

En manipulant des éléments tels que les marges et les bordures entourant une page web, vous encadrez effectivement le contenu de la page sans en styler le contenu. De tels changements simples peuvent affecter l'ensemble de la conception d'une page de manière profonde ou simplement ajouter une touche finale, un détail subtil qui parachève la conception.

4.1. Éliminer les marges de la page

Problème

Vous voulez supprimer les espaces autour des bords d'une page web entre le bord du navigateur et le contenu de la page, comme l'illustre la *figure 4-1*.

Solution

Définissez la valeur des propriétés `margin` et `padding` à `0` pour les éléments `html` et `body` :

```
html, body {
 margin: 0;
 padding: 0;
 position: absolute;
```

```
    top: 0;
    left: 0;
  }
```

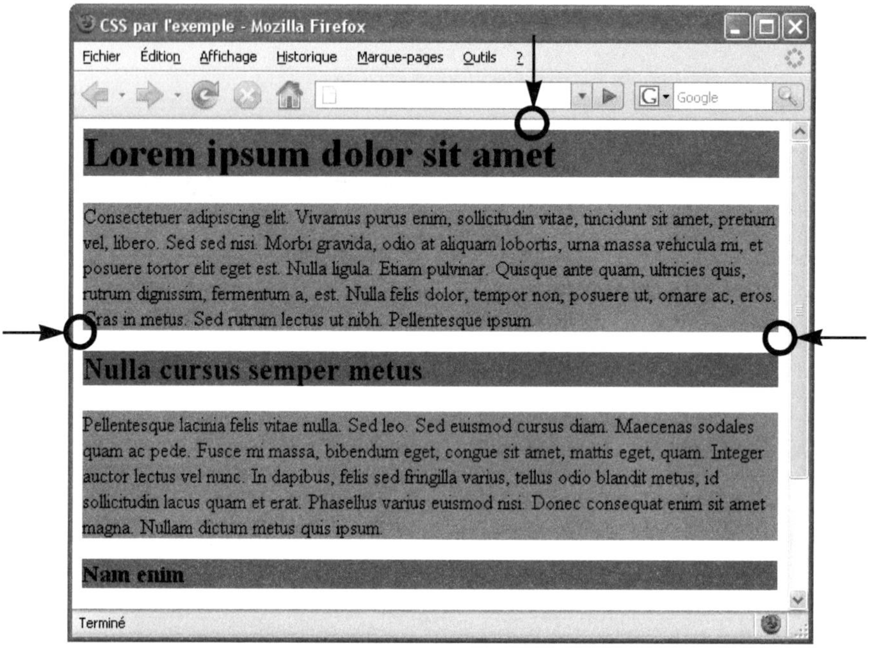

Figure 4-1. Marges de page visibles comme l'espace autour des bords d'une page web

Discussion

Définir les propriétés `margin` et `padding` de l'élément `body` à `0` permet de créer un effet de *pleine page* (*full-bleed*) — en d'autres termes, on élimine les espaces autour de la page web (les unités dans ce cas ne jouent aucun rôle). Par ailleurs, la définition de `position` à `absolute` et le paramétrage à `0` des valeurs de `top` et de `left` permettent de supprimer les marges du corps du texte dans Netscape Navigator 4.

Cependant, en fonction du contenu de la page web, les propriétés `margin` et `padding` peuvent être insuffisantes pour obtenir l'effet de pleine page. Les propriétés par défaut sur d'autres éléments peuvent avoir des effets secondaires inattendus lorsqu'on tente de modifier la marge de la page. Par exemple, si `h1` est le premier élément enfant de l'élément `body`, des espaces indésirables peuvent apparaître au-dessus du titre et en dessous du bord supérieur de la zone d'affichage du navigateur. La *figure 4-2* illustre ces effets indésirables : la couleur de fond des titres et des paragraphes étant le gris, vous pouvez mieux visualiser l'effet.

Pour garantir l'effet de pleine page dans cette situation, vous devez définir la marge et l'espacement des éléments en cause (dans ce cas, `h1`, `h2`, `h3`) à `0` comme pour l'élément `body`. Ce paramétrage définit à `0` l'espacement sur tous les côtés de l'élément. Si ce paramétrage n'est pas possible (par exemple, s'il faut impérativement une valeur pour l'espacement ou pour la marge inférieurs), définissez les valeurs de `margin-top` et `padding-top` à `0` pour maintenir l'effet de pleine page :

```
html, body {
 margin: 0;
 padding: 0;
 position: absolute;
 top: 0;
 left: 0;
}
h1, h2, h3 {
 margin-top: 0;
 padding-top: 0;
 background-color: #666;
}
p {
 background-color: #999;
}
```

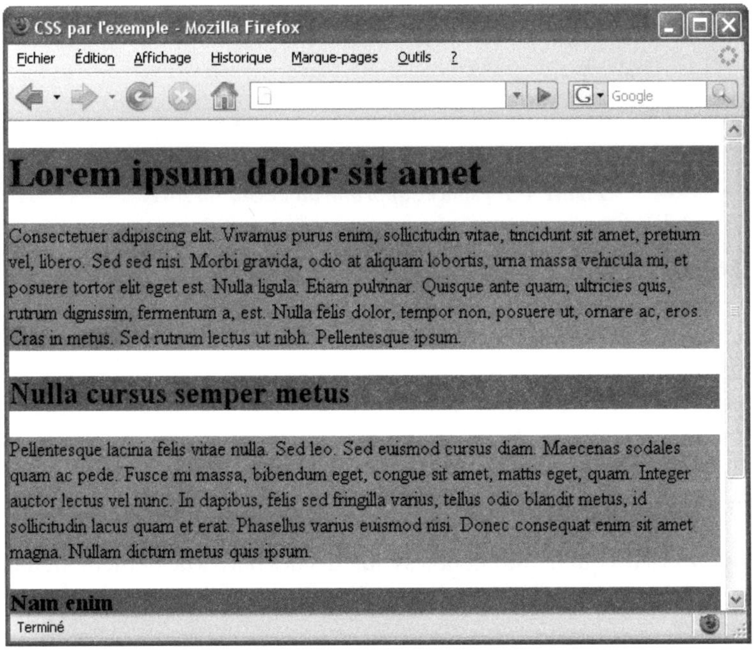

Figure 4-2. Espaces au-dessus du titre et en-dessous de la partie supérieure du navigateur

Comme vous pouvez le voir à la *figure 4-3*, cela donne un effet de pleine page. Notez que la couleur de fond grise du premier titre jouxte désormais le haut de la zone d'affichage du navigateur.

Voir aussi

La recette 9.1, page 343, pour créer des présentations sur une colonne en définissant les propriétés `margin` et `padding` à une valeur différente de `0`.

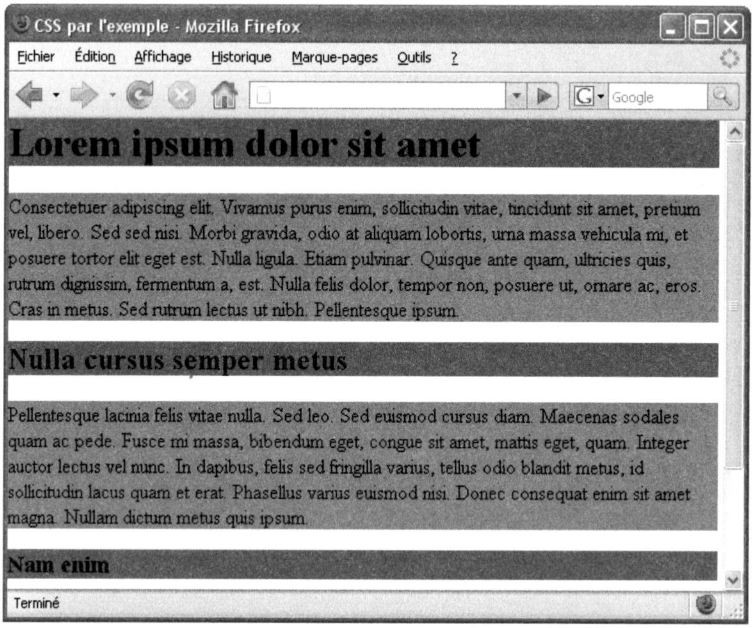

Figure 4-3. Espace supprimé au-dessus du titre

4.2. Colorier la barre de défilement

Problème

Vous voulez modifier la couleur de la barre de défilement de la zone d'affichage du navigateur ou de la fenêtre elle-même de celui-ci.

Solution

Utilisez les propriétés qui manipulent les couleurs des barres de défilement dans les navigateurs qui prennent en charge ces propriétés :

```
body,html {
 scrollbar-face-color: #99ccff;
 scrollbar-shadow-color: #ccccff;
 scrollbar-highlight-color: #ccccff;
 scrollbar-3dlight-color: #99ccff;
 scrollbar-darkshadow-color: #ccccff;
 scrollbar-track-color: #ccccff;
 scrollbar-arrow-color: #000033;
}
```

Ces propriétés ne faisant pas partie des Recommandations CSS du W3C, les éditeurs de navigateurs n'ont pas à intégrer leur support. La solution de cette recette ne fonctionne qu'avec le navigateur Konqueror de l'interface KDE et avec Internet Explorer 5.5+ pour Windows. Les autres navigateurs omettent les règles contenant ces propriétés lorsqu'ils les rencontrent. Ces règles ne sont pas validées par des services de validation des CSS tels que *http://jigsaw.w3.org/css-validator/validator-uri.html*.

Discussion

Bien qu'une barre de défilement semble être à première vue un outil simple, elle est en fait composée de plusieurs éléments qui en font un objet 3D contrôlable. La *figure 4-4* met en lumière les différentes propriétés d'une barre de défilement. Comme vous pouvez le voir, pour créer un schéma de couleurs vraiment différent pour une barre de défilement, vous devez modifier la valeur de sept propriétés.

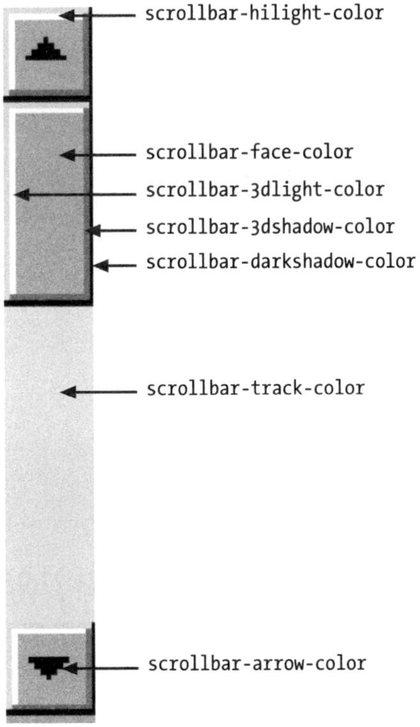

Figure 4-4. Les composantes d'une barre de défilement qui peuvent être affectées par les propriétés CSS propres à Internet Explorer pour Windows

Non seulement vous pouvez modifier la barre de défilement de la fenêtre du navigateur, mais vous pouvez aussi ajuster les couleurs de la barre de défilement d'une zone de texte `textarea` dans un formulaire web, de cadres (éléments `framesets`, `iframes`) et plus généralement de tout ce qui comporte une barre de défilement :

```
.surligne {
 scrollbar-face-color: #99ccff;
 scrollbar-shadow-color: #ccccff;
 scrollbar-highlight-color: #ccccff;
 scrollbar-3dlight-color: #99ccff;
 scrollbar-darkshadow-color: #ccccff;
 scrollbar-track-color: #ccccff;
 scrollbar-arrow-color: #000033;
}

<form>
 <textarea class="surligne"></textarea>
</form>
```

Lorsqu'il veut afficher une page ne contenant pas de déclaration DOCTYPE valide, Internet Explorer pour Windows adopte le mode *approximatif* (*quirk mode*) et recherche les propriétés dans le sélecteur body. Lorsque la page contient une déclaration DOCTYPE valide, Internet Explorer fonctionne en mode standard et il se calque sur le sélecteur `html`. Ainsi, pour le cas où la déclaration de type du document DOCTYPE changerait, il est préférable de grouper les sélecteurs body et `html` dans une seule règle CSS :

```
html .surligne, body .surligne {
 scrollbar-face-color: #99ccff;
 scrollbar-shadow-color: #ccccff;
 scrollbar-highlight-color: #ccccff;
 scrollbar-3dlight-color: #99ccff;
 scrollbar-darkshadow-color: #ccccff;
 scrollbar-track-color: #ccccff;
 scrollbar-arrow-color: #000033;
}
```

Voir aussi

L'atelier de Microsoft, MSDN Scrollbar Color Workshop pour récupérer des couleurs destinées à une barre de défilement personnalisée (*http://msdn.microsoft.com/workshop/samples/author/dhtml/refs/scrollbarColor.htm*).

4.3. Centrer les éléments d'une page web

Problème

Vous voulez centrer certaines parties d'une page web, comme à la *figure 4-5*.

Solution

Pour centrer le texte d'un élément de bloc, utilisez la propriété `text-align` :

```
h1, h2, h3 {
 text-align: center;
}
```

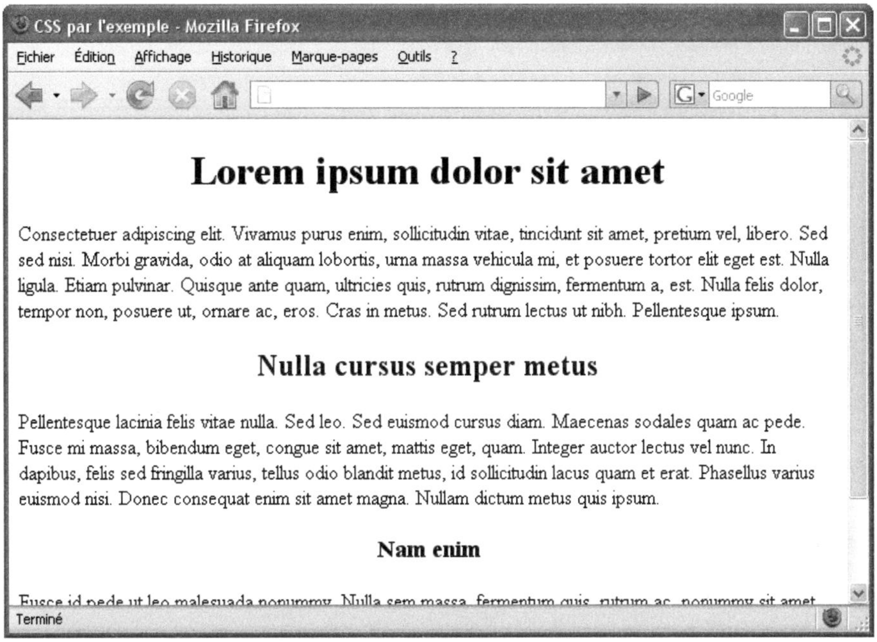

Figure 4-5. Texte de titre centré

Discussion

En utilisant `text-align`, vous pouvez centrer du texte dans les éléments de bloc. Cependant, dans cet exemple, le titre occupe toute la largeur de l'élément `body` et, si vous n'appliquez pas une couleur de fond à l'élément, vous ne remarquerez probablement pas les changements. La couleur de fond grise de la *figure 4-6* affiche la largeur réelle des éléments centrés.

Une autre approche consiste à utiliser des marges pour centrer le texte dans son bloc conteneur :

```
h1, h2, h3 {
 margin-left: auto;
 margin-right: auto;
}
```

Lorsque vous fixez les propriétés `margin-left` et `margin-right` à `auto`, vous centrez l'élément à l'intérieur de élément parent. Cependant, d'anciens navigateurs, toujours en vogue, ne pourront rendre correctement la présentation. Aussi, faudra-t-il contourner le problème dans ces situations particulières.

Tableaux

Pour centrer un tableau, définissez le tableau comme enfant d'un élément `div` :

```
<div class="centrer">
 <table width="50%" border="1" cellpadding="30">
  <tr>
```

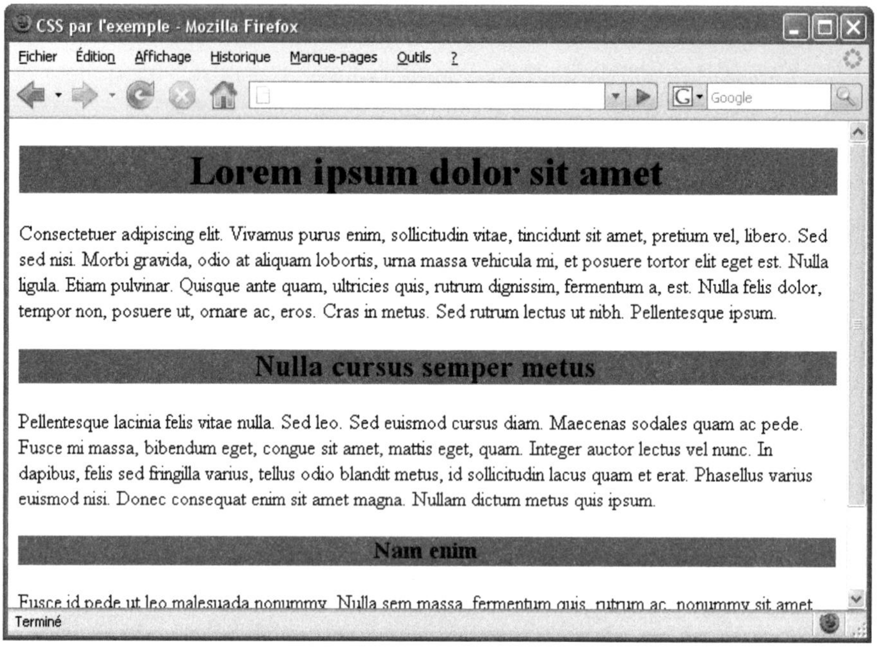

Figure 4-6. La véritable largeur des éléments est affichée par la couleur grise du fond

```
     <td>Première cellule.</td>
     <td>Deuxième cellule.</td>
    </tr>
    <tr>
     <td>Troisième cellule, sous la première.</td>
     <td>Troisième cellule, sous la deuxième.</td>
    </tr>
   </table>
  </div>
```

Puis écrivez la règle CSS suivante :

```
.centrer {
  text-align: center;
}
.centrer table {
 width: 50%;
 margin-left: auto;
 margin-right: auto;
 text-align: left;
}
```

Bien que le paramétrage des deux côtés de la marge à `auto` fonctionne avec les dernières générations de navigateurs, il ne fonctionne pas dans Internet Explorer 5 pour Windows ou dans Netscape Navigator 4. Pour « remettre ces deux navigateurs dans le droit chemin », le sélecteur de classe `centrer` utilise la technique `text-align`. Cependant, si vous en restiez là, le contenu des cellules d'un tableau serait également centré. Pour contre carrer cet effet, utilisez un sélecteur descendant, `.centrer table`, pour aligner le contenu des cellules dans un tableau.

Notez que si vous utilisez les éléments `th` dans un tableau HTML, le contenu de ces cellules est centré par défaut. Le fait de définir la propriété `text-align` à la valeur `left` dans le sélecteur descendant `.centrer table` ne contre pas cet effet. Pour aligner à gauche le contenu des éléments `th`, utilisez la règle CSS suivante :

```
th {
 text-align: left;
}
```

Pour économiser une ou deux lignes de code CSS, vous pouvez incorporer la version abrégée de la propriété `margin`, comme illustré ici (à noter que cette forme fonctionne dans la plupart des navigateurs, à l'exception de Internet Explorer 5 pour Mac) :

```
.centrer table {
 margin: 0 auto;
 text-align: left;
}
```

Images

Si vous voulez centrer une image, placez l'élément `img` dans un élément `div`. Cette technique est requise du fait qu'un élément `img`, à l'instar d'un élément `em` ou `strong`, est un élément en-ligne. Il fait partie du flux de la page web au lieu de délimiter un espace comme le font les éléments de bloc tels que `p` ou `blockquote`. Le balisage ressemble à ceci :

```
<div class="drapeau"><img src="drapeau.gif" alt="Drapeau" width="160"
height="60" /></div>
```

La règle CSS ressemble à ceci :

```
.drapeau {
 text-align: center;
}
```

Pour centrer des éléments de largeur fixe, tels que des images, commencez par définir à `50%` la valeur de la propriété `padding-left` de l'élément parent. Déterminez ensuite la moitié de la largeur de l'élément que vous centrez et définissez-la comme valeur négative dans la propriété `margin-left`. Cela empêche le côté gauche de l'élément de s'aligner sur la ligne des 50% résultant de son espacement et le fait glisser au milieu de la page. Le balisage d'une image dans une page web utilisant cette technique ressemble à ceci :

```
<img src="loup.jpg" width="256" height="192" alt="Photo d'un loup.">
```

La règle CSS qui produit le résultat illustré à la *figure 4-7* ressemble à ceci :

```
body {
 padding-left: 50%;
}
img {
 /* Valeur négative égale à la moitié de sa largeur. */
 margin-left: -128px;
}
```

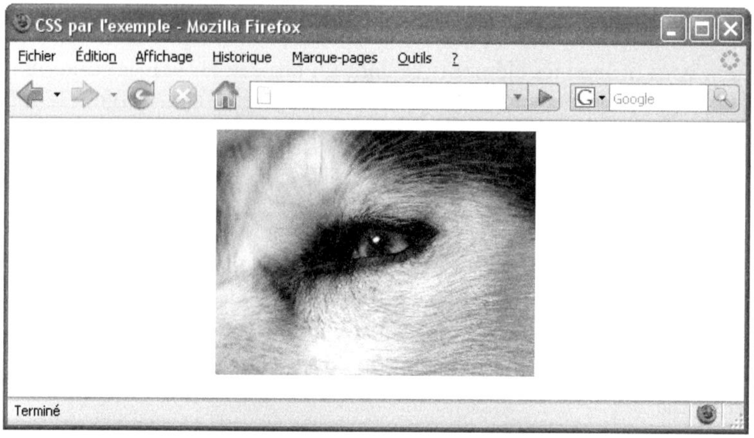

Figure 4-7. Image centrée sans utiliser l'élément center devenu obsolète

Une autre manière de centrer une image, mais incompatible avec Internet Explorer 5 pour Windows, consiste à modifier les propriétés `display` et `margin` de l'image.

Tout d'abord, ajoutez un attribut `class` à l'image à centrer :

```
<img src="drapeau.gif" alt="Drapeau" width="160" height="60"
class="blocimage" />
```

Puis, créez une règle CSS qui positionne l'image au centre :

```
.blocimage {
 display: block;
 margin: 0 auto;
}
```

Centrer verticalement

L'élément étant centré horizontalement, vous pouvez pousser cette technique un cran plus loin et centrer verticalement l'image (ou tout autre élément). La différence avec cette méthode est qu'elle utilise la propriété `position` pour que cela fonctionne. Le balisage est le même que celui utilisé pour l'élément image de l'exemple précédent, mais cette fois la règle CSS ne s'applique qu'à un sélecteur (voir la *figure 4-8*) :

```
img {
 position: absolute;
 top: 50%;
 left: 50%;
 margin-top: -96px;
 margin-left: -128px;
 height: 192px;
 width: 256px;
}
```

Avec le positionnement absolu, vous pouvez extraire du flux du document un élément et le placer là où vous le souhaitez.

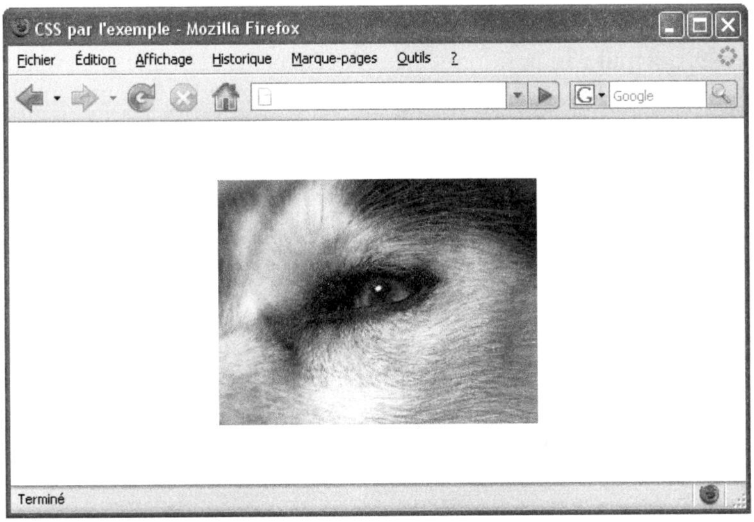

Figure 4-8. Image centrée horizontalement et verticalement dans la page web

Si vous voulez centrer à la fois du texte et une image (ou d'autres images) au lieu d'une seule image, placez tout le contenu dans un élément `div` :

```
<div id="cadreCentre">
 <p>Epsum factorial non deposit quid pro quo hic escorol. Olypian
quarrels et gorilla congolium sic ad nauseum. Souvlaki ignitus
carborundum e pluribus unum. Defacto lingo est igpay atinlay.</p>
 <img src="loup.jpg" width="256" height="192" alt="Photo d'un loup." />
</div>
```

Ensuite, dans la règle CSS, supprimez la propriété `height` et ajustez la valeur négative de la marge haute pour accommoder les éléments supplémentaires de la page :

```
#cadreCentre {
 position: absolute;
 top: 50%;
 left: 50%;
 /* Ajuster la valeur négative jusqu'à ce que le contenu soit centré. */
 margin-top: -150px;
 margin-left: -128px;
 width: 256px;
}
```

Faites en sorte que le contenu que vous voulez centrer reste concis. Cette solution ne permet qu'un centrage grossier car le texte et les images car le texte est affiché dans des tailles différentes selon les navigateurs. Si vous avez plusieurs images et de longs textes HTML, les utilisateurs ayant des résolutions d'affichage basses devront faire défiler la page pour visualiser le contenu centré.

Voir aussi

Le chapitre 9, qui traite du positionnement des éléments dans une page web, pour des informations sur la mise en pages sur plusieurs colonnes ; les Recommandations CSS 2.1 pour `text-align` (*http://www.w3.org/TR/CSS21/text.html#propdef-text-align*).

4.4. Placer une bordure de page

Problème

Vous voulez placer un cadre visuel ou une bordure autour d'une page web, comme à la *figure 4-9*.

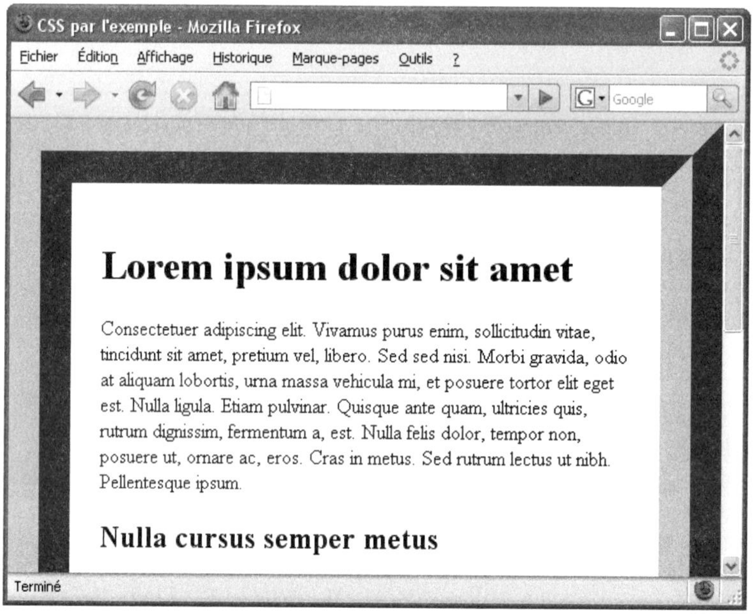

Figure 4-9. Une page web encadrée

Solution

Utilisez la propriété `border` sur l'élément `body` :

```
body {
 margin: 0;
 padding: 1.5em;
 border: 50px #666 ridge;
}
```

Discussion

La propriété `border` est une propriété abrégée, vous permettant de définir la largeur, la couleur et le style de la bordure autour d'un élément en une étape au lieu de trois. Si vous n'utilisez pas cette propriété abrégée dans la solution précédente, vous devez remplacer la ligne `border: 50px #666 ridge;` par les trois lignes suivantes :

```
border-width: 50px;
border-color: #666;
border-style: ridge;
```

Vous pouvez créer un effet d'encadrement avec d'autres styles, comme le montre la *figure 4-10*.

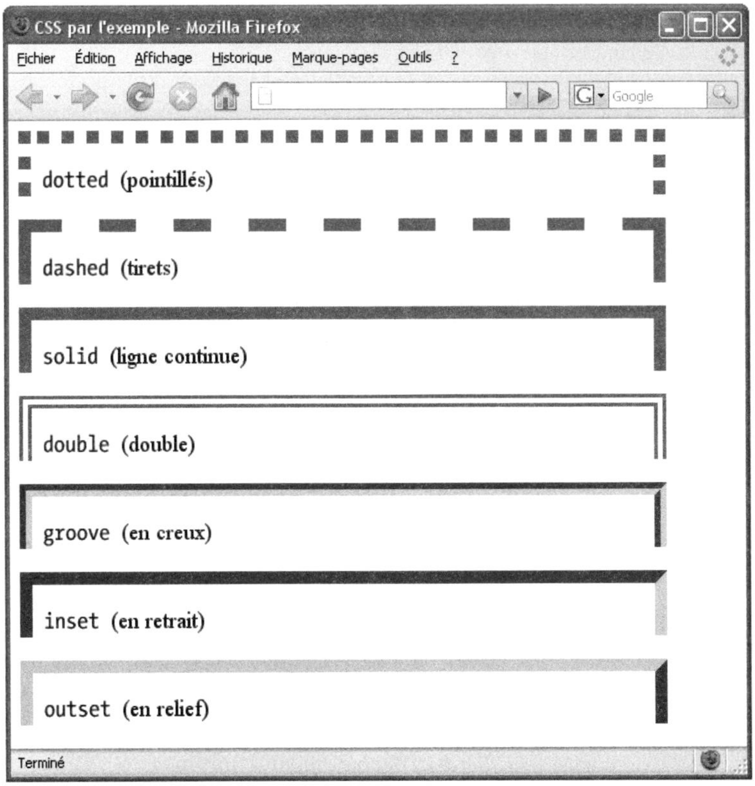

Figure 4-10. Styles de bordures disponibles dans CSS

Notez que le style `groove` est l'inverse des nuances d'ombres comme le donne la solution qui utilise la valeur `ridge` (relief).

Les seules incompatibilités de navigateur qui posent problème sont celles d'Internet Explorer 5 pour Mac et d'Internet Explorer pour Windows dans lesquels le style en pointillés apparaît sous forme de cercles, tandis que dans Netscape 6+, Firefox, Mozilla et Safari, il apparaît sous forme de blocs.

Vous pouvez placer aussi une bordure stylée autour des images. Au lieu d'avoir une ligne continue par défaut, faites des essais dans vos créations avec d'autres styles : bordure double (*figure 4-11*) ou en creux :

```
img.gauche {
 float: left;
 margin-right: 7px;
 margin-bottom: 3px;
 border: 4px double #666;
}
```

Figure 4-11. Bordure double autour d'une image

Voir aussi

La recette 2.15, page 88, pour la création de citations avec différentes bordures.

4.5. Créer une règle horizontale

Problème

Vous voulez modifier l'apparence d'une règle horizontale en partant de la ligne continue de la *figure 4-12* pour aboutir à quelque chose de plus intéressant, par exemple le petit rectangle centré de la *figure 4-13*.

Solution

Utilisez un mélange de propriétés CSS sur l'élément `hr` pour obtenir l'effet désiré :

```
hr {
 margin-left: auto;
 margin-right: auto;
 margin-top: 1.25em;
 margin-bottom: 1.25em;
 width: 10px;
 height: 10px;
 background-color: #777;
}
```

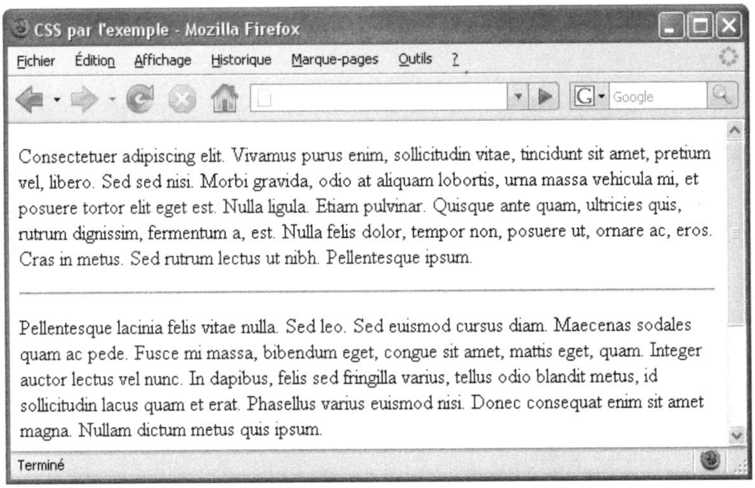

Figure 4-12. Rendu par défaut d'une règle horizontale

Discussion

Avant HTML 4.0, la présentation de règles horizontales pouvait être manipulée à l'aide de quatre attributs : `align`, `width`, `size` et `noshade`. Comme HTML est destiné à baliser un contenu et non l'apparence de celui-ci, ces valeurs ne font plus partie des recommandations HTML. (Les éditeurs de navigateurs peuvent prendre en charge ces valeurs, mais les possibilités offertes seront variables.) Avec les règles CSS contrôlant la présentation, vous avez une bien meilleure maîtrise de l'apparence des règles horizontales.

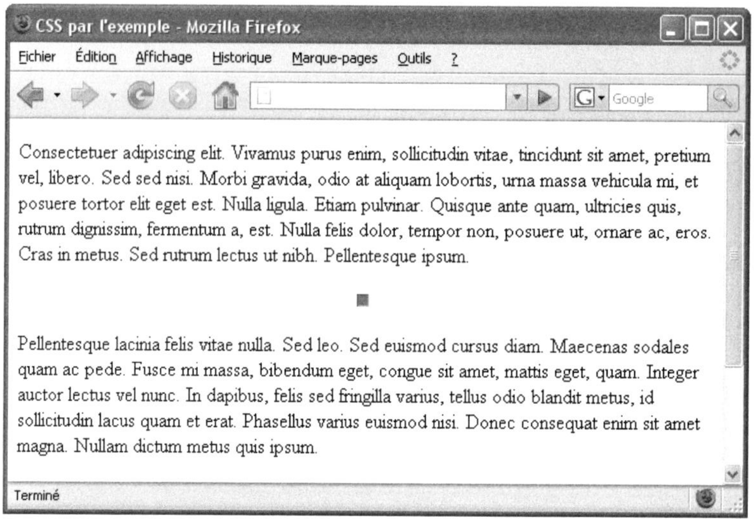

Figure 4-13. Une règle horizontale stylée

Par exemple, vous pouvez définir les propriétés `height` et `width` de lignes horizontales par l'intermédiaires de CSS :

```
hr {
 width: 80%;
 height: 3px;
 margin-left: auto;
 margin-right: auto;
}
```

La définition de `margin-left` et de `margin-right` à `auto` centre la règle horizontale dans la page web dans Safari, alors qu'elle n'est pas requise par Mozilla, Firefox, Navigator et Internet Explorer pour Windows.

Si vous voulez donner un style à un élément `hr` avec la propriété `color` (comme l'illustre la *figure 4-14*), utilisez le code suivant :

```
hr {
 color: green;
 background-color: green;
 width: 80%;
 height: 3px;
 margin-left: auto;
 margin-right: auto;
}
```

La première propriété, `color`, est comprise par Internet Explorer pour Windows ; Safari, Mozilla, Firefox et Netscape Navigator 6+ rendent la seconde propriété, `background-color`.

Pour placer une image au lieu d'une barre horizontale, utilisez la propriété `background-image` :

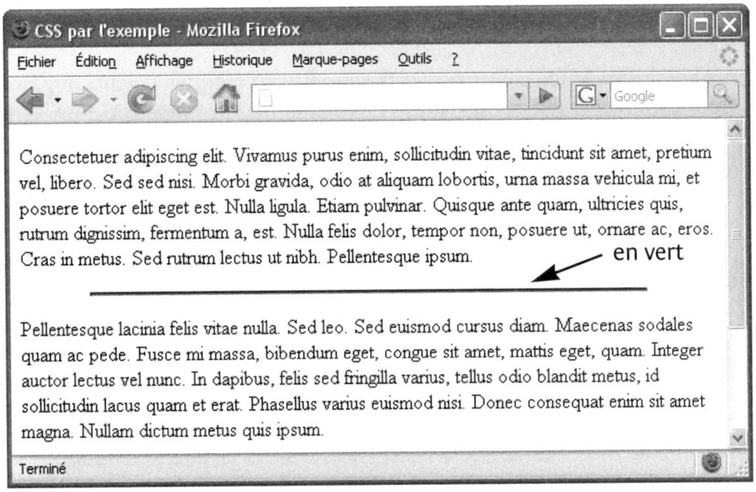

Figure 4-14. Une règle horizontale verte et centrée

```
hr {
 background-image: url(decoration-hr.gif);
 background-repeat: no-repeat;
 border: none;
 width: 76px;
 height: 25px;
 margin-left: auto;
 margin-right: auto;
}
```

Cependant, Internet Explorer pour Windows rend une bordure autour de l'élément hr, comme l'illustre la *figure 4-15*, qui ne peut être supprimée à l'aide des propriétés CSS.

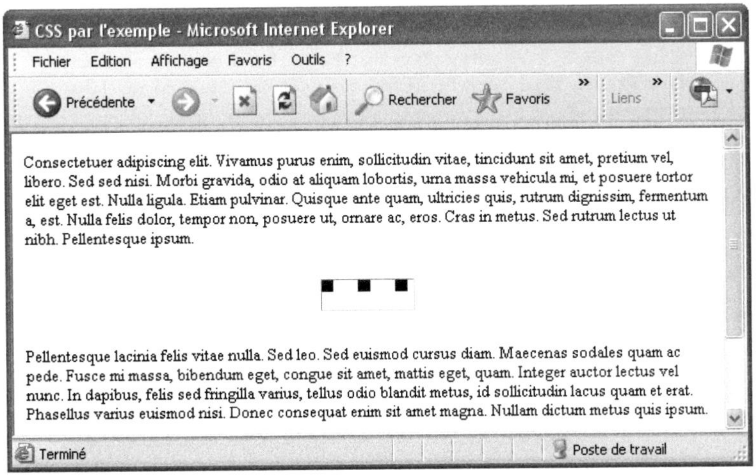

Figure 4-15. Bordure autour d'une règle horizontale dans Internet Explorer pour Windows

Voir aussi

Les Recommandations HTML 4.01 pour les éléments hr (*http://www.w3.org/TR/html401/present/graphics.html#edef-HR*) ; une vue d'ensemble de l'application d'un style à l'élément hr (*http://www.sovavsiti.cz/css/hr.html*) ; un exemple d'amélioration de la présentation de règles horizontales (*http://www.sidesh0w.com/weblog/2004/03/17/sexily_styling_horizontal_rules.html*).

4.6. Ajouter une lightbox

Problème

Vous souhaitez superposer des images à la page web courante (voir la *figure 4-16*) sans ouvrir une nouvelle fenêtre du navigateur.

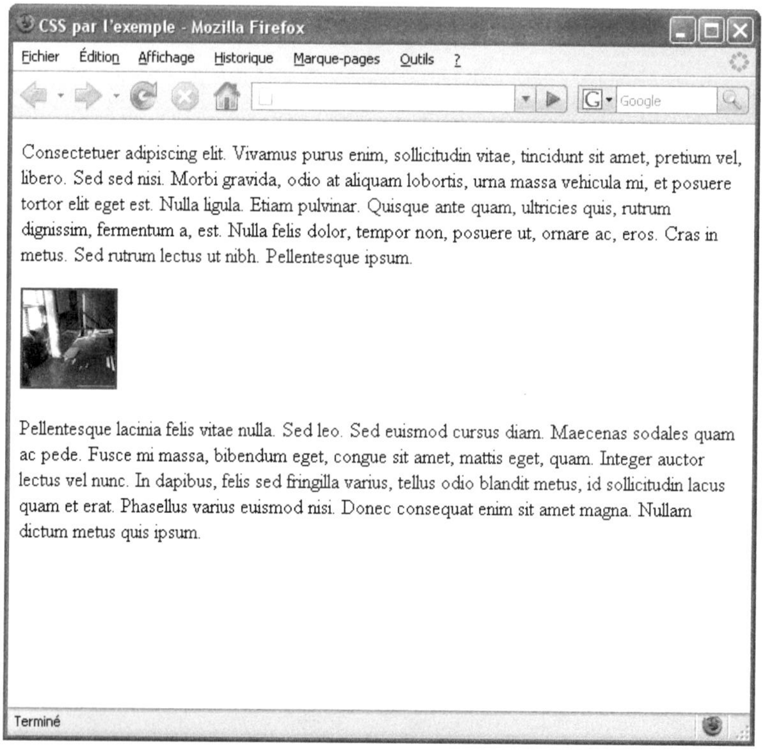

Figure 4-16. La page par défaut

Solution

Téléchargez le code source de l'effet « lightbox » depuis la page *http://www.huddletogether.com/projects/lightbox2/#download*.

Outre les bibliothèques JavaScript Prototype et Scriptaculous, incluez le code JavaScript permettant d'obtenir la superposition des images :

```
<title>CSS par l'exemple</title>
<!-- Structure pour l'effet Lightbox. -->
<script type="text/javascript" src="prototype.js"></script>
<script type="text/javascript"
        src="scriptaculous.js?load=effects"></script>
<!-- Script pour Lightbox. -->
<script type="text/javascript" src="lightbox.js"></script>
```

Ensuite, associez la feuille de style qui définit l'aspect de l'effet de superposition :

```
<title>CSS par l'exemple</title>
<script type="text/javascript" src="prototype.js"></script>
<script type="text/javascript" src="scriptaculous.js?load=effects"></script>
<script type="text/javascript" src="lightbox.js"></script>
<link rel="stylesheet" href="lightbox.css" type="text/css" media="screen" />
```

Dans la page web, placez un lien vers une image en n'oubliant pas d'ajouter un attribut `rel` dont la valeur est `lightbox`. Par exemple, voici comment placer un lien autour d'une image miniature :

```
<a href="chat.jpg" rel="lightbox" title="Mon chat prend le soleil."><img
src="chat_vignette.jpg" alt="Mon chat adore le soleil." /></a>
```

En cliquant sur le lien, vous activez l'effet « lightbox » (voir la *figure 4-17*).

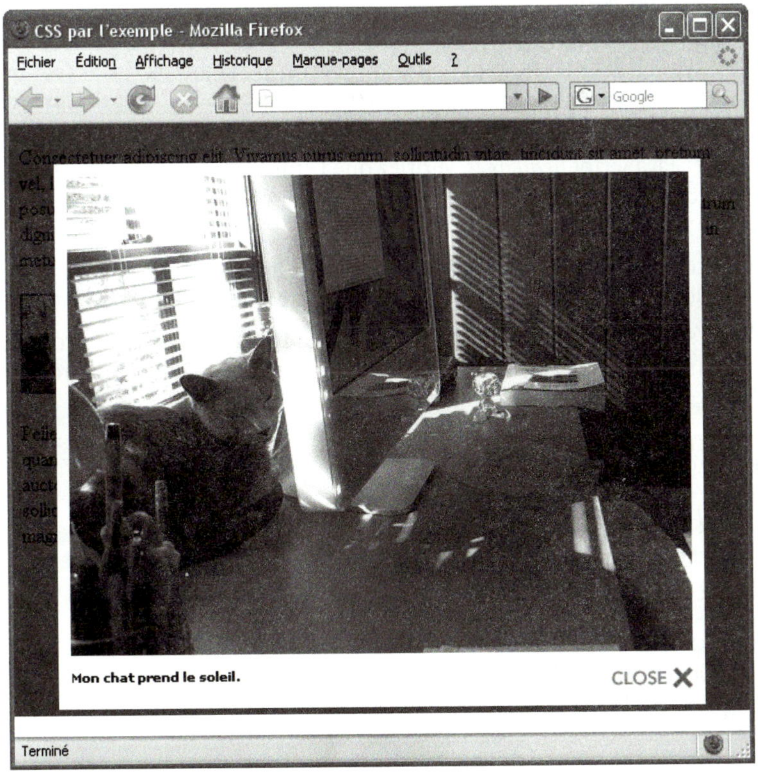

Figure 4-17. La fenêtre affichant l'image apparaît au-dessus de la page

Discussion

L'effet « lightbox » est constitué de deux éléments essentiels : les bibliothèques Prototype et Scriptaculous.

Prototype définit un environnement JavaScript orienté objet qui permet aux développeurs de construire rapidement des applications web. Pour plus d'informations, consultez le site officiel à *http://prototype.conio.net/*.

Scriptaculous est une collection de bibliothèques JavaScript. Lorsqu'elle est employée avec Prototype, Scriptaculous permet d'écrire des interactions Ajax (*Asynchronous JavaScript + XML*) dynamiques. Pour plus d'informations, consultez le site de Scriptaculous à l'adresse *http://script.aculo.us/*.

Avec ces bases JavaScript en place, le développeur Lokesh Dhakar (voir *http://www.huddletogether.com/*) a créé un système ingénieux pour afficher des images en taille réelle sans quitter la page web qui présente les vignettes.

Configurer les fichiers

Après avoir téléchargé et associé les fichiers JavaScript à la page web, ainsi qu'une feuille de style, vérifiez que les liens sont bien corrects. Par exemple, si vous placez les fichiers JavaScript et les feuilles de style dans des dossiers séparés, assurez-vous que le code reflète bien ces différents emplacements :

```
<script type="text/javascript" src="/_actifs/js/prototype.js"></script>
<script type="text/javascript"
       src="/_actifs/js/scriptaculous.js?load=effects"> </script>
<script type="text/javascript" src="/_actifs/js/lightbox.js"></script>
<link rel="stylesheet" href="/_actifs/css/lightbox.css" type="text/css"
     media="screen" />
```

Dans le fichier JavaScript *lightbox.js*, vérifiez que l'emplacement des images est bien spécifié. Si vous devez modifier cet emplacement, recherchez les lignes suivantes au début du fichier :

```
var fileLoadingImage = "/_actifs/img/loading.gif";
var fileBottomNavCloseImage = "/_actifs/img/closelabel.gif";
```

La feuille de style destinée à la fenêtre superposée utilise trois fois la propriété `background`. Assurez-vous que les liens des images référencées dans ces propriétés sont corrects :

```
#prevLink, #nextLink {
 width: 49%;
 height: 100%;
 /* Trick IE into showing hover */
 background: transparent url(/_actifs/img/blank.gif) no-repeat;
 display: block;
}
#prevLink:hover, #prevLink:visited:hover {
 background: url(/_actifs/img/prevlabel.gif) left 15% no-repeat;
}
```

```
#nextLink:hover, #nextLink:visited:hover {
 background: url(/_actifs/img/nextlabel.gif) right 15% no-repeat;
}
```

Créer un diaporama

Outre l'affichage d'une seule image, vous pouvez également configurer la bibliothèque Lightbox pour afficher un diaporama (voir la *figure 4-18*).

Figure 4-18. La fenêtre superposée peut afficher un diaporama d'images

Pour cela, modifiez la valeur de l'élément `rel` en plaçant le nom de la galerie entre crochets après `lightbox`. Dans l'exemple suivant, nous avons utilisé la galerie nommée `austin` puisque les images ont été prises dans la ville de Nantes :

```
<ul>
 <li><a href="chat.jpg" rel="lightbox[Nantes]" title="Mon chat prend le
 soleil."><img src="chat_vignette.jpg" alt="Mon chat adore le soleil." />
 </a></li>
 <li><a href="enfants.jpg" rel="lightbox[Nantes]" title="Julien et Matthieu
 posent."><img src="enfants_vignette.jpg" alt="Julien et Matthieu." />
 </a></li>
```

```
<li><a href="dejeuner.jpg" rel="lightbox[Nantes]" title="Petit déjeuner
avec Mme Eveno."><img src="dejeuner_vignette.jpg" alt="Petit déjeuner avec
Mme Eveno." /></a></li>
</ul>
```

Pour que les images fassent partie du même diaporama, le nom de la galerie doit être le même.

Problèmes des navigateurs

Puisque l'effet « lightbox » s'appuie sur la bibliothèque Prototype, il ne peut être employé qu'avec les navigateurs compatibles avec cette bibliothèque :

- Microsoft Internet Explorer pour Windows 6+ ;
- Mozilla Firefox 1.0+ ;
- Mozilla 1.7+ ;
- Apple Safari 1.2+.

Cela dit, il fonctionne parfaitement en mode dégradé. Si le navigateur d'un utilisateur ne prend pas en charge l'effet « lightbox », il tient compte des valeurs de l'attribut `href`.

```
<a href="chat.jpg" rel="lightbox" title="Mon chat prend le soleil."><img
src="chat_vignette.jpg" alt="Mon chat adore le soleil." /></a>
```

Dans cet exemple, le navigateur affiche le fichier `chat.jpg`.

Voir aussi

Une présentation générale de la bibliothèque Prototype (*http://blogs.ebusiness-apps.com/jordan/pages/Prototype%20Library%20Info.htm*) ; une description d'Ajax (*http://adaptive-path.com/publications/essays/archives/000385.php*).

5

Listes

Introduction

Qu'il s'agisse d'une liste de courses ou de la liste des 100 moins bonnes audiences de tous les temps, les listes permettent de s'organiser. Dans la conception de pages web, c'est la même chose. En regroupant des éléments clés, les listes HTML facilitent la présentation de contenus organisés aux visiteurs d'un site.

Les listes HTML sont séduisantes, en partie en raison de la manière dont elles apparaissent sur la page. Les éléments de listes sont en principe indentés et matérialisés par un marqueur, généralement un cercle plein pour une liste non ordonnée et des numéros pour une liste ordonnée (voir la *figure 5-1*). Avec quelques lignes de code HTML, un concepteur peut créer une liste à puces sur une page web sans ouvrir d'éditeur graphique. Avec CSS, on peut créer des listes visuellement plus convaincantes.

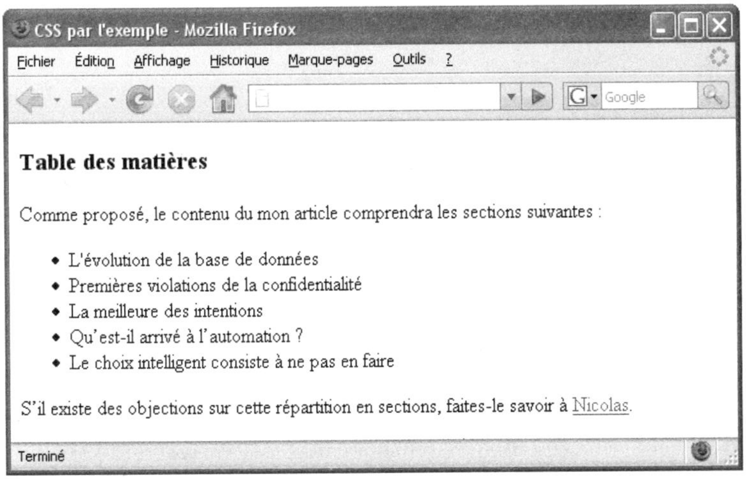

Figure 5-1. Le rendu par défaut d'une liste

Les développeurs web peuvent présenter la liste comme ils le veulent et soigner la conception de la page web plutôt que de s'en remettre aux styles par défaut des navigateurs. Ce chapitre illustre la manière de modifier la numérotation des éléments de listes, d'utiliser vos images comme marqueur de liste, de créer une composition en sommaire sans marqueur de liste et d'avantage.

5.1. Modifier le format d'une liste

Problème

Vous voulez modifier le style de liste par défaut, par exemple en remplaçant les puces par des numéros comme à la *figure 5-2*.

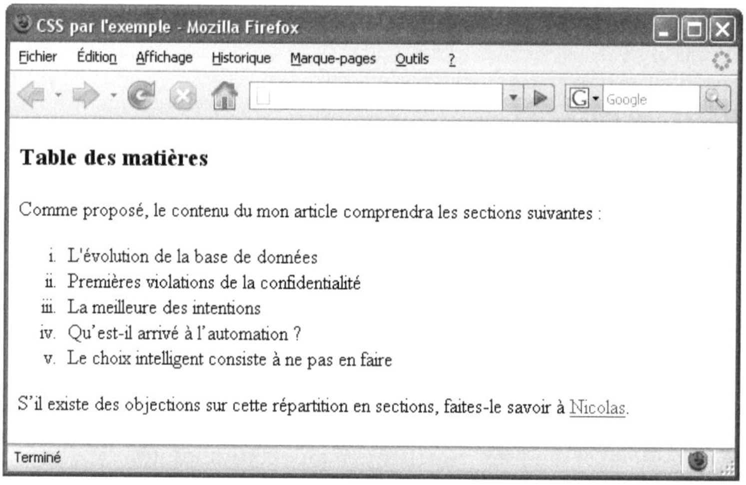

Figure 5-2. Les marqueurs de listes changés en chiffres romains minuscules

Solution

Utilisez la propriété `list-style-type` pour modifier les puces ou le type de numéros :

```
li {
 list-style-type: lower-roman;
}
```

Discussion

Les Recommandations CSS 2.1 offrent plusieurs styles de numérotation de listes, comme l'illustre le *tableau 5-1*. Les navigateurs changent le style des puces selon les niveaux hiérarchiques d'une liste. Pour éviter de passer par le système traditionnel de définition des marqueurs de listes, modifiez la valeur de `list-style-type` pour chaque liste enfant.

Tableau 5-1. Styles disponibles pour les marqueurs de listes

Style/valeur	Description	Prise en charge des navigateurs
`square`	Généralement un carré plein, bien que la représentation exacte ne soit pas définie.	Tous les principaux navigateurs.
`disc`	Généralement un cercle plein, bien que la représentation exacte n'est pas définie.	Tous les principaux navigateurs.
`circle`	Généralement un cercle, bien que la représentation exacte n'est pas définie.	Tous les principaux navigateurs.
`decimal`	La numérotation démarre à 1 et continue avec 2, 3, 4, etc.	Tous les principaux navigateurs.
`decimal-leading-zero`	La numérotation démarre à 01 et continue avec 02, 03, 04, etc. Le nombre des zéros de tête peut être égal au nombre de chiffres utilisés dans une liste. Par exemple, 0001 peut être utilisé pour une liste de 5 876 éléments.	Tous les principaux navigateurs.
`lower-roman`	La numérotation utilise des chiffres romains en minuscules.	Tous les principaux navigateurs.
`upper-roman`	La numérotation utilise des chiffres romains en majuscules.	Tous les principaux navigateurs.
`lower-alpha`	La numérotation utilise des caractères ASCII en minuscules.	Tous les principaux navigateurs.
`upper-alpha`	La numérotation utilise des caractères ASCII en majuscules.	Tous les principaux navigateurs.
`lower-latin`	La numérotation utilise des caractères ASCII en minuscules.	Tous les principaux navigateurs.
`upper-latin`	La numérotation utilise des caractères ASCII en majuscules.	Tous les principaux navigateurs.
`lower-greek`	La numérotation utilise l'alphabet grec : lettres alpha, beta, gamma, etc.	Safari, Mozilla, Netscape 6+
`hebrew`	La numérotation utilise l'hébreu traditionnel.	Safari, Mozilla, Netscape 6+
`hiragana`	La numérotation utilise le système japonais hiragana.	Mozilla, Netscape 6+
`katakana`	La numérotation utilise le système japonais traditionnel katakana.	Mozilla, Netscape 6+
`hiragana-iroha`	La numérotation utilise le système japonais hiragana-iroha.	Mozilla, Netscape 6+
`katakana-iroha`	La numérotation utilise le système japonais katakana-iroha.	Mozilla, Netscape 6+
`none`	Aucun marqueur n'est affiché.	Tous les principaux navigateurs.

Voir aussi

La recette 5.6, page 212, pour l'utilisation d'images personnalisées comme marqueurs de listes ; le chapitre 12 de l'ouvrage *CSS — La référence,* 2e édition, de Eric A. Meyer (Éditions O'Reilly).

5.2. Indenter les listes pour tous les navigateurs

Problème

Les divers navigateurs utilisent des méthodes différentes pour indenter des listes. Vous voulez spécifier pour votre liste des marges gauches qui seront rendues par tous les navigateurs.

Solution

Définissez à la fois les propriétés `margin-left` et `padding-left` pour l'élément `ul` :

```
ul {
 margin-left: 40px;
 padding-left: 0px;
}
```

Discussion

Les navigateurs utilisent des méthodes différentes pour remplir ou indenter une liste. Mozilla et Netscape 6+ indentent une liste dans la zone d'*espacement*, alors qu'Internet Explorer et Opera remplissent une liste dans la *marge* de la liste.

Pour augmenter la compatibilité horizontale du code avec les navigateurs, vous devez définir *à la fois* une valeur pour la marge de gauche de la liste et une valeur pour l'espacement. Conservez l'indentation dans l'une des propriétés. Partager l'indentation entre deux propriétés différentes aurait pour résultat une présentation incohérente d'un navigateur à l'autre.

Si vous fixez la marge et l'espacement à zéro alors que la liste est contenue uniquement par l'élément `body`, le navigateur affichera les marqueurs en dehors de la zone d'affichage, les rendant ainsi invisibles à l'utilisateur. Pour garantir leur visibilité, définissez la marge gauche et l'espacement gauche de l'élément `ul` à au moins 1 em.

Voir aussi

La recette 5.9, page 220, pour la création d'une composition en sommaire ; les Recommandations CSS 2.1 pour `padding` (*http://www.w3.org/TR/CSS21/box.html#propdef-padding*) ; les Recommandations CSS 2.1 pour `margin` (*http://www.w3.org/TR/CSS21/box.html#propdef-margin*).

5.3. Placer des séparateurs entre les éléments d'une liste

Problème

Vous souhaitez séparer visuellement les éléments d'une liste.

Solution

Utilisez la propriété `border` pour créer la séparation :

```
li {
 border-top: 1px solid black;
 padding: .3em 0;
}
```

Ensuite, appliquez une bordure en bas de l'élément `ul` afin de créer la bordure inférieure (voir la *figure 5-3*) :

```
ul {
 margin-left: 40px;
 padding-left: 0px;
 border-bottom: 1px solid black;
 list-style: none;
 width: 45%;
}
```

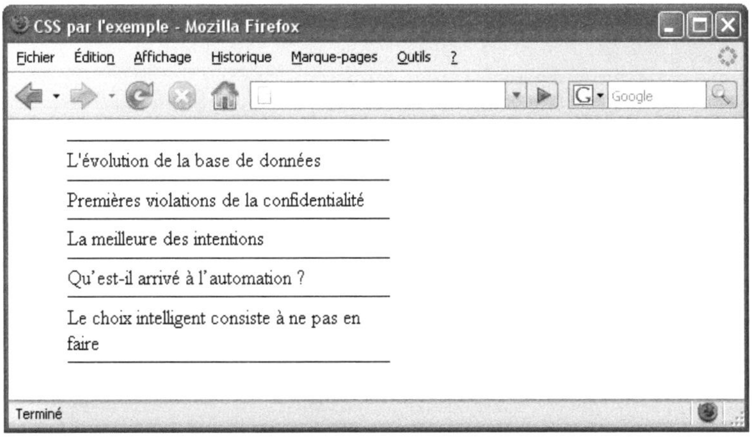

Figure 5-3. Des séparateurs ont été placés entre les éléments de la liste

Discussion

Pour que les séparateurs aient la même longueur, appliquez une valeur à la propriété `margin-left` ou à la propriété `padding-left` de la liste non ordonnée. Sinon, les longueurs de la bordure des éléments de la liste et de celle de la liste non ordonnée seront différentes. Par exemple, si les éléments de la liste sont indentés à l'aide de la propriété `padding-left`, la bordure inférieure de la liste est plus longue que celle de chaque élément (voir la *figure 5-4*) :

```
li {
 border-top: 1px solid black;
 padding: .3em 0;
}
ul {
 margin-left: 0px;
 padding-left: 40px;
 border-bottom: 1px solid black;
 list-style: none;
 width: 45%;
}
```

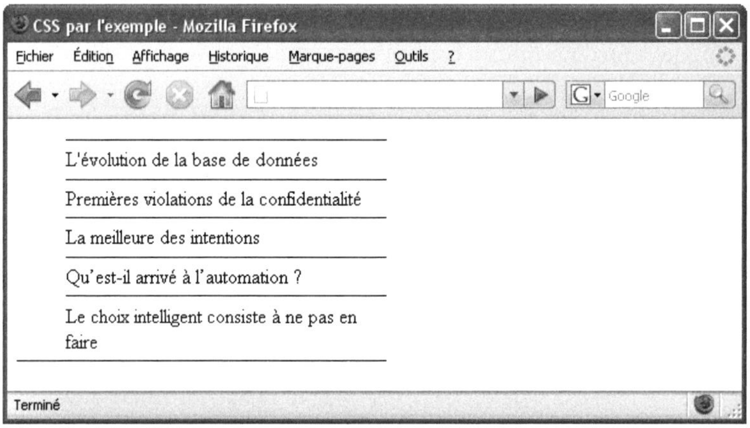

Figure 5-4. Le séparateur inférieur est plus long que les autres

Voir aussi

La recette 5.2, page 206, pour la création de listes indentées compatibles avec tous les navigateurs.

5.4. Créer des marqueurs texte personnalisés pour les listes

Problème

Vous voulez utiliser un marqueur texte personnalisé dans une liste.

Solution

Indentez la première ligne de texte et insérez le texte personnalisé, avec les guillemets (») faisant office de pointeurs, par l'intermédiaire d'un contenu auto-généré (voir la *figure 5-5*) :

```
ul {
 list-style: none;
 margin: 0;
 padding: 0 0 0 1em;
 text-indent: -1em;
}
li {
 padding: 0;
 margin: 0 0 0.25em 0;
}
li:before {
 content: "\00BB \0020";
}
```

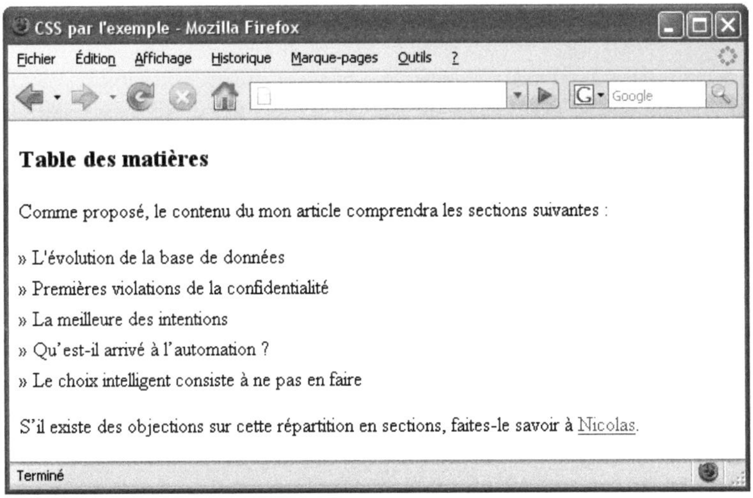

Figure 5-5. Marqueurs texte d'une liste

Discussion

La définition de la propriété `list-style` à la valeur none désactive le marqueur de liste habituellement associé à cette liste. En général, un marqueur est placé à gauche de chaque élément de liste.

Au lieu de rattacher le marqueur à l'élément de liste, le marqueur texte personnalisé sera placé en-ligne avec le contenu de l'élément. Comme le marqueur texte est inséré dans l'élément de liste, vous devez déplacer ce marqueur en dehors de la boîte de l'élément. L'indentation de la première ligne du marqueur à l'aide d'une valeur négative crée ce déport sur la gauche. La valeur négative de la propriété `text-indent` déplace la première ligne vers la gauche, alors qu'une valeur positive la déplace vers la droite :

```
ul {
 list-style: none;
 margin: 0;
 padding: 0 0 0 1em;
 text-indent: -1em;
}
```

Le pseudo-élément `:before` génère le marqueur de texte. Le contenu correspondant aux caractères du clavier peut être inséré simplement de la manière suivante :

```
li:before {
 content: ">> ";
}
```

Cependant, pour l'inclusion de caractères spéciaux, les Recommandations CSS 2.1 exigent qu'ils soient des valeurs Unicode (ISO 10646). Vous devez donc écrire le caractère sous forme d'une *séquence d'échappement hexadécimale équivalente* et on sous forme d'entités HTML 4 classiques comme `»`.

L'échappement des valeurs dans CSS se fait en insérant une barre oblique inverse avant chaque valeur Unicode hexadécimale :

```
li:before {
 content: "\00BB \0020";
}
```

Au moment de l'impression de ce livre, cette solution fonctionnait dans les navigateurs Mozilla, Firefox, Netscape 6+, Safari et Opera car ils sont capables de gérer la création de contenus auto-générés. Malheureusement, cette liste omet Netscape 4 et Internet Explorer pour Windows et Mac.

Pour obtenir une compatibilité transversale entre navigateurs, n'utilisez pas de contenu auto-généré. En revanche, insérez manuellement le marqueur de texte avant l'élément de liste :

```
<ul>
 <li>&#187; Évolution de la base de données</li>
 <li>&#187; Premières violations de la confidentialité</li>
 <li>&#187; La meilleure des intentions</li>
 <li>&#187; Qu'est-il arrivé à l'automation ?</li>
 <li>&#187; Le choix intelligent consiste à ne pas en faire</li>
</ul>
```

Le principal inconvénient de cette approche est que vous avez deux marqueurs pour chaque élément de liste (celui généré par le navigateur et celui ajouté manuellement) si CSS est désactivé dans le navigateur et l'utilisateur voit uniquement le contenu. Bien qu'il ne s'agisse pas d'un problème critique, le fait est qu'un élément indésirable est ajouté à la page web.

Voir aussi

Les Recommandations CSS 2.1 sur l'échappement des caractères (*http://www.w3.org/TR/REC-CSS2/syndata.html#escaped-characters*) ; les valeurs hexadécimales des caractères ASCII et Unicode (*http://www.alanwood.net/demos/ansi.html*).

5.5. Créer des marqueurs graphiques pour les listes

Problème

Vous voulez utiliser vos propres graphiques comme marqueurs de listes. Par exemple, la *figure 5-6* utilise une image de losange.

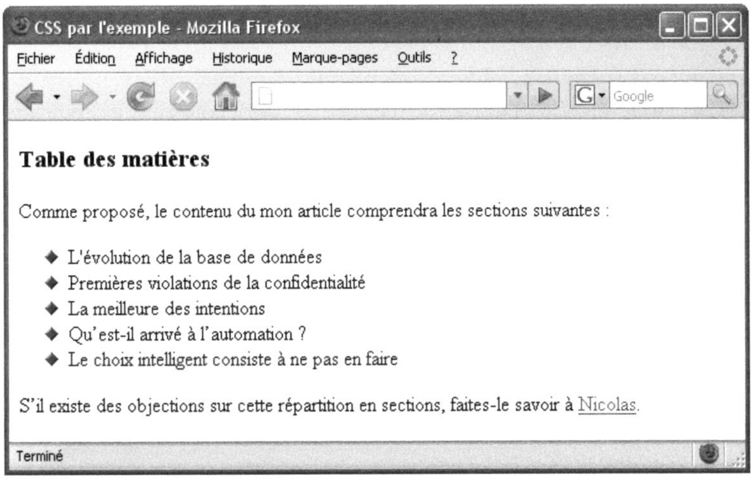

Figure 5-6. Marqueur graphique personnalisé pour une liste

Solution

Utilisez la propriété `list-style-image` pour utiliser un graphique pour un marqueur en forme de losange :

```
ul {
 list-style-type: disc;
 list-style-image: url(losange.gif);
}
```

Discussion

Définissez l'emplacement de l'image que vous voulez utiliser comme marqueur sous forme d'une valeur associée à la propriété `list-style-image`. Vous ne pouvez pas contrôler la taille de l'image utilisée comme marqueur de liste par l'intermédiaire de CSS ; aussi, l'image que vous spécifiez doit être dimensionnée au préalable à la taille correcte. Des images trop grandes peuvent diminuer la lisibilité d'un élément de liste ou le marqueur peut ne pas être affiché en entier, comme l'illustre la *figure 5-7*. Lorsque vous créez des puces personnalisées, assurez-vous que leur taille est adaptée à la conception de votre page web.

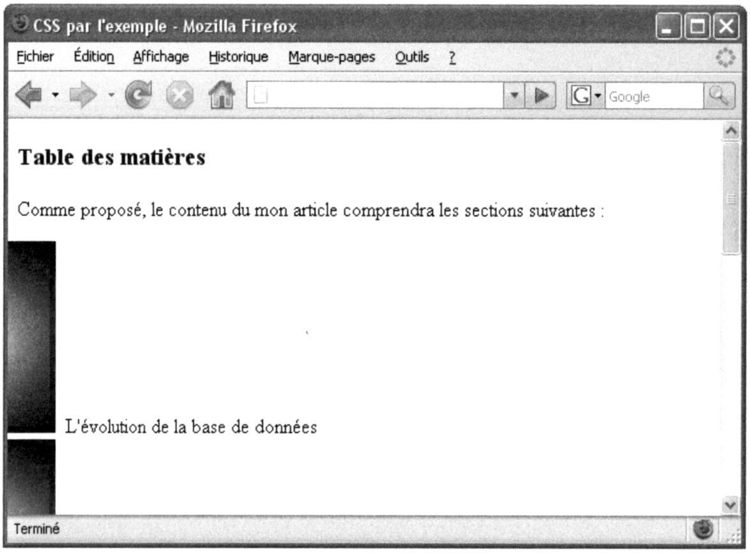

Figure 5-7. L'image de grande taille utilisée comme marqueur n'est pas entièrement affichée

La valeur associée au marqueur graphique est *héritée*, ce qui signifie que les listes imbriquées récupèrent l'image comme marqueur à l'instar de l'élément parent. Pour arrêter cet héritage, la valeur de none doit être définie pour les listes enfants.

```
ul {
 list-style-type: disc;
 list-style-image: url(losange.gif);
}
ul ul {list-style-image: none;}
```

Incorporez toujours la propriété `list-style-type` pour fournir une situation de remplacement dans le cas où l'image ne serait pas utilisable. Dans la solution ci-dessus, le marqueur de liste `disc` est utilisé si l'image, *losange.gif*, ne peut être affichée.

Voir aussi

La recette 5.4, page 208, sur la création de marqueurs texte personnalisés ; les Recommandations CSS 2.1 pour `list-image-type` (*http://www.w3.org/TR/CSS21/generate.html#propdef-list-style-image*).

5.6. Utiliser de grandes images comme marqueurs de liste

Problème

Vous souhaitez utiliser une grande image pour servir de marqueur dans une liste, sans subir les contraintes liées à la propriété `list-style-image`.

Solution

Tout d'abord, retirez le marqueur par défaut à l'aide de la propriété `list-style` (voir la *figure 5-8*) :

```
ul {
    margin-left: 40px;
    padding-left: 0px;
    list-style: none;
}
```

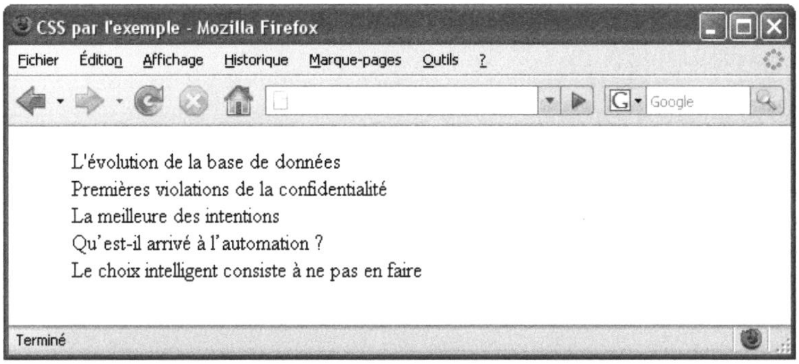

Figure 5-8. Les marqueurs de liste par défaut sont retirés

Appliquez un espacement suffisant sur le côté gauche de l'élément de liste afin de pouvoir y placer l'image servant de marqueur (voir la *figure 5-9*) :

```
ul {
 margin-left: 40px;
 padding-left: 0px;
 list-style: none;
}
li {
 padding: .3em 0 1em 40px;
 font: 1.1em/1.2 Verdana, Arial, Verdana, sans-serif;
}
```

Ensuite, insérez votre nouveau marqueur à l'aide de la propriété background (voir la *figure 5-10*) :

```
ul {
 margin-left: 40px;
 padding-left: 0px;
 list-style: none;
}
li {
 padding: .3em 0 1em 40px;
 font: 1.1em/1.2 Verdana, Arial, Verdana, sans-serif;
 background: url(loupe.gif) no-repeat;
}
```

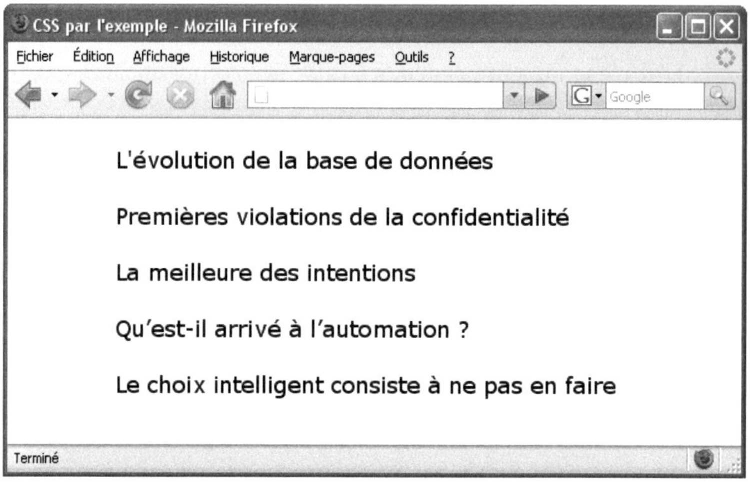

Figure 5-9. Un espacement supplémentaire est ajouté sur le côté gauche de la liste

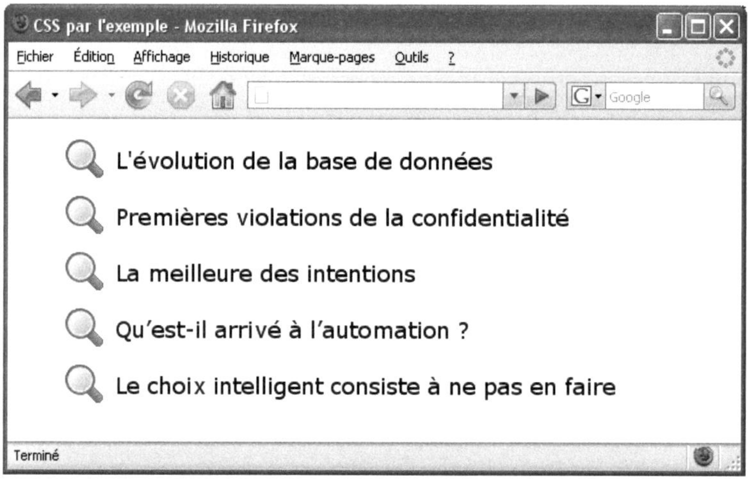

Figure 5-10. Une grande image est utilisée comme marqueur pour les éléments de la liste

Discussion

Pour améliorer la présentation des listes, la propriété `background` offre une plus grande souplesse que la propriété `list-style-image`. Grâce à cette technique, un marqueur de taille quelconque peut être utilisé, à condition qu'un espace suffisant lui ait été réservé sur le côté gauche de l'élément de liste.

Voir aussi

La recette 5.7 pour une version plus complexe de cette solution.

5.7. Présenter des listes élaborées avec des images

Problème

Vous souhaitez apporter une plus grande attention à la présentation d'une liste en l'agrémentant d'images.

Solution

Ajoutez des images d'arrière-plan aux éléments `ul` et `li`.

Tout d'abord, créez une image d'arrière-plan pour la liste non ordonnée et une image pour les marqueurs (voir la *figure 5-11*) :

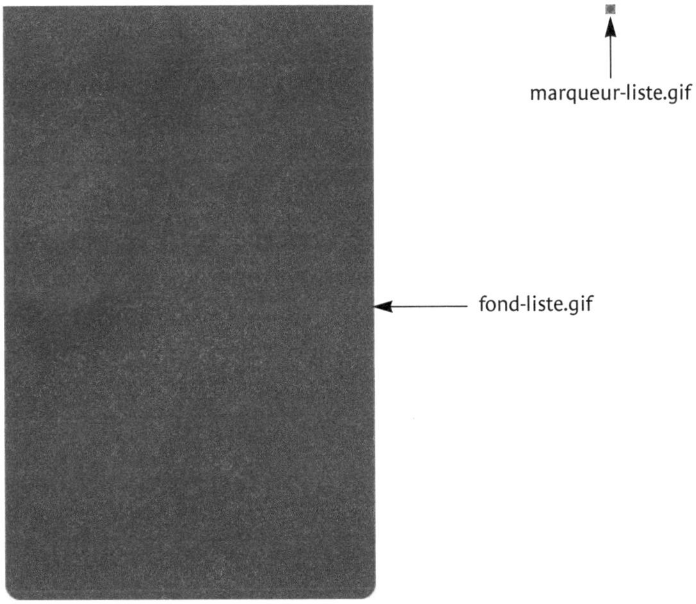

Figure 5-11. Les deux images utilisées pour notre présentation personnalisée de la liste

Ensuite, configurez les éléments de la liste afin d'inclure l'image d'arrière-plan. D'autre part, fixez la propriété `width` à la largeur de l'image d'arrière-plan (voir la *figure 5-12*) :

```
ul {
    background: url(fond-liste.gif) bottom;
    width: 298px;
    list-style: none;
    padding: 0 0 12px;
    margin: 0;
}
```

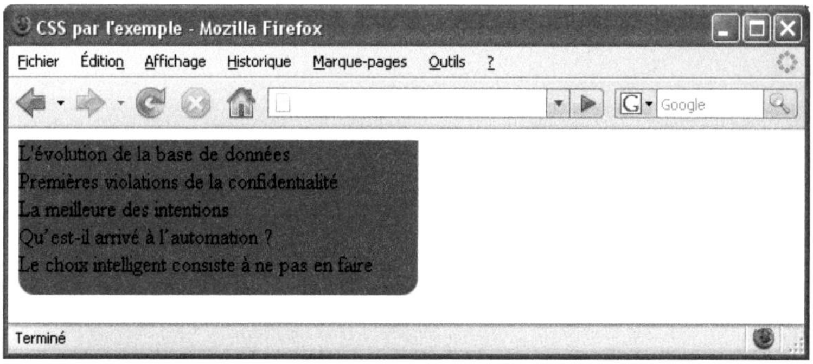

Figure 5-12. Une image a été insérée à l'arrière-plan de la liste

Enfin, ajoutez le marqueur de liste dans les éléments. Placez également une bordure inférieure afin de séparer les éléments de la liste (voir la *figure 5-13*) :

```
ul {
    background: url(fond-liste.gif) bottom;
    width: 298px;
    list-style: none;
    padding: 0 0 12px;
    margin: 0;
}
li {
    color: #eee;
    font-family: Verdana, Arial, Verdana, sans-serif;
    padding: 7px 7px 7px 20px;
    border-bottom: 1px solid #888;
    background: url(marqueur-liste.gif) no-repeat 5px .8em;
}
```

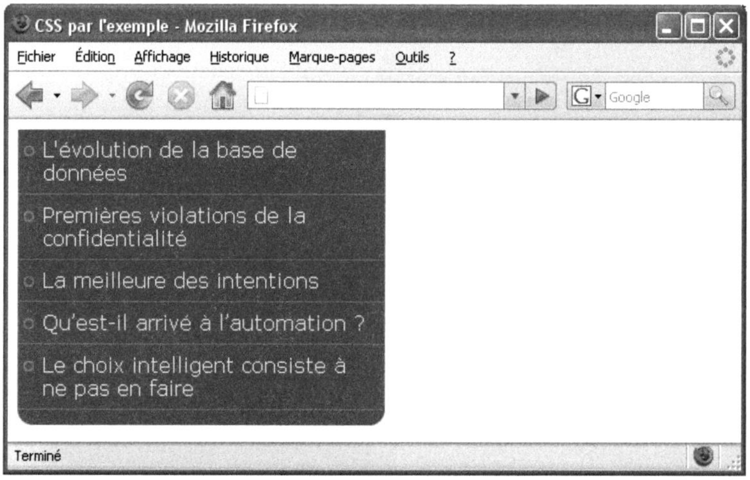

Figure 5-13. L'application d'un style aux éléments termine la présentation

Discussion

Cette solution repose sur différentes techniques. La première partie place une image d'arrière-plan dans l'élément `ul`. Puisque l'image a une hauteur et une largeur fixes, n'oubliez pas de fixer la largeur dans les règles CSS.

En ce qui concerne la hauteur, plusieurs problèmes empêchent les développeurs web de définir la propriété correspondante. Un utilisateur peut modifier la taille par défaut du texte, le rendant plus grand ou plus petit. D'autre part, le style de la liste peut être employé avec des listes dont le nombre d'éléments est supérieur ou inférieur.

Afin de tenir compte de ces différentes possibilités, la hauteur de l'image d'arrière-plan doit être importante. Dans notre solution, elle est de 465 pixels, ce qui est suffisant pour l'affichage d'un nombre d'éléments normal. Cependant, dans le cas où l'utilisateur du navigateur a demandé l'affichage dans une police de grande taille, la solution reste valide (voir la *figure 5-14*).

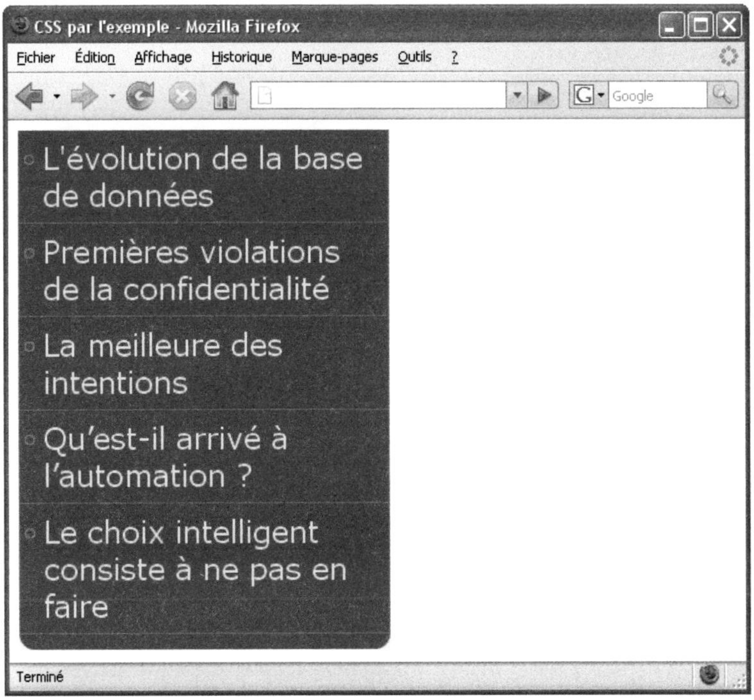

Figure 5-14. La présentation est conservée lorsque la taille du texte augmente

Puisque l'image d'arrière-plan possède des angles arrondis dans sa partie inférieure, un espacement de 12 pixels a été appliqué afin que les éléments de la liste ne recouvrent pas cette partie. D'autre part, cette image a été positionnée sur le bas. Cela permet d'afficher les angles arrondis même lorsque la taille du texte ou le nombre d'éléments augmente.

Enfin, deux techniques sont employées pour les éléments de la liste. Premièrement, des séparateurs ont été placés entre chaque élément. Contrairement à la recette 5.3, page 207, un séparateur n'est pas nécessaire sur le bord inférieur de l'élément `ul`. Deuxièmement, les marqueurs de liste ont été insérés en utilisant la technique décrite à la recette 5.6, page 212.

Voir aussi

Le chapitre 6 pour l'adaptation de cette solution à un menu de navigation.

5.8. Créer des listes dans le texte

Problème

Vous voulez lister des éléments à afficher dans un paragraphe, comme le montre la *figure 5-15*, dans laquelle une liste d'éléments en gras, séparés par des virgules, a été générée depuis une liste HTML `ul`.

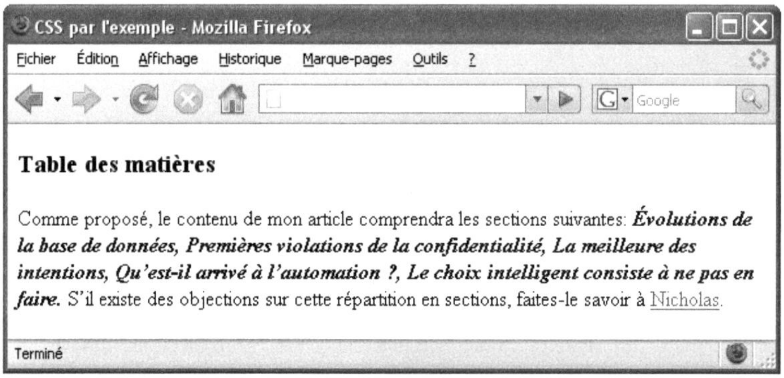

Figure 5-15. Liste formatée apparaissant dans le corps d'un paragraphe

Solution

Définissez les paragraphes avant (et, si nécessaire, après) la liste :

```
<h3>
 Table des matières
</h3>
<p>
 Comme proposé, le contenu de mon article comprendra
 les sections suivantes :
</p>
<ul>
 <li>Évolutions de la base de données</li>
 <li>Premières violations de la confidentialité</li>
 <li>La meilleure des intentions</li>
```

```
  <li>Qu'est-il arrivé à l'automation ?</li>
  <li class="dernier">Le choix intelligent consiste à ne pas en faire</li>
</ul>
<p>
S'il existe des objections sur cette répartition en sections,
faites-le savoir à <a href="nick@heatvision.com">Nicholas</a>.
</p>
```

Par l'intermédiaire de CSS, définissez le paragraphe à afficher comme élément en-ligne et utilisez ensuite un contenu auto-généré pour afficher les virgules entre éléments et le point à la fin de la liste :

```
ul, li {
 display: inline;
 margin: 0;
 padding: 0;
 font-weight: bold;
 font-style: italic;
}
li:after {
 content: ", ";
}
li.last:after {
 content: ".";
}
p {
 display: inline;
}
```

Discussion

Avec cette méthode, vous conservez la même structure de listes et de paragraphes, en étendant les capacités de CSS à la présentation de listes au sein de paragraphes. Cependant, vous abandonnez l'apparence visuelle d'une liste au profit de l'insertion de son contenu dans un paragraphe.

Le point-clé de cette recette réside dans l'affectation de la valeur `inline` à la propriété `display` des éléments de liste et des paragraphes. Cette valeur a pour effet de placer les éléments sur la même ligne au lieu de les séparer par un espace au-dessus et en dessous.

> Notez qu'Internet Explorer pour Windows ne prend pas en charge le contenu généré.

Voir aussi

Les Recommandations CSS 2.1 pour la propriété `display` (*http://www.w3.org/TR/CSS21/visuren.html#propdef-display*).

5.9. Créer une indentation en sommaire dans une liste

Problème

Vous voulez que la première ligne d'un élément de liste commence plus à gauche que le reste de la liste, créant ainsi une indentation en sommaire (ou alinéa) comme à la *figure 5-16*.

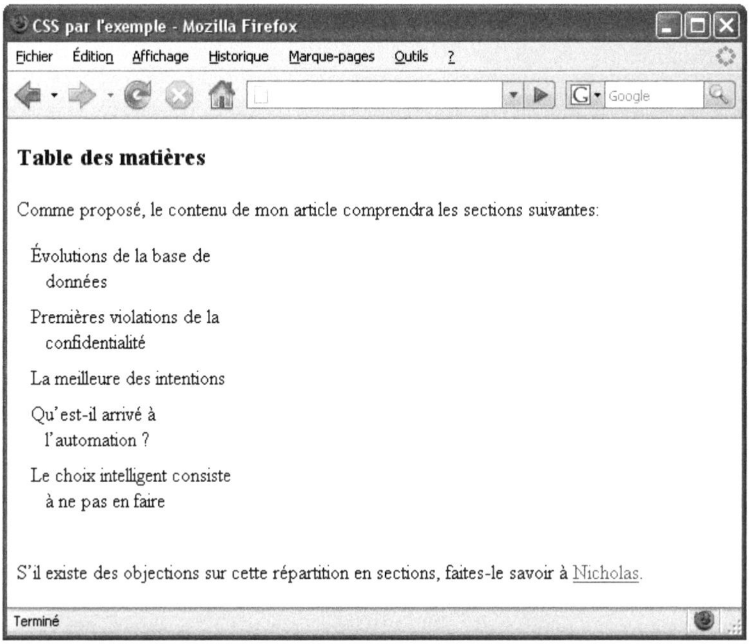

Figure 5-16. Indentation en sommaire d'une liste

Solution

Utilisez une valeur négative pour la propriété `text-indent` :

```
ul {
 width: 33%;
 padding: 0 0 0.75em 0;
 margin: 0;
 list-style: none;
}
li {
 text-indent: -0.75em;
 margin: 0.33em 0.5em 0.5em 1.5em;
}
```

Discussion

Même si les marqueurs de listes (numériques, images ou texte) contribuent à attirer l'attention sur une liste, il arrive parfois qu'on ne veuille pas ajouter ces éléments de présentation à la liste. Au lieu de compter sur des marqueurs pour améliorer la conception de vos listes, vous pouvez utiliser des indentations en sommaire.

Dans cette solution, vous indentez la liste de trois-quarts d'unité em, créant ainsi un subtil effet d'alinéa. Vous pouvez encore accentuer l'effet produit par cette technique en réduisant encore la valeur de `text-indent` ou en augmentant la taille de la police du texte des éléments de liste.

Voir aussi

La recette 2.18, page 94, sur la définition d'indentations dans les paragraphes ; les Recommandations CSS 2.1 pour la propriété `text-indent` (*http://www.w3.org/TR/CSS21/text.html#propdef-text-indent*).

5.10. Déplacer le marqueur dans une liste

Problème

Vous voulez que le marqueur de liste soit aligné par rapport au bord des éléments de la liste, comme le montre la *figure 5-17*. Ceci a pour effet que le texte enveloppe les marqueurs.

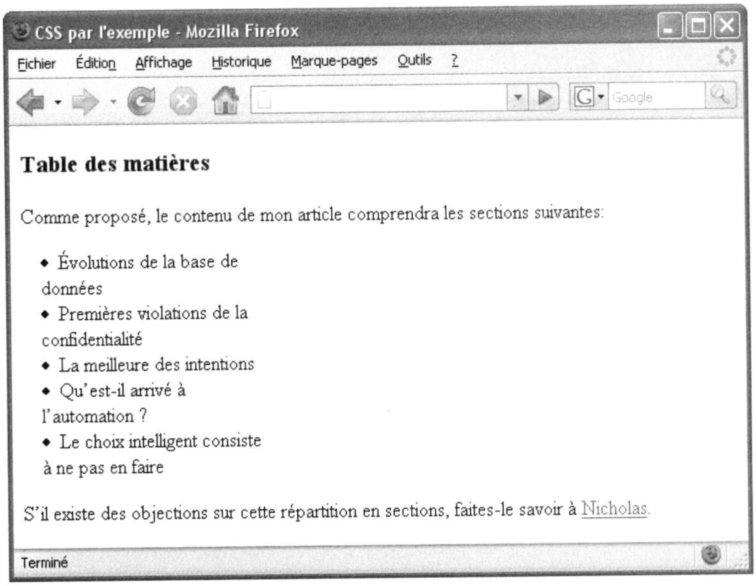

Figure 5-17. Déplacer le marqueur dans les éléments d'une liste

Solution

Utilisez la propriété `list-style-position` et définissez sa valeur à `inside` :

```
li {
 list-style-position: inside;
 width: 33%;
 padding: 0;
 margin: 0;
}
ul {
 margin: 0;
 padding: 0 0 0 1em;
}
```

Discussion

Normalement, le marqueur de liste se démarque du texte, ce qui met en évidence la liste. Cependant, certains concepteurs imposent que le marqueur fasse partie du texte. Un concepteur peut décider de maintenir le marqueur à l'intérieur, pour éliminer par exemple le besoin d'espace sur le côté gauche Ainsi, le remplacement d'un marqueur de liste par un marqueur personnalisé peut visuellement améliorer les résultats obtenus avec cette recette. Par exemple, la *figure 5-18* montre des flèches en remplacement des puces par défaut.

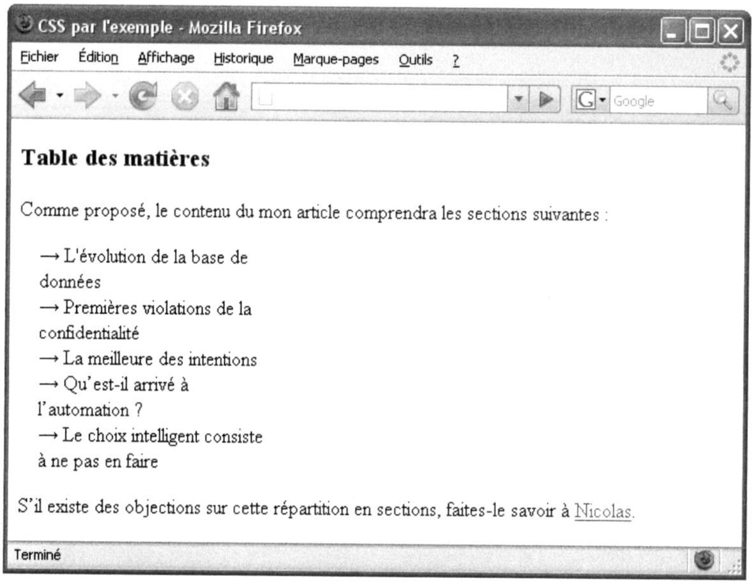

Figure 5-18. Marqueur personnalisé (flèche) dans un élément de liste

Voir aussi

Les Recommandations CSS 2.1 pour `list-style-position` (*http://www.w3.org/TR/CSS21/generate.html#propdef-list-style-position*).

6

Liens et navigation

Introduction

Sans les liens, le principal intérêt du Web disparaît.

Les liens vous permettent de suivre un flux d'informations d'une page web à une autre, d'une idée à une autre, quel que soit l'emplacement du serveur du site sur la planète.

En 1996, un expert en ergonomie du Web, Jakob Nielsen, énumérait l'utilisation de couleurs de lien non standard parmi les dix principales erreurs que l'on commettait dans la conception de pages web (voir *http://www.useit.com/alertbox/9605.html*). Cependant, en conseillant de colorer en bleu les liens vers les pages non encore visitées par l'utilisateur, et en violet ou en rouge les pages déjà visualisées, il montrait des préoccupations techniques (assurer la cohérence) et non esthétiques.

Avec CSS, le Web ne demande plus des choix exclusifs. Puisque les liens constituent un élément essentiel du World Wide Web, ils peuvent être à la fois cohérents et visuellement plaisants.

Ce chapitre explique comment appliquer des styles aux liens pour en améliorer l'esthétique. Vous saurez tout, depuis la suppression du souligné des liens au changement du pointeur, en passant par la création d'effets de survol, sans faire appel à JavaScript, et la création, entre autres, de menus horizontaux à onglets.

6.1. Supprimer le souligné des liens hypertexte

Problème

Les liens hypertexte d'un document web sont soulignés. Vous voulez supprimer le soulignement, comme le montre la *figure 6-1*.

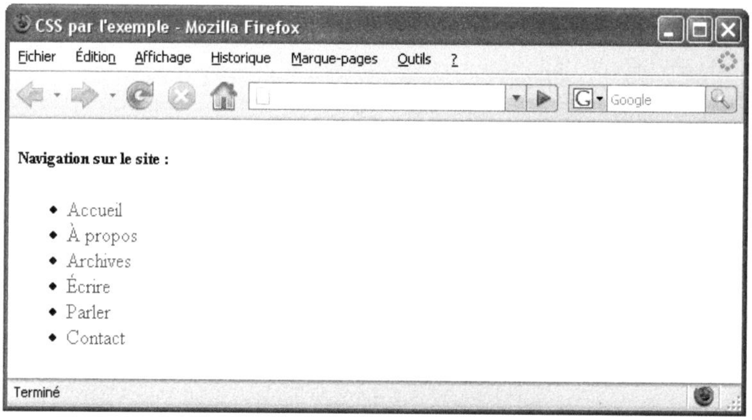

Figure 6-1. Liens non soulignés

Solution

Utilisez la propriété `text-decoration` avec le sélecteur de pseudo-classe des liens non visités et visités :

```
a:link, a:visited {
 text-decoration: none;
}
```

Discussion

Utilisez les pseudo-classes `:link` et `:visited` pour appliquer des styles aux liens d'un document web. La pseudo-classe `:link` s'applique aux liens que l'utilisateur n'a pas visités. La pseudo-classe `:visited` correspond à des liens que l'utilisateur a visités.

La propriété `text-decoration` accepte jusqu'à cinq valeurs de paramètrage, énumérées au *tableau 6-1*.

Tableau 6-1. Valeurs de text-decoration

Valeurs	Résultat
`underline`	Une ligne est tracée sous le texte.
`overline`	Une ligne est tracée au-dessus du texte.
`blink`	Le texte clignote.
`line-through`	Une ligne est tracée par le milieu du texte.
`none`	Aucun effet n'est associé au texte.

Ces valeurs de la propriété `text-decoration` sont souvent utilisées pour améliorer la présentation d'une page web. Pour ne pas avoir de liens soulignés dans un document, les concepteurs optent pour une définition de `text-decoration` à `none` tout en modifiant la couleur de fond du lien, la couleur du texte ou éventuellement les deux :

```
a:link, a:visited {
 text-decoration: none;
 background-color: red;
 color: white;
}
```

Pour améliorer la conception des liens pour les visiteurs qui pourraient avoir des problèmes de perception des couleurs, les rendant incapables de déterminer la couleur d'un lien par rapport à la couleur par défaut du texte HTML environnant, les concepteurs augmentent aussi la graisse de la police :

```
a:link, a:visited {
 font-weight: bold;
 text-decoration: none;
 color: red;
}
```

La valeur `line-through` peut être un élément visuel intéressant lorsqu'il est ajouté pour indiquer qu'un lien a déjà été visité par un internaute, à la manière d'un élément de liste biffé dans une liste de tâches à effectuer (voir la *figure 6-2*) :

```
a:link {
 font-weight: bold;
 text-decoration: none;
 color: red;
}
a:visited {
 font-weight: bold;
 text-decoration: line-through;
 color: black;
}
```

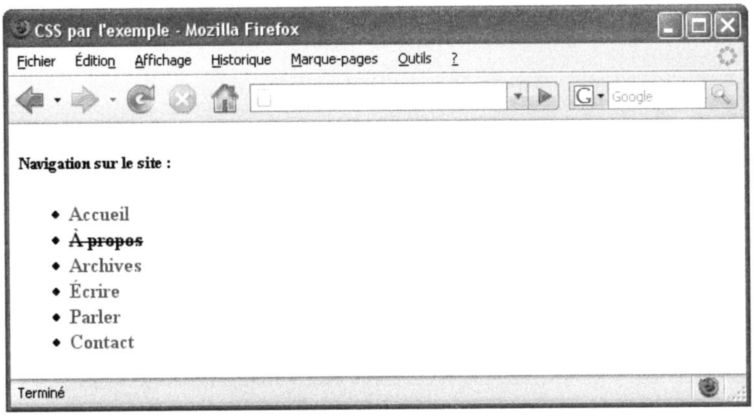

Figure 6-2. Un lien visité est barré

Voir aussi

Les Recommandations CSS 2.1 pour la propriété `text-decoration` (*http://www.w3.org/TR/CSS21/text.html#propdef-text-decoration*) ; l'article actualisé de Jakob Neilson « Design Guidelines for Visualizing Links » (*http://www.useit.com/alertbox/ 20040510.html*).

6.2. Changer les couleurs des liens

Problème

Vous souhaitez modifier les couleurs utilisées pour les liens.

Solution

Utilisez les pseudo-classes suivantes, dans l'ordre indiqué : `:link`, `:visited`, `:hover` et `:active` :

```
body {
 color: #99ffff;
}
a:link {
 color: #33ccff;
}
a:visited {
 color: #cecece;
}
a:hover {
 color: #336666;
}
a:active {
 color: #339999;
}
```

Discussion

Les pseudo-classes dédiées aux liens hypertextes ont une priorité équivalente au sein de la cascade. Vous devez donc éviter les conflits en donnant les sélecteurs dans l'ordre `link`, `visited`, `hover` et `active` (LV/HA).

Un lien visité ou non visité peut entrer dans les états `hover` et `active` au même moment. Puisque les pseudo-classes sont de même priorité, celle indiquée en dernier est celle vue par l'utilisateur. C'est pourquoi, dans certains cas, `:hover` ne fonctionne pas. Lorsque `:hover` apparaît avant `:active` ou `:visited`, les règles de la cascade font que ces pseudo-classes masquent l'état `hover`.

Voir aussi

Les Recommandations CSS 2.1 pour les pseudo-classes dynamiques `:hover`, `:active` et `:focus` (*http://www.w3.org/TR/CSS21/selector.html#dynamic-pseudo-classes*) ; les explications d'Eric Meyer sur la spécificité des liens (*http://www.meyerweb.com/eric/css/link-specificity.html*).

6.3. Changer les couleurs des liens dans différentes parties d'une page

Problème

Vous souhaitez utiliser des couleurs différentes pour les liens du texte principal et ceux de la navigation.

Solution

Tout d'abord, placez les diverses parties de la page dans des éléments `div` avec des valeurs d'identifiant différentes :

```
<div id="nav">
 [...]
</div><!-- fin -->
<div id="contenu">
 [...]
</div><!-- fin -->
```

Ensuite, servez-vous de sélecteurs de descendant avec les identifiants et de la méthode LV/HA présentée à la recette 6.2, page 226, pour appliquer des styles différents aux liens des zones d'une page web :

```
/* Liens de navigation. */
#nav a:link {
 color: blue;
}
#nav a:visited {
 color: purple;
}
/* Liens de contenu. */
#contenu a:link {
 color: white;
}
#contenu a:visited {
 color: yellow;
}
```

Discussion

L'utilisation de l'attribut `id` pour identifier les différentes parties d'une page web permet d'appliquer des styles différents aux mêmes éléments ou sélecteurs. Vous pouvez employer les mêmes sélecteurs pour créer des liens dont le style change en fonction des sections. Pour plus d'informations sur les sélecteurs d'identifiant, consultez la recette 1.2, page 5. En respectant l'ordre LV/HA, vous garantissez également que les liens ont le comportement voulu.

Voir aussi

Le didacticiel de W3Schools sur les pseudo-classes CSS (*http://www.w3schools.com/css/css_pseudo_classes.asp*) ; le didacticiel de Backstage sur les couleurs de liens multiples (*http://www.metalusions.com/backstage/articles/2/*).

6.4. Placer une icône à la fin d'un lien

Problème

Vous souhaitez ajouter des icônes à la fin des liens en-ligne, comme l'illustre la *figure 6-3*.

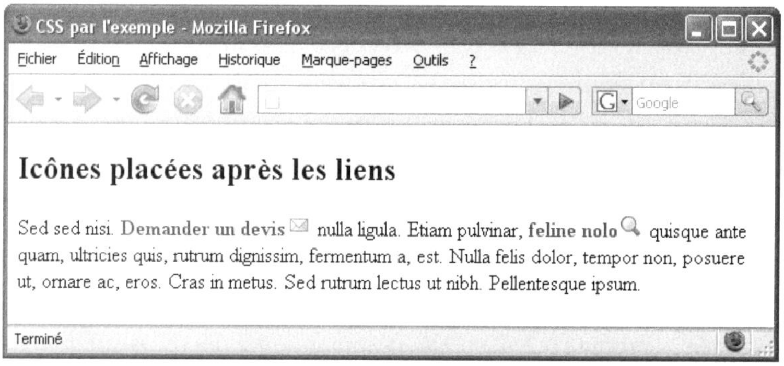

Figure 6-3. Des icônes sont placées après les liens

Solution

Grâce à un attribut `class`, affectez deux valeurs aux liens. La première est `icone`, tandis que la seconde décrit la nature du lien. Dans l'exemple suivant, les liens concernent une adresse électronique et un moteur de recherche :

```
<a href="mailto:orders@csscookbook.com" class="icone courrier">Demander un
devis</a>
<a href="http://www.google.fr/" class="icone recherche">feline nolo</a>
```

Réservez de l'espace pour les icônes à la fin des liens en utilisant les propriétés `width`, `margin` et `height` dans un sélecteur de classe basé sur la pseudo-classe `:after` :

```
a {
 text-decoration: none;
 font-weight: bold;
}
#contenu a.icone:after {
 display: block;
 width: 17px;
 height: 15px;
 margin: 2px;
}
```

Pour placer des images à la fin des liens, utilisez une règle CSS différente pour chaque icône.

Grâce aux règles suivantes dans un sélecteur de classe avec la pseudo-classe `:after`, les icônes représentant une enveloppe et une loupe sont placées à la fin des liens :

```
#contenu a.courrier:after {
 content: url(courrier.gif);
}
#contenu a.recherche:after {
 content: url(recherche.gif);
}
```

Discussion

La structure de notre solution permet de modifier facilement la présentation. Si une icône, par exemple de document, doit être ajoutée à la fin d'un lien, commencez par ajouter la valeur `document` dans l'attribut `class` :

```
<a href="/_actifs/rapport.pdf" class="icone document">feline nolo</a>
```

Ensuite, définissez une nouvelle règle CSS permettant de placer l'icône :

```
#contenu a.document:after {
 content: url(document.gif);
}
```

Une autre méthode évite d'avoir à ajouter un attribut de classe et de sa valeur. Vous pouvez utiliser les sélecteurs d'attribut (voir la recette 1.2, page 5) pour placer des icônes à la fin des liens représentant des adresses électroniques :

```
#contenu a[href|="mailto"]:after {
 content: url(courrier.gif);
}
```

Cependant, la prise en charge des sélecteurs d'attribut n'est pas universelle. D'autre part, puisque la solution repose sur la génération de contenu, elle n'est pas compatible avec Internet Explorer pour Windows.

Voir aussi

La présentation de Dave Shea sur l'ajout d'une icône par le biais d'une image d'arrière-plan dans un lien en-ligne (*http://www.mezzoblue.com/presentations/2006/sxsw/css/q1.html*) ; les raisons du dysfonctionnement de cette méthode dans Internet Explorer (*http://www.brunildo.org/test/InlineBlockLayout.html*).

6.5. Modifier les pointeurs de souris

Problème

Vous voulez changer l'icône du pointeur de la souris lorsqu'il survole un lien, comme à la *figure 6-4*.

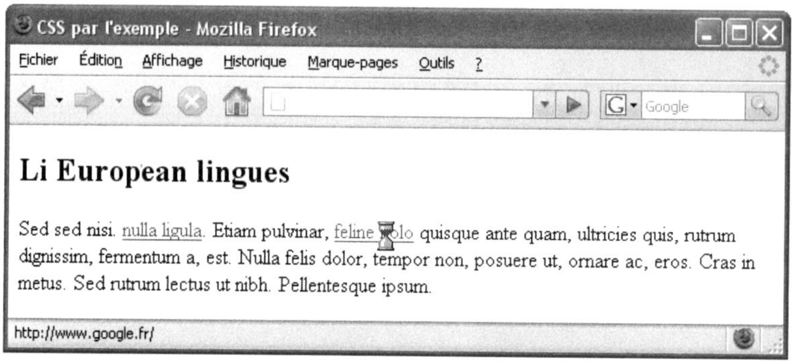

Figure 6-4. Le pointeur d'attente représenté par une icône en forme de sablier

Solution

Utilisez la propriété `cursor` pour modifier le pointeur :

```
a:link, a:visited {
 cursor: wait;
}
```

Discussion

La propriété `cursor` accepte plusieurs valeurs, énumérées au *tableau 6-2*. Cependant, la prise en charge de ces valeurs varie d'un navigateur à l'autre. Opera 7 et Internet Explorer pour Windows 5.5+ prennent en charge la propriété `cursor`. Bien que Netscape Navigator 6+ prenne en compte la plupart des valeurs, il ne prend pas en charge la valeur `uri`. De même, dans Navigator, la propriété `cursor` n'est pas transmise en héritage aux éléments enfants depuis l'élément parent.

Tableau 6-2. Les valeurs de la propriété cursor et leur description

Valeur	Description	Exemple
`auto`	Le pointeur se change en une image déterminée par le navigateur.	
`crosshair`	Intersection de deux lignes perpendiculaires par leur milieu (croisillon) ; similaire à un signe plus agrandi.	
`default`	Pointeur dépendant de la plate-forme, rendu par une flèche dans la plupart des navigateurs. Les éditeurs de navigateurs ou de systèmes d'exploitation peuvent imposer un style de pointeur qui leur est propre.	
`pointer`	Utilisé pour indiquer que le pointeur de la souris est sur un lien ; rendu parfois sous forme d'une main à l'index pointé. Les éditeurs de navigateurs ou de systèmes d'exploitation peuvent imposer un style de pointeur qui leur est propre.	

Tableau 6-2. Les valeurs de la propriété cursor et leur description (suite)

Valeur	Description	Exemple
`move`	Indique qu'un élément peut être déplacé ; rendu parfois comme un croisillon dont les extrémités comportent une flèche ou comme une main à plat dont on voit les cinq doigts.	
`e-resize`, `ne-resize`, `nw-resize`, `n-resize`, `se-resize`, `sw-resize`, `s-resize`, `w-resize`	Une flèche indiquant la direction dans laquelle un côté peut être déplacé ; dans les exemples, `se-resize` indique une direction sud-est.	
`text`	Indique que le texte peut être sélectionné ; rendu parfois comme un pointeur vertical (I) généralement utilisé par les programmes de traitement de texte.	
`wait`	Indique que l'ordinateur est occupé ; parfois rendu par une montre ou un sablier.	
`progress`	Indique que l'ordinateur est occupé, l'utilisateur pouvant toutefois interagir avec le navigateur.	
`help`	Indique que des informations ou de l'aide sont disponibles, le plus souvent à la destination du lien ; rendu parfois sous forme de point d'interrogation ou sous forme de flèche avec un point d'interrogation.	
`<uri>`	Le pointeur peut être remplacé par un pointeur défini à l'extérieur, tel une image. Fichier de pointeurs Windows, pointeur SVG, etc.	Non documenté

Le code permettant d'inclure un pointeur personnalisé est similaire à celui utilisé pour définir une image d'arrière-plan sur un élément :

```
a.help:link, a.help:visited{
 cursor: url(perplexe.gif);
}
```

L'emploi de différents pointeurs modifie les habitudes de navigation dans lesquelles la plupart des utilisateurs s'installent ; ces changements peuvent être ressentis comme un inconvénient anodin ou provoquer une irritation extrême, en fonction de leur mode d'implémentation. En conséquence, le fait de modifier les pointeurs auxquels un utilisateur est habitué comporte des risques.

Voir aussi

Les Recommandations CSS 2.1 pour la propriété `cursor` (*http://www.w3.org/TR/CSS21/ui.html#propdef-cursor*) ; des exemples d'utilisation des divers pointeurs (*http://www.zimmertech.com/tutorials/css/20/changing-cursors-tutorial.php*).

6.6. Créer des effets de survol sans l'aide de JavaScript

Problème

Vous voulez créer un simple effet de survol sans utiliser JavaScript pour permuter les images.

Solution

Utilisez les pseudo-classes `:hover` et `:active` pour créer l'effet de survol :

```
a:link {
 color: #777;
 text-decoration: none;
}
a:visited {
 color: #333;
 text-decoration: none;
}
a:link:hover, a:visited:hover {
 color: #777;
 background-color: #ccc;
}
a:link:active, a:visited:active {
 color: #ccc;
 background-color: #ccc;
}
```

Discussion

La pseudo-classe `:hover` reproduit le comportement du gestionnaire d'événements JavaScript `onmouseover`. Au lieu d'exécuter une fonction JavaScript, lorsque l'utilisateur passe au-dessus d'un lien, avec `:hover`, un jeu de styles différent est appliqué au lien.

Lorsque des sélecteurs ont la même spécificité, ceux qui ont été écrits dans le désordre peuvent empêcher l'un des autres styles d'apparaître. Évitez ce problème souvent rencontré en listant les sélecteurs dans l'ordre suivant : `link`, `visited`, `hover` et `active`.

Bien que `:hover` et `:active` puissent être appliquées à n'importe quel élément, elles sont généralement utilisées sur les liens. Notez que la prise en charge de `:hover` et `:active` est inexistante dans Netscape Navigator 4.

Dans la solution de cette recette, les deux pseudo-classes s'assurent que les effets de survol n'affectent que les liens hypertexte. Sans `:hover` et `:active`, les navigateurs modernes pourraient appliquer ces effets sur d'autres éléments ancrés, comme le montrent ce code et la *figure 6-5* :

```
<h2><a name="europeen">Li Europan lingues</a></h2>
```

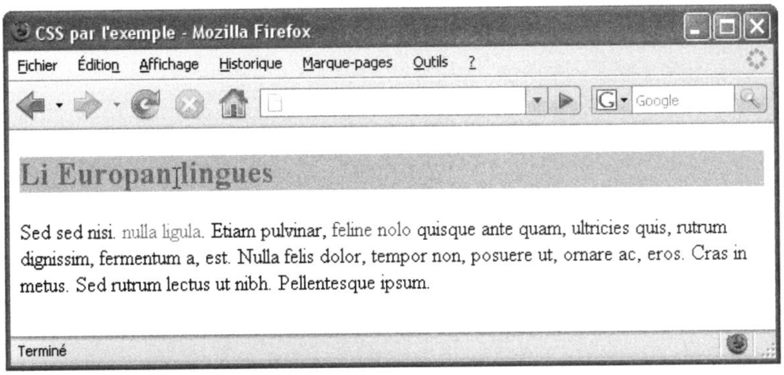

Figure 6-5. Un effet de survol non voulu sur un titre

Voir aussi

Les Recommandations CSS 2.1 pour `:active` et `:hover` (*http://www.w3.org/TR/CSS21/selector.html#x36*) ; une explication de la spécificité des liens (*http://www.meyerweb.com/eric/css/link-specificity.html*).

6.7. Créer des menus textuels avec effets de survol

Problème

Vous avez une liste de liens et vous voulez construire un menu élégant comme à la *figure 6-6*.

Figure 6-6. Jeu de liens stylés

Solution

En premier lieu, placez les liens dans une liste non numérique, elle-même placée dans un élément `div` ayant un attribut `id` :

```
<div id="sitenav">
 <p>Navigation sur le site :</p>
 <ul>
  <li><a href="/">Accueil</a></li>
  <li><a href="/apropos/">À propos</a></li>
  <li><a href="/archives/">Archives</a></li>
  <li><a href="/ecrire/">Écrire</a></li>
  <li><a href="/parler/">Parler</a></li>
  <li><a href="/contact/">Contact</a></li>
 </ul>
</div>
```

Ensuite, utilisez la propriété `border` sur les ancres pour créer l'essentiel du design :

```
#sitenav p {
 display: none;
}
#sitenav {
 font-family: Verdana, Helvetica, Arial, sans-serif;
 font-size: 0.7em;
 font-weight: bold;
 width: 12em;
 border-right: 1px solid #666;
 padding: 0;
 margin-bottom: 1em;
 background-color: #9cc;
 color: #333;
}
#sitenav ul {
 list-style: none;
 margin: 0;
 padding: 0;
}
#sitenav ul li {
 margin: 0;
 border-top: 1px solid #003;
}
#sitenav ul li a {
 display: block;
 padding: 2px 2px 2px 0.5em;
 border-left: 10px solid #369;
 border-right: 1px solid #69c;
 border-bottom: 1px solid #369;
 background-color: #036;
 color: #fff;
 text-decoration: none;
 width: 100%;
}
html>body #sitenav ul li a {
 width: auto;
}
```

```
#sitenav ul li a:hover {
 border-left: 10px solid #036;
 border-right: 1px solid #69c;
 border-bottom: 1px solid #369;
 background-color: #69f;
 color: #fff;
}
```

Discussion

Un menu permet aux visiteurs de votre site d'y naviguer plus facilement. Pour aider l'utilisateur à trouver le menu de navigation, stylez les liens pour qu'ils se remarquent par rapport au texte environnant. Pour ce faire, utilisez le sélecteur `id` dans l'écriture des règles CSS. Comme le montre la solution ci-dessus, il faut, pour créer un menu avec succès, contourner certains bogues des navigateurs et avoir une conception simple de l'implémentation de CSS.

Dans la division marquée par l'élément `div`, une ligne de texte désigne les liens comme des liens de navigation :

```
<p>Navigation sur le site :</p>
```

Si le navigateur de l'utilisateur ne prend pas en charge CSS, la ligne de texte est visible. Pour masquer le texte aux navigateurs implémentant CSS, fixez la propriété `display` à `none` :

```
#sitenav p {
 display: none;
}
```

L'étape suivante consiste à donner un style à l'élément `div` qui encapsule les liens du menu. Dans cette règle CSS, les styles sont définis pour que les liens héritent l'ensemble des propriétés de l'élément `div`. Par ailleurs, définissez les valeurs des propriétés `width`, `border-right`, `padding` et `margin-bottom` pour empêcher le menu de se ramasser sur lui-même :

```
#sitenav {
 font-family: Verdana, Helvetica, Arial, sans-serif;
 font-size: 0.7em;
 font-weight: bold;
 width: 12em;
 border-right: 1px solid #666;
 padding: 0;
 margin-bottom: 1em;
}
```

La règle CSS suivante élimine tout problème potentiel d'indentation de listes (voir la recette 5.2, page 206) en définissant `margin` et `padding` à `0` et en éliminant tous les marqueurs de listes :

```
#sitenav ul {
 list-style: none;
 margin: 0;
 padding: 0;
}
```

Dans la règle suivante, vous vous assurez que les marges ne sont pas appliquées séparément à chaque élément de liste. Cette règle CSS place également une bordure de un pixel en haut de l'item de liste. Cet élément de présentation renforce la séparation des éléments de la liste :

```
#sitenav ul li {
 margin: 0;
 border-top: 1px solid #003;
}
```

La règle suivante définit les styles des liens. Par défaut, les liens sont des éléments en-ligne. Ils doivent être rendus comme des éléments de bloc pour que le lien soit cliquable dans son ensemble et non pas uniquement son texte. La définition de la propriété `display` à `bloc` réalise la transformation.

Utilisez les déclarations suivantes pour styler l'apparence des bordures, la couleur, les embellissements du texte et sa largeur :

```
#sitenav ul li a {
 display: block;
 padding: 2px 2px 2px 0.5em;
 border-left: 10px solid #369;
 border-right: 1px solid #69c;
 border-bottom: 1px solid #369;
 background-color: #036;
 color: #fff;
 text-decoration: none;
 width: 100%;
}
```

La fin de la déclaration paramètre la largeur à 100%. Cette règle a été définie pour être sûr qu'Internet Explorer pour Windows rende cliquable toute la zone. L'inconvénient de cette règle est qu'elle cause des problèmes dans Internet Explorer 5 pour Mac et dans Netscape Navigator 6+. Pour contourner ce problème, utilisez le sélecteur enfant qu'Internet Explorer pour Windows ne peut traiter (voir la recette 11.2, page 413), pour redéfinir la largeur du lien :

```
html>body #sitenav ul li a {
 width: auto;
}
```

La dernière règle CSS établit les styles relatifs à l'effet de survol des liens :

```
#sitenav ul li a:hover {
 border-left: 10px solid #036;
 border-right: 1px solid #69c;
 border-bottom: 1px solid #369;
 background-color: #69f;
 color: #fff;
}
```

Une liste non ordonnée est le moyen parfait pour structurer un menu de liens dans une application, d'un point de vue pratique aussi bien que théorique. D'une part, un jeu de liens *est* un jeu d'élements non ordonnés. L'utilisation de listes non ordonnées pour la navigation confère une structure solide à votre document web, basée sur un balisage logique et sémantiquement correct.

D'autre part, lorsqu'on a des liens définis dans une liste non ordonnée, leur présentation sous forme de menu est plus facile à réaliser qu'avec une série d'éléments `div` :

```
<div id="sitenav">
 <p>Navigation sur le site:</p>
 <div><a href="/">Accueil</a></div>
 <div><a href="/apropos/">À propos</a></div>
 <div><a href="/archives/">Archives</a></div>
 <div><a href="/ecrire/">Écrire</a></div>
 <div><a href="/parler/">Parler</a></div>
 <div><a href="/contact/">Contact</a></div>
</div>
```

Voir aussi

L'article « CSS Design: Taming Lists » de Mark Newhouse (*http://www.alistapart.com/articles/taminglists/*) ; l'article/didaticiel « Semantics, HTML, XHTML, and Structure » de Shirley E. Kaiser (*http://brainstormsandraves.com/articles/semantics/structure/*).

6.8. Construire des menus à l'horizontale

Problème

Vous voulez créer un menu de navigation horizontal à partir d'un jeu de liens non ordonnés ; la *figure 6-7* montre l'apparence par défaut des liens et la *figure 6-8* illustre ce que vous voulez obtenir.

Figure 6-7. Apparence par défaut des liens

Solution

Créez pour commencer un jeu de liens placés dans une liste non ordonnée :

```
<div id="sitenav">
 <h5>Navigation sur le site :</h5>
 <ul>
  <li><a href="/">Accueil</a></li>
  <li><a href="/apropos/">À propos</a></li>
  <li><a href="/archives/">Archives</a></li>
  <li><a href="/ecrire/">Écrire</a></li>
  <li><a href="/parler/" id="encours">Parler</a></li>
  <li><a href="/contact/">Contact</a></li>
 </ul>
</div>
```

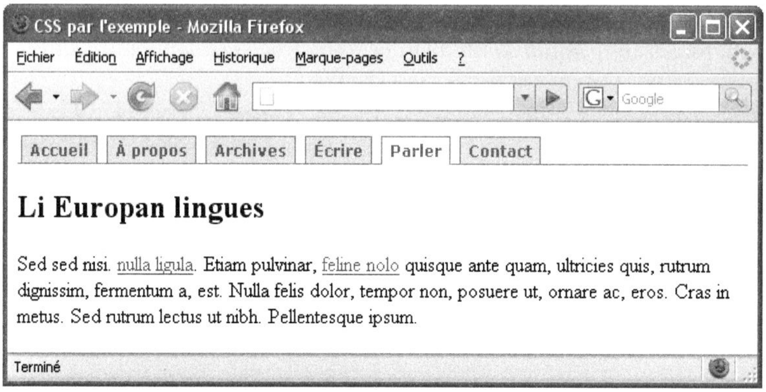

Figure 6-8. Navigation basée sur des onglets

Définissez ensuite les règles CSS relatives à la structure de la navigation, en vous assurant de définir la propriété `display` de l'élément de liste à `inline` :

```
#sitenav h5 {
 display: none;
}
#sitenav ul {
 padding: 3px 0;
 margin-left: 0;
 border-bottom: 1px solid #778;
 font: bold 12px Verdana, sans-serif;
}
#sitenav ul li {
 list-style: none;
 margin: 0;
 display: inline;
}
#sitenav ul li a {
 padding: 3px 0.5em;
```

```
  margin-left: 3px;
  border: 1px solid #778;
  border-bottom: none;
  background: #dde;
  text-decoration: none;
}
#sitenav ul li a:link {
  color: #448;
}
#sitenav ul li a:visited {
  color: #667;
}
#sitenav ul li a:link:hover, #sitenav ul li a:visited:hover {
  color: #000;
  background: #aae;
  border-color: #227;
}
#sitenav ul li a#current {
  background: white;
  border-bottom: 1px solid white;
}
```

Discussion

La première partie de la solution masque le titre. C'est ainsi fait parce que la représentation visuelle de la navigation par onglets est suffisante pour informer les utilisateurs qu'il existe des liens de navigation :

```
#sitenav h5 {
  display: none;
}
```

La règle suivante définit l'espacement et la marge de la boîte créée par l'élément de liste non ordonnée, `ul`. La ligne qui s'étend à la partie inférieure des onglets de dossiers est tracée par la propriété `border-bottom` (voir la *figure 6-9*) :

```
#sitenav ul {
  padding: 3px 0;
  margin-left: 0;
  border-bottom: 1px solid #669;
  font: bold 12px Verdana, Helvetica, Arial, sans-serif;
}
```

La déclaration qui rend possible cette navigation horizontale à l'aide d'une liste non ordonnée est `display: inline` pour l'élément de liste :

```
#sitenav ul li {
  list-style: none;
  margin: 0;
  display: inline;
}
```

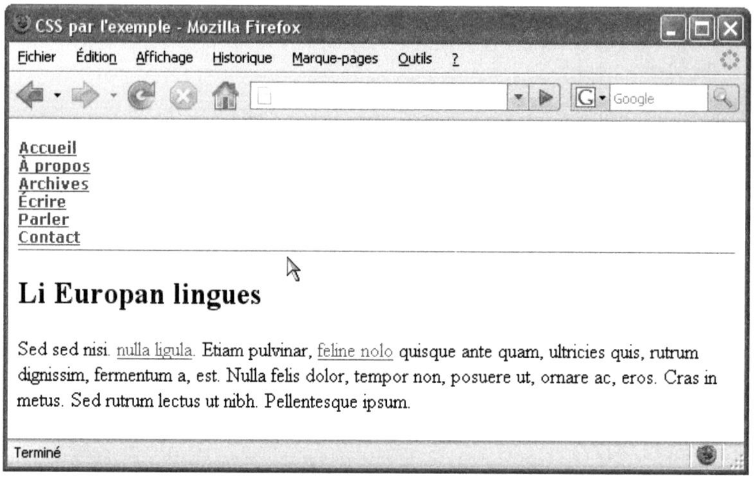

Figure 6-9. Ligne sur laquelle reposent les tabulations de navigation

Au lieu d'empiler les éléments de liste par défaut, le navigateur affiche les éléments de la liste comme il le ferait pour du texte, des images et d'autres éléments en-ligne (voir la *figure 6-10*).

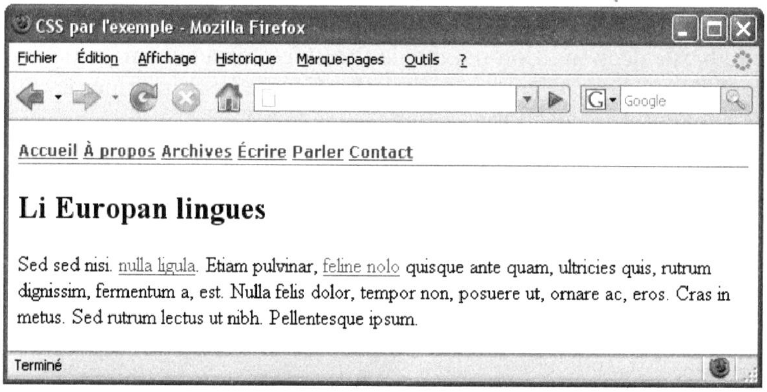

Figure 6-10. La ligne s'étale à l'horizontale

Pour obtenir l'aspect d'un onglet de dossier, utilisez la propriété `border` dans la règle CSS suivante :

```
#sitenav ul li a {
 padding: 3px 0.5em;
 margin-left: 3px;
 border: 1px solid #669;
 border-bottom: none;
 background: #ccf;
 text-decoration: none;
}
```

La première propriété `border` est une propriété abrégée qui force une bordure continue de 1 pixel autour du lien. Cependant, immédiatement après la propriété `border`, la propriété `border-bottom` indique au navigateur de ne pas afficher la bordure en dessous du lien.

La valeur de la propriété `border-bottom` écrase la valeur de la propriété abrégée `border` (comme le montre la *figure 6-11*). Ceci est possible parce que la valeur de la déclaration `border-bottom` a priorité sur les valeurs de la déclaration border en raison de l'ordre dans lequel elles sont déclarées.

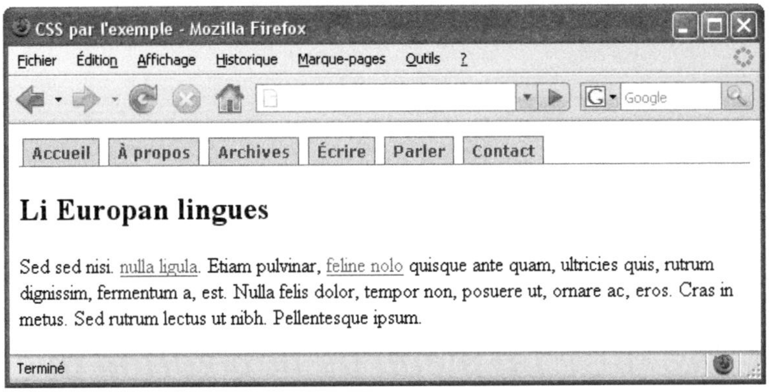

Figure 6-11. Les onglets apparaissent

Après avoir défini l'aspect de la bordure, paramétrez la couleur du texte des liens et les états de survol :

```
#sitenav ul li a:link {
 color: #339;
}
#sitenav ul li a:visited {
 color: #666;
}
#sitenav ul li a:link:hover, #sitenav ul li a:visited:hover {
 color: #000;
 background: #aae;
 border-color: #336;
}
```

La règle CSS finale détermine la manière dont apparaît le lien « courant ». Ce style est appliqué au lien qui représente la page actuellement visualisée par l'utilisateur (voir la *figure 6-12*) :

```
#sitenav ul li a#encours {
 background: white;
 border-bottom: 1px solid white;
}
```

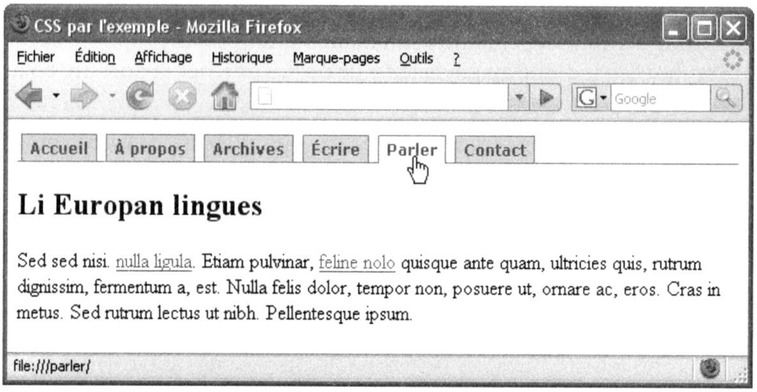

Figure 6-12. L'apparence du lien courant

Voir aussi

La barre originale du menu des onglets, de même que d'autres styles de navigation (*http://css.maxdesign.com.au/listamatic/horizontal05.htm*).

6.9. Construire un menu de navigation avec des raccourcis clavier

Problème

Vous souhaitez créer un menu de navigation qui accepte des raccourcis clavier.

Solution

Créez un ensemble de liens non ordonnés avec un attribut accesskey dans les éléments d'ancre :

```
<div id="navsite">
 <ul>
  <li><a href="/" accesskey="u">Accueil</a></li>
  <li><a href="/apropos/" accesskey="r">À propos</a></li>
  <li><a href="/archives/" accesskey="a">Archives</a></li>
  <li><a href="/ecrire/" accesskey="e">Écrire</a></li>
  <li><a href="/parler/" accesskey="p">Parler</a></li>
  <li><a href="/contact/" accesskey="c">Contact</a></li>
 </ul>
</div>
```

Ensuite, ajoutez un élément span autour des lettres qui représentent des raccourcis clavier :

```
<div id="navsite">
 <ul>
```

```
    <li><a href="/" accesskey="u">
      Acc<span class="touche">u</span>eil</a></li>
    <li><a href="/apropos/" accesskey="p">
      À p<span class="touche">r</span>opos</a></li>
    <li><a href="/archives/" accesskey="a">
      <span class="touche">A</span>rchives</a></li>
    <li><a href="/ecrire/" accesskey="e">
      <span class="touche">É</span>crire</a></li>
    <li><a href="/parler/" accesskey="p">
      <span class="touche">P</span>arler</a></li>
    <li><a href="/contact/" accesskey="c">
      <span class="touche">C</span>ontact</a></li>
  </ul>
</div>
```

Enfin, appliquez des styles aux raccourcis clavier en utilisant un sélecteur de classe (voir la *figure 6-13*) :

```
.touche {
 text-decoration: underline;
}
```

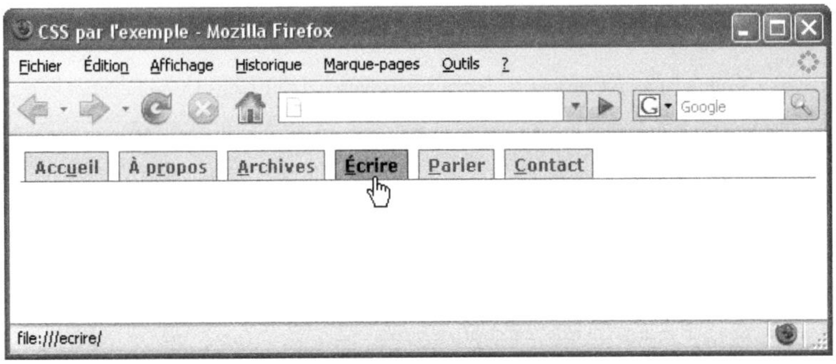

Figure 6-13. Les liens avec des raccourcis clavier

Discussion

Les touches d'accès, ou raccourcis clavier, permettent aux visiteurs de naviguer facilement sur un site web sans se servir de la souris. Dans la solution, les raccourcis clavier ont été affectés aux éléments de navigation. En appuyant sur la touche indiquée, l'utilisateur va à la page donnée dans le lien.

S'ils sont employés de manière cohérente, le visiteur utilise un même ensemble de raccourcis clavier, qui assure la cohésion de la navigation.

Les touches d'accès fonctionnent dans Internet Explorer 4+ pour Windows, Mozilla, Firefox, Netscape Navigator 6+, Safari et Opera 7+.

Le principal problème des raccourcis clavier réside dans le fait qu'il n'existe aucun ensemble standard de touche associée à chaque lien. Par exemple, faut-il utiliser la lettre e pour « Accueil » (comme dans l'exemple) ? La lettre p représente-t-elle bien la « Page principale » ?

Voir aussi

La Recommandation HTML 4 pour les raccourcis clavier (*http://www.w3.org/TR/html4/interact/forms.html#h-17.11.2*) ; l'article « Accesskeys: Unlocking Hidden Navigation » de Stuart Robertson (*http://alistapart.com/articles/accesskeys/*).

6.10. Créer une navigation en chapelet

Problème

Vous voulez avoir le listing imbriqué illustré à la *figure 6-14* pour créer une ligne de navigation *en chapelet* qui n'est rien d'autre qu'un jeu de liens alignés permettant de remonter jusqu'à la page d'accueil (voir la *figure 6-15*).

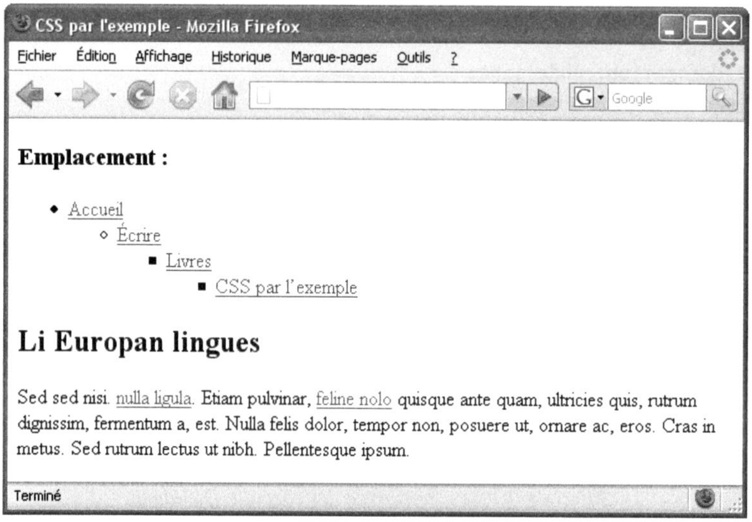

Figure 6-14. Rendu par défaut du listing imbriqué

Solution

La première étape consiste à créer un jeu de liens imbriqués, correctement construit, représentant l'emplacement de la page dans le site :

```
<div id="chapelet">
 <h3>Emplacement :</h3>
<ul>
 <li><a href="/">Accueil</a>
  <ul>
   <li><a href="/ecrire/">Écrire</a>
    <ul>
     <li><a href="/ecrire/livres/">Livres</a>
      <ul>
```

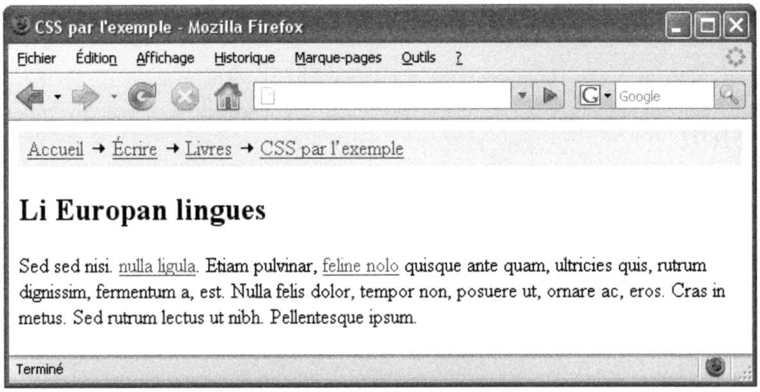

Figure 6-15. La suite des onglets

```
        <li><a href="/ecrire/livres/">CSS par l'exemple</a></li>
       </ul>
      </li>
     </ul>
    </li>
   </ul>
  </li>
 </ul>
</div>
```

Définissez maintenant la propriété `display` des éléments `ul` et `li` des listes :

```
#chapelet {
 background-color: #eee;
 padding: 4px;
}
#chapelet h3 {
 display: none;
}
#chapelet ul {
 display: inline;
 padding-left: 0;
 margin-left: 0;
}
#chapelet ul li {
 display: inline;
}
#chapelet ul li a:link {
 padding: .2em;
}
```

Dans chaque liste imbriquée, placez une flèche comme petite image d'arrière-plan à la gauche du lien :

```
#chapelet ul ul li{
 background-image: url(fleche.gif);
 background-repeat: no-repeat;
```

```
    background-position: left;
    padding-left: 12px;
   }
```

Discussion

Inspirée du conte *Le petit poucet*, une *suite de repères* est utilisée pour permettre aux promeneurs de retrouver leur chemin. Sur le Web, cette piste désigne un chemin vers la page que l'utilisateur est en train de lire (comme le montre la *figure 6-16*).

Figure 6-16. Un exemple de menu en chapelet

Notre solution pourrait laisser tomber la propriété `background-image` si davantage de navigateurs prenaient en charge le pseudo-élément `:before`. La solution incorporerait alors une autre règle CSS (voir la recette 8.9, page 331), comme ceci :

```
#chapelet ul ul li:before {
 content: url(fleche.gif);
}
```

Au moment de la rédaction de ce livre, seuls Firefox, Safari, Netscape Navigator 6+ et Opera 5+ offraient le support du pseudo-élément `:before`.

Voir aussi

Le conte *Le petite poucet* (*http://www.alalettre.com/perrault-poucet.htm*) ; un article de recherche sur l'efficacité de la navigation en chapelet (*http://psychology.wichita.edu/surl/usabilitynews/52/breadcrumb.htm*).

6.11. Créer des effets de survol à base d'images

Problème

Vous voulez que des effets de survol à base d'images remplacent des liens textuels.

```
  background-image: url(titrebonjour.gif);
  background-repeat: no-repeat;
  voice-family: "\"}\"";
  voice-family: inherit;
  height /**/: 95px;
  height: 0px !important;
}
```

Les quatre dernières lignes de la règle CSS sont là pour corriger le support défectueux du modèle de boîte par Internet Explorer pour Windows. C'est pourquoi Internet Explorer pour Windows reçoit une valeur de 95 pixels, alors que les autres navigateurs reçoivent zéro pixel.

Une autre méthode pour créer un effet de survol à base d'images consiste à utiliser la propriété `background-position`. Connue sous le nom de méthode *Pixy*, cette technique rassemble dans une image les trois états du survol et déplace alors la position de l'image à l'aide de la propriété `background-position`, comme le montre la *figure 6-20* :

```
a span {
 display: none;
}
a:link, a:visited {
 display: block;
 width: 125px;
 height: 30px;
 background-image: url(bouton_tous.gif);
 background-repeat: no-repeat;
 background-position: 0 0;
}
a:link:hover, a:visited:hover {
 display: block;
 width: 125px;
 height: 30px;
 background-image: url(bouton_tous.gif);
 background-repeat: no-repeat;
 /* Déplacer l'image de 30 pixels vers le haut. */
 background-position: 0 -30px;
}
a:link:active, a:visited:active  {
 display: block;
 width: 125px;
 height: 30px;
 background-image: url(bouton_tous.gif);
 background-repeat: no-repeat;
 /* Déplacer l'image de 60 pixels vers le haut. */
 background-position: 0 -60px;
}
```


Solution

Tout d'abord, placez le texte d'une ancre dans un élément `span` :

```
<a href="/" id="lienaccueil">
 <span>Page d'accueil</span>
</a>
```

Ensuite, à la place de JavaScript, utilisez la propriété `background-image` dans les sélecteurs de pseudo-classe `:hover` et `:active` pour permuter les images (voir la *figure 6-17*) :

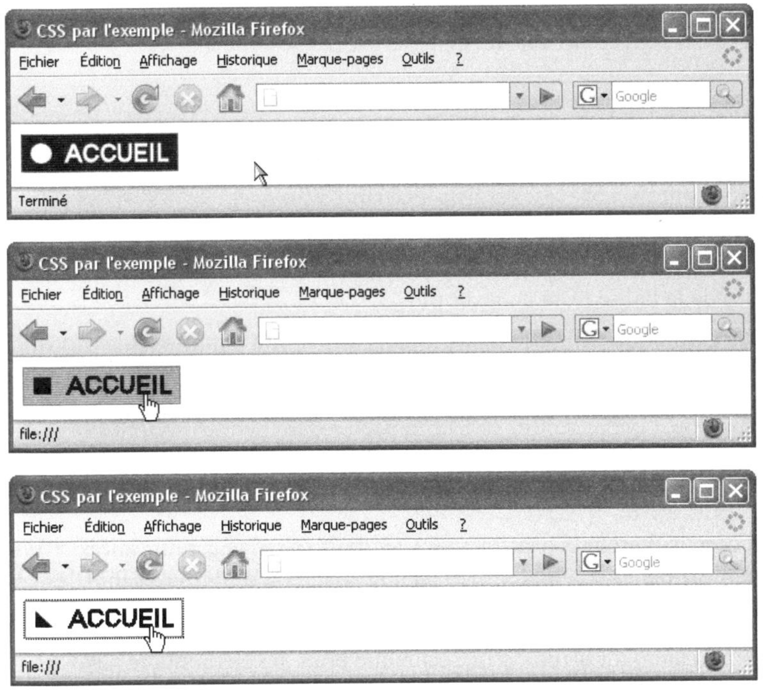

Figure 6-17. États du lien : par défaut, rollover et active

```
a span {
 display: none;
}
a:link {
 display: block;
 width: 125px;
 height: 30px;
 background-image: url(bouton.gif);
 background-repeat: no-repeat;
 background-position: top left;
}
a:link:hover {
 display: block;
 width: 125px;
```

```
  height: 30px;
  background-image: url(bouton_survol.gif);
  background-repeat: no-repeat;
  background-position: top left;
}
a:link:active {
  display: block;
  width: 125px;
  height: 30px;
  background-image: url(bouton_actif.gif);
  background-repeat: no-repeat;
  background-position: top left;
}
```

Discussion

Le remplacement du texte par des images a cinq avantages :

1. Il sépare le texte de la présentation. L'image qui contient un type de formatage plus élaboré fait partie de la présentation et elle est contrôlée par un style, tandis que le contenu de la balise reste du texte pur.
2. Un titre graphique peut être modifié dans tout le site par une seule modification de la feuille de style.
3. Cette méthode fonctionne avec des styles alternatifs et des permutations de feuilles de style. Avec un élément `span` à l'intérieur d'un élément, il est possible de masquer le texte HTML et d'afficher un élément conceptuel, tel qu'une image de survol, comme image de fond.
4. Lorsqu'un utilisateur n'a pas activé CSS dans son navigateur, le texte HTML par défaut va s'afficher à la place, en évitant le chargement d'images inutiles.
5. La solution est plus propre et plus simple qu'une solution impliquant JavaScript.

Vous pouvez également utiliser cette technique pour des éléments de page qui n'ont pas besoin d'un effet de survol — par exemple, l'insertion d'une image pour remplacer le texte d'un titre afin de garantir qu'une police très spécifique, qu'on ne trouve pas généralement sur les ordinateurs des utilisateurs, soit affichée correctement dans tous les cas. Pour ce faire, commencez par définir le balisage (voir la *figure 6-18*) :

```
<h2 id="titrebonjour"><span>Bonjour tout le monde !</span></h2>
```

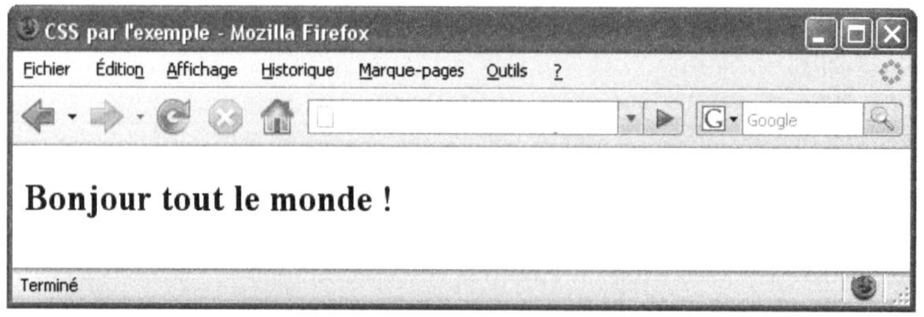

Figure 6-18. Rendu par défaut du titre

Le jeu de règles CSS suivant permet d'insérer l'image (voir la *figure 6-19*) :

```
h2#titrebonjour span {
  display: none;
}
h2#titrebonjour {
  width: 395px;
  height: 95px;
  background-image: url(titrebonjour.gif);
  background-repeat: no-repeat;
  background-position: top left;
}
```

Figure 6-19. Le titre HTML remplacé par une image

De nombreuses personnes se réfèrent à cette méthode sous sa dénomination abrégée FIR (*Fahrner Image Replacement*), ainsi dénommée d'après le nom de son auteur, Todd Fahrner.

Un inconvénient de cette solution concerne les *lecteurs d'écran*, qui sont des programmes rendant l'accès à l'ordinateur possible aux aveugles et aux malvoyants. Certains de ces lecteurs ne liront pas les éléments définis à `display: none`. Pour plus d'informations, lisez l'article « Facts and Opinion About Fahrner Image Replacement » à l'adresse *http://www.alistapart.com/articles/fir/*.

Une alternative à cette solution est la méthode LIR (*Leahy-LangridgeImage Replacement*). Développée indépendamment par Seamus Leahy et Stuart Langridge, la méthode LIR met le texte hors de vue. L'avantage de cette technique est que l'élément `span` n'est plus requis pour masquer le texte. Par exemple, le code HTML d'un titre est basique :

```
<h2 id="titrebonjour">Bonjour tout le monde !</h2>
```

L'image du titre apparaît à l'arrière-plan parce que la règle CSS définit l'espacement à la hauteur exacte de l'en-tête de l'image. Ainsi, la propriété `height` est définie à 0 :

```
h2#titrebonjour {
  /* La largeur de l'image. */
  width: 395px;
  /* La hauteur de l'image est la première valeur d'espacement. */
  padding: 95px 0 0 0;
  overflow: hidden;
```

Figure 6-20. Affichage d'une portion de l'image du survol

Presque toutes les techniques courantes de remplacement de texte par des images ont le même inconvénient : les utilisateurs ne voient rien des images s'ils les ont désactivées ou tout simplement si elles ne se chargent pas alors que CSS est pris en charge par le navigateur. Il est donc important de rechercher et d'utiliser la méthode qui convient le mieux à votre situation. Évitez ces techniques de remplacement pour les titres importants.

Voir aussi

La recette 3.9, page 128, pour le remplacement d'un texte HTML par une image ; une démonstration de la technique LIR de Seamus P. H. Leahy (*http://www.moronicbajebus.com/playground/cssplay/image-replacement/*) ; une manière de créer des effets de survol plus rapides avec CSS sans avoir à précharger des images (*http://wellstyled.com/css-nopreload-rollovers.html*) ; un abrégé de la technique FIR (*http://www.stopdesign.com/also/articles/replace_text/*).

6.12. Créer des menus rétractables

Problème

Vous voulez masquer un jeu de liens et offrir à l'utilisateur un moyen de révéler ces liens si nécessaire. Par exemple, plutôt que d'avoir deux listes à puces de liens, masquez-en une (comme l'illustre la *figure 6-21*) et permettez à l'utilisateur de la faire apparaître en cliquant sur un signe + comme à la *figure 6-22*.

Solution

Tout d'abord, définissez les liens HTML comme rétractables à l'aide de l'attribut `id` de l'élément `ul` :

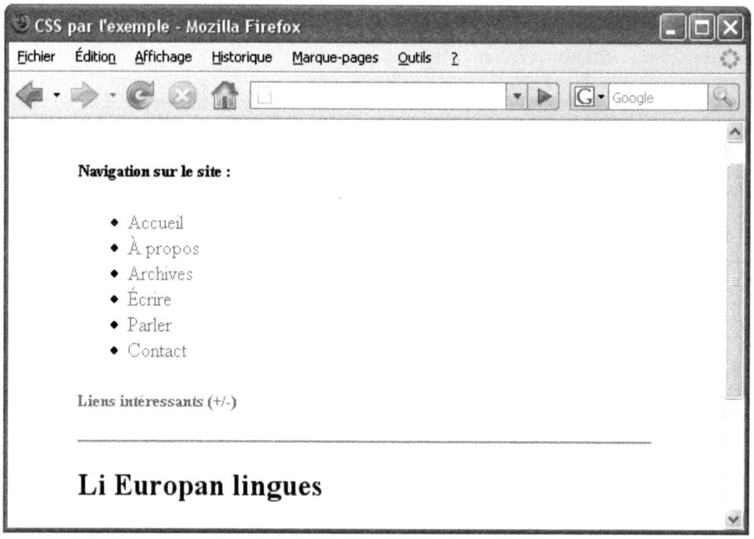

Figure 6-21. Empêcher l'affichage du second jeu de liens

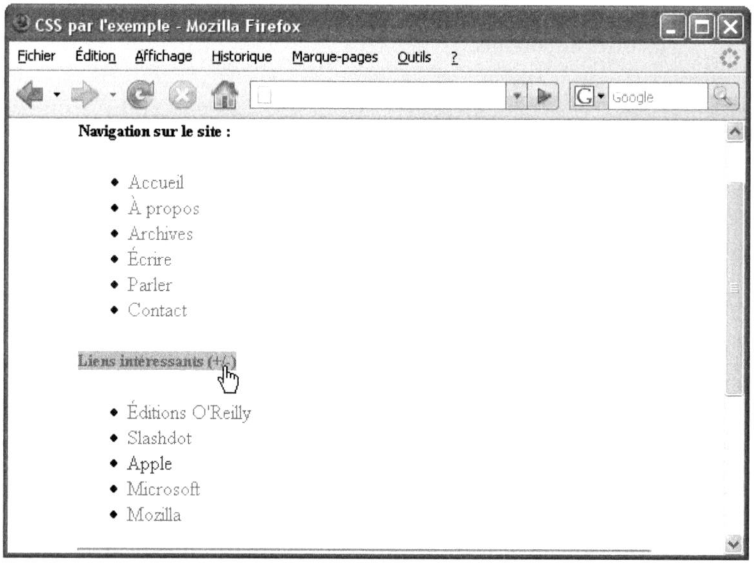

Figure 6-22. Liens affichés lorsque le lien du titre est cliqué

```
<h5>Liens intéressants (+/-)</h5>
<ul id="liensmenu">
 <li><a href="http://www.oreilly.fr/">Éditions O'Reilly</a></li>
 <li><a href="http://www.slashdot.org/">Slashdot</a></li>
 <li><a href="http://www.apple.fr/">Apple</a></li>
 <li><a href="http://www.microsoft.fr/">Microsoft</a></li>
 <li><a href="http://www.mozilla.org/">Mozilla</a></li>
</ul>
```

Créez ensuite une règle CSS pour empêcher le second jeu de liens d'apparaître lorsque la page est chargée pour la première fois :

```
#liensmenu {
 display: none;
}
```

Ajoutez maintenant la fonction JavaScript ci-dessous, qui est une commande à bascule permettant de faire passer la valeur de `display` de `block` à `none`, ou vice versa :

```
function kadabra(zap) {
 if (document.getElementById) {
  var abra = document.getElementById(zap).style;
  if (abra.display == "block") {
   abra.display = "none";
   } else {
   abra.display = "block";
  }
  return false;
  } else {
  return true;
 }
}
```

Insérez un élément d'ancre `a` avec un événement JavaScript `onclick` autour du titre. Lorsqu'un utilisateur clique sur le lien, le clic déclenche la fonction JavaScript :

```
<h5><a href="#" onclick="return kadabra('liensmenu');">
Liens intéressants (+/-)</a></h5>
```

Discussion

Le code JavaScript de cette fonction utilise `getElementbyId` pour permuter l'affichage de la liste des liens du menu. Cette technique peut être utilisée pour afficher plusieurs menus ou portions de menus d'un document web sans devoir ajouter des lignes supplémentaires de code JavaScript :

```
<p>Etes-vous sûr de vouloir connaître la vérité ? Dans ce cas,
suivez <a href="#" onclick="return kadabra('spoiler'); ">ce lien.</a></p>
<p id="spoiler">Dark Vador était le père de Luke !</p>
```

Notez que cette technique fonctionne dans Netscape Navigator 6+, Opera 7.5+, Internet Explorer pour Windows 5+ et Safari.

Voir aussi

Plus d'informations sur `getElementbyId` (*http://www.mozilla.org/docs/dom/domref/dom_doc_ref48.html*).

6.13. Créer des menus contextuels

Problème

Vous avez un menu de navigation, créé avec la recette 6.7, page 233, et vous voulez mettre en évidence l'emplacement de la page courante dans le menu (voir la *figure 6-23*).

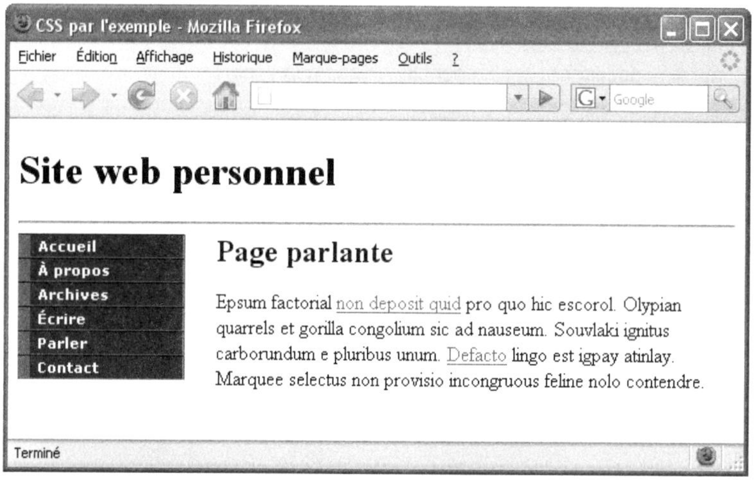

Figure 6-23. Jeu de liens de navigation

Solution

Placez un attribut id dans l'élément body du document web :

```
<body id="page-parler">
```

Placez aussi des attributs id dans les éléments ancre pour chaque lien du menu :

```
<div id="navsite">
  <h5>Navigation sur le site :</h5>
  <ul>
   <li><a href="/" id="lien-accueil">Accueil</a></li>
   <li><a href="/apropos/" id="lien-apropos">À propos</a></li>
   <li><a href="/archives/" id="lien-archives">Archives</a></li>
   <li><a href="/ecrire/" id="lien-ecrire">Écrire</a></li>
   <li><a href="/parler/" id="lien-parler">Parler</a></li>
   <li><a href="/contact/" id="lien-contact">Contact</a></li>
  </ul>
</div>
```

Avec CSS, placez deux sélecteurs id dans un sélecteur de descendant pour terminer le menu (voir la *figure 6-24*) :

```
#page-parler a#lien-parler {
 border-left: 10px solid #f33;
 border-right: 1px solid #f66;
```

```
  border-bottom: 1px solid #f33;
  background-color: #fcc;
  color: #333;
 }
```

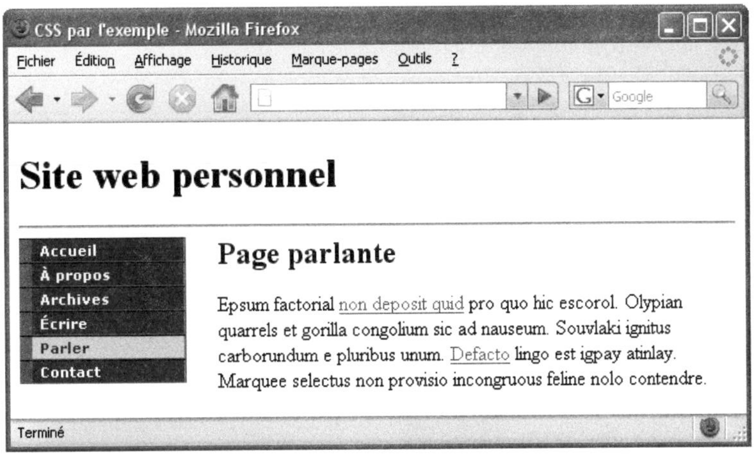

Figure 6-24. Le lien courant est différent du reste des liens

Discussion

Si votre site est de petite taille, vous pouvez afficher un lien dans un ensemble de liens de navigation représentant la page courante en supprimant de l'onglet le lien hypertexte vers cette page :

```
<div id="navsite">
 <h5>Navigation sur le site :</h5>
 <ul>
  <li><a href="/">Accueil</a></li>
  <li><a href="/apropos/">À propos</a></li>
  <li><a href="/archives/">Archives</a></li>
  <li><a href="/ecrire/">Écrire</a></li>
  <li>Parler</li>
  <li><a href="/contact/">Contact</a></li>
 </ul>
</div>
```

Pour les sites de plus grande taille, pouvant contenir des menus secondaires, la suppression des balises des liens de chaque page courante augmente le temps de production et de maintenance. En marquant les liens de façon appropriée, ils peuvent être appelés depuis une instruction de type SSI (*server-side include*) vous permettant alors d'éditer les règles CSS qui contrôlent le style des liens de navigation si nécessaire.

Pour étendre la règle CSS afin d'inclure tous les liens du menu de navigation, groupez les sélecteurs de descendant à l'aide d'une virgule et d'au moins un espace :

```
#page-accueil a#lien-accueil:link,
#page-apropos a#lien-apropos:link,
```

```
#page-archive a#lien-archive:link,
#page-ecrire a#lien-ecrire:link,
#page-parler a#lien-parler:link,
#page-contact a#lien-contact:link  {
 border-left: 10px solid #f33;
 border-right: 1px solid #f66;
 border-bottom: 1px solid #f33;
 background-color: #fcc;
 color: #333;
}
```

Dans chaque document web, veillez à inclure l'attribut `id` approprié dans l'élément body. Par exemple, pour la page d'accueil ou la page principale du site, l'élément body est `<body id="page-accueil">`.

Voir aussi

Les Recommandations CSS 2.1 sur les sélecteurs de descendant (*http://www.w3.org/TR/CSS21/selector.html#descendant-selectors*).

6.14. Créer des info-bulles avec l'attribut title

Problème

Vous souhaitez que des info-bulles apparaissent sur un lien survolé.

Solution

Utilisez l'attribut `title` dans la balise du lien pour créer une info-bulle telle que celle illustrée à la *figure 6-25* :

```
<a href="http://www.google.fr/" title="Chercher sur le Web">...</a>
```

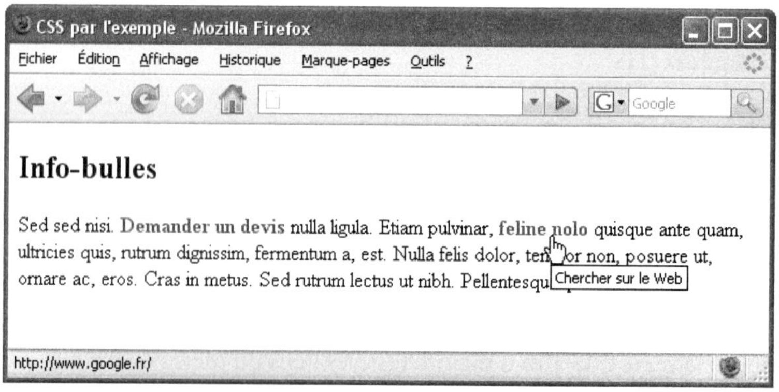

Figure 6-25. La valeur de l'attribut title est affichée sous forme d'info-bulle

Discussion

L'info-bulle peut être appliquée à pratiquement tous les éléments d'une page web afin d'en améliorer l'accessibilité. Essayez d'utiliser cette technique sur les cellules de tableaux et les éléments de saisie de formulaires.

Voir aussi

La Recommandation HTML 4.1 pour l'attribut `title` (*http://www.w3.org/TR/html4/struct/global.html#h-7.4.3*).

6.15. Concevoir un menu graphique dynamique

Problème

Vous voulez construire un menu de navigation à base d'onglets fonctionnant même si le texte est redimensionné ; la *figure 6-26* affiche la présentation par défaut.

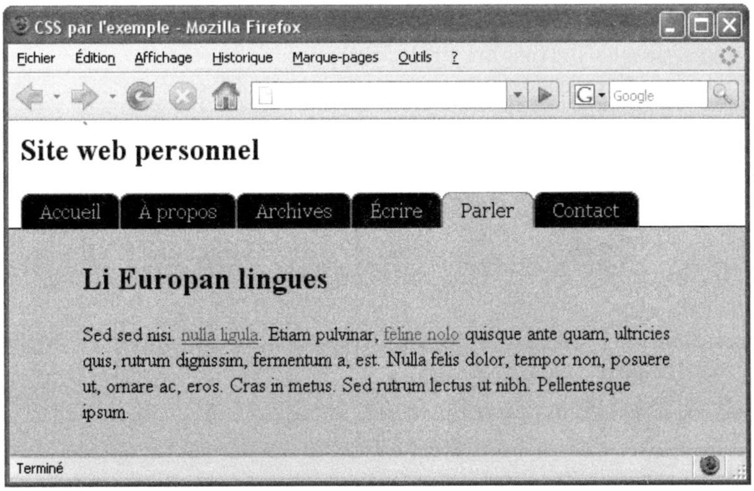

Figure 6-26. Navigation dynamique par onglets dans les dossiers

Solution

Écrivez d'abord le code de balisage du menu de navigation :

```
<div id="entete">
 <h2>Site web personnel</h2>
 <h5>Navigation sur le site:</h5>
 <ul>
  <li><a href="/">Accueil</a></li>
  <li><a href="/apropos/">À propos</a></li>
  <li><a href="/archives/">Archives</a></li>
```

```
    <li><a href="/ecrire/">Écrire</a></li>
    <li id="encours"><a href="/parler/">Parler</a></li>
    <li><a href="/contact/">Contact</a></li>
  </ul>
</div>
```

Créez ensuite les images des onglets : un onglet pour le lien hypertexte et un autre représentant la page courante vue par l'utilisateur. Scindez l'image de l'onglet en deux comme l'illustre la *figure 6-27*.

Figure 6-27. Image d'onglet partagée en deux ; notez les courbes dans les coins supérieurs des images

Placez ensuite le côté droit de l'onglet à l'arrière-plan de l'élément de liste :

```
#entete li {
 float: left;
 background-image: url(onglet_droit.gif);
 background-repeat: no-repeat;
 background-position: right top;
 margin:0;
 padding: 0;
}
```

Placez le côté gauche de l'onglet en arrière-plan de l'élément ancre (a) :

```
#entete a {
 display: block;
 background-image: url(onglet_gauche.gif);
 background-repeat: no-repeat;
 background-position: left top;
 padding: 5px 15px;
 color: #ccc;
 text-decoration: none;
 font-family: Georgia, Times, "Times New Roman", serif;
}
```

Personnalisez l'onglet représentant le document web en cours de visualisation :

```
#entete #encours {
 background-image:url(onglet_droit_encours.gif);
}
#entete #encours a {
 background-image:url(onglet_gauche_encours.gif);
 color: black;
}
```

Placez l'image avec, en-dessous, une ligne d'une hauteur d'un pixel.

Discussion

Conserver le texte dans les liens de navigation est utile dans trois domaines du développement web :

- l'accessibilité ;
- le design ;
- la maintenance.

Par exemple, les utilisateurs ayant une mauvaise vue peuvent ajuster la taille du texte et celle des onglets sans compromettre la conception (voir la *figure 6-28*).

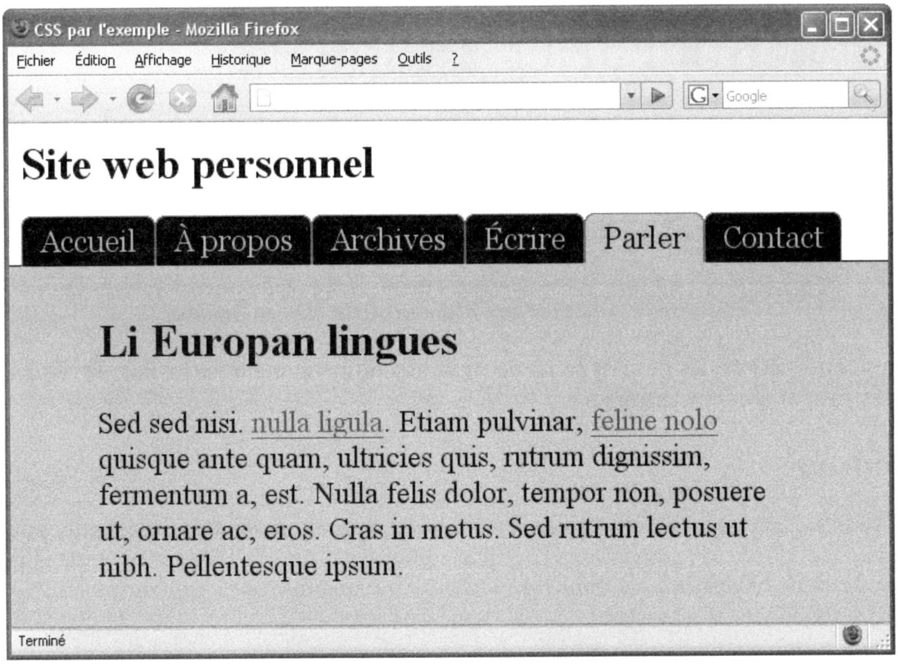

Figure 6-28. Le texte redimensionné

Du fait que les utilisateurs peuvent agrandir le texte dans de grandes proportions, les images d'arrière-plan qui constituent l'onglet du dossier doivent être de grande taille ; sinon, les onglets de dossiers afficheront une rupture, comme l'illustre la *figure 6-29*. Dans cette recette, les images utilisées pour les onglets ont une largeur de 450 pixels.

Les développeurs web préfèrent cette méthode parce qu'elle leur permet une maintenance aisée de la liste des liens. Pour modifier une étiquette de navigation ou corriger une typo, les développeurs éditent simplement le texte HTML sans avoir à retourner à un programme d'imagerie numérique pour créer de nouvelles images d'onglets.

Un autre avantage de cette méthode réside dans le fait que les onglets de dossiers peuvent être conçus esthétiquement d'une manière plus séduisante. La recette 6.8, page 237, montre comment créer un mode de navigation à l'aide d'onglets en utilisant la propriété border. Elle permet d'ajouter des bordures stylées aux onglets. Cependant, dans

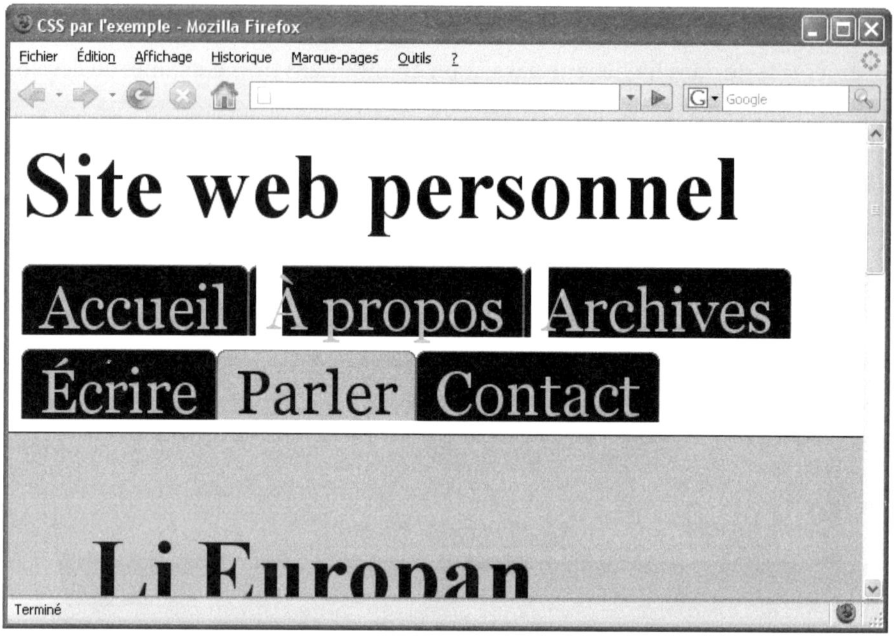

Figure 6-29. Notez la rupture dans l'onglet du lien Archives

la présente recette, les développeurs peuvent arrondir les onglets et mélanger les couleurs pour améliorer l'esthétique.

Voir aussi

La recette 2.16, page 90, qui utilise une technique similaire, dite de l'élastique, pour créer des citations avec des images ; l'article « Sliding Doors of CSS, Part II » qui élargit le concept de navigation par onglets (*http://www.alistapart.com/articles/slidingdoors2/*).

6.16. Appliquer dynamiquement des styles à une page web

Problème

Vous souhaitez modifier le style des éléments d'une page web lorsque l'utilisateur clique sur un lien.

Solution

Tout d'abord, placez des liens normaux dans le document. Dans cette recette, les liens, techniquement désignés sous le terme *identifiants de fragments*, sont placés dans une image interactive :

```
<img src="entete-cible.jpg" alt="Titre" border="0" usemap="#Carte" />
<map name="Carte" id="Carte">
 <area shape="circle" coords="115,136,72" href="#mark" />
 <area shape="circle" coords="244,145,55" href="#jessica" />
 <area shape="circle" coords="340,88,58" href="#trueman" />
 <area shape="circle" coords="480,287,79" href="#katrina" />
</map>
<div class="biographies">
 <dl id="katrina">
  <dt>Katrina</dt>
  <dd>...</dd>
 </dl>
 <dl id="jessica">
  <dt>Jessica</dt>
  <dd>...</dd>
 </dl>
 <dl id="trueman">
  <dt>Trueman</dt>
  <dd>...</dd>

 <dl id="mark">
  <dt>Mark</dt>
  <dd>...</dd>
</div>
```

Ensuite, définissez des règles CSS fixant le style par défaut de la page web (voir la *figure 6-30*) :

```
.biographies dt {
 font-weight: bold;
}
.biographies dd {
 margin: 0;
 padding: 0;
}
```

Puis, utilisez la pseudo-classe `:target` pour définir l'aspect des éléments lorsque l'utilisateur clique sur le lien (voir la *figure 6-31*) :

```
.biographies dl:target {
 background-color: #999999;
 border: 1px solid black;
 padding: 1em;
 font-weight: bold;
 line-height: 1.5;
}
.biographies dl:target dt {
 font-style: italic;
 color: white;
 font-size: 1.5em;
 background-color: #cccccc;
 margin-right: 20px;
}
```

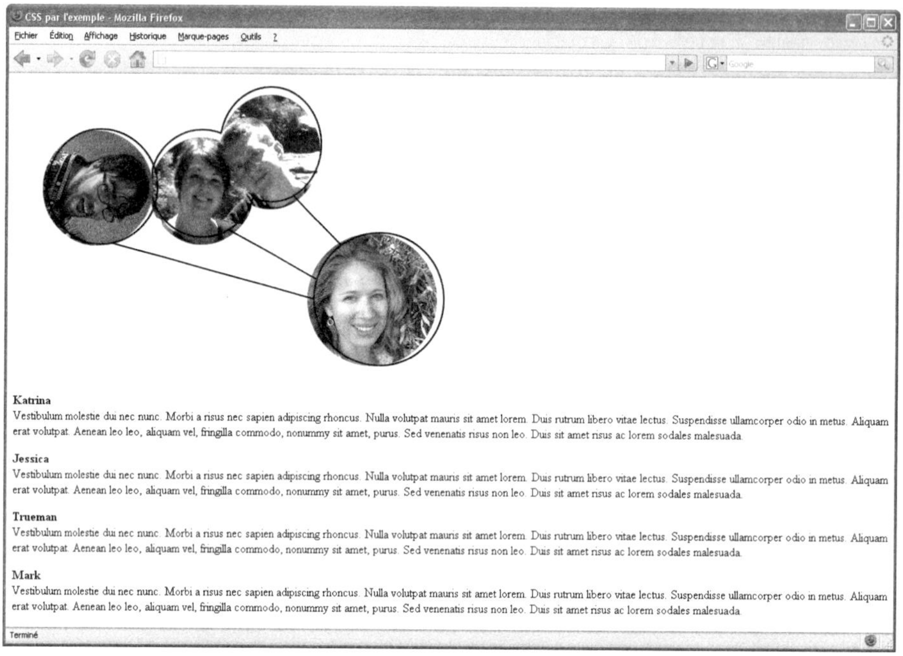

Figure 6-30. Le rendu par défaut de la page web

```
.biographies dl:target dd {
 margin-right: 20px;
 background-color: #cccccc;
 padding: 0 1em 1em 1em;
}
```

Pour replacer l'élément sélectionné dans son style par défaut lorsque l'utilisateur clique sur un autre lien, employez la pseudo-classe de négation (voir la *figure 6-32*) :

```
.biographies dl:not(:target) {
 border: none;
 padding: 0;
 font-size: .8em;
}
```

Discussion

Les pseudo-classes `:target` et `:not` font partie des Recommandations CSS 3 et ne sont donc pas très connues des concepteurs web. Cependant, ces sélecteurs peuvent effectuer un travail non négligeable lors des changements importants de présentation.

Menus rétractables en CSS pur

En utilisant ces sélecteurs, la solution de la recette 6.12, page 251, qui s'appuie sur JavaScript, peut être remplacée par des règles CSS supplémentaires. Tout d'abord, modifiez le balisage afin d'ajouter les liens d'ancre :

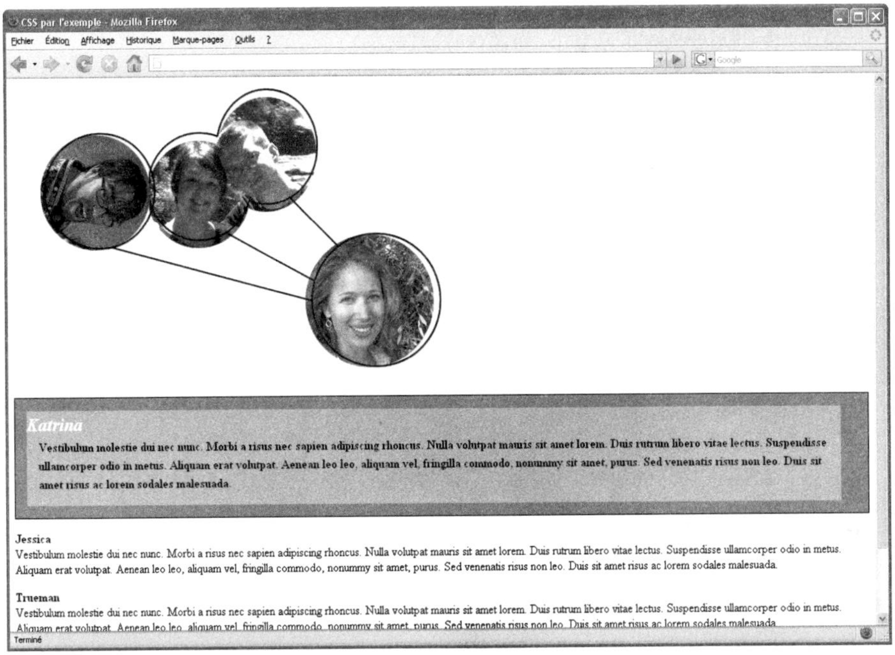

Figure 6-31. La portion de la page correspondant à Katrina a changé de style

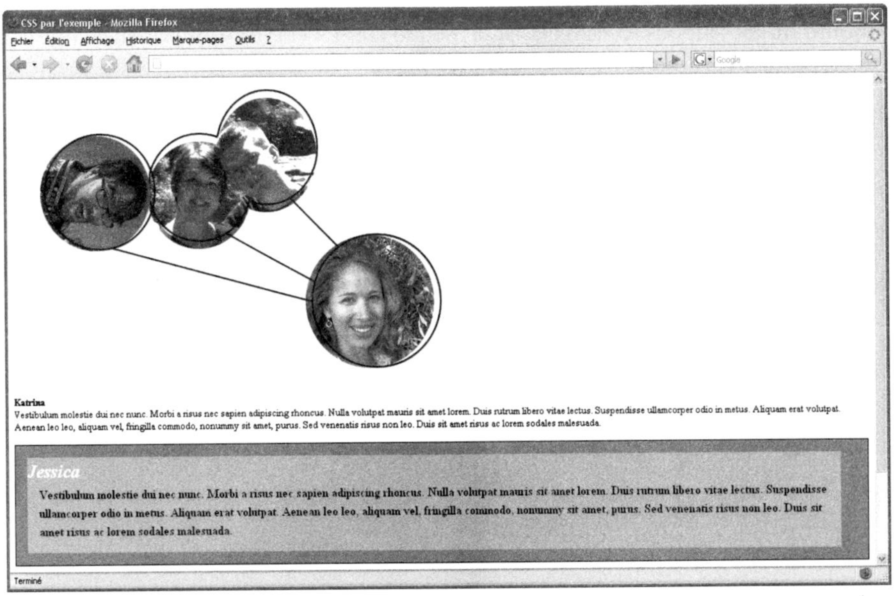

Figure 6-32. La portion Katrina revient dans son style par défaut lorsqu'un autre lien est activé

```
<h5>
 <a href="#liensmenu">Liens intéressants</a>
</h5>
<ul id="liensmenu">
 <li><a href="http://www.oreilly.fr/">Éditions O'Reilly</a></li>
 <li><a href="http://www.slashdot.org/">Slashdot</a></li>
 <li><a href="http://www.apple.fr/">Apple</a></li>
 <li><a href="http://www.microsoft.fr/">Microsoft</a></li>
 <li><a href="http://www.mozilla.org/">Mozilla</a></li>
</ul>
```

Ensuite, ajoutez les règles CSS suivantes :

```
/* Affichage par défaut. */
ul#liensmenu {
 display: none;
}

/* Lorsque le lien est visé. */
ul:target {
 display: block;
}

/* Retour à l'affichage par défaut. */
ul:not(:target) {
 display: none;
}
```

Aujourd'hui, les menus rétractables et la pseudo-classe `:target` sont pris en charge dans Firefox, Mozilla, Safari et Internet Explorer 7 pour Windows.

Voir aussi

Les Recommandations CSS 3 pour la pseudo-classe `:target` (*http://www.w3.org/TR/css3-selectors/#target-pseudo*).

7

Formulaires

Introduction

Sans les formulaires HTML, nous ne pourrions pas nous connecter à nos comptes de courrier, commander des livres d'un clic de souris ou acheter des actions en ligne. Bien que les formulaires enrichissent le Web, ils sont généralement laids car les navigateurs les affichent de manière générique.

Le rendu par défaut des formulaires en-ligne inclut généralement des champs de saisie `input` et des champs texte `textarea`, de même que des boutons d'aspect triste. Un tel aspect est acceptable si vous créez un formulaire pour un petit réseau intranet ou une page personnelle, mais il ne l'est plus dès lors que vous voulez donner de vous une image professionnelle.

Heureusement, avec quelques règles CSS, vous pouvez créer des formulaires qui sortent de l'ordinaire. Ce chapitre va vous permettre d'aborder les différentes techniques permettant de créer des formulaires élaborés.

Vous allez apprendre le paramétrage des éléments HTML de saisie tels que les boutons, les champs texte et les champs de saisie. Une autre technique, abordée dans ce chapitre, a trait au paramétrage d'un bouton d'envoi actif une fois seulement, pour empêcher les visiteurs du site d'envoyer par mégarde au serveur plusieurs processus. À la fin du chapitre, vous trouverez deux exemples de conception de formulaires : un simple formulaire de connexion sans tableau HTML et un long formulaire d'enregistrement à base de tableaux HTML..

> Notez que l'annexe D est un excellent complément à ce chapitre. Elle détaille les effets visuels des principales propriétés CSS sur les éléments de formulaire, pour dix des navigateurs modernes.

7.1. Modifier l'espace autour d'un formulaire

Problème

Vous souhaitez modifier l'espace qui entoure un formulaire.

Solution

Fixez la marge à zéro tout en ajustant les valeurs d'espacement de l'élément `form` (voir la *figure 7-1*) :

```
form {
  margin: 0;
  padding: 1em 0;
  border: 1px dotted red; /* Pour voir les effets de l'espacement. */
}
```

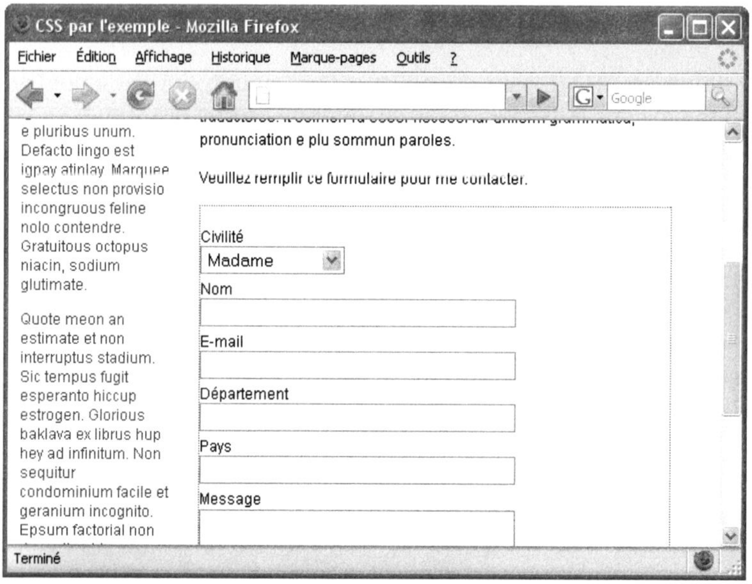

Figure 7-1. Un espacement est appliqué sous le bord supérieur du formulaire

Discussion

Lors du positionnement des formulaires dans une page web, les développeurs ont souvent besoin de modifier l'espace qui sépare un formulaire des autres éléments de la page. En général, la modification concerne l'espacement haut et bas du formulaire.

Voir aussi

La recette 7.2 pour l'application de styles aux éléments `input`.

7.2. Définir des styles pour les éléments de saisie

Problème

Vous voulez modifier la couleur et l'apparence du fond des éléments de saisie. De tels changements peuvent vous faire passer de la *figure 7-2* à la *figure 7-3*.

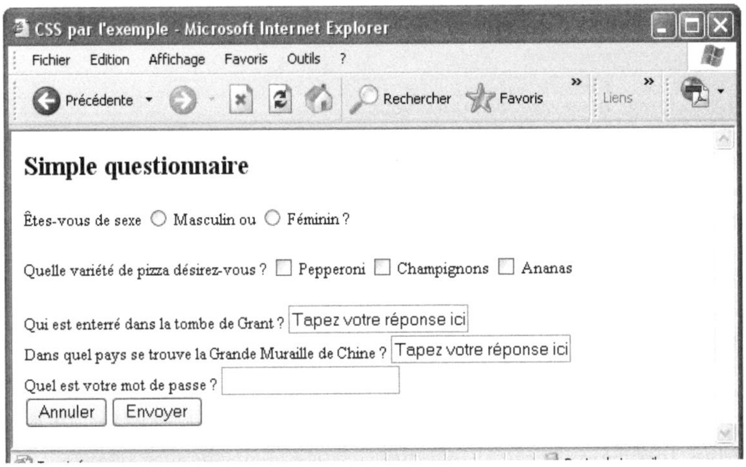

Figure 7-2. Le formulaire sans styles

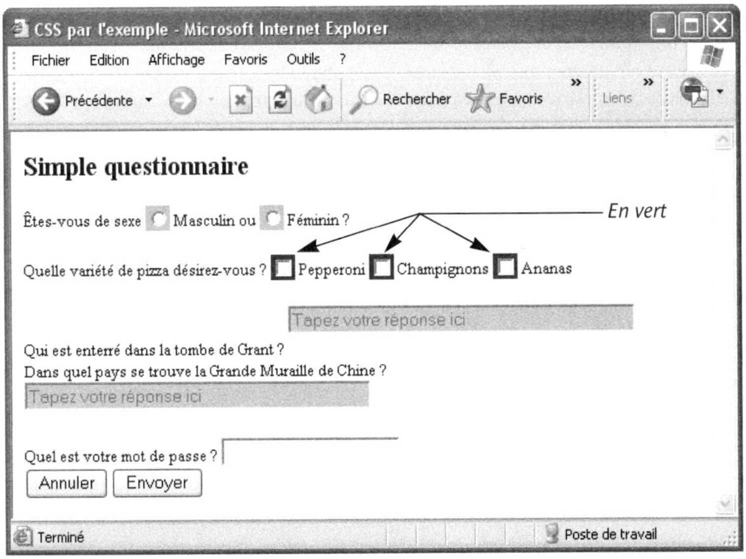

Figure 7-3. Styles appliqués aux champs de saisie

Solution

Utilisez un sélecteur de classe pour la conception des éléments de saisie du formulaire :

```
<h2>Simple questionnaire</h2>
 <form action="simplequest.php" method="post">
 <p>
  Êtes-vous de sexe
   <input type="radio" value="homme" name="sexe" class="boutonradio">
  Masculin ou
   <input type="radio" value="femme" name="sexe" class="boutonradio">
  Féminin ?
 </p>
<p>
 Quelle variété de pizza désirez-vous ?
   <input type="checkbox" name="" value="1" class="caseacocher">
     Pepperoni
   <input type="checkbox" name="" value="champignons" class="caseacocher">
     Champignons
   <input type="checkbox" name="" value="ananas" class="caseacocher">
     Ananas
 </p>
 <label for="question1">Qui est enterré dans la tombe de Grant ?</label>
 <input type="text" name="question1" id="question1" class="saisietexte"
        value="Tapez votre réponse ici" /><br />
 <label for="question2">Dans quel pays se trouve la Grande Muraille
 de Chine ?</label>
 <input type="text" name="question2" id="question2" class="saisietexte"
        value="Tapez votre réponse ici" /><br />
 <label for="motdepasse">Quel est votre mot de passe ?</label>
 <input type="password" name="motdepasse" id="motdepasse"
        class="saisiepasse" value="" /><br />
 <input name="annuler" type="reset" id="annuler" value="Annuler" />
 <input type="submit" name="envoyer" value="Envoyer" class="boutonEnvoi" />
</form>
```

Appliquez ensuite les règles CSS suivantes pour modifier la présentation des éléments de saisie :

```
.saisietexte {
 margin-bottom: 1.5em;
 width: 50%;
 color: #666;
 background-color: #ccc;
}
.saisiepasse {
 color: white;
 background-color: white;
}
.boutonradio {
 color: green;
 background-color: #ccc;
}
```

```
.caseacocher {
 color: green;
 background-color: green;
}
```

Discussion

Opera est actuellement le seul navigateur permettant de colorer les boutons radio et les cases à cocher. Mozilla ne les colore pas, tandis qu'Internet Explorer pour Windows ignore la couleur d'avant-plan et colore la zone autour des éléments avec la couleur du fond (comme l'illustrent les *figures 7-3* et *7-4*).

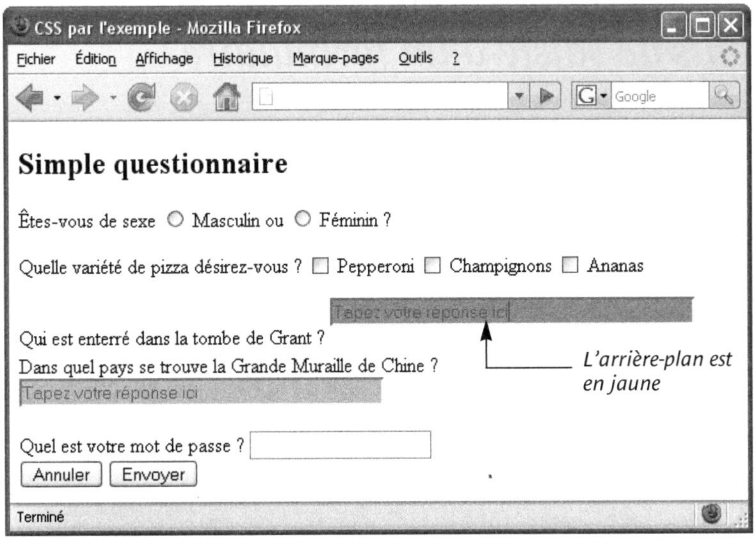

Figure 7-4. Utiliser :focus pour mettre en évidence un champ de saisie

Au lieu d'utiliser des sélecteurs de classe comme le propose la solution ci-dessus, un autre moyen de styler différents types de champs de saisie consiste à utiliser des sélecteurs d'attributs.

Dans ce cas, vous pouvez retirer les attributs `class` du code HTML et utiliser uniquement les règles CSS suivantes :

```
input[type="text"] {
 margin-bottom: 1.5em;
 width: 50%;
 color: #666;
 background-color: #ccc;
}
input[type="password"] {
 color: white;
 background-color: white;
}
```

Cette technique fonctionne dans la plupart des navigateurs et notamment Netscape Navigator 6+, Firefox, Safari, Opera 5+ et IE 7+. Si vous voulez obtenir un support multinavigateurs, vous devez utiliser des sélecteurs de classe pour déterminer les styles des différents contrôles d'un formulaire.

Voir aussi

L'annexe D ; Les Recommandations CSS 2.1 pour les pseudo-classes dynamiques (*http://www.w3.org/TR/CSS21/selector.html#x33*) ; les Recommandations CSS 2.1 pour les sélecteurs d'attributs (*http://www.w3.org/TR/CSS21/selector.html#attribute-selectors*).

7.3. Appliquer des styles différents aux éléments de saisie d'un formulaire

Problème

Vous souhaitez donner différents styles à plusieurs éléments `input` du même formulaire.

Solution

Utilisez au moins deux sélecteurs de classe différents pour appliquer les styles.

Tout d'abord, ajoutez des attributs `class` de valeurs différentes aux éléments `input` :

```
<label for="form-nom">Nom</label>
<input type="text" name="form-nom" class="form-nom" />
<label for="form-email">E-mail</label>
<input type="text" name="form-email" class="form-email" />
```

Puis, définissez les styles pour chaque attribut `class` :

```
.form-nom {
 text-align: left;
}
.form-email {
 text-align: center;
}
```

Discussion

Cette technique, basée sur les sélecteurs de classe pour appliquer différents styles aux éléments d'une page, fonctionne avec la plupart des navigateurs.

Pour les navigateurs qui prennent en charge les Recommandations CSS 3 concernant les sélecteurs d'attributs, il existe une autre méthode présentée à la recette 6.2, page 226.

Voir aussi

La recette 6.7, page 233, pour donner des styles différents aux boutons d'un même formulaire.

7.4. Définir des styles pour les éléments textarea

Problème

Vous voulez styler des éléments `textarea` dans un formulaire web en modifiant la couleur du texte, sa taille et son poids et d'autres propriétés de l'élément (voir la *figure 7-5*).

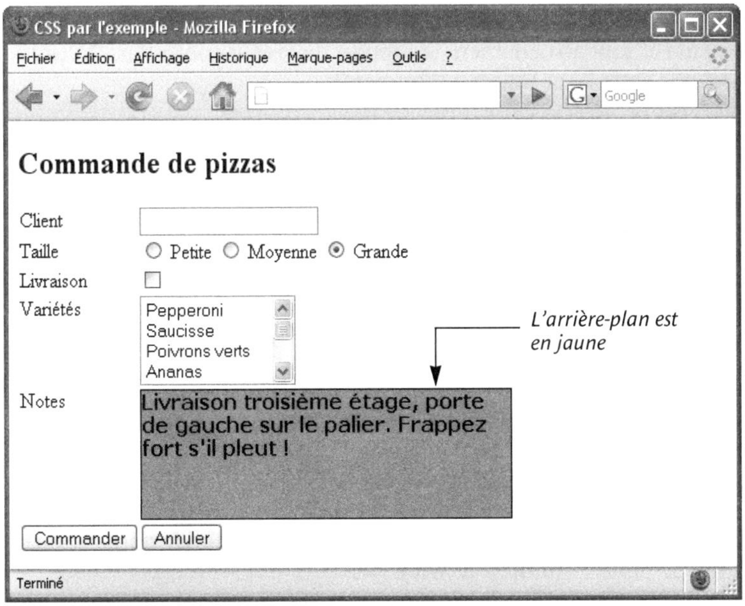

Figure 7-5. Élément textarea auquel on applique des styles

Solution

Utilisez un sélecteur de type pour associer des styles à des éléments `textarea` :

```
textarea {
 width: 300px;
 height: 100px;
 background-color: yellow;
 font-size: 1em;
 font-weight: bold;
 font-family: Verdana, Arial, Helvetica, sans-serif;
 border: 1px solid black;
}
```

Discussion

Associer des styles aux éléments textarea est relativement simple par l'intermédiaire d'un sélecteur de type :

```
textarea {
 background-color: blue;
}
```

En ajoutant la pseudo-classe :focus, vous pouvez modifier le style du champ textarea actif :

```
textarea:focus {
 background-color: green;
}
```

Ainsi, lorsqu'un utilisateur remplit un formulaire, le champ textarea qu'il remplit change de couleur.

Les navigateurs offrant actuellement le support de :focus sont Safari, Netscape Navigator 6+, Firefox, Opera 7+ et Internet Explorer 7+.

Voir aussi

Les Recommandations CSS 2.1 pour les pseudo-classes dynamiques (*http://www.w3.org/TR/CSS21/selector.html#x33*) ; les Recommandations CSS 2.1 pour les sélecteurs d'attribut (*http://www.w3.org/TR/CSS21/selector.html#attribute selectors*).

7.5. Définir des styles pour les éléments select et option

Problème

Vous voulez modifier l'apparence des menus de listes dans un formulaire en changeant de couleur et de police, comme à la *figure 7-6*.

Solution

Utilisez un sélecteur de type pour associer des styles aux éléments select :

```
select {
 color: white;
 background-color: blue;
 font-size: 0.9em;
}
option {
 padding: 4px;
}
```

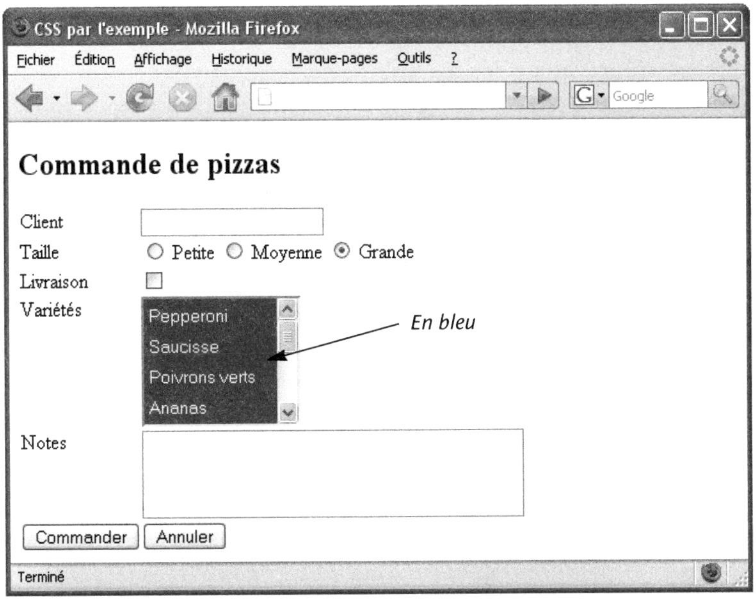

Figure 7-6. Les éléments select et option avec application de styles

Discussion

Contrairement aux éléments de saisie, il n'existe qu'un type d'élément `select` ; il est donc simple d'associer des styles à cet élément et cela peut se faire par l'intermédiaire d'un sélecteur de type. Appliquer un style à l'élément `option` est tout aussi facile.

Pour donner un style aux options dans une liste `select`, incluez l'attribut `class` dans l'élément `option` :

```
<select name="idPizza" size="6" multiple>
 <option value="1">Pepperoni</option>
 <option value="2" class="pair">Saucisse</option>
 <option value="3">Poivrons verts</option>
 <option value="4" class="pair">Ananas</option>
 <option value="5">Poulet</option>
 <option value="6" class="pair">Jambon</option>
 <option value="7">Olives</option>
 <option value="8" class="pair">Oignons</option>
 <option value="9">Poivrons rouges</option>
</select>
```

Définissez ensuite les classes CSS pour les deux jeux d'éléments `option`, en veillant à ce que les éléments `option` de valeur paire (indiquée par la valeur `pair` du sélecteur `class`) aient un aspect différent des autres. Par exemple, les éléments `option` avec un sélecteur `pair` auront une couleur de fond jaune, tandis que les éléments `option` « normaux » auront une couleur bleue (voir la *figure 7-7*) :

```
select {
 font-size: 0.9em;
}
```

```
option {
 color: white;
 background-color: blue;
}
option.even {
 color: blue;
 background-color: yellow;
}
```

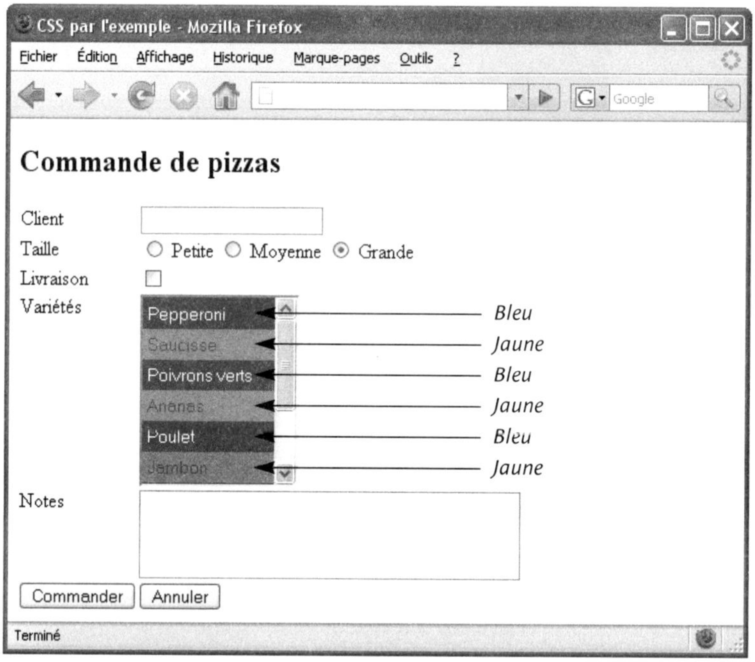

Figure 7-7. Alterner les styles appliqués aux éléments select et option

Voir aussi

La recette 7.2, page 267, pour des informations sur la manière de modifier la couleur et la taille du texte de l'élément `input`.

7.6. Créer un champ de recherche comme sur le Mac

Problème

Vous souhaitez appliquer un style à un champ de recherche pour le navigateur Safari.

Solution

Utilisez les extensions HTML propres au navigateur Safari.

Placez un élément de saisie dans l'élément `form`. Ensuite, fixez la valeur de son attribut `type` à `search` (voir la *figure 7-8*) :

```
<form method="get" action="/recherche.php">
<div>
<label for="q">Recherche</label>
<input type="search" placeholder="mots-clés"
autosave="com.domain.search" results="7" name="q" />
</div>
</form>
```

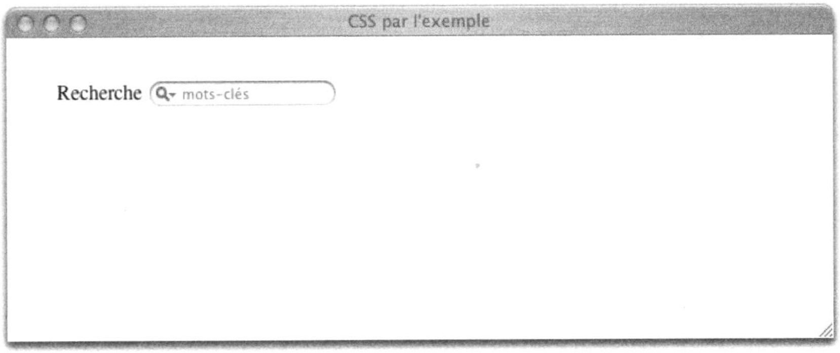

Figure 7-8. Le champ de recherche dans Safari

Discussion

Les développeurs du navigateur Safari ont créé une extension pour les formulaires HTML qui permet de définir une interface utilisateur plus robuste. Un navigateur autre que Safari affichera le champ de saisie comme un champ de texte normal pouvant servir de champ de recherche classique.

Attributs du champ de recherche

L'attribut `placeholder` permet de préciser le texte placé dans le champ de recherche. Il est affiché de la même manière que le texte donné dans l'attribut `value` d'un champ de saisie (voir la *figure 7-9*) :

```
<label for="form-siteweb">Site web :</label>
<input type="text" name="form-siteweb" value="http://" />
```

Contrairement à l'attribut `value` standard, le texte placé dans le champ à l'aide de l'attribut `placeholder` ne doit pas être supprimé manuellement par l'utilisateur.

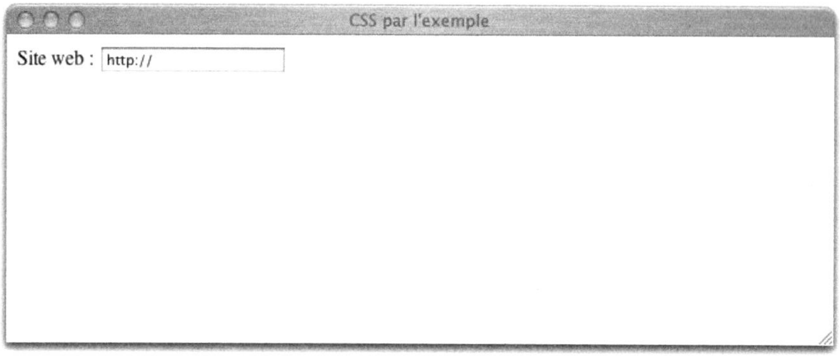

Figure 7-9. Le champ de saisie dans le navigateur Safari

Il est déconseillé de placer à la fois un attribut `value` et un attribut `placeholder` dans le même champ de recherche. Dans ce cas, les utilisateurs de Safari constateront que le texte de l'attribut `value` écrase celui de l'attribut `placeholder`. Ils devront supprimer manuellement le texte donné par `value` et ne bénéficieront plus des fonctionnalités offertes par l'attribut `placeholder`.

L'attribut `autosave` indique que les recherches précédentes doivent être stockées sur la machine de l'utilisateur. Celui-ci pourra ensuite cliquez sur l'icône de la loupe pour revenir sur ses recherches.

L'attribut `results` accepte une valeur numérique. Elle représente le nombre de recherches qui seront stockées sur la machine de l'utilisateur (voir la *figure 7-10*).

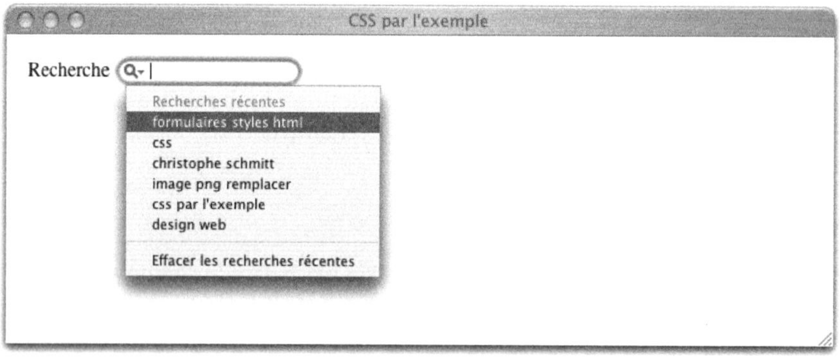

Figure 7-10. Les recherches enregistrées apparaissent sous le champ de recherche

Les recherches enregistrées peuvent pour provenir de plusieurs sites. Par exemple, si deux sites utilisent la même valeur pour `autosave`, les mêmes recherches enregistrées apparaîtront dans les champs de recherche des deux sites. Cette technique peut être employée avec différents domaines faisant partie d'un réseau commun. L'utilisateur a accès à ses historiques de recherche, ceci grâce à l'attribut `autosave`.

Bonnes pratiques

Le champ de recherche n'a pas besoin de bouton d'envoi. Vous devez donc l'utiliser uniquement dans un formulaire qui ne contient qu'un champ de saisie. Un formulaire n'ayant qu'un seul élément `input` acceptera que l'utilisateur appuie sur la touche **Entrée** pour envoyer le formulaire. L'ajout d'autres éléments `input` signifie que le navigateur aura besoin d'un bouton d'envoi qui devra être utilisé pour que le formulaire soit traité.

Voir aussi

Le blog Safari de Surfin à propos de l'extension du champ de recherche (*http://weblogs.mozillazine.org/hyatt/archives/2004_07.html#005890*).

7.7. Styler des boutons de formulaires

Problème

Vous voulez appliquer des styles aux bouton d'envoi et de réinitialisation d'un formulaire pour agir sur la couleur, l'espacement, les bordures et produire des effets de survol. La *figure 7-11* montre un formulaire avec des boutons non stylés et la *figure 7-12* présente le formulaire avec des boutons stylés.

Solution

Commencez par utiliser un sélecteur `class` pour concevoir les boutons :

```
<form action="simplequest.php" method="post">
 <label for="question">Qui est le président de la France ?</label>
 <input type="text" name="question" id="champtexte"
        value="Taper votre réponse ici" /><br />
 <input name="annuler" type="reset" value="Annuler"
        class="boutonAnnuler" />
 <input type="submit" name="envoyer" value="Envoyer"
        class="boutonEnvoyer" />
</form>
```

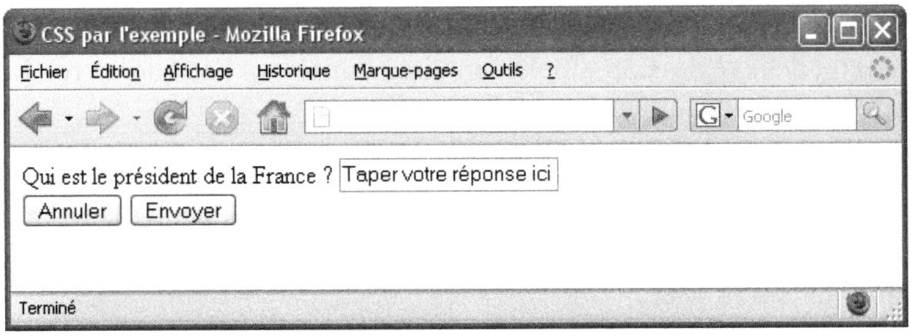

Figure 7-11. Boutons de formulaire non stylés

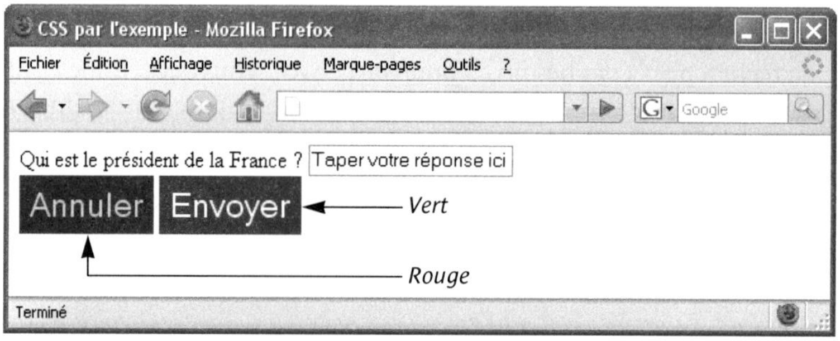

Figure 7-12. Boutons de formulaires stylés

Utilisez ensuite CSS pour donner un style aux boutons :

```
.boutonAnnuler {
 color: #fcc;
 background-color: #900;
 font-size: 1.5em;
 border: 1px solid #660;
 padding: 4px;
}
.boutonEnvoyer {
 color: white;
 background-color: #660;
 font-size: 1.5em;
 border: 1px solid #660;
 padding: 4px;
}
```

Discussion

Vous pouvez aussi appliquer un style aux boutons en utilisant un état de survol. Pour créer des effets de survol sur les boutons, utilisez une fonction JavaScript :

```
<script language="JavaScript" type="text/javascript">
function changerClasse(changerSyle,element) {
 element.className = changerSyle;
}
</script>
```

Ensuite, ajoutez deux règles CSS supplémentaires, l'une pour l'état de survol du bouton de réinitialisation et une autre pour le bouton d'envoi :

```
.boutonAnnulerSurvol {
 color: white;
 background-color: #c00;
 font-size: 1.5em;
 border: 1px solid #660;
 padding: 4px;
}
```

```
.boutonEnvoyerSurvol {
 color: white;
 background-color: #cc0;
 font-size: 1.5em;
 border: 1px solid #660;
 padding: 4px;
}
```

La fonction étant en place et les règles CSS supplémentaires étant définies, placez les événements dans le balisage du formulaire pour pouvoir basculer entre les états actif et inactif de ses boutons (voir la *figure 7-13*) :

```
<form action="simplequest.php" method="post">
 <label for="question">Qui est le président de la France ?</label>
 <input type="text" name="question" id="champtexte"
        value="Taper votre réponse ici" /><br />
 <input name="annuler" type="reset" value="Annuler"
        class="boutonAnnuler"
        onMouseOver="changerClasse('boutonAnnulerSurvol',this)"
        onMouseOut="changerClasse('boutonAnnuler',this)" />
 <input type="submit" name="envoyer" value="Envoyer"
        class="boutonEnvoyer"
        onMouseOver="changerClasse('boutonEnvoyerSurvol',this)"
        onMouseOut="changerClasse('boutonEnvoyer',this)" />
</form>
```

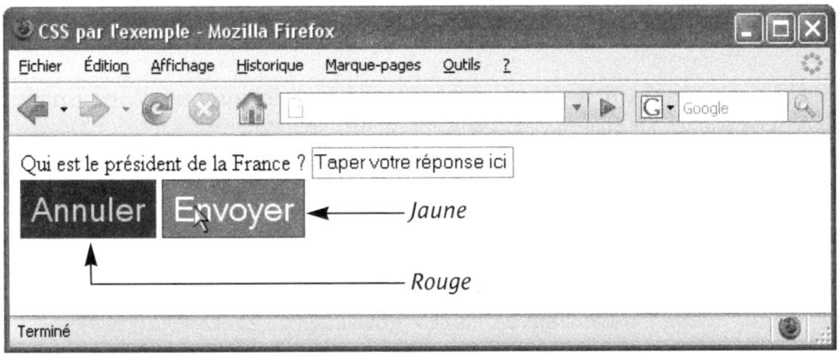

Figure 7-13. Un état de survol créé à l'aide de CSS et JavaScript

Comme nous l'avons noté précédemment, vous devez utiliser des sélecteurs de classes pour définir des styles de boutons pouvant être vus dans tous les navigateurs car avec les versions d'Internet Explorer pour Windows antérieures à la version 7 ne prennent pas en charge les sélecteurs d'attribut. L'utilisation de sélecteurs d'attribut dans les règles CSS relatives aux boutons de formulaires ne requiert pas de balisage supplémentaire dans l'élément HTML concerné par les sélecteurs de classes. Par exemple, la syntaxe de sélecteurs d'attribut pour les boutons n'utilisant que des CSS ressemblera à quelque chose comme ceci :

```
input[type="reset"] {
 color: #fcc;
 background-color: #900;
```

```
  font-size: 1.5em;
  border: 1px solid #660;
  padding: 4px;
}
input[type="submit"] {
  color: white;
  background-color: #660;
  font-size: 1.5em;
  border: 1px solid #660;
  padding: 4px;
}
```

Vous pouvez également utiliser la propriété `width` pour déterminer la taille horizontale du bouton ; cependant, Internet Explorer 4.x pour Windows ne reconnaît pas cette propriété CSS appliquée sur une propriété `form`.

Voir aussi

La recette 6.9, page 242, pour savoir comment transformer une image en bouton avec CSS ; les Recommandations CSS 2.1 pour les sélecteurs d'attributs (*http://www.w3.org/TR/CSS21/selector.html#attribute-selectors*).

7.8. Créer un bouton d'envoi avec une image

Problème

Vous souhaitez créer un bouton d'envoi personnalisé accompagné d'une image, comme celui illustré à la *figure 7-14*.

Solution

Utilisez l'élément `input` avec un attribut `type` ayant la valeur `image` :

```
<input type="image" name="envoi" src="envoi.gif" />
```

Discussion

Bien que l'insertion d'une image jouant le rôle de bouton d'envoi se fasse en HTML, elle peut, une fois placée dans une page web, être modifiée à l'aide de propriétés CSS comme `border` et `margin`.

Voir aussi

La Recommandation HTML pour l'élément `input` (*http://www.w3.org/TR/html4/interact/forms.html#h-17.4*).

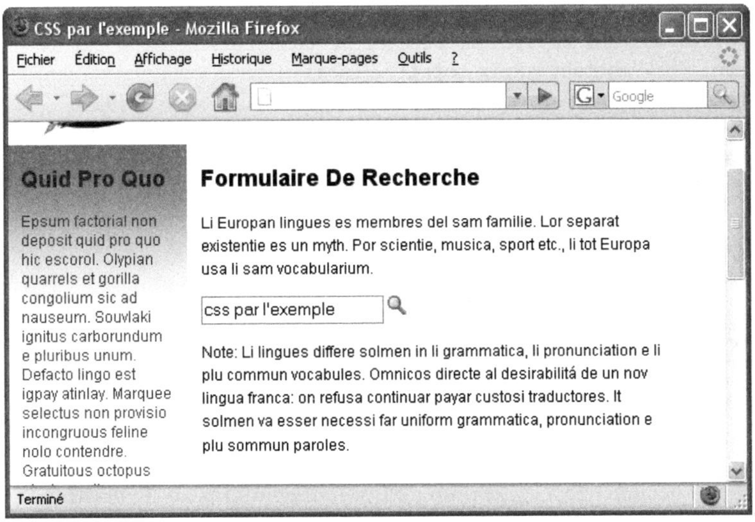

Figure 7-14. L'icône de la loupe joue le rôle de bouton d'envoi

7.9. Définir un bouton d'envoi une fois

Problème

Vous voulez empêcher les utilisateurs de cliquer plus d'une fois sur le bouton d'envoi.

Solution

Créez d'abord une classe pour empêcher l'affichage du bouton :

```
.boutoEnvoyerMasque {
 display: none;
}
```

Utilisez ensuite le code JavaScript suivant pour permuter les styles par des sélecteurs de classe :

```
<script language="JavaScript" type="text/javascript">
function changerClasse(changerSyle,element) {
 element.className = changerSyle;
}
</script>
```

Déclenchez maintenant la fonction en utilisant un gestionnaire d'événements `onsubmit` pour supprimer le bouton d'envoi du document web :

```
<h2>Confirmation de commande</h2>
<form action="login.php" method="post"
 onsubmit="changerClasse('boutonEnvoyerMasque',envoyer);
return true;">
```

```
 <div align="center">
  <p>Êtes-vous sûr de vouloir acheter 12 cannettes de soda sur le Web ?</p>
  <label for="montant">Prix total :</label>
  <input type="text" name="montant" id="montant" value="7,95 €" />
<br />
   (taxes comprises, port en sus)<br />
  <input type="submit" name="envoyer" value="Envoyer"
        class="boutonEnvoyer" />
 </div>
</form>
```

Discussion

La fonction JavaScript de la solution ci-dessus provoque un changement dans lequel un style est appliqué à l'élément. Vous devez utiliser le gestionnaire d'événements `onsubmit` pour exécuter la fonction pour que l'action du formulaire soit effectuée. Si la fonction était déclenchée à l'aide d'un gestionnaire `onclick` sur le bouton d'envoi, certains navigateurs n'exécuteraient que la fonction de changement de classe. Comme le bouton n'est plus visible, l'utilisateur serait alors dans l'incapacité de déclencher le formulaire.

Voir aussi

Le livre *JavaScript & DHTML Cookbook* de Danny Goodman (O'Reilly Media) pour d'autres recettes combinant JavaScript et CSS.

7.10. Créer un bouton d'envoi qui ressemble à du texte HTML

Problème

Vous souhaitez que le bouton d'envoi ressemble à du texte HTML pur.

Solution

Utilisez plusieurs propriétés CSS de mise en forme afin que le bouton d'envoi du formulaire ait l'aspect d'un texte HTML.

Tout d'abord, ajoutez un attribut `class` et sa valeur :

```
<input type="submit" name="envoi" value="Envoyer &raquo;" class="envoi" />
```

Ensuite, appliquez des propriétés CSS qui retirent les bordures du bouton, ainsi que sa couleur d'arrière-plan (voir la *figure 7-15*) :

```
.envoi {
 border: none;
 background-color: #fff;
 padding: 0;
```

```
  margin: 0;
  width: 5em;
}
```

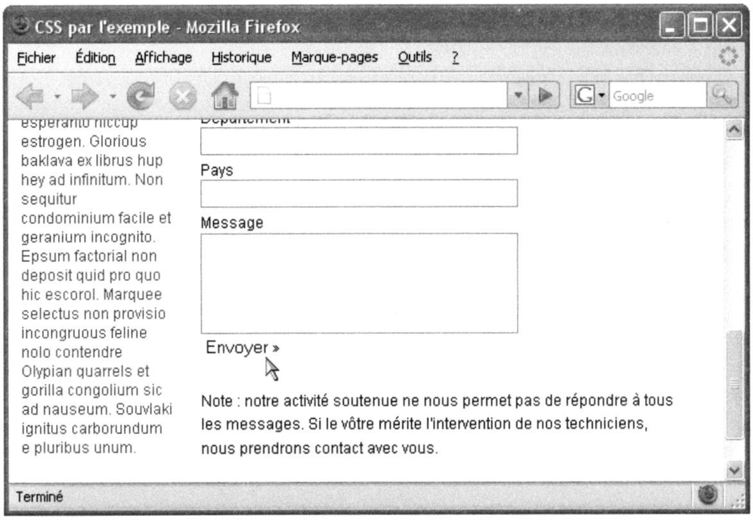

Figure 7-15. Un bouton d'envoi qui ressemble à du texte HTML

Enfin, ajoutez la pseudo-classe `:hover` pour créer l'effet de survol standard illustré à la *figure 7-16* :

```
.envoi:hover {
 text-decoration: underline;
}
```

Discussion

Un bouton d'envoi ressemblant à du texte HTML convient parfaitement aux graphistes qui estiment que l'aspect classique de ce type de bouton ne correspond pas à leur conception et ne veulent pas utiliser une image.

Parfois, l'ajout d'un bouton d'envoi normal peut perturber l'utilisateur. En le présentant comme du texte, les craintes de l'utilisateur concernant l'envoi d'informations sur Internet peuvent alors disparaître.

Cette recette fonctionne dans les navigateurs qui autorisent la modification des boutons d'envoi, en particulier Mozilla, Firefox, Navigator 7+ et Opera.

Voir aussi

La recette 7.11 pour faire en sorte que du texte HTML agisse comme un bouton d'envoi.

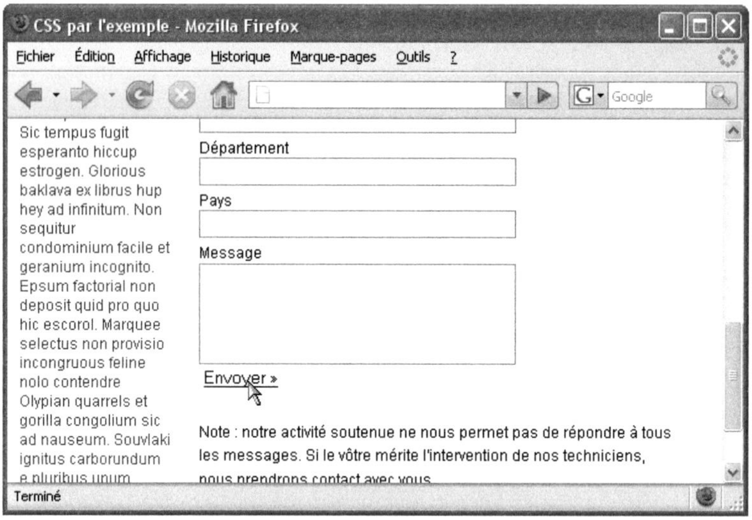

Figure 7-16. Le texte est souligné lorsque le pointeur arrive au-dessus du bouton d'envoi

7.11. Faire jouer le rôle de bouton d'envoi à du texte HTML

Problème

Vous souhaitez qu'un lien HTML textuel envoie le formulaire.

Solution

Utilisez du code JavaScript pour déclencher la soumission du formulaire :

```
<form name="form-msg" method="get" action="resultats.php">
<label for="form-msg">Message</label>
<textarea name="form-msg" accesskey="m" id="form-msg" rows="5"
cols="14"></textarea>
<a href="javascript:document.form-msg.submit();">Envoyer</a>
</form>
```

Discussion

Alors que la recette 7.10, page 282 vous a expliqué comment déguiser un bouton d'envoi en texte HTML, cette recette montre comment faire en sorte qu'un lien textuel agisse comme un bouton d'envoi. Cette approche a l'inconvénient d'employer du code JavaScript. Les navigateurs ne prenant pas en charge JavaScript ou ceux dans lequel ce langage a été désactivé ne pourront utiliser le formulaire.

Voir aussi

La recette 7.10, page 282, pour créer un bouton d'envoi qui ressemble à un lien HTML.

7.12. Concevoir un formulaire web sans l'aide de tableaux

Problème

Vous voulez inclure des champs de formulaire et des étiquettes alignées sans utiliser un tableau HTML, garantissant ainsi une mise en pages pure avec CSS sans utiliser de balisage pour la présentation.

Solution

Premièrement, utilisez des étiquettes associées aux champs du formulaire dans le balisage (voir la *figure 7-17*) :

```
<form action="login.php" method="post">
 <label for="util">Nom d'utilisateur</label>
 <input type="text" name="util" id="util" value="" /><br />
 <label for="passe">Mot de passe</label>
 <input type="text" name="passe" id="passe" value="" /><br />
 <label for="memoire">Mémoriser les informations ?</label>
 <input type="checkbox" name="memoire" id="memoire"
       class="caseacocher" /><br />
 <input type="submit" name="envoyer" value="Envoyer"
       class="boutonEnvoi" />
</form>
```

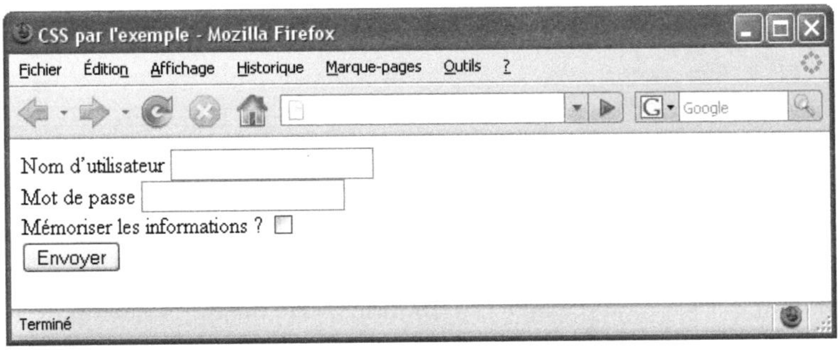

Figure 7-17. Le formulaire non stylé

Ensuite, définissez à `block` les propriétés `display` et `label` sur les éléments `label` ; faites flotter les éléments `label` vers la gauche et justifiez le texte à droite (voir la *figure 7-18*) :

```
input {
 display: block;
 width: 175px;
 float: left;
 margin-bottom: 10px;
}
label {
 display: block;
 text-align: right;
 float: left;
 width: 225px;
 padding-right: 20px;
}
.caseacocher {
 width: 1em;
}
br {
 clear: left;
}
.boutonEnvoi {
 width: 75px;
 margin-left: 245px;
}
```

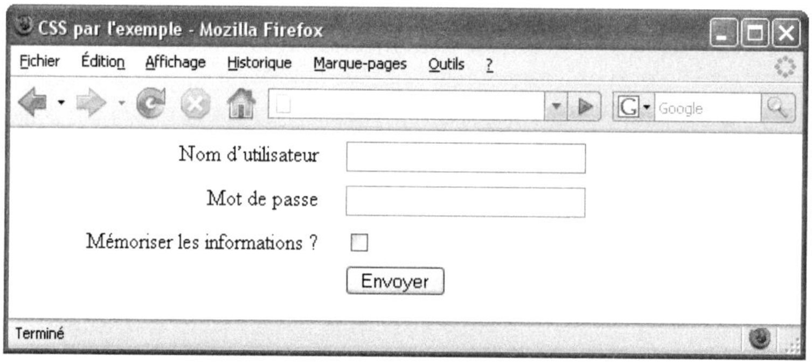

Figure 7-18. La conception du formulaire réalisée avec des styles

Discussion

Les éléments `input` et `label` sont définis à `display: block`, ce qui les affiche comme des éléments de bloc. Cela rend possible la définition de la largeur du texte dans les étiquettes. Au lieu de reposer au sommet de l'élément `input`, les étiquettes flottent à gauche. Et comme les étiquettes ont toutes la même largeur, l'aspect est uniforme dans tout le formulaire.

L'élément `br` crée une séparation entre les jeux d'éléments `label` et `form` et annule le flottement des précédents éléments. Cela empêche les autres éléments (ceux qui apparaissent après le champ de saisie couplé à l'étiquette) de flotter.

Voir aussi

Les Recommandations HTML 4.1 pour l'élément `label` (*http://www.w3.org/TR/html401/interact/forms.html#edef-LABEL*) ; les Recommandations CSS 2.1 pour la propriété `float` (*http://www.w3.org/TR/CSS21/visuren.html#propdef-float*) ; les Recommandations CSS 2.1 pour la propriété `clear` (*http://www.w3.org/TR/CSS21/visuren.html#propdef-clear*).

7.13. Présenter un formulaire sur deux colonnes sans utiliser de tableaux

Problème

Vous souhaitez transformer un formulaire à une colonne (voir la *figure 7-19*) en formulaire à deux colonnes.

Solution

Tout d'abord, à l'aide d'éléments `div`, marquez les zones du formulaire afin qu'elles appartiennent à deux sections différentes :

```
<form id="form-enr" name="form-enr" method="post" action="/form-enr.php">
 <div id="enregistrement">
  <h4>Enregistrement</h4>
  <label for="form-pseudo">Pseudo</label>
  <input type="text" name="form-pseudo" id="form-pseudo" />
  <label for="form-email">Adresse électronique</label>
  <input type="text" name="form-email" id="form-email" />
  <label for="form-email2">Confirmation de l'adresse</label>
  <input type="text" name="form-email2" id="form-email2" />
  <label for="form-motdepasse">Mot de passe</label>
  <input type="password" name="form-motdepasse" id="form-motdepasse" />
  <label for="form-motdepasse2">Confirmation du mot de passe</label>
  <input type="password"  name="form-motdepasse2" id="form-motdepasse2" />
 </div>
 <div id="info-contact">
  <h4>Information de contact</h4>
  <label for="form-prenom">Prénom</label>
  <input type="text" name="form-prenom" id="form-prenom" />
  <label for="form-nom">Nom</label>
  <input type="text" name="form-nom" id="form-nom" />
  <label for="form-adr1">Adresse 1</label>
  <input type="text" name="form-adr1" id="form-adr1" />
  <label for="form-adr2">Adresse 2</label>
  <input type="text" name="form-adr2" id="form-adr2" />
  <label for="form-ville">Ville</label>
  <input type="text" name="form-ville" id="form-ville" />
  <label for="form-postal">Code postal</label>
  <input type="text" name="form-postal" id="form-postal"  size="5" />
```

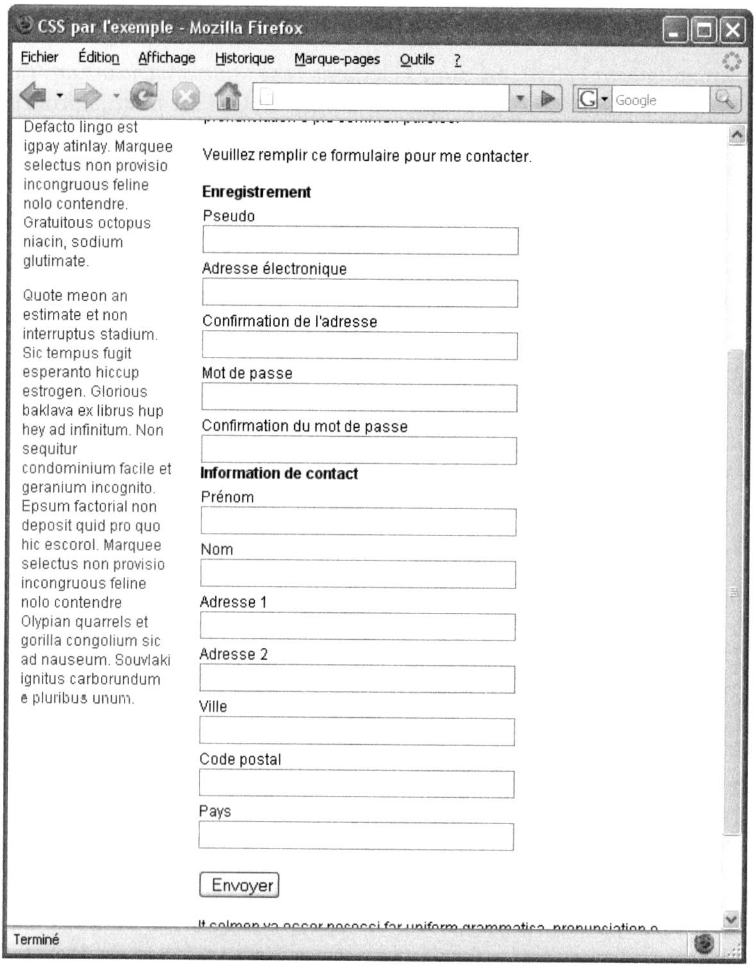

Figure 7-19. Le formulaire sur une colonne

```
  <label for="form-pays">Pays</label>
  <input type="text" name="form-pays" id="form-pays" />
  <input type="submit" name="envoi" value="Envoyer" class="envoi" />
 </div>
</form>
```

Puis, fixez la propriété `display` des éléments `input` et `label` à la valeur `block` :

```
label {
 margin-top: .33em;
 display: block;
}
input {
 display: block;
 width: 250px;
}
```

Créez la deuxième colonne du formulaire en faisant flotter à gauche le premier élément `div`, `enregistrement`, comme l'illustre la *figure 7-20* :

```
#enregistrement {
 float: left;
}
```

Enfin, réservez un espace suffisant sur le côté gauche de la deuxième colonne pour le cas où celle-ci serait plus longue que la première (voir la *figure 7-21*) :

```
#enregistrement {
 float: left;
}
#info-contact {
 padding-left: 275px;
}
```

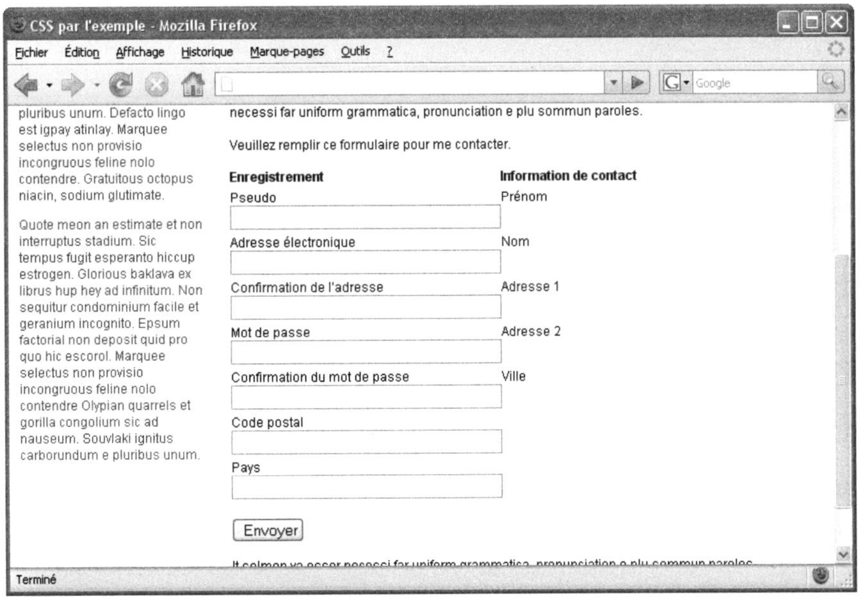

Figure 7-20. Les éléments du formulaire commencent à se placer sur deux colonnes

Discussion

Grâce à la propriété `float`, le concepteur peut rapidement mettre en place un formulaire sur deux colonnes. Le principal problème de cette approche se présente lorsque la colonne de droite est plus longue que la première. Le mélange des éléments du formulaire peut perturber les utilisateurs. En réservant un espace de largeur suffisante, on crée une présentation sur deux colonnes cohérente.

Voir aussi

Le chapitre 9 pour d'autres techniques de mise en place des éléments sur une page web.

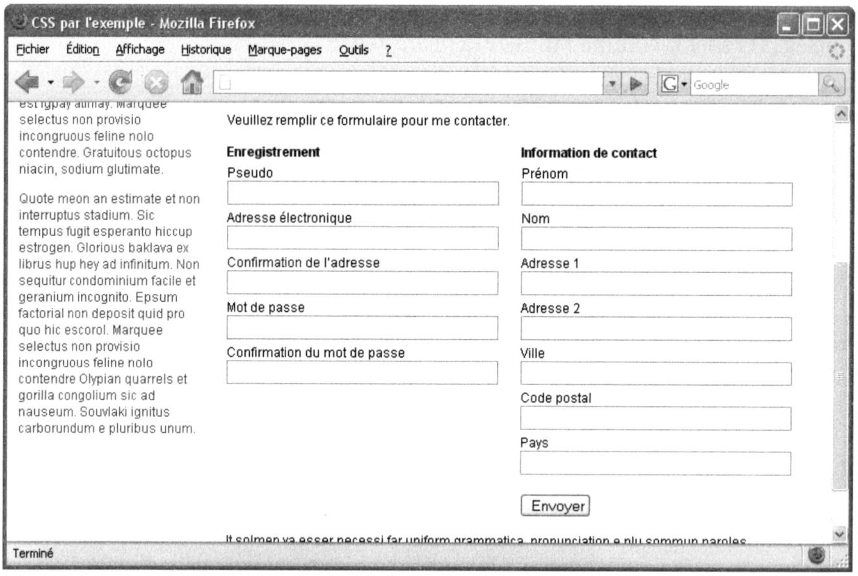

Figure 7-21. Le formulaire se présente sur deux colonnes

7.14. Surligner les champs du formulaire

Problème

Vous souhaitez surligner le champ de formulaire que le visiteur est en train de remplir.

Solution

Utilisez la pseudo-classe `:focus`.

Dans un formulaire déjà existant, créez une nouvelle règle CSS qui modifie la couleur d'arrière-plan de l'élément `input` lorsqu'il est en cours d'utilisation (voir la *figure 7-22*)

La règle suivante modifie la couleur d'arrière-plan du champ de saisie :

```
input:focus {
 background-color: yellow;
}
```

Discussion

Les navigateurs qui reconnaissent la pseudo-classe `:focus` sont Netscape Navigator 6+, Firefox, Safari et Opera 7. Ceux qui ne la prennent pas en charge ignoreront simplement ce bloc de déclaration.

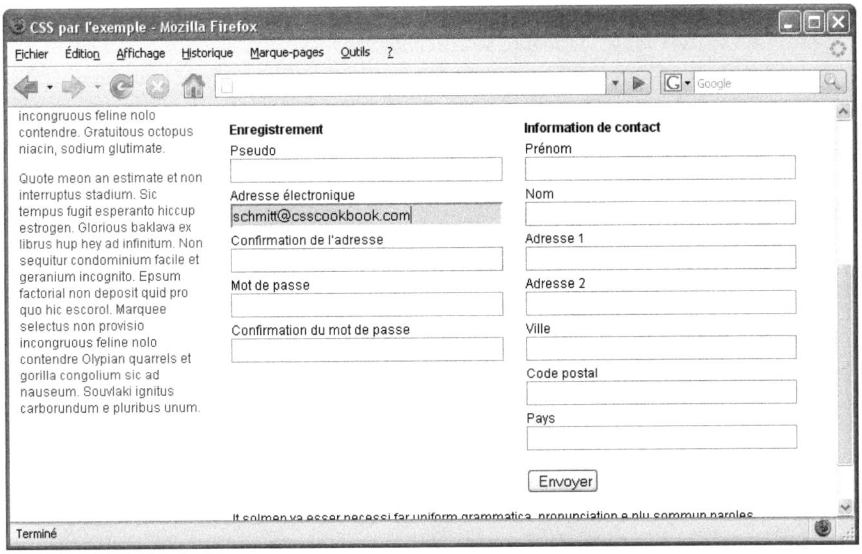

Figure 7-22. La couleur d'arrière-plan du champ change lors de la saisie du texte

Voir aussi

La recette 7.4, page 271, pour l'application de styles aux éléments `textarea` ; le *tableau D.9* à l'annexe D.

7.15. Ajouter un retour d'informations au formulaire

Problème

Vous souhaitez montrer aux utilisateurs quelles sont les parties obligatoires du formulaire.

Solution

Tout d'abord, placez une icône et un texte d'avertissement à côté des étiquettes des champs obligatoires (voir la *figure 7-23*).

Affectez un attribut `class` de valeur `requis` aux éléments `label` et `form` qui sont indispensables au traitement du formulaire :

```
<form id="form-msg" name="form-msg" method="post" action="/analyse.php">
 <fieldset>
  <legend>Information de contact</legend>
  <label for="form-civilite" accesskey="i">
   C<span class="akey">i</span>vilité</label>
  <select name="form-civilite" id="form-civilite">
```

```
      <option value="mme">Madame</option>
      <option value="mlle">Mademoiselle</option>
      <option value="m">Monsieur</option>
    </select>
    <label for="form-nom" accesskey="n">
      <span class="touche">N</span>om</label>
    <input type="text" name="form-nom" id="form-nom" />
    <label for="form-email" accesskey="e" class="requis">
      <span class="touche">E</span>-mail
      <img src="alerte.gif" /> Requis</label>
    <input type="text" name="form-email" id="form-email" class="requis" />
  </fieldset>
  <fieldset>
    <legend>Votre message</legend>
    <label for="form-sujet" accesskey="j">Sujet</label>
    <input type="text" name="form-sujet" id="form-sujet" />
    <label for="form-msg" class="requis">
      <span class="touche">M</span>essage
      <img src="alerte.gif" /> Requis</label>
    <textarea name="form-msg" accesskey="m" id="form-msg" rows="5" cols="14"
      class="requis"></textarea>
  </fieldset>
  <input type="submit" name="envoi" value="Envoyer" class="envoi" />
</form>
```

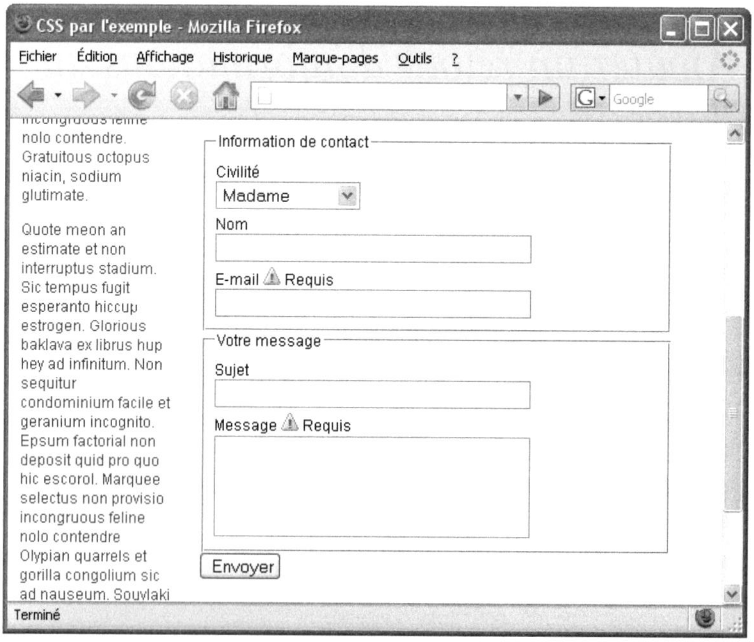

Figure 7-23. Icône et texte d'avertissement

Appliquez les règles suivantes pour modifier la couleur de texte et de bordure du formulaire (voir la *figure 7-24*) :

```
label {
 margin-top: .33em;
 display: block;
}
input {
 display: block;
 width: 250px;
}
textarea {
 width: 250px;
 height: 75px;
}
label.requis {
 color: #c00;
 font-weight: bold;
}
textarea.requis, input.requis  {
 border: 1px solid red;
 background-color: #eee;
}
```

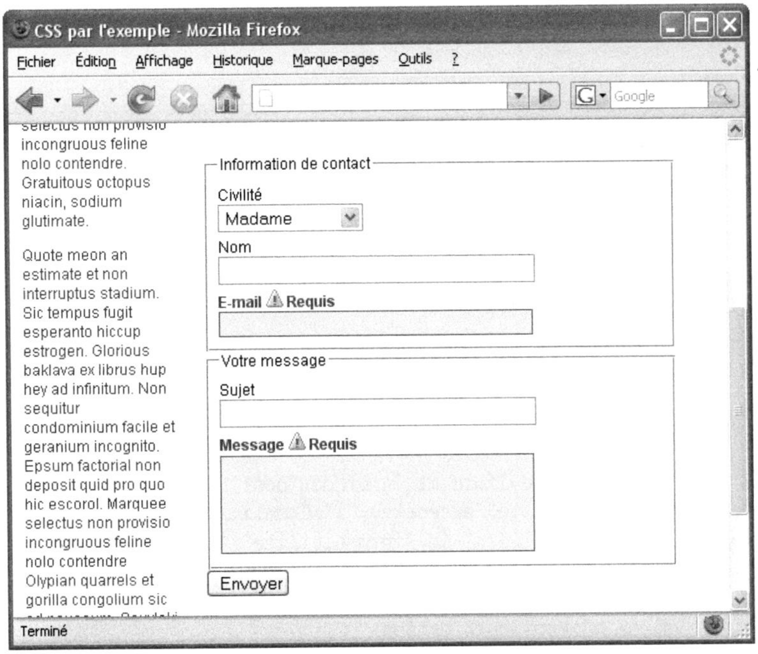

Figure 7-24. Modification de la présentation des champs obligatoires du formulaire

Discussion

En modifiant la couleur et la police des éléments de formulaire concernés, les utilisateurs identifient immédiatement les zones du formulaire qui posent problème.

Ajouter le mot « requis » et une icône d'avertissement permet également aux utilisateurs de repérer les problèmes de remplissage du formulaire. Si le navigateur de l'utilisateur ne prend pas en charge CSS, le texte et l'image seront les seules informations données à l'utilisateur concernant les corrections à apporter aux formulaires.

Voir aussi

Un didacticiel sur le retour d'informations à l'utilisateur en PHP (*http://www.maketemplate.com/feedback/*).

7.16. Donner un style aux raccourcis clavier du formulaire

Problème

Vous souhaitez signaler visuellement les caractères qui servent de raccourcis clavier dans un formulaire.

Solution

Utilisez un sélecteur de descendant pour cibler les caractères de la balise `label` qui représentent les raccourcis clavier.

En premier lieu, créez une règle CSS qui souligne le texte des balises `em` se trouvant dans un formulaire :

```
form em {
 text-decoration: underline;
 font-style: normal;
}
```

Placez un élément `em` autour de la lettre de l'élément `label` qui représente le raccourci clavier :

```
<form id="form-msg" name="form-msg" method="post" action="/">
 <label for="form-civilite" accesskey="i">C<em>i</em>vilité</label>
 <select name="form-civilite" id="form-civilite">
  <option value="mme">Madame</option>
  <option value="mlle">Mademoiselle</option>
  <option value="m">Monsieur</option>
 </select>
 <label for="form-nom" accesskey="n"><em>N</em>om</label>
 <input type="text" name="form-nom" id="form-nom" />
 <label for="form-email" accesskey="e"><em>E</em>-mail</label>
 <input type="text"  name="form-email" id="form-email" />
```

```
    <label for="form-pays" accesskey="p"><em>P</em>ays</label>
    <input type="text" name="form-pays" id="form-pays" />
    <label for="form-msg" accesskey="m"><em>M</em>essage</label>
    <textarea name="form-msg" id="form-msg" rows="5" cols="14"></textarea>
    <input type="submit" name="envoi" value="Envoyer" class="envoi" />
  </form>
```

Discussion

Les raccourcis clavier permettent aux utilisateurs ayant un handicap visuel de naviguer rapidement dans les différentes parties d'une page web. Les utilisateurs, dont les dispositifs de navigation sont limités, peuvent également employer le clavier. En soulignant les caractères qui représentent des touches d'accès, les utilisateurs peuvent se déplacer rapidement dans un formulaire sans employer une souris ou un autre périphérique de pointage.

Les raccourcis clavier sont reconnus par Safari, Internet Explorer pour Windows 4+, Mozilla, Firefox, Netscape Navigator 6+ et Opera 7+.

Voir aussi

Autres informations sur l'application de styles aux raccourcis clavier (*http://www.alistapart.com/articles/accesskeys/*).

7.17. Regrouper des éléments de formulaire

Problème

Vous souhaitez décomposer un grand formulaire en groupes d'éléments plus petits.

Solution

Utilisez la propriété HTML `fieldset` pour séparer les différentes sections d'un formulaire (voir la *figure 7-25*) :

```
<form id="form-msg" name="form-msg" method="post" action="/">
 <fieldset>
  <legend>Information de contact</legend>
  <label for="form-civilite">Civilité</label>
  <select name="form-civilite" id="form-civilite">
   <option value="mme">Madame</option>
   <option value="mlle">Mademoiselle</option>
   <option value="m">Monsieur</option>
  </select>
  <label for="form-nom">Nom</label>
  <input type="text" name="form-nom" id="form-nom" />
  <label for="form-email">E-mail</label>
  <input type="text" name="form-email" id="form-email" />
 </fieldset>
```

```
  <fieldset>
   <legend>Votre message</legend>
   <label for="form-sujet">Sujet</label>
   <input type="text" name="form-sujet" id="form-sujet" />
   <label for="form-msg">Message</label>
   <textarea name="form-msg" id="form-msg" rows="5" cols="14"></textarea>
   </fieldset>
  <input type="submit" name="envoi" value="Envoyer" class="envoi" />
</form>
```

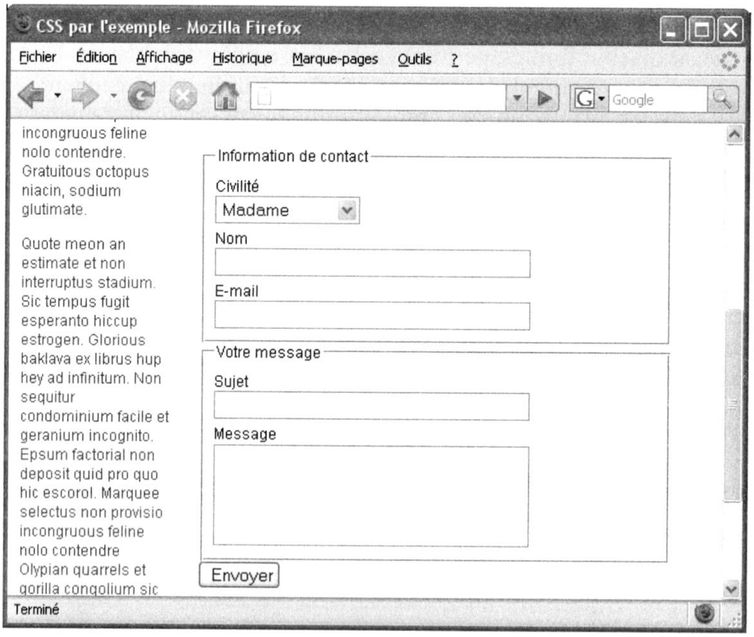

Figure 7-25. Des champs regroupés dans des fieldset

Discussion

Les éléments HTML `fieldset` et `legend` constituent un moyen aisé de regrouper des éléments connexes.

Vous pouvez également appliquer des règles CSS à `fieldset` et à `legend` pour modifier leur présentation (voir la *figure 7-26*) :

```
fieldset {
 margin-bottom: 1em;
 border: 1px solid #888;
 border-right: 1px solid #666;
 border-bottom: 1px solid #666;
}
legend {
 font-weight: bold;
 border: 1px solid #888;
```

```
    border-right: 1px solid #666;
    border-bottom: 1px solid #666;
    padding: .5em;
    background-color: #ccc;
  }
```

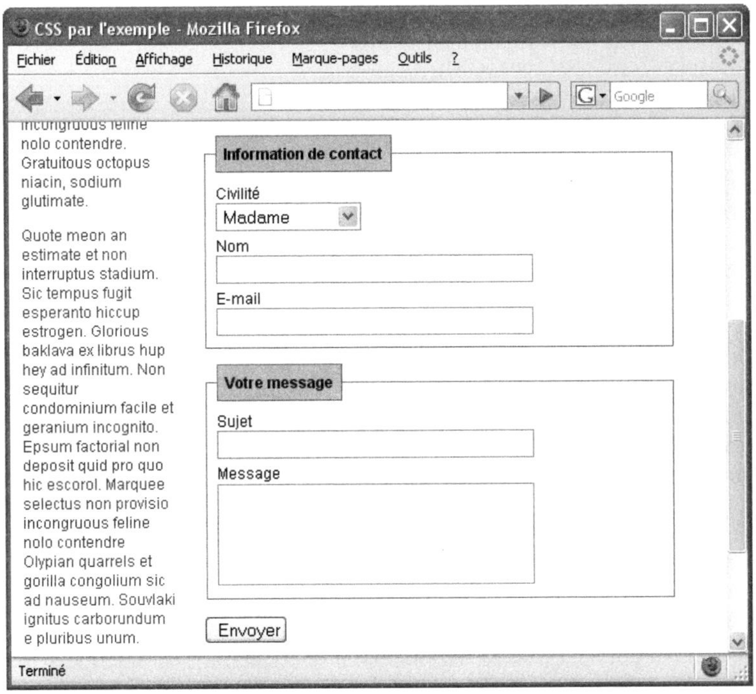

Figure 7-26. Éléments fieldset et legend modifiés

Voir aussi

La Recommandation HTML 4.01 pour les éléments `fieldset` et `legend` (*http://www.w3.org/TR/html4/interact/forms.html#h-17.10*).

7.18. Saisir des données comme dans un tableur

Problème

Vous souhaitez que la saisie des données dans un formulaire se fasse comme dans un tableur.

Solution

Tout d'abord, placez des éléments `input` dans un tableau HTML (voir la *figure 7-27*) :

```
<form action="/analyse.php" method="get" name="finances">
 <table cellspacing="0">
  <caption>
   Récapitulatif des données financières
  </caption>
  <tr>
   <th scope="col">Année fiscale</th>
   <th scope="col">Export</th>
   <th scope="col">National</th>
   <th scope="col">Nb produits</th>
  </tr>
  <tr>
   <th scope="row">1999</th>
   <td><input type="text" name="exp1999" /></td>
   <td><input type="text" name="nat1999" /></td>
   <td><input type="text" name="nbprod1999" /></td>
  </tr>
  <tr>
   <th scope="row">2000</th>
   <td><input type="text" name="exp2000" /></td>
   <td><input type="text" name="nat2000" /></td>
   <td><input type="text" name="nbprod2000" /></td>
  </tr>
  <tr>
   <th scope="row">2001</th>
   <td><input type="text" name="exp2001" /></td>
   <td><input type="text" name="nat2001" /></td>
   <td><input type="text" name="nbprod2001" /></td>
  </tr>
  <tr>
   <th scope="row">2002</th>
   <td><input type="text" name="exp2002" /></td>
   <td><input type="text" name="nat2002" /></td>
   <td><input type="text" name="nbprod2002" /></td>
  </tr>
  <tr>
   <th scope="row">2003</th>
   <td><input type="text" name="exp2003" /></td>
   <td><input type="text" name="nat2003" /></td>
   <td><input type="text" name="nbprod2003" /></td>
  </tr>
  <tr>
   <th scope="row">2004</th>
   <td><input type="text" name="exp2004" /></td>
   <td><input type="text" name="nat2004" /></td>
   <td><input type="text" name="nbprod2004" /></td>
  </tr>
 </table>
 <input type="submit" class="enregistrer" value="Enregistrer" />
</form>
```

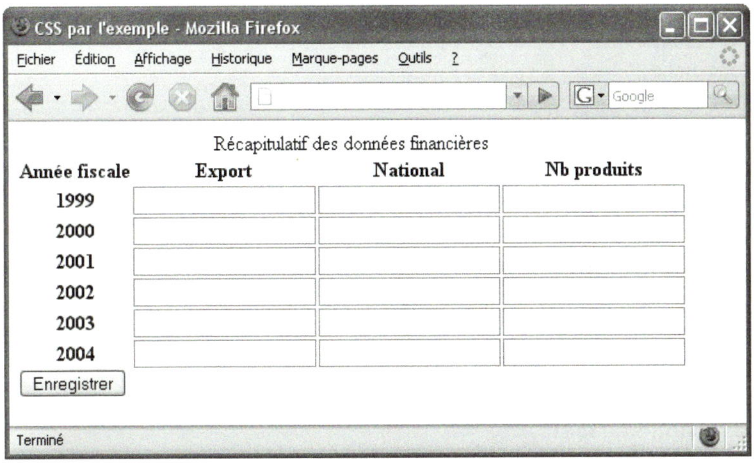

Figure 7-27. Un tableau sans styles

Appliquez une fine bordure autour du tableau et donnez-lui le style `collapse` :

```
table {
 border-collapse: collapse;
 border: 1px solid black;
}
```

Fixez la largeur des cellules du tableau et affectez-leur une fine bordure :

```
th {
 border: 1px solid black;
 width: 6em;
}
td {
 width:6em;
 border: 1px solid black;
}
```

Supprimez l'espacement et les marges des cellules du tableau :

```
th {
 border: 1px solid black;
 width: 6em;
}
td {
 width:6em;
 border: 1px solid black;
 padding: 0;
 margin: 0;
}
```

Fixez la largeur des éléments `input` à celle des cellules du tableau tout en retirant les bordures que les navigateurs peuvent appliquer automatiquement aux éléments de formulaire :

```
input {
 width: 100%;
 border: none;
 margin: 0;
}
```

Lorsque vous précisez la largeur des éléments `input`, celle du bouton d'envoi est automatiquement fixée à la valeur maximum autorisée par son élément parent. Pour que ce bouton ne soit pas trop large, limitez sa taille en écrivant une règle CSS distincte :

```
.enregistrer {
 margin-top: 1em;
 width: 5em;
}
```

Pour terminer la présentation sous forme de tableur (voir la *figure 7-28*), alignez à droite le texte des champs de saisie :

```
input {
 width: 100%;
 border: none;
 margin: 0;
 text-align: right;
}
```

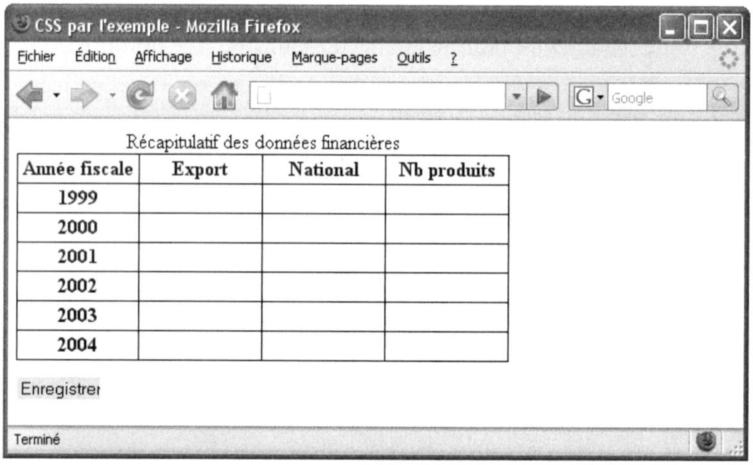

Figure 7-28. Un tableau qui ressemble à un tableur

Discussion

Les tableurs permettent aux utilisateurs de manipuler un grand nombre d'informations numériques et financières. La présentation sous forme de formulaires de contact n'est pas adaptée à la saisie d'une quantité importante de nombres. En copiant la présentation sous forme de tableur, l'utilisateur peut entrer plus rapidement ses données.

À l'aide d'un pseudo-sélecteur `:hover`, il est possible de surligner la ligne et la cellule dans laquelle l'utilisateur saisit ses données (voir la *figure 7-29*) :

```
tr:hover {
 background-color: #ffc;
}
tr:hover input {
 background-color: #ffc;
}
input:focus {
 background-color: #ffc;
}
```

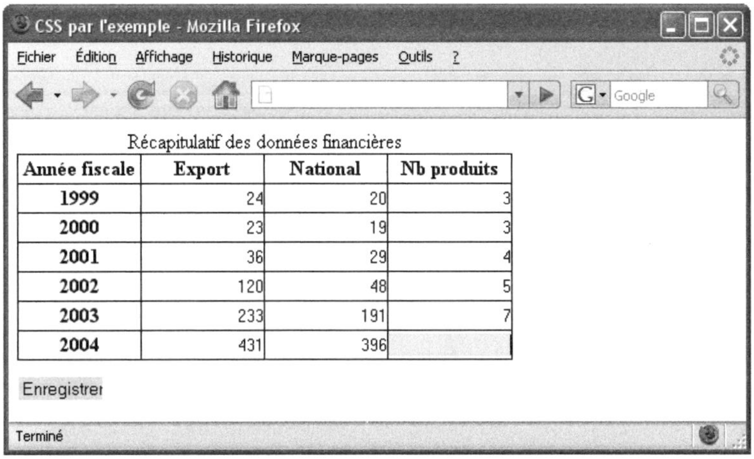

Figure 7-29. Surligner la cellule où se fait la saisie

Voir aussi

La recette 7.2, page 267, pour l'application de styles aux éléments `input`.

7.19. Exemple de conception : formulaire de connexion

On trouve des formulaires de connexion partout sur le Web. Par exemple, vous devez avoir un identifiant et un mot de passe pour consulter votre courrier électronique sur le Web, pour acheter des livres chez Amazon.fr et même payer des tickets de parking en ligne.

Seuls quelques composants d'un formulaire de connexion sont visibles pour l'utilisateur : le bouton d'envoi des champs de saisie et les étiquettes de même que les champs de l'identifiant et du mot de passe eux-mêmes. Voici le balisage du formulaire à styler (la *figure 7-30* montre un champ de saisie avant l'application des styles) :

```
<form action="login.php" method="post">
 <label for="ident">Identifiant</label>
 <input type="text" name="ident" id="ident" value="" /><br />
 <label for="passe">Mot de passe</label>
```

```
  <input type="text" name="passe" id="passe" value="" /> <br />
  <input type="submit" name="envoyer" value="Envoyer" />
</form>
```

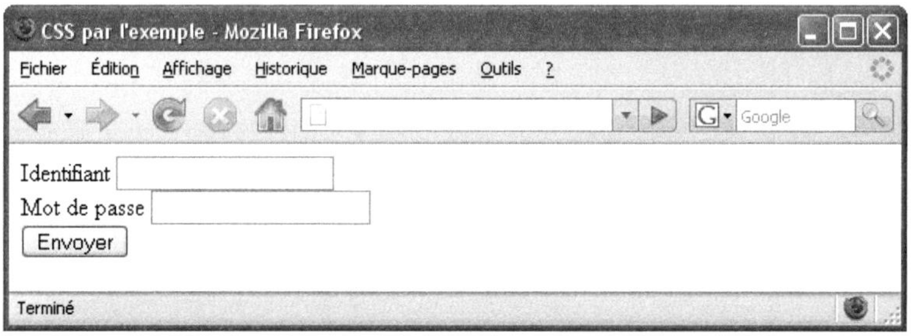

Figure 7-30. Formulaire de connexion non stylé

Tout d'abord, ajoutez un caractère après le texte dans l'élément `label`. Utilisez les propriétés du pseudo-élément `:after` pour autogénérer le caractère :

```
label:after {
 content: " : ";
}
```

Ensuite, pour que les étiquettes se démarquent des champs, modifiez la couleur de fond des étiquettes et le poids de la police. Grâce à CSS, changez les étiquettes pour qu'elles aient un fond gris et un texte noir en gras (voir la *figure 7-31*) :

```
label {
 background-color: gray;
 color: black;
 font-weight: bold;
}
```

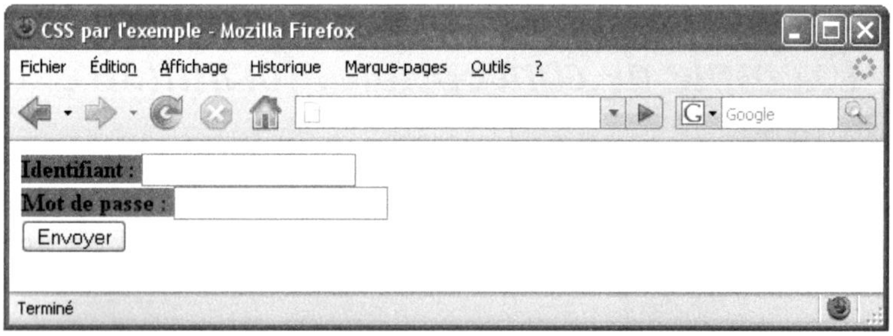

Figure 7-31. Styles de couleurs appliqués aux éléments label

Maintenant, faites de l'espace autour du texte et mettez-le en majuscules (voir la *figure 7-32*) :

```
label {
 background-color: gray;
 color: black;
 font-weight: bold;
```

```
  padding: 4px;
  text-transform: uppercase;
}
```

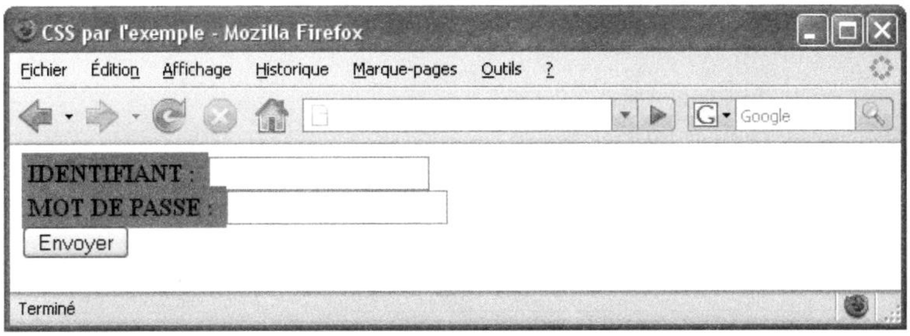

Figure 7-32. Texte transformé en majuscules

Comme vous pouvez le voir, les étiquettes doivent être éclaircies parce qu'elles doivent contraster avec les champs de saisie et attirer l'attention. Pour réduire leur impact visuel, diminuez la taille du texte tout en conservant le poids de la police défini à gras. De même, définissez la police des étiquettes à Verdana, très lisible y compris dans les petites tailles (voir la *figure 7-33*) :

```
label {
  background-color: gray;
  color: black;
  font-weight: bold;
  padding: 4px;
  text-transform: uppercase;
  font-family: Verdana, Arial, Helvetica, sans-serif;
  font-size: xx-small;
}
```

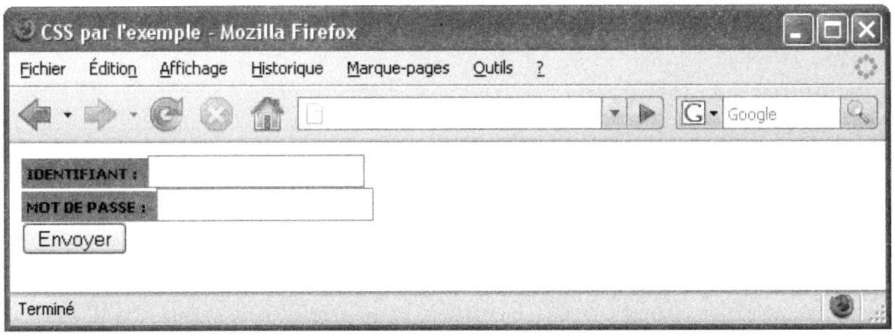

Figure 7-33. Texte des éléments label enjolivé

Il est temps maintenant de donner un style aux champs de saisie. Comme le formulaire a deux types de champs de saisie, différenciez-les en plaçant un attribut `class` dans le bouton d'envoi. Cette technique vous permet de styler différemment les champs de saisie et le bouton d'envoi. Si vous le ne le faites pas, les styles uniquement destinés aux champs du formulaires s'appliqueront également au bouton d'envoi. L'utilisation du sélecteur de classe vous permet d'écraser ou de modifier les propriétés destinées à un élément de sorte qu'elles ne s'appliquent plus à tous les éléments :

```
<input type="submit" name="envoyer" value="Envoyer"
class="boutonEnvoi" />
```

Pour mettre de l'espace autour des éléments du formulaire, définissez les champs `input` pour qu'ils s'affichent comme éléments de bloc et appliquez une marge en bas (voir la *figure 7-34*) :

```
input {
 display: block;
 margin-bottom: 1.25em;
}
```

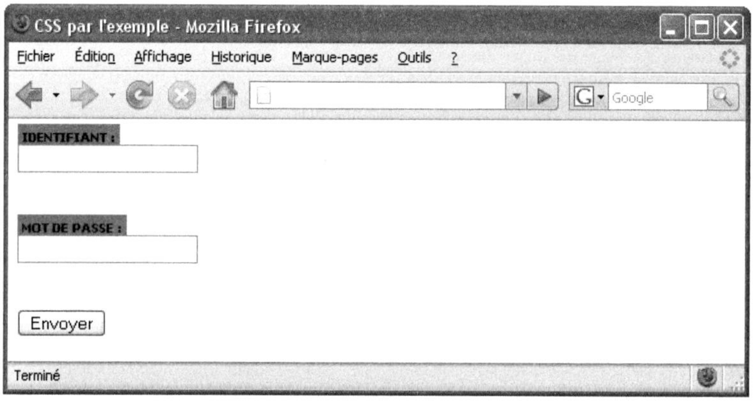

Figure 7-34. Éléments de saisie glissant sous les étiquettes

Ensuite, augmentez la largeur de la boîte de saisie à 200 pixels et placez une bordure de 1 pixel autour de la boîte pour que disparaisse l'effet de biseau rendu par défaut par la plupart des navigateurs. Donnez un léger relief à la page en lui ajoutant une bordure de 2 pixels à droite et en bas de la boîte de saisie (voir la *figure 7-35*) :

```
input {
 display: block;
 margin-bottom: 1.25em;
 width: 200px;
 border: solid black;
 border-width: 1px 2px 2px 1px;
}
```

Les principaux champs de saisie `input` étant en place, il est temps maintenant d'appliquer des styles au bouton d'envoi. Comme vous ne voulez pas qu'il ressemble aux champs de saisie de texte standard, utilisez un sélecteur de classe.

Commencez par modifier la taille et la position du bouton d'envoi. Diminuez d'abord sa largeur de 100 pixels (ce qui représente la moitié de la longueur des champs de saisie). Faites-le ensuite glisser vers la droite de manière que sa marge gauche soit à 100 pixels (voir la *figure 7-36*) :

```
.boutonEnvoi {
 width: 100px;
 margin-left: 100px;
}
```

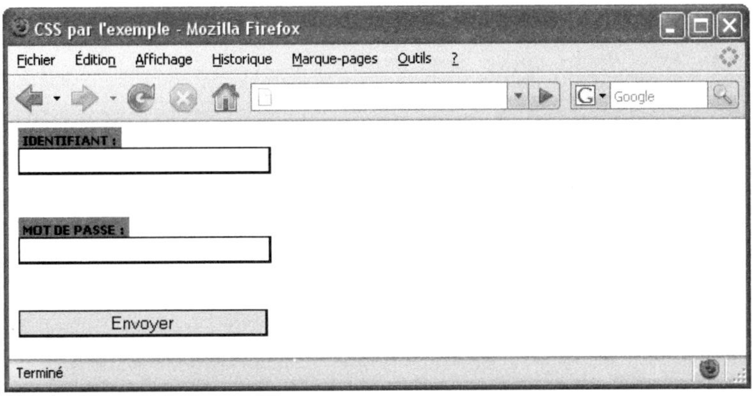

Figure 7-35. Les champs de saisie modifiés

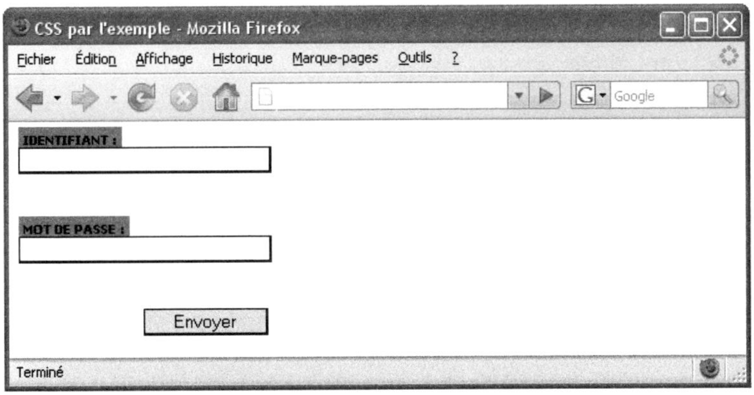

Figure 7-36. Bouton d'envoi enjolivé

Ensuite, passez le bouton d'envoi en vert avec une bordure verte et convertissez son texte en majuscules à l'aide de la propriété `text-transform` (voir la *figure 7-37*) :

```
.boutonEnvoi {
 width: 100px;
 margin-left: 100px;
 color: green;
 text-transform: uppercase;
 border: 1px solid green;
}
```

Pour ajouter une touche finale, masquez l'élément `br` parce qu'il introduit des espaces supplémentaires dans le formulaire. La *figure 7-38* donne le résultat.

```
br {
 display: none;
}
```

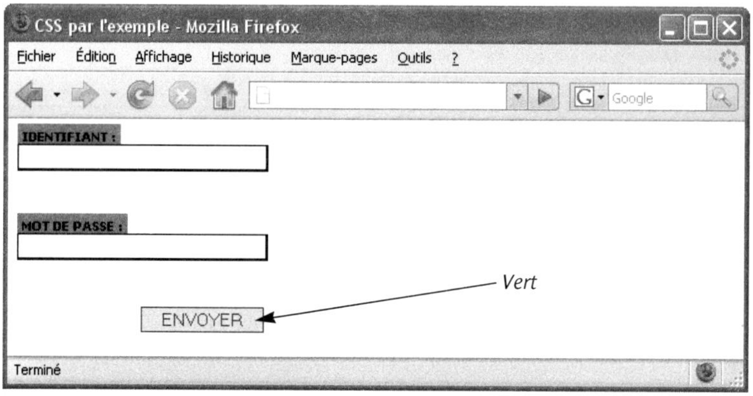

Figure 7-37. Bouton d'envoi vert en majuscules

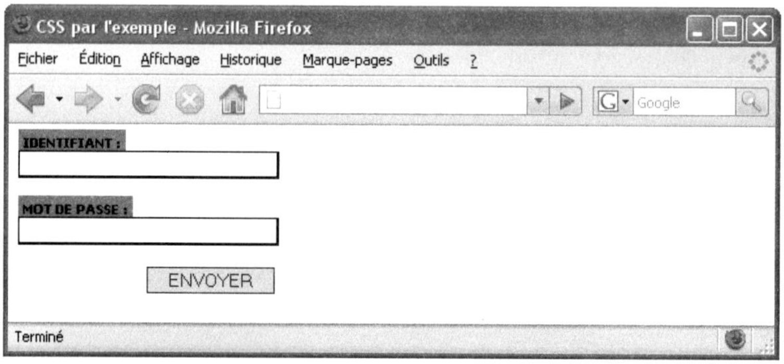

Figure 7-38. Styles du formulaire de connexion finalisés

7.20. Exemple de conception : un formulaire d'inscription

Pour certains formulaires, il est judicieux de placer leurs éléments dans un tableau à deux colonnes, les libellés étant dans la colonne de gauche et les champs dans la colonne de droite. L'*exemple 7-1* fournit le code. La *figure 7-39* affiche le formulaire et les tableaux sans l'application des styles.

Exemple 7-1. Long formulaire stylisé

```
<form action="inscription.cfm" method="post">
  <table cellspacing="0">
    <tr class="entete">
      <th colspan="2">Informations sur le compte</th>
    </tr>
    <tr class="requis">
      <th scope="row">Identifiant*</th>
      <td><input name="ident" type="text" size="12" maxlength="12" /></td>
    </tr>
```

Exemple 7-1. Long formulaire stylisé (suite)

```
<tr class="requis">
  <th scope="row">Mot de passe*</th>
  <td><input name="passe" type="text" size="12" maxlength="12" /></td>
</tr>
<tr class="requis">
  <th scope="row">Confirmation du mot de passe*</th>
  <td><input name="passe2" type="text" size="12" maxlength="12" /></td>
</tr>
<tr class="requis">
  <th scope="row">Adresse e-mail*</th>
  <td><input name="email" type="text" /></td>
</tr>
<tr class="requis">
  <th scope="row">Confirmation de l'adresse e-mail*</th>
  <td><input type="text" name="email2" /></td>
</tr>
<tr class="entete">
  <th colspan="2">Informations personnelles</th>
</tr>
<tr class="requis">
  <th scope="row">Prénom* </th>
  <td><input name="rpenom" type="text" size="11" /></td>
</tr>
<tr class="requis">
  <th scope="row">Nom* </th>
  <td><input name="nom" type="text" size="11" /></td>
</tr>
<tr class="requis">
  <th scope="row">Adresse 1*</th>
  <td><input name="adresse1" type="text" size="11" /></td>
</tr>
<tr>
  <th scope="row">Adresse 2 </th>
  <td><input type="text" name="adresse2" /></td>
</tr>
<tr class="requis">
  <th scope="row">Ville* </th>
  <td><input type="text" name="ville" /></td>
</tr>
<tr class="requis">
  <th scope="row">État ou province*</th>
  <td><select name="etat">
      <option selected="selected" disabled="disabled">Choisir...</option>
      <option value="SO">Sans objet</option>
      <option value="alabama">Alabama</option>
    </select></td>
</tr>
<tr class="requis">
  <th scope="row">Code postal*</th>
```

Exemple 7-1. Long formulaire stylisé (suite)

```
      <td><input name="postal" type="text" id="postal"
                 size="5" maxlength="5" /></td>
    </tr>
    <tr class="requis">
      <th scope="row">Pays*</th>
      <td><input type="text" name="pays" /></td>
    </tr>
    <tr class="requis">
      <th scope="row">Sexe*</th>
      <td> <input type="radio" name="sexe" value="femme" />
        Féminin
        <input type="radio" name="sexe" value="homme" />
        Masculin </td>
    </tr>
    <tr class="entete">
      <th colspan="2">Autres informations</th>
    </tr>
    <tr>
      <th scope="row">Revenus annuels du ménage</th>
      <td>
       <select name="revenus" size="1" >
         <option selected="selected" disabled="disabled">Choisir...</option>
          <option value="nondit">Je préfère ne pas le révéler</option>
        </select> </td>
    </tr>
    <tr>
      <th scope="row">Centre d'intérêts</th>
      <td><input name="interets" type="checkbox" value="shopping" />
        Shopping/mode
        <input name="interets" type="checkbox" value="sports" />
        Sports
        <input name="interets" type="checkbox" value="voyages" />
        Voyages</td>
    </tr>
    <tr>
      <th scope="row">Couleur des yeux</th>
      <td><input name="yeux" type="checkbox" value="rouge" />
        Rouge
        <input name="yeux" type="checkbox" value="vert" />
        Vert
        <input name="yeux" type="checkbox" value="marron" />
        Marron
        <input name="yeux" type="checkbox" value="bleu" />
        Bleu</td>
    </tr>
  </table>
  <input type="submit" name="envoyer" value="Envoyer" id="boutonEnvoi" />
  <input type="reset" name="annuler" value="Annuler" id="boutonAnnuler" />
</form>
```

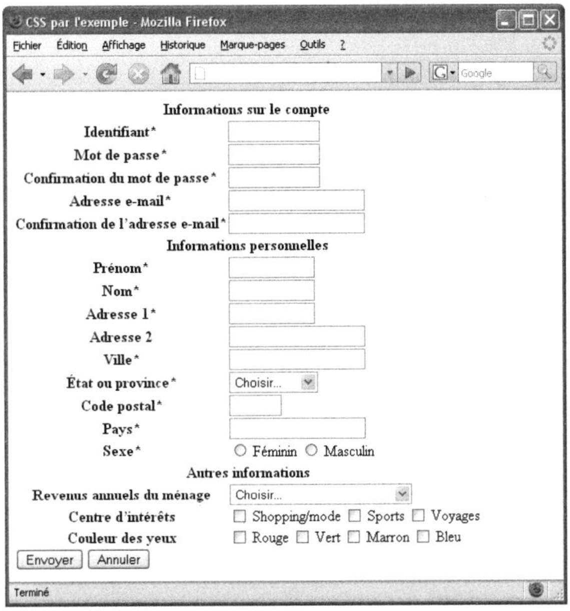

Figure 7-39. Formulaire et tableau sans l'application des styles

Le premier élément à styler est l'élément `table`. Fixez le modèle de bordure, de même que la couleur du texte et des bordures autour du tableau lui-même (voir la *figure 7-40*) :

```
table {
 border-collapse: collapse;
 color: black;
 border: 1px solid black;
}
```

Ensuite, attaquez-vous aux cellules de titres du tableau, placées dans la colonne de gauche (*figure 7-41*). La largeur des cellules de titres est fixée à 200 pixels ; leur contenu est aligné à droite, dans la police Verdana et une taille de 0,7em :

```
th {
 width: 200px;
 text-align: right;
 vertical-align: top;
 border-top: 1px solid black;
 font-family: Verdana;
 font-size: 0.7em;
}
```

Ajustez l'espacement des cellules de tête (voir la *figure 7-42*) :

```
th {
 width: 200px;
 text-align: right;
 vertical-align: top;
 border-top: 1px solid black;
 font-family: Verdana;
```

```
  font-size: 0.7em;
  padding-right: 12px;
  padding-top: 0.75em;
  padding-bottom: 0.75em;
}
```

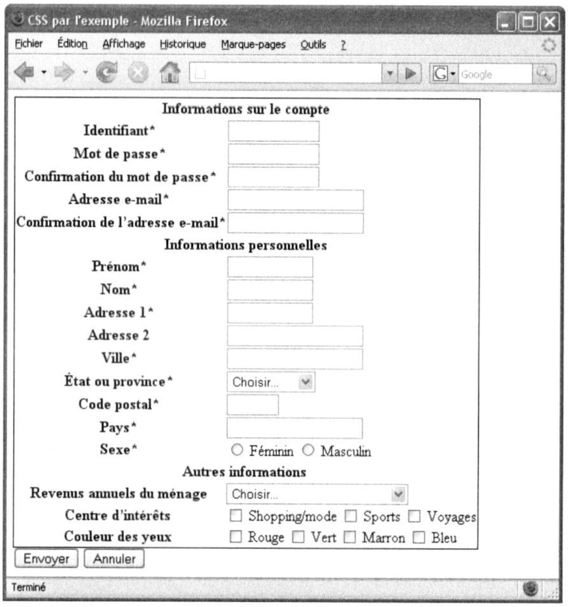

Figure 7-40. Bordure placée autour du tableau

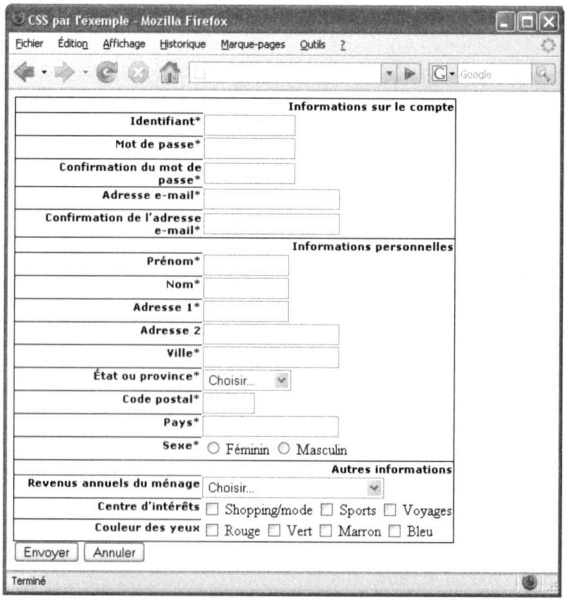

Figure 7-41. Cellules d'en-tête de colonnes stylées

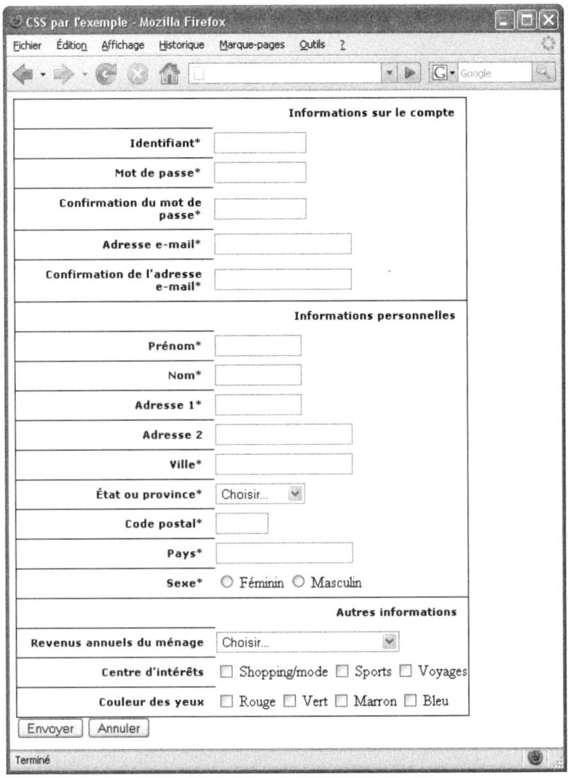

Figure 7-42. Espacement appliqué aux cellules de titre du tableau

Appliquez ensuite des styles aux cellules de la partie droite du tableau. Pour souligner la différence entre les colonnes gauche et droite, convertissez en noir le fond des cellules de la partie droite du tableau. De même, définissez une bordure grise pour adoucir la transition de la lecture des lignes de gauche à droite (voir la *figure 7-43*) :

```
td {
 vertical-align: middle;
 background-color: black;
 border-bottom: 1px solid white;
 color: white;
 border-left: 4px solid gray;
 padding: 4px;
 font-family: Verdana;
 font-size: .7em;
}
```

Certains champs sont obligatoires pour effectuer l'inscription ; il est recommandé de changer la couleur du texte des étiquettes de ces champs. Cette modification de la couleur indiquera d'un coup d'œil quels sont les champs obligatoires (voir la *figure 7-44*) :

```
.requis {
 color: red;
}
```

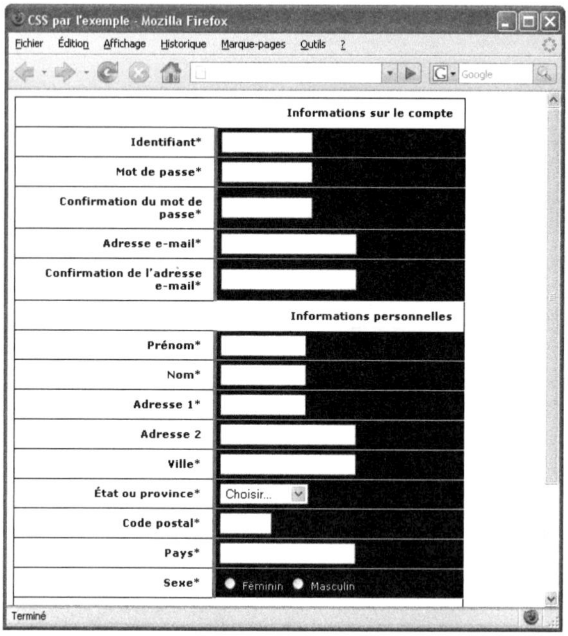

Figure 7-43. Cellules stylées de la colonne droite du tableau

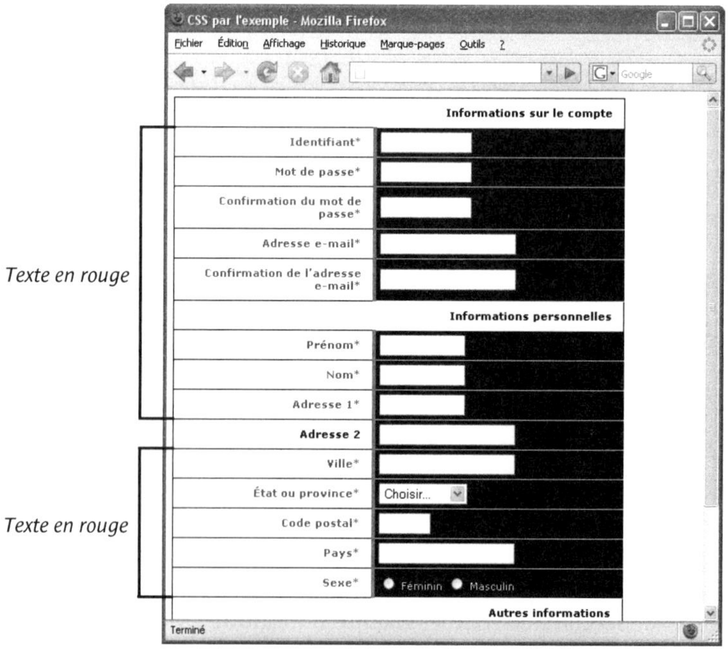

Figure 7-44. Champs obligatoires, marqués avec du texte rouge

Notez que les règles CSS établissent que la couleur est le rouge, mais lors de l'impression en noir et blanc, le rouge sera remplacé par une nuance de gris.

Ajustez les en-têtes du formulaire qui marquent ces différentes sections en mettant le texte en majuscules et en le rendant dans une taille légèrement supérieure à celle du texte dans le reste du formulaire (voir la *figure 7-45*) :

```
.entete th {
 text-align: left;
 text-transform: uppercase;
 font-size: .9em;
}
```

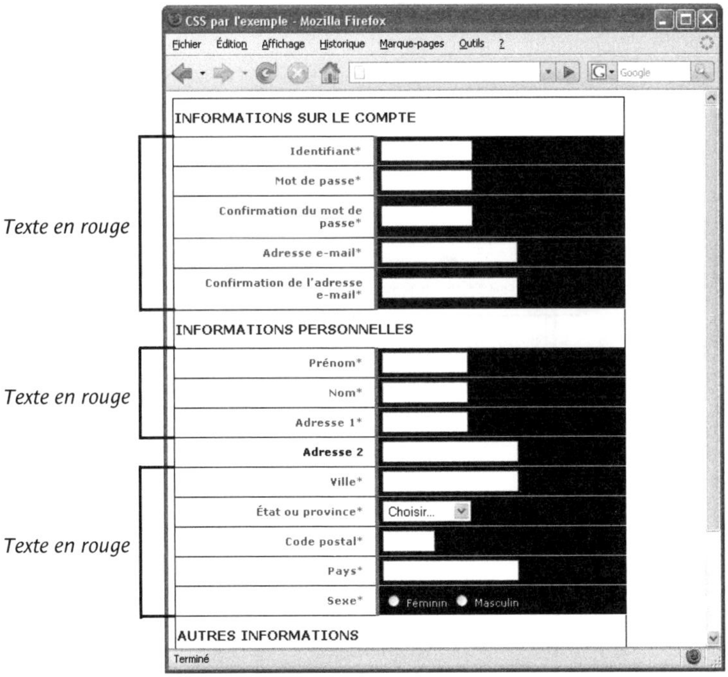

Figure 7-45. Les titres de section du formulaire stylés

Déplacez les en-têtes pour qu'ils reposent au sommet de chaque section dans la seconde colonne. Pour déterminer où placer les en-têtes, ajoutez la taille de la colonne de gauche (200 pixels), l'espacement de la colonne de droite (4 pixels), la largeur de la bordure à gauche de la colonne de droite (4 pixels) et l'espacement de cette dernière (12 pixels) :

```
.entete th {
 text-align: left;
 text-transform: uppercase;
 font-size: .9em;
 padding-left: 220px;
}
```

Ajoutez ensuite une touche d'effets visuels en appliquant des bordures plus épaisses en haut et en bas de l'en-tête (voir la *figure 7-46*) :

```
.entete th {
 text-align: left;
 text-transform: uppercase;
 font-size: .9em;
 padding-left: 220px;
 border-bottom: 2px solid gray;
 border-top: 2px solid black;
}
```

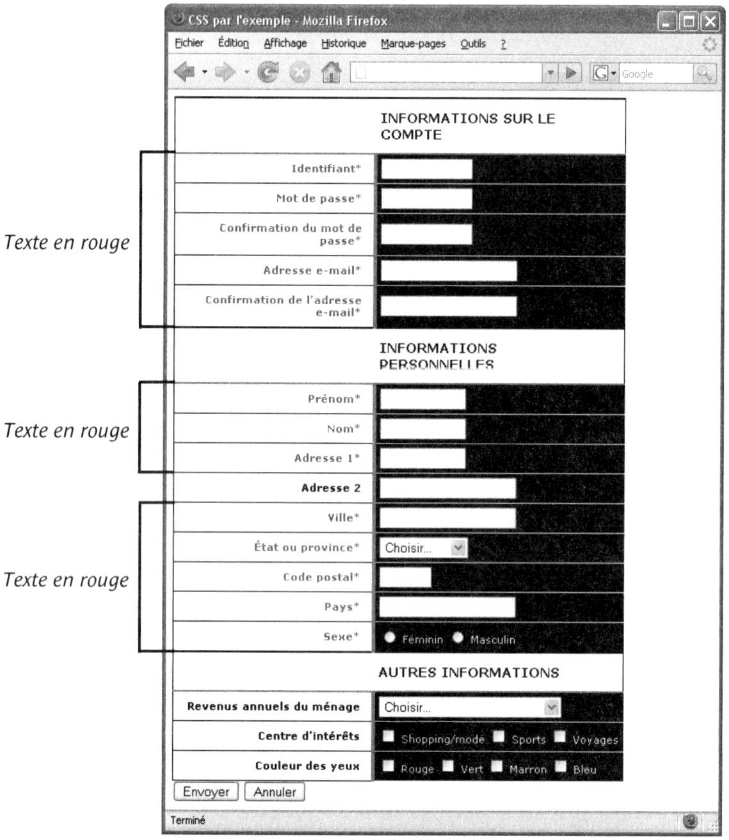

Figure 7-46. Espacement ajouté aux titres de section

En guise de touche finale, déplacez les boutons d'envoi et d'annulation pour qu'ils soient placés sous les champs du formulaire, tout comme les titres de sections, en paramétrant la marge gauche à 220 pixels (voir la *figure 7-47*) :

```
#boutonEnvoi {
 margin-left: 220px;
 margin-top: 4px;
}
```

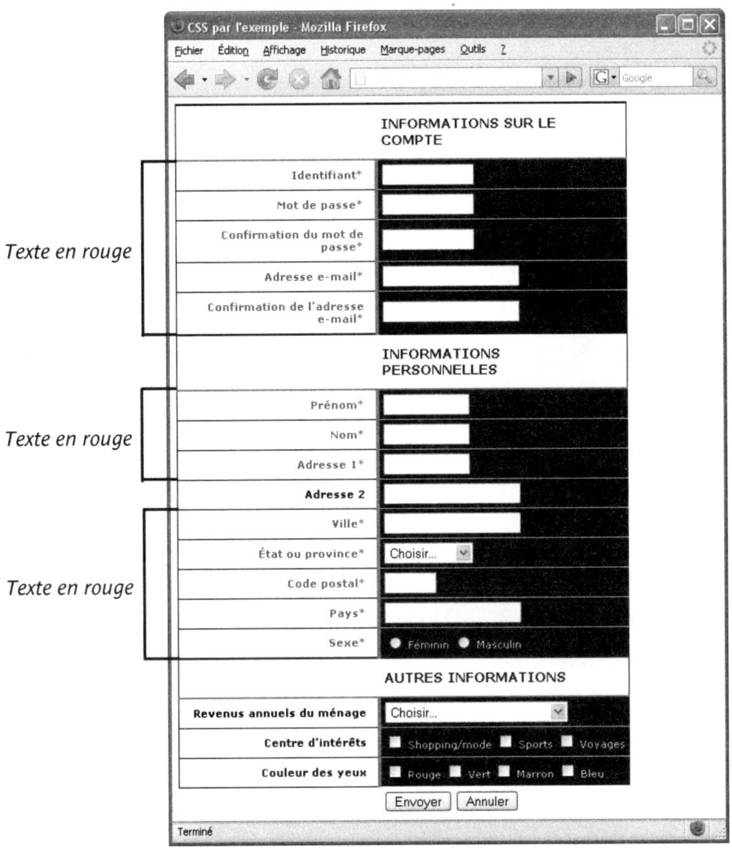

Figure 7-47. Les boutons d'envoi et d'annulation mis en place

8

Tableaux

Introduction

Avec CSS, les concepteurs web ont appris qu'ils pouvaient renoncer à manipuler des tableaux HTML pour mettre en forme leurs créations. Des pratiques telles que le découpage d'une image afin d'en placer les différents morceaux dans des cellules de tableaux séparées ou l'imbrication de tableaux pour la mise en forme de la page web sont désormais obsolètes. Cependant, les tableaux gardent une certaine utilité.

Les développeurs web utilisent les tableaux HTML pour présenter des données tabulaires, comme des calendriers ou des données scientifiques, et peuvent alors employer CSS pour styler ces tableaux.

Ce chapitre va vous apprendre à améliorer l'aspect de vos tableaux en appliquant des styles aux en-têtes, en paramétrant les bordures à la fois du tableau et de ses cellules et en réduisant les vides autour des images dans les cellules. L'exemple de conception d'un calendrier à la fin du chapitre vous fait parcourir une à une les étapes requises pour réaliser un calendrier stylé.

8.1. Définir l'espacement entre cellules

Problème

Vous voulez modifier l'espace entre la bordure du tableau et celles des cellules.

Solution

Utilisez l'attribut `cellspacing` de l'élément `table` :

```
<table cellspacing="15">
 <tr>
   <th colspan="2">
    Caractéristiques démographiques générales de Pornic
   </th>
 </tr>
```

```
    <tr>
      <th>
      </th>
      <th>
       Estimations
      </th>
    </tr>
    <tr>
      <td>
       Population totale
      </td>
      <td>
       11 891
      </td>
    </tr>
  </table>
```

Discussion

Les Recommandations CSS 2.1 décrivent un mécanisme standard pour manipuler l'attribut `cellspacing` de l'élément `table` par l'intermédiaire de la propriété `border-spacing` lorsque le paramètre `border-collapse` est défini à `separate` :

```
border-collapse: separate;
border-spacing: 15px;
```

Cependant, l'implémentation de cette partie des spécifications n'est pas visible dans Internet Explorer pour Windows. Elle fonctionne dans Firefox et Netscape Navigator 7+. L'utilisation de l'attribut `cellspacing` est à l'heure actuelle la meilleure solution fonctionnelle dans Internet Explorer pour Windows, Netscape Navigator, Safari et Opera.

Voir aussi

Les recettes 8.2 et 8.7 (page 328) sur la définition des bordures de tableaux et l'espacement des cellules ; les Recommandations CSS 2.1 pour `border-collapse` (*http://www.w3.org/TR/CSS21/tables.html#propdef-border-collapse*) ; les Recommandations CSS 2.1 pour `border-spacing` (*http://www.w3.org/TR/CSS21/tables.html#propdef-border-spacing*).

8.2. Définir les bordures et l'espacement dans les cellules

Problème

Vous voulez définir les bordures et l'espace dans les cellules du tableau pour créer un effet visuel plus prononcé que le rendu par défaut, par exemple comme à la *figure 8-1*.

Solution

Utilisez la propriété `padding` pour régler l'espace entre le contenu de la cellule et ses bords. Utilisez la propriété `border` pour définir les bordures du tableau et des cellules :

```
table {
 border-collapse: collapse;
 border: 5px solid #444;
}
td {
 padding: 4px;
}
th {
 color: white;
 background-color: black;
}
td, th+th {
 border: 5px solid #666;
}
td+td {
 border: 5px solid #ccc;
 text-align: center;
}
td#gagnant {
 border: 7px dotted #999;
}
```

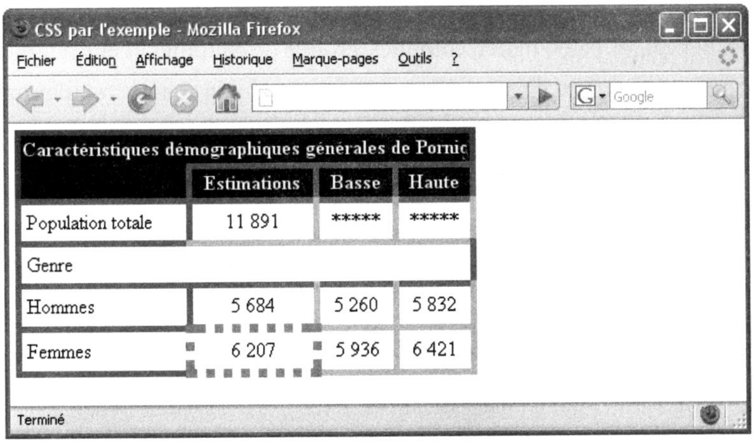

Figure 8-1. Les bordures et l'espacement appliqués au tableau et à ses cellules

Discussion

Il existe deux modèles de bordures pour les tableaux HTML : fusionné et séparé. Dans le modèle des bordures fusionnées, les cellules du tableau partagent les bordures. Dans celui des bordures séparées, les cellules possèdent leurs propres bordures.

Au moment de la rédaction de ce livre, le modèle fusionné était plus largement implémenté par les navigateurs et, de ce fait, davantage utilisé par les concepteurs.

Aujourd'hui, tous les navigateurs adoptent le modèle fusionné par défaut, excepté Firefox. Comme les Recommandations CSS ne spécifient pas ce comportement, vous devez définir explicitement le modèle fusionné dans vos feuilles de style de crainte qu'un futur navigateur n'ait pas le même comportement par défaut. Fixez le modèle de bordure en donnant la valeur `collapse` à la propriété `border-collapse` :

```
table {
 border-collapse: collapse;
}
```

L'attribut `border` de l'élément `table` détermine les bordures du tableau et des cellules qu'il contient. Vous pouvez donner, à l'aide de la propriété CSS `border`, une épaisseur de bordure différente pour le tableau et ses cellules individuelles.

Si vous appliquez à une cellule une bordure qui va à l'encontre d'une règle CSS préexistante, vous devez respecter les quatre règles suivantes des spécifications CSS pour résoudre les conflits :

- Si `border-style` est fixée à `hidden`, tous les autres styles de bordures sont masqués.
- Si `border-style` vaut `none`, n'importe quel autre style de bordure l'emporte.
- À moins que la propriété `border-style` ne soit paramétrée à `hidden` ou à `none`, une bordure plus épaisse l'emporte sur les bordures plus fines. Si des cellules contiguës ont la même largeur, le style de la bordure sera déterminé selon l'ordre suivant : `double`, `solid`, `dashed`, `dotted`, `ridge`, `outset`, `groove`, `inset`.
- Si des cellules contiguës ont une couleur différente tout en ayant le même style et la même largeur, la couleur de la bordure sera déterminée selon l'ordre suivant : cellule, ligne, groupe de lignes, colonnes, groupe de colonnes et enfin tableau.

L'autre modèle de bordure est le modèle séparé, dans lequel chaque cellule contient ses propres bordures auxquelles on peut appliquer des styles indépendamment des autres bordures de cellules. Dans le modèle séparé, la propriété `border-spacing` est utilisée pour définir un espace horizontal et vertical entre les cellules :

```
table#suiteDeDonnees {
 border-collapse: separate;
 border-spacing: 4px 4px;
}
```

Si la propriété `border-collapse` est fixée à `separate`, dans ce cas tous les styles définis pour les lignes, colonnes ou groupes de cellules ne sont plus appliqués. De même, les styles des cellules d'un tableau n'ayant pas de contenu peuvent être affichés ou masqués à l'aide de la propriété `empty-cells` paramétrée respectivement à `show` ou `hide`.

Alors que le modèle séparé confère davantage de contrôle aux développeurs, au moment de la rédaction de ce livre, seuls Firefox, Mozilla et Netscape 6+ en offraient le support complet. C'est la raison pour laquelle la plupart des concepteurs s'en tiennent au modèle fusionné.

Voir aussi

Les Recommandations CSS 2.1 sur les modèles de bordures (*http://www.w3.org/TR/CSS21/tables.html#propdef-border-collapse*) ; plus d'informations sur les tableaux au chapitre 11 du livre *CSS — La référence*, 2e édition, de Eric A. Meyer (Éditions O'Reilly).

8.3. Fixer le style de la légende

Problème

Vous souhaitez appliquer un style à la description d'un tableau.

Solution

Utilisez un sélecteur d'élément `caption` pour appliquer le style à la légende :

```
table caption {
    font: 1.5em Georgia, "Times New Roman", Times, serif;
    padding: 1em;
}
```

Discussion

Les légendes servent à décrire le contenu des tableaux et doivent être placées après la balise d'ouverture `table` et avant tout autre élément de tableau comme `thead` ou `tr` :

```
<table id="tableauChariot" summary="Liste des produits dans le chariot.">
 <caption>Valeur du chariot - <strong>Sous-total : 45,16 €</strong> ;
  Quantités modifiées ? <input type="submit" value="Actualiser le prix" />
 </caption>
 ...
</table>
```

Bien que la présentation de l'élément `caption` puisse varier en fonction des navigateurs, il sera toujours affiché. Il s'agit donc de la meilleure méthode pour ajouter une légende à un tableau et vous pouvez toujours modifier son aspect à l'aide de CSS.

Voir aussi

La Recommandation HTML 4.01 pour l'élément `caption` (*http://www.w3.org/TR/html4/struct/tables.html#h-11.2.2*).

8.4. Définir le style du contenu des cellules

Problème

Vous souhaitez modifier le style des liens présents dans les cellules de tableaux afin qu'ils se différencient visuellement des autres liens de la page.

Solution

Utilisez un sélecteur de descendant (parfois désigné sous le nom de *sélecteur contextuel*) pour manipuler les styles de contenu d'une cellule de tableau :

```
td a {
 display: block;
 background-color: #333;
 color: white;
 text-decoration: none;
 padding: 4px;
}
```

Discussion

En utilisant les sélecteurs de type et les sélecteurs de descendant — td a dans la règle CSS précédente — pour appliquer les styles, vous réduisez le nombre de balises nécessaires pour parfaire votre conception, ainsi que la taille des documents. Le style n'affecte que les éléments a dans les cellules de tableaux, td.

Si vous souhaitez mieux contrôler la présentation du contenu d'une cellule de tableau, utilisez un sélecteur de classe :

```
<td class="texteNav">
 <a href="/">Accueil</a>
</td>
```

Vous pouvez alors appliquer les règles CSS au contenu d'une cellule au moyen d'une combinaison de sélecteurs de classe et de sélecteurs de descendant :

```
td.texteNav a {
 font-size: x-small;
}
```

Si vous souhaitez styler le contenu d'une cellule qui contient autre chose qu'un lien, placez un élément div autour de ce contenu afin de pouvoir utiliser un sélecteur de classe.

Dans l'exemple suivant, une liste non ordonnée est placée dans un élément div dont l'attribut class est défini :

```
<td>
 <div class="contenuTableau">
 <p>Liste des choses à faire aujourd'hui.</p>
 <ul>
   <li>
     <a href="http://www.tf1vision.com/film_fiche.php?prg=1002377&rub=NVT">
       Regarder <cite>Braqueurs amateurs</cite></a></li>
   <li>
     <a href="http://www.tf1vision.com/film_fiche.php?prg=1001760&rub=NVT">
       Regarder <cite>Fauteuils d'orchestre</cite></a></li>
   <li>
     <a href="http://www.tf1vision.com/film_fiche.php?prg=1002274&rub=NVT">
       Regarder <cite>L'homme de l'intérieur</cite></a></li>
```

```
    <li>Appeler le banquier.</li>
  </ul>
 </div>
 </td>
```

Voici des règles CSS qui permettent de styler le contenu de la cellule du tableau :

```
.contenuTableau p {
 margin: 0;
 padding: 0;
 font-weight: bold;
}
.contenuTableau ul {
 margin: 0;
 padding: 0;
}
.contenuTableau li {
 margin: 0;
 padding: 0;
 line-height: 1.5;
}
.contenuTableau li a {
 padding-left: 15px;
 background-image: url(puce.gif);
 background-repeat: no-repeat;
}
```

Voir aussi

Les Recommandations CSS 2.1 pour les sélecteurs de type (*http://www.w3.org/TR/CSS21/selector.html#type-selectors*) ; les informations sur les sélecteurs de descendant (*http://www.w3.org/TR/CSS21/selector.html#descendant-selectors* ; la recette 8.10, page 332, pour un exemple plus détaillé de l'application de styles à des cellules de tableaux.

8.5. Définir le style des éléments d'en-tête d'un tableau

Problème

Vous voulez différencier le style du texte des cellules d'en-tête d'un tableau de celui des cellules de contenu ; la *figure 8-2* illustre un tableau avec des titres traditionnels et la *figure 8-3* affiche une version stylée du même tableau.

Solution

Utilisez le sélecteur de l'élément th pour donner un style à l'en-tête d'un tableau :

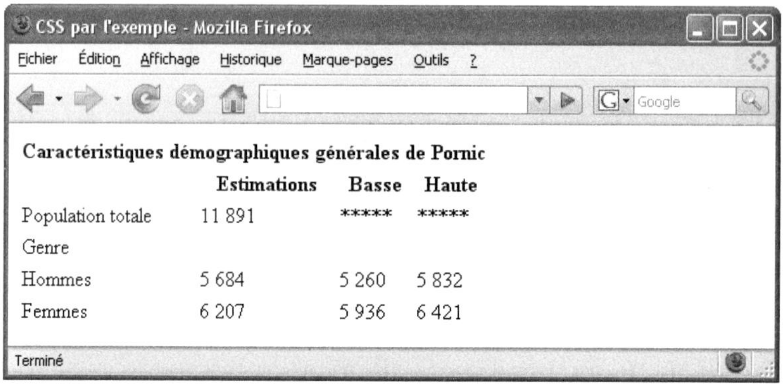

Figure 8-2. Le tableau tel qu'il apparaît avant application des styles aux en-têtes

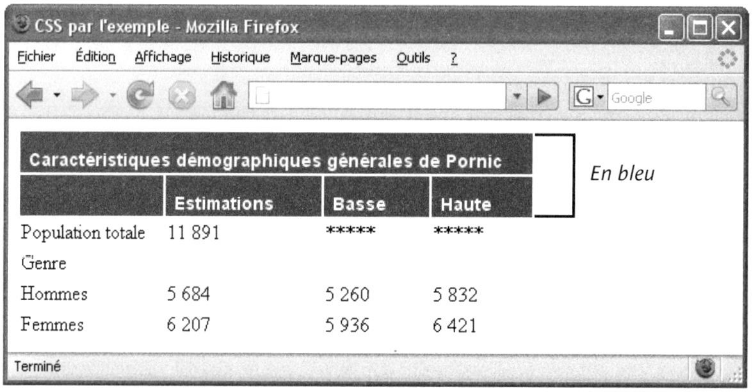

Figure 8-3. Styles appliquées aux en-têtes du tableau

```
th {
 text-align: left;
 padding: 1em 1.5em 0.1em 0.5em;
 font-family: Arial, Helvetica, Verdana, sans-serif;
 font-size: .9em;
 color: white;
 background-color: blue;
 border-right: 2px solid blue;
}
```

Pour des tableaux comportant plusieurs lignes d'éléments th réclamant des styles différents, utilisez un sélecteur de classe pour différencier les lignes :

```
.ligne2 th {
/* Utiliser un nuance de bleu plus claire comme arrière-plan. */
 background-color: #009;
}
```

Placez les lignes appropriées dans cette classe :

```
<tr>
 <th colspan="4">
 Caractéristiques démographiques générales de Pornic
 </th>
</tr>
<tr class="ligne2">
 <th>
 </th>
 <th>
  Estimatation
 </th>
 <th>
  Basse
 </th>
 <th>
  Haute
 </th>
</tr>
```

Discussion

L'élément `th` caractérise le contenu de la cellule comme étant une information d'en-tête (titre). Lors de la définition des styles de cet élément, utilisez des styles qui font ressortir son contenu par rapport à celui des cellules `td` environnantes du tableau. Vous pouvez générer des styles contrastés en ajustant simplement l'une des propriétés suivantes : `font-family`, `background-color`, `font-size`, `font-weight` et l'alignement du texte. (Reportez-vous à la recette 2.1, page 62, pour spécifier les polices et à la recette 2.2, page 65, pour définir la taille d'une police et ses unités de mesure.) Quels que soient vos ajustements, il y a de fortes chances que vous amélioriez l'aspect des en-têtes du tableau.

> Notez que les espaces insécables placés dans les en-têtes permettent au navigateur de traiter le titre comme un seul mot et qu'il n'est donc pas décomposé en deux lignes empilées l'une au-dessus de l'autre.

Voir aussi

Les sélecteurs de type (*http://www.w3.org/TR/CSS21/selector.html#type-selectors*).

8.6. Supprimer les vides d'une cellule contenant une image

Problème

Vous voulez vous débarrasser de l'espace inutile dans une cellule ne contenant qu'une image, c'est-à-dire obtenir la *figure 8-5* à la place de la *figure 8-4*.

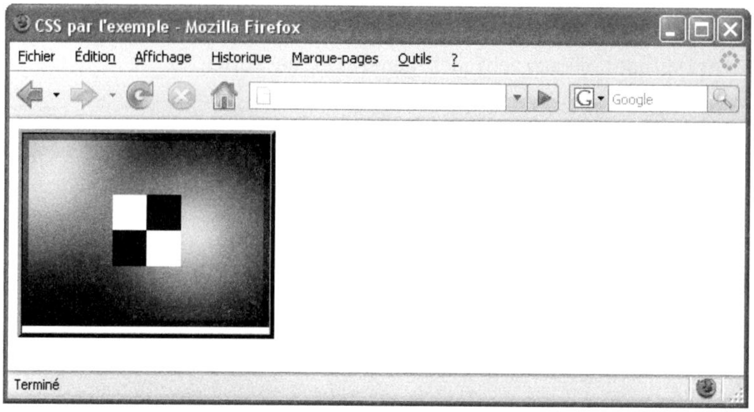

Figure 8-4. Vide apparaissant sous une image dans une cellule de tableau

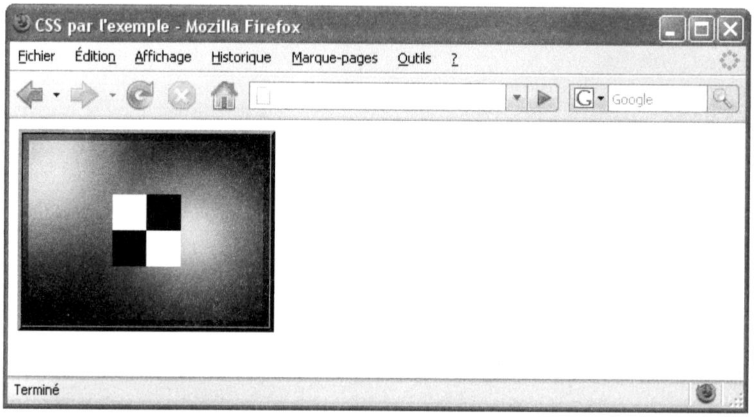

Figure 8-5. Affichage de l'image dans une cellule comme élément de bloc

Solution

Définissez l'image pour qu'elle soit affichée comme un élément de bloc :

```
td img {
 display: block;
}
```

Discussion

Le navigateur place l'image sur la ligne de base utilisée pour le texte car elle est ajoutée comme un élément en-ligne. En l'obligeant à devenir un élément de bloc, le navigateur l'affiche différemment. La ligne de base ne se trouve pas tout en bas de la cellule afin que les lettres ayant des jambages (g, p, q et y) puissent être affichées en totalité (voir la *figure 8-6*).

Vous ne pouvez pas vous débarrasser de l'espace réservé aux jambages, car la ligne de base est un pourcentage de la hauteur totale de la police. En demandant au navigateur

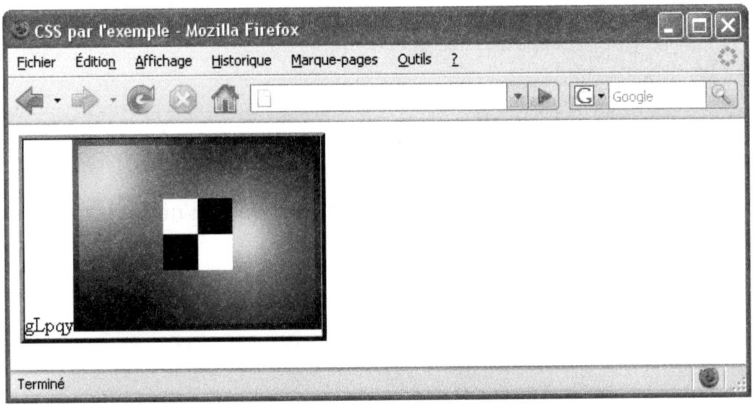

Figure 8-6. Les jambages des lettres minuscules g, p, q et y sont à l'origine de l'espace sous l'image

de traiter l'image de manière différente, la réservation automatique de l'espace pour les jambages peut être évitée. Pour cela, comme le montre la solution, nous affectons la valeur `block` à la propriété `display` de l'image.

Utiliser des DTD

Une autre solution implique le recours aux DTD. Une DTD (*Document Type Definition*) est une déclaration formelle donnant la liste des éléments utilisés dans un document. Par exemple, il existe des différences entre la DTD de HTML 2 et celle de HTML 4.1. Ces différences sont explicitées dans leur propre DTD. Un navigateur peut déterminer la DTD à utiliser lorsqu'il affiche une page grâce à une petite déclaration qu'on fait figurer en tête de la page web et qui précède tout marquage.

Certaines déclarations DOCTYPE placent le navigateur en mode standard au lieu du mode approximatif (*quirk mode*), un terme décrivant le comportement « anormal » des navigateurs. Le fait que le navigateur fonctionne en mode standard garantit la présence d'un espace entre les images et les bordures de la cellule du tableau. Pour supprimer ces espaces, ou si vous souhaitez simplement éviter le mode standard, utilisez les déclarations DOCTYPE qui activent le mode approximatif tout en permettant la validation du document. Pour plus d'informations, consultez un tableau comparant les déclarations DOCTYPE et les navigateurs à l'adresse *http://www.webstandards.org/learn/reference/doctype_switch.html*.

Il y a des circonstances où la définition de `display` à `block` sur une image n'est pas la meilleure solution pour supprimer des espaces autour de celle-ci dans une cellule de tableau. Dans ce type de cas, une autre méthode pour supprimer ces espaces consiste à définir la propriété `vertical-align` de l'image à `bottom` dès lors que celle-ci est plus haute que la boîte de ligne.

Voir aussi

Les Recommandations CSS 2.1 pour la propriété `display` (*http://www.w3.org/TR/CSS21/visuren.html#propdef-display* ; le mode « quirk » et le mode « quasi-standard » (*http://developer.mozilla.org/fr/docs/Le_sniffing_de_DOCTYPE_dans_Mozilla*).

8.7. Éliminer les vides entre les cellules d'un tableau

Problème

Vous souhaitez supprimer les vides qui séparent les cellules d'un tableau.

Solution

Forcez le tableau à utiliser le modèle des bordures fusionnées :

```
#tableauChariot {
 border-collapse: collapse;
 width: 100%;
 border: 1px solid #666;
}
#tableauChariot th {
 background: #888 url(fond-entete.jpg) repeat-x;
 font: italic 1.5em Georgia, "Times New Roman", Times, serif;
 padding: .5em 0 .5em 7px;
 text-align: left;
 border-top: 1px solid #666;
 border-bottom: 1px solid #666;
 text-shadow: #ccc -2px 2px -2px;
}
```

Discussion

En fixant la propriété `border-collapse` à `collapse`, le navigateur retire l'espace qui se trouve entre les cellules du tableau. Si vous appliquez une bordure aux cellules, vous obtenez un trait continu sur une ligne ou une colonne du tableau.

Voir aussi

La recette 8.2, page 318, pour un complément d'informations sur le modèle `border-collapse`.

8.8. Alterner les couleurs d'arrière-plan des lignes d'un tableau

Problème

Vous souhaitez alterner la couleur d'arrière-plan des lignes d'un tableau, afin que le tableau de la *figure 8-7* ressemble à celui de la *figure 8-8*.

Figure 8-7. Un tableau avec des cellules sans couleur d'arrière-plan

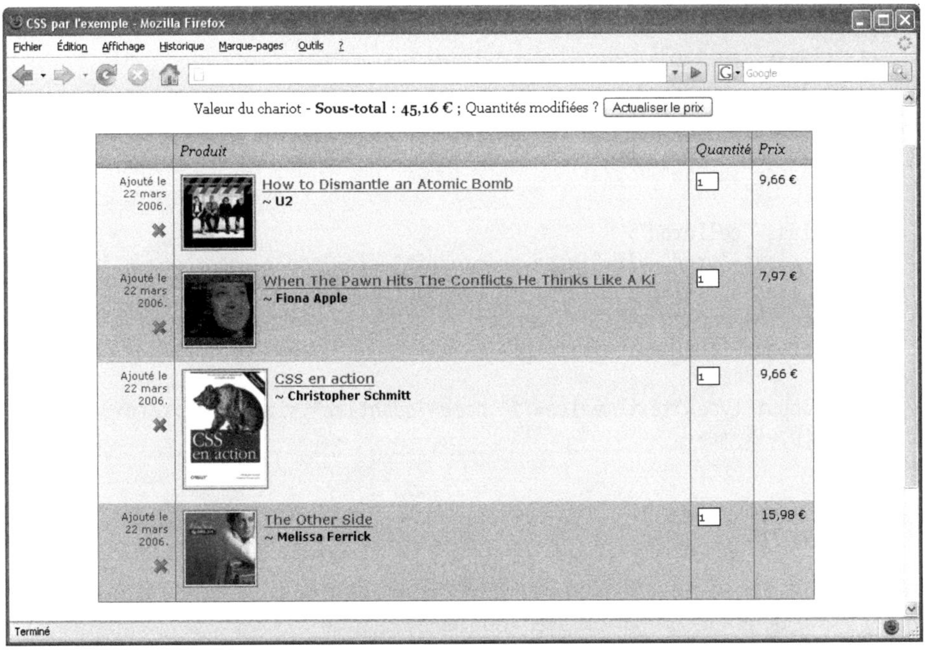

Figure 8-8. Alterner les couleurs des lignes du tableau

Solution

Créez un sélecteur de classe pour cibler les lignes impaires du tableau :

```
tr {
 background-color: #eee;
}
tr.impaire {
 background-color: #ccc;
}
```

Ensuite, ajoutez un attribut `class` de valeur `impaire` aux lignes adéquates :

```
<tr>
 <td class="supprod">
  <p>Ajouté le 22 mars 2006</p>
  <a href="" title="Supprimer ce produit"><img src="x.gif" alt="supprimer"
     class="supele" /></a>
 </td>
 <td class="cellprod">
  <img class="prod" alt="image du produit" src="u2-dismantle.jpg" />
  <div class="titreprod"><a href="/product.php?id=B0006399FS">
    How to Dismantle an Atomic Bomb</a></div>
  ~ <strong>U2</strong>
 </td>
 <td><input type="text" value="1" name="quantite" size="2" /></td>
 <td>9,66 €</td>
</tr>
<tr class="impaire">
 <td class="supprod">
  <p>Ajouté le 22 mars 2006</p>
  <a href="" title="Supprimer ce produit"><img src="x.gif" alt="supprimer"
     class="supele" /></a>
 </td>
 <td class="cellprod">
  <img class="prod" alt="image du produit" src="apple-whenthepawn.jpg" />
  <div class="titreprod"><a href="/product.php?id=B00002MZ4W">
    When The Pawn Hits...</a></div>
  ~ <strong>Fiona Apple</strong>
 </td>
 <td><input type="text" value="1" name="quantite" size="2" /></td>
 <td>7,97 €</td>
</tr>
```

Discussion

Bien que laborieuse pour les tableaux longs, cette solution consistant à baliser un élément `tr` sur deux est compatible avec tous les navigateurs.

Une autre solution permet d'éliminer le balisage supplémentaire du tableau HTML. En utilisant un sélecteur de $n^{ème}$ descendant, `nth-child`, défini par les Recommandations CSS 3, la solution devient beaucoup plus simple :

```
tr {
 background-color: #eee;
}
tr:nth-child(odd) {
 background-color: #ccc;
}
```

Cependant, la prise en charge de CSS 3 n'est pas universelle. Internet Explorer 6 pour Windows et les versions précédentes ne reconnaissent pas ce sélecteur. Si la compatibilité entre navigateurs est importante, vous ne devez pas l'utiliser.

Utiliser JavaScript

D'autres solutions impliquent des techniques dépassant le simple emploi de CSS. L'une d'elles consiste à écrire du code JavaScript qui manipule le DOM (*Document Object Model*) et applique automatiquement les styles une ligne sur deux. Vous en trouverez un exemple à l'adresse *http://www.alistapart.com/articles/zebratables*. Cette approche a l'inconvénient de ne plus fonctionner si l'utilisateur a désactivé JavaScript dans son navigateur.

Utiliser des solutions côté serveur

Une autre solution programmée consiste à employer un langage côté serveur, comme PHP ou ColdFusion, pour écrire un script qui automatise la génération du tableau. Cette technique est intéressante si les données à afficher dans le tableau proviennent d'une base de données. Vous trouverez une solution PHP à cette approche sur la page *http://www.phpfreaks.com/tutorials/5/0.php*.

Voir aussi

Les Recommandations CSS 3 pour le sélecteur de pseudo-classe `nth-child` (*http://www.w3.org/TR/css3-selectors/#nth-child-pseudo*).

8.9. Ajouter un effet de surlignage à une ligne de tableau

Problème

Vous souhaitez surligner une ligne de tableau lorsque le pointeur de la souris survole une cellule de cette ligne (voir la *figure 8-9*).

Solution

Utilisez la pseudo-classe `:hover` sur l'élément `tr` :

```
tr:hover {
 background: yellow;
}
```

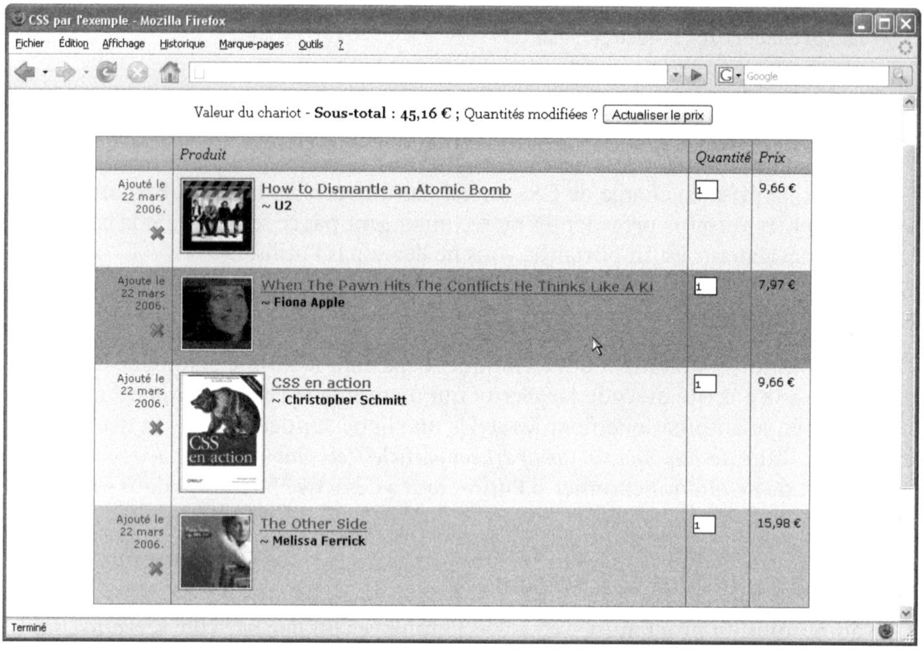

Figure 8-9. La ligne du tableau est surlignée lorsque le pointeur de la souris la survole

Discussion

La pseudo-classe `:hover` est fréquemment employée avec les liens pour créer des effets de survol. Cependant, les spécifications CSS ne la réservent pas aux liens. Elle peut également être appliquée à d'autres éléments, comme `p` ou `div`.

La validité de cette technique peut être limitée, car Internet Explorer 6 pour Windows et les versions précédentes ne créent pas d'effet de survol sur un élément autre qu'un lien.

Voir aussi

Les Recommandations CSS 2.1 pour les pseudo-classes dynamiques (*http://www.w3.org/TR/CSS21/selector.html#dynamic-pseudo-classes*).

8.10. Exemple de conception : un calendrier élégant

Outils d'organisation, les calendriers ou les agendas nous permettent de planifier des réunions, de nous rappeler les anniversaires et de projeter des lunes de miel. En tant que concepteur, vous devez organiser ces données sur les mois, les dates et les rendez-vous sous forme de données tabulées.

Si vous affichez votre calendrier sous forme de tableau HTML, il y a des chances que celui-ci paraisse plutôt quelconque et, s'il contient de nombreux événements, il aura probablement un aspect quelque peu alambiqué. Dans notre exemple de conception, nous utilisons CSS pour créer un calendrier plus lisible que si vous utilisiez HTML seul.

Jetez d'abord un coup d'œil à la *figure 8-10* qui illustre le balisage du calendrier sans l'utilisation des styles.

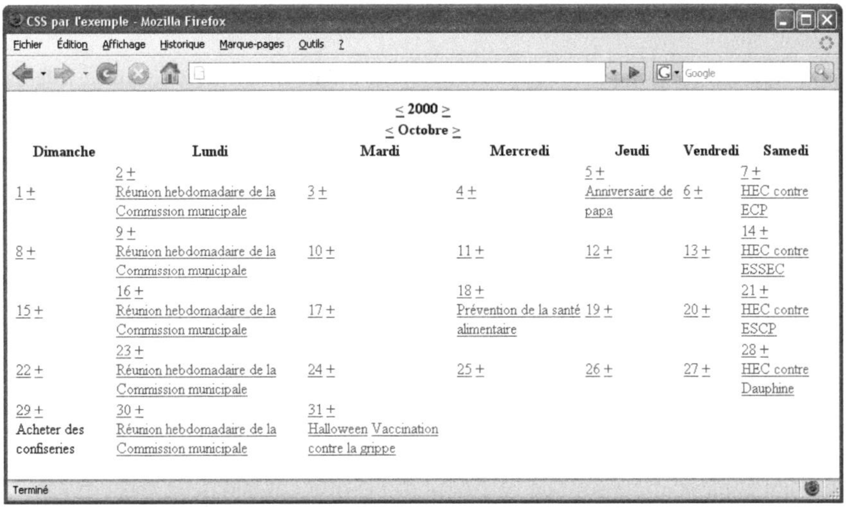

Figure 8-10. Le calendrier sans les styles

Ensuite, observez le balisage lui-même pour voir comment il est organisé. Comme vous l'avez appris à la recette 8.1, page 317, l'attribut `cellspacing` doit être défini dans l'élément `table` :

```
<table cellspacing="0">
```

Maintenant, définissez les en-têtes du tableau, les éléments `th`, contenant l'année, le mois et les jours, sur leurs propres lignes (trois éléments `tr` représentant trois lignes) :

```
<tr>
 <th colspan="7" id="annee">
  <a href="annee.html?precedent">&lt;</a> 2000
  <a href="annee.html?suivante">&gt;</a>
 </th>
</tr>
<tr>
 <th colspan="7" id="mois">
  <a href="mois.html?precedent">&lt;</a> Octobre
  <a href="mois.html?suivante">&gt;</a>
 </th>
</tr>
 <tr id="jours">
 <th>Dimanche</th>
 <th>Lundi</th>
```

```
    <th>Mardi</th>
    <th>Mercredi</th>
    <th>Jeudi</th>
    <th>Vendredi</th>
    <th>Samedi</th>
  </tr>
```

La première date est le 1er octobre, qui tombe un dimanche. Pour signaler que les samedis et les dimanches sont des jours du week-end, utilisez un sélecteur class dans l'élément td.

Pour chaque date du mois, il existe un lien sur la date elle-même (dont le rôle est, en théorie, de présenter au visiteur un agenda détaillé du jour) de même qu'un lien pour ajouter d'autres événements à la journée. Placez ces deux liens dans un élément div de sorte que lorsque de nouveaux événements sont ajoutés, il y ait une séparation claire entre les deux sections de la cellule :

```
<tr>
 <td class="weekend">
  <div>
   <a href="1.html" class="date">1</a>
   <a href="ajout.html" class="ajoutEvenement">+</a>
  </div>
 </td>
```

La date suivante, le 2 octobre, répertorie un événement. L'événement est marqué comme un lien et placé en-dessous de l'élément div contenant la date et les liens ajoutEvenement (comme le 2 octobre est un jour de semaine, la classe weekend ne s'applique pas à l'élément td correspondant) :

```
<td>
 <div>
  <a href="2.html" class="date">2</a>
  <a href="ajout.html" class="ajoutEvenement">+</a>
 </div>
 <a href="16.html?id=1" class="evenement">
   Réunion hebdomadaire de la Commission municipale</a>
</td>
```

Le reste du balisage obéit à une structure similaire :

```
<td>
 <div>
  <a href="3.html" class="date">3</a>
  <a href="ajout.html" class="ajoutEvenement">+</a>
 </div>
</td>
<td>
  <div>
   <a href="4.html" class="date">4</a>
   <a href="ajout.html" class="ajoutEvenement">+</a>
  </div>
</td>
<td>
```

```
    <div>
     <a href="5.html" class="date">5</a>
     <a href="ajout.html" class="ajoutEvenement">+</a>
    </div>
    <a href="5.html?id=1" class="evenement">Anniversaire de papa</a>
   </td>
   <td>
     <div>
      <a href="6.html" class="date">6</a>
      <a href="ajout.html" class="ajoutEvenement">+</a>
     </div>
   </td>
   <td class="weekend">
     <div>
      <a href="7.html" class="date">7</a>
      <a href="ajout.html" class="ajoutEvenement">+</a>
     </div>
     <a href="7.html?id=1" class="evenement">HEC contre ECP</a>
   </td>
  </tr>

  [...]

  <tr>
   <td class="weekend">
     <div>
      <a href="29.html" class="date">29</a>
      <a href="ajout.html" class="ajoutEvenement">+</a>
     </div>
     <div class="evenement">Acheter des confiseries</div>
   </td>
   <td>
     <div>
      <a href="30.html" class="date">30</a>
      <a href="ajout.html" class="ajoutEvenement">+</a>
     </div>
     <a href="16.html?id=1" class="evenement">
       Réunion hebdomadaire de la Commission municipale</a>
   </td>
   <td>
     <div>
      <a href="31.html" class="date">31</a>
      <a href="ajout.html" class="ajoutEvenement">+</a>
     </div>
     <a href="31.html?id=1" class="evenement">Halloween</a>
     <a href="31.html?id=2" class="evenement">Flu shot</a>
   </td>
   <td>
    <div class="datevide"> </div>
   </td>
```

```
      <td>
       <div class="datevide"> </div>
      </td>
      <td>
       <div class="datevide"> </div>
      </td>
      <td class="weekend">
       <div class="datevide"> </div>
      </td>
     </tr>
    </table>
```

Le calendrier étant balisé, vous pouvez commencer à définir les styles. Appliquez d'abord les styles au tableau et aux liens. La largeur `width` du tableau est fixée à `100%` et le modèle des bordures (voir la recette 8.2, page 318) est défini à `collapse`, modèle usuel auquel les concepteurs web sont familiers et que la plupart des navigateurs implémente. Le soulignement des liens est désactivé (voir la *figure 8-11*) :

```
table {
 width: 100%;
 border-collapse: collapse;
}
td a:link, td a:visited {
 text-decoration: none;
}
```

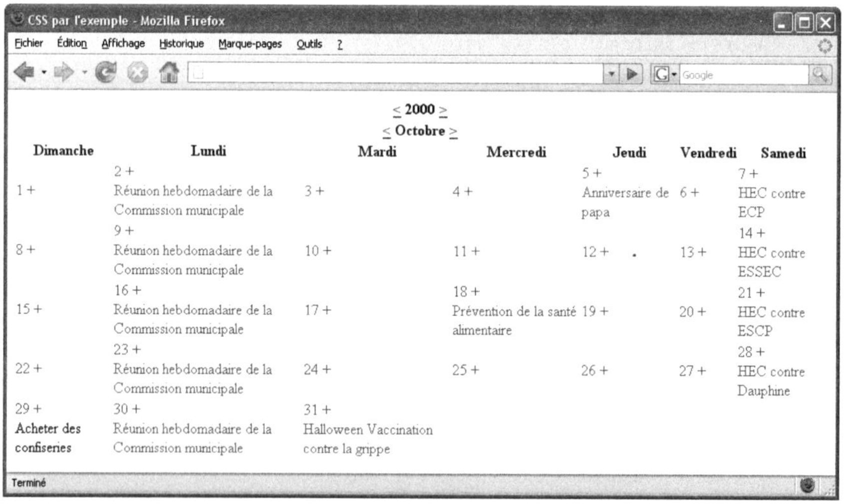

Figure 8-11. Le soulignement des liens est retiré

Ensuite, définissez les styles des trois premières lignes du tableau. Les lignes sont marquées à l'aide de sélecteurs d'identifiants parce que l'on veut que les styles n'apparaissent qu'une fois dans le document. Donnez un style à ces lignes d'une manière simple en utilisant une police non proportionnelle pour les titres et ensuite en diminuant la taille de la police, la taille du libellé du mois étant la plus grande (voir la *figure 8-12*) :

```
#annee {
 font-family: monospace;
 font-size: 1.5em;
 padding: 0;
 margin: 0;
}
#mois {
 font-family: monospace;
 font-size: 2em;
 padding: 0;
 margin: 0;
}
#jours {
 background-color: black;
 color: white;
 font-family: monospace;
 width: 75px;
}
```

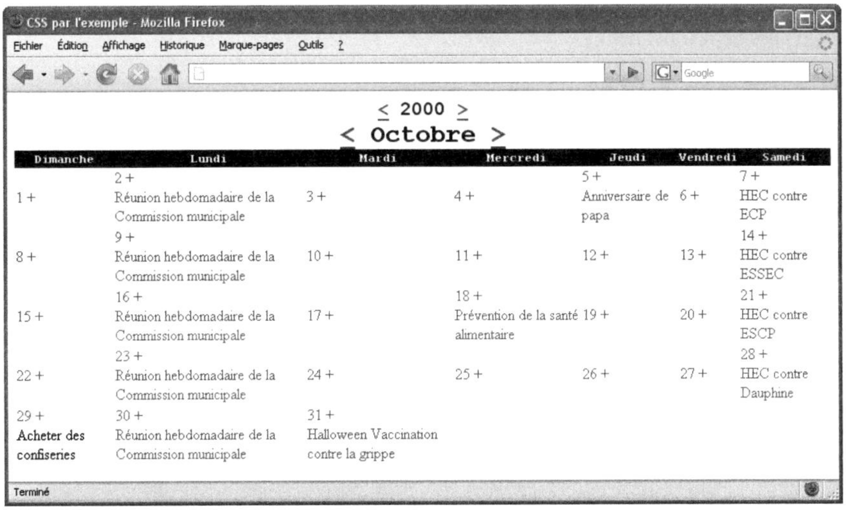

Figure 8-12. Styles donnés aux trois premières lignes

Il est temps maintenant de mettre en forme les dates et d'ajouter des liens aux événements dans chaque cellule. Pour reproduire l'effet d'encadré de la date que l'on voit dans la plupart des calendriers, placez une bordure à droite et en bas du texte et faites flotter le contenu vers la gauche.

Vous voulez que les liens pour ajouter des événements soient fermés à ces dates. Faire flotter le lien à droite signifie que celui-ci sera positionné à proximité de la date du jour suivant. En faisant flotter le lien pour ajouter un événement à gauche, vous indiquez à l'utilisateur que le signe plus signifie ajouter des événements pour la journée considérée (*figure 8-13*) :

```
.date {
 border-right: 1px solid black;
 border-bottom: 1px solid black;
 font-family: monospace;
 text-decoration: none;
 float: left;
 width: 1.5em;
 height: 1.5em;
 background-color: white;
 text-align: center;
}
.ajoutEvenement {
 display: block;
 float: left;
 width: 1em;
 height: 1em;
 text-align: center;
 background-color: #666;
 color: white;
 font-weight: bold;
 text-decoration: none;
}
```

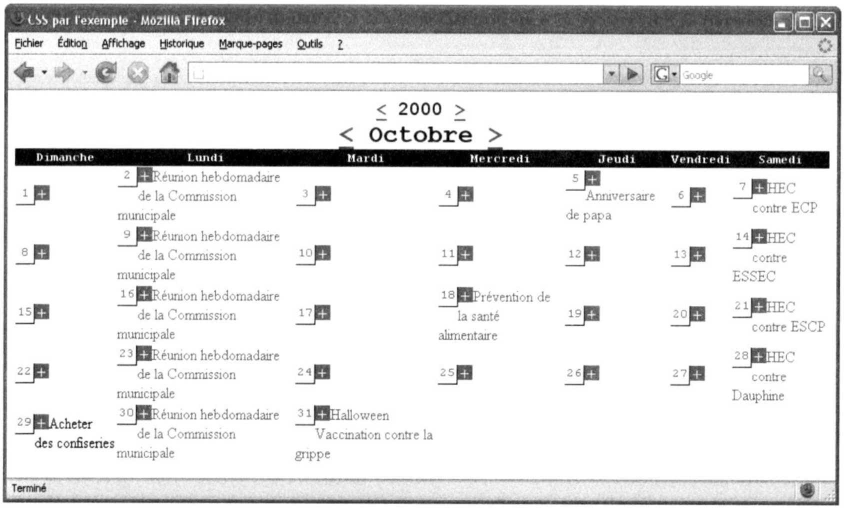

Figure 8-13. Styles appliqués sur la date et aux liens pour ajouter un événement

Occupons-nous maintenant des listes d'événements. Comme les précédents liens étaient flottants, vous devez créer une rupture visuelle et déplacer les événements en dessous de la date.

La définition de la propriété `clear` à `both` réalise la rupture visuelle. La propriété `clear` est utilisée pour préciser les côtés d'un élément qui ne doivent pas être positionnés à proximité d'un élément flottant. Dans notre cas, vous ne voulez pas que le côté gauche se place à proximité de la date et des liens d'ajout d'événements. Cependant, juste pour le cas où le design évoluerait à l'avenir et dans le cas où les dates seraient positionnées du côté opposé, utilisez la valeur `both` au lieu de la valeur `left`.

Fixez ensuite `display` à `block` et placez l'espacement en bas (voir la *figure 8-14*). Vous effectuez ces changements pour empêcher plusieurs événements d'une cellule de tableau de se télescoper. De même, l'espacement agit comme un tampon visuel permettant à l'œil de discerner facilement deux événements :

```
.evenement {
 clear: both;
 padding-left: 1em;
 padding-bottom: .75em;
 display: block;
}
```

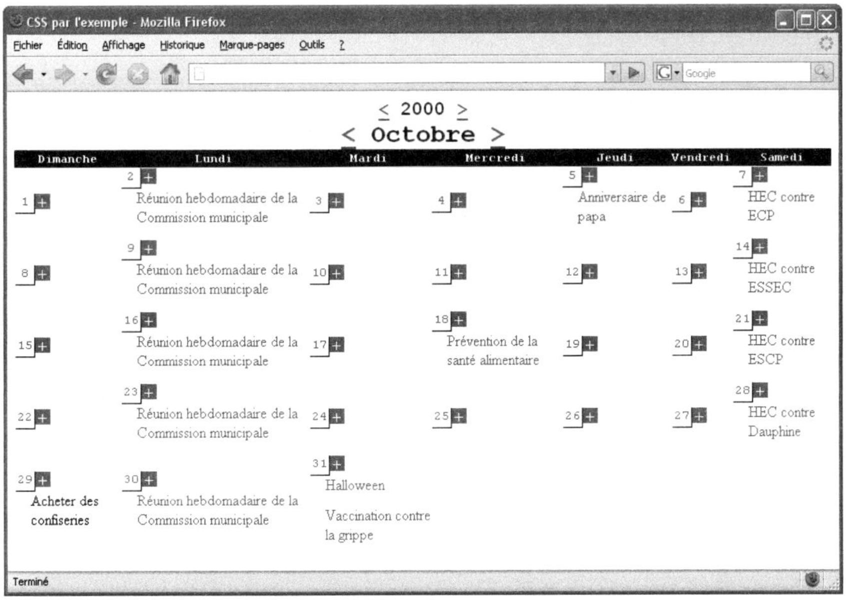

Figure 8-14. Liens sur des événements traités comme des éléments de bloc

Appliquez à chaque cellule du tableau une largeur de `14%`. On utilise ici une valeur de 14% parce que 7 (représentant les 7 sections du calendrier ou les 7 jours de la semaine) s'inscrit dans 100 (représentant 100% du cadre de visualisation du navigateur) approximativement 14 fois. Placez également une bordure blanche sur tous les côtés de la cellule et positionnez le contenu au sommet à l'aide de la propriété `vertical-align` (voir la *figure 8-15*) :

```
td {
 width: 14%;
 background-color: #ccc;
 border: 1px solid white;
 vertical-align: top;
}
```

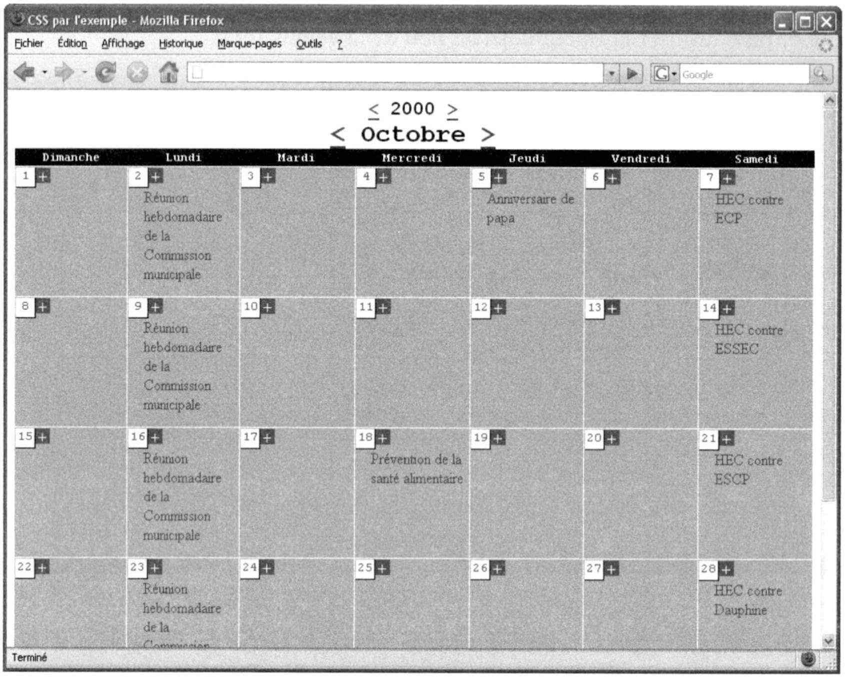

Figure 8-15. Contenu de chacune des cellules déplacé vers le haut

Assombrissez la couleur de fond des dates de week-end, en contraste avec celle des dates de la semaine (voir la *figure 8-16*) :

```
.weekend {
 background-color: #999;
}
```

Grisez légèrement l'aspect des jours à venir du mois suivant (voir la *figure 8-17*) :

```
.datevide {
 border-right: 1px solid #666;
 border-bottom: 1px solid #666;
 font-family: monospace;
 text-decoration: none;
 float: left;
 width: 1.5em;
 height: 1.5em;
 background-color: #ccc;
 text-align: center;
}
```

Pour le jour courant (dans cet exemple, nous somme le 27), placez une bordure noire de deux pixels autour du cadre :

```
#aujourdhui {
 border: 2px solid black;
}
```

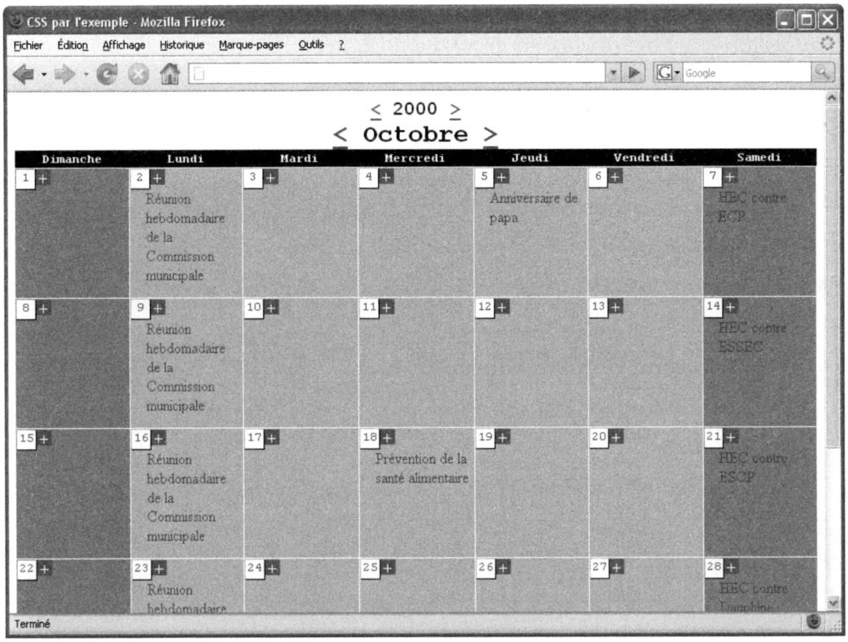

Figure 8-16. Jours du week-end associés à une couleur de fond d'un gris plus soutenu

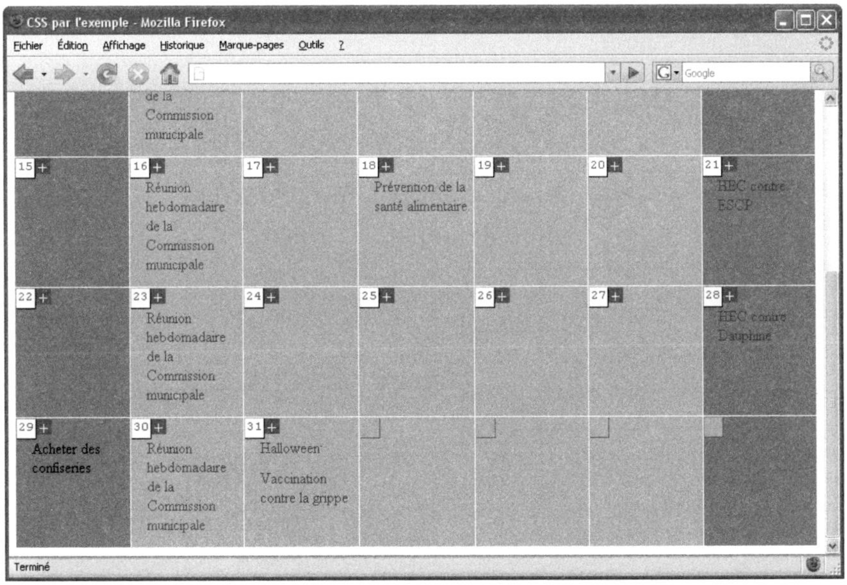

Figure 8-17. Dates du mois suivant vides et stylées

Et avec cela, le calendrier est complet, comme le montre la *figure 8-18*.

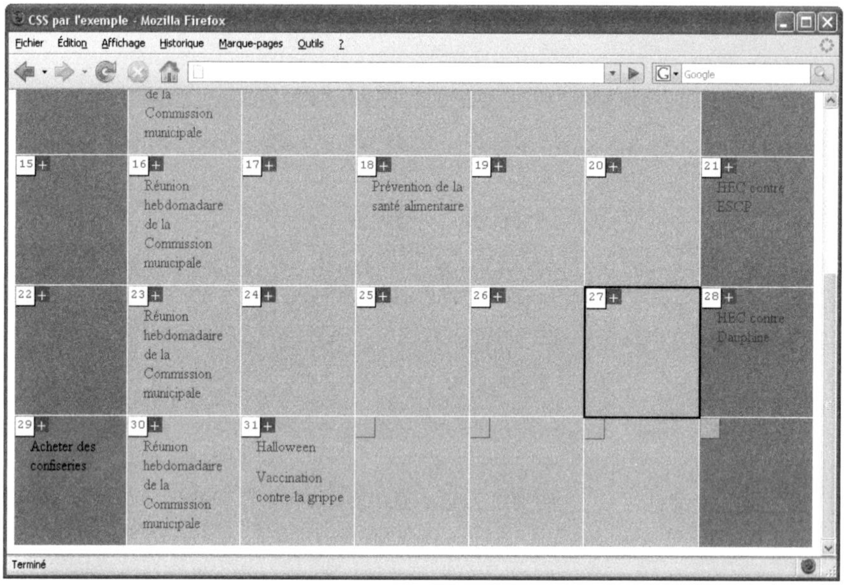

Figure 8-18. Date courante du calendrier avec une bordure plus sombre

9

Mise en pages

Introduction

La mise en pages est l'un des derniers territoires à défricher pour une présentation s'appuyant sur CSS.

Pendant longtemps, les développeurs web ont utilisé des tableaux HTML pour faire de la mise en pages, les imbriquant pour créer un multicolonnage, ou des présentations à plusieurs niveaux. Les tableaux HTML imbriqués ont un rendu correct dans les anciens navigateurs comme Netscape Navigator 4, où le support de CSS, bien que présent, était à peine discernable et le plus souvent erroné.

Cependant, les tableaux et autres éléments HTML sont des outils qui doivent être utilisés pour baliser un contenu et non pour établir des mises en pages. L'idéal serait que HTML représente la structure du contenu à un certain niveau d'abstraction et que CSS dise comment présenter ce contenu.

Laisser CSS se charger de la présentation offre de nombreux avantages. Le contenu sans signification, qui était autrefois enfermé dans de multiples tableaux imbriqués et des images, se retrouve maintenant dans des balises de titre et de paragraphe pleines de sens, améliorant ainsi le classement des sites dans les moteurs de recherche.

En outre, les CSS permettent de diminuer la taille des fichiers et facilitent la maintenance. Avec CSS, le passage à une présentation totalement nouvelle d'un site web se fait en un clin d'œil, alors que cela prenait des heures et parfois des jours avec les tableaux HTML.

Ce chapitre expose les différentes manières de créer des présentations en colonnes — qu'il s'agisse de présentations sur une, deux, trois ou quatre colonnes.

9.1. Créer une présentation sur une colonne

Problème

Vous voulez créer une présentation ne comprenant qu'une seule colonne principale, comme à la *figure 9-1*.

Figure 9-1. Page sur une colonne renforcée par une marge accrue

Solution

Appliquez une valeur en pourcentage aux marges gauche et droite de l'élément body du document web :

```
body {
 margin-left: 15%;
 margin-right: 15%;
}
```

Discussion

Lorsque vous appliquez une valeur en pourcentage aux marges gauche et droite du corps du document, la largeur de la colonne devient souple et variable. Cela permet au contenu d'occuper toute la largeur de la fenêtre du navigateur de l'utilisateur.

Pour créer une colonne de largeur fixe, utilisez la propriété width de l'élément body :

```
body {
 width: 600px;
}
```

Cette technique aligne la colonne sur le côté gauche de la fenêtre du navigateur de l'utilisateur. Si vous voulez centrer une colonne de largeur fixe, placez un élément div autour de l'intégralité du contenu du document web en lui associant un attribut id unique tel que cadre :

```
<div id="cadre">
 [...]
</div>
```

Ensuite, dans les règles CSS, appliquez une valeur de 50% à l'espacement gauche du corps du document :

```
body {
 width: 600px;
 padding-left: 50%;
}
```

Par l'intermédiaire d'un sélecteur d'identifiant, définissez la largeur de la colonne, puis une marge gauche négative égale à la moitié de la largeur de la colonne :

```
#cadre {
 /* Fixer la largeur de la colonne. */
 width: 600px;
 margin-left: -300px;
}
```

Vous pourriez penser à juste titre qu'il suffirait de paramétrer les marges gauche et droite à auto comme ceci :

```
#cadre {
 width: 600px;
 margin-left: auto;
 margin-right: auto;
}
```

Malheureusement, cette approche directe ne fonctionne pas dans Internet Explorer pour Windows. La solution est d'utiliser le biais ci-dessus qui fonctionne avec tous les navigateurs majeurs du marché.

Voir aussi

La recette 4.1, page 181, sur le centrage des éléments dans un document web ; la recette 6.8, page 237, sur la navigation par onglets horizontaux.

9.2. Créer une présentation sur deux colonnes

Problème

Vous voulez créer une présentation sur deux colonnes redimensionnables à la largeur du navigateur, comme l'illustre la *figure 9-2*.

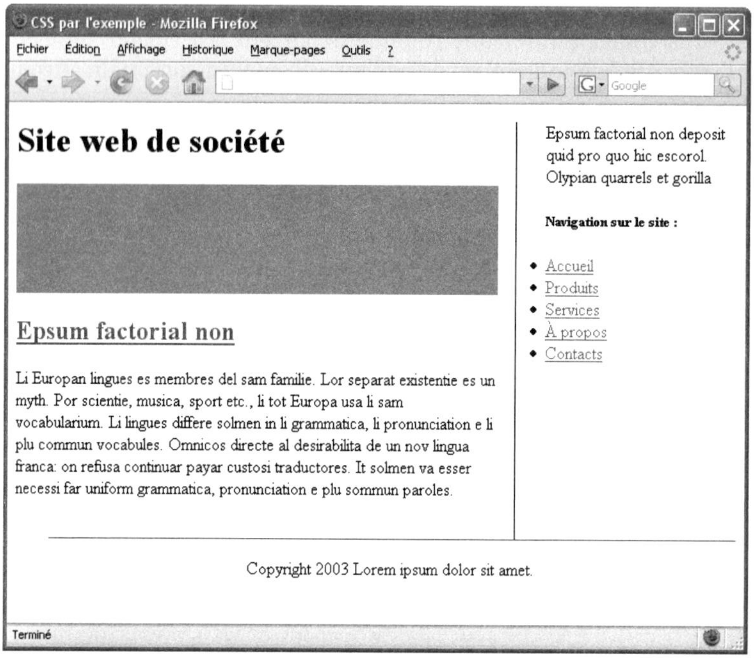

Figure 9-2. Présentation sur deux colonnes obtenue grâce à CSS

Solution

Commencez par baliser le contenu avec des éléments `div` auxquels est associé un attribut `id` contenant les valeurs appropriées (voir la *figure 9-3*).

Pour les besoins de la démonstration, les valeurs des attributs `id` sont utilisées pour indiquer l'emplacement du contenu lorsqu'on fait appel à CSS. Des valeurs sémantiques sont préférables, par exemple `contenuPrincipal` ou `barreDefilement`, aux valeurs représentant un emplacement sur la page :

```
<div id="colonneGauche">
 [...]
</div>
<div id="colonneDroite">
 [...]
</div>
<div id="basDePage">
 [...]
</div>
```

Ensuite, utilisez la propriété CSS `float` pour déplacer le contenu de la colonne de gauche vers la gauche et définissez une largeur aux deux tiers de la largeur du document web :

```
#colonneGauche {
 float: left;
 width: 67%;
```

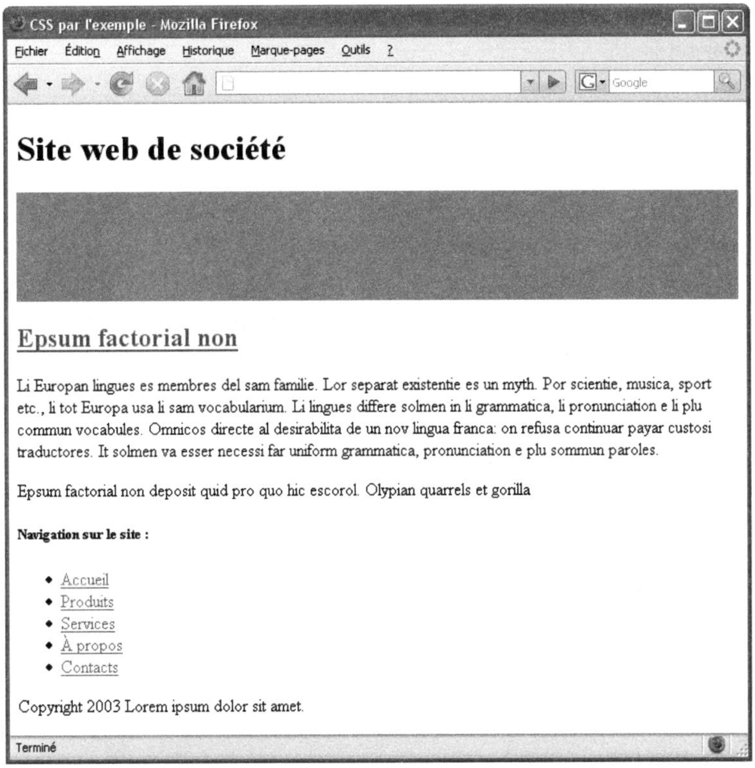

Figure 9-3. Rendu par défaut de la page

```
  background: #fff;
  margin-top: 0;
  margin-right: 1.67em;
  border-right: 1px solid black;
  padding-top: 0;
  padding-right: 1em;
  padding-bottom: 20px;
 }
```

La colonne de droite se déploie autour du contenu de la colonne gauche. Sur la colonne de droite, définissez la marge haute et l'espacement à `0`, pour mettre la colonne de droite et son premier élément au même niveau que la colonne de gauche :

```
#colonneDroite {
 padding-left: 2em;
 margin-top: 0;
 padding-top: 0;
}
h1 {
 margin-top: 0;
 padding-top: 0;
}
```

Pour afficher le bas de page en bas du document web, fixez la propriété `clear` à `both` :

```
#basDePage {
 clear: both;
 padding-bottom: 1em;
 border-top: 1px solid #333;
 text-align: center;
}
```

Discussion

La propriété `float` a un effet similaire à l'attribut `align` utilisé en HTML pour permettre au texte et à d'autres éléments de se dérouler autour d'une image :

```
<img src="image.jpg" width="250" height="150" hspace="7" vspace="7"
alt="exemple" align="right" />
```

Une fois que l'alignement de l'image a été fixé à droite ou à gauche, le contenu autour de l'image se déroule du côté opposé à l'alignement de celle-ci. Par exemple, une image alignée à droite force le contenu à se dérouler autour de l'image du côté gauche, comme l'illustre la *figure 9-4*. Avec CSS, le flottement offre la même fonctionnalité, à cette différence près que le contrôle sur la présentation est plus précis grâce à l'intervention de bordures, de marges, d'un espacement et d'autres propriétés.

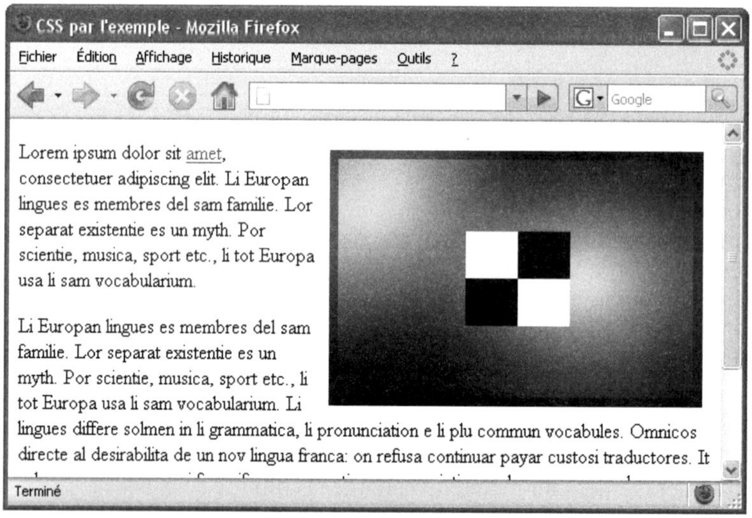

Figure 9-4. Texte enveloppant autour d'une image dont l'alignement est à droite

Pour être sûr que le contenu renfermant le bas de page soit placé en bas des colonnes, définissez la propriété `clear` à `both`. Lorsque vous fixez cette valeur à `both`, le navigateur comprend que le contenu du bas de page n'est pas déroulé le long de la colonne flottant à gauche et il le positionne en dessous de tous les éléments flottants.

Le seul défaut de cette technique de mise en pages sur deux colonnes est que le contenu de la colonne gauche doit être plus long que le contenu de la colonne droite. Du fait que le contenu de la colonne gauche apparaît en premier dans le document, le contenu de la colonne droite se développe autour de la colonne de gauche. Si le contenu de la colonne de droite est trop important, il en résulte une anomalie qu'illustre la *figure 9-5*.

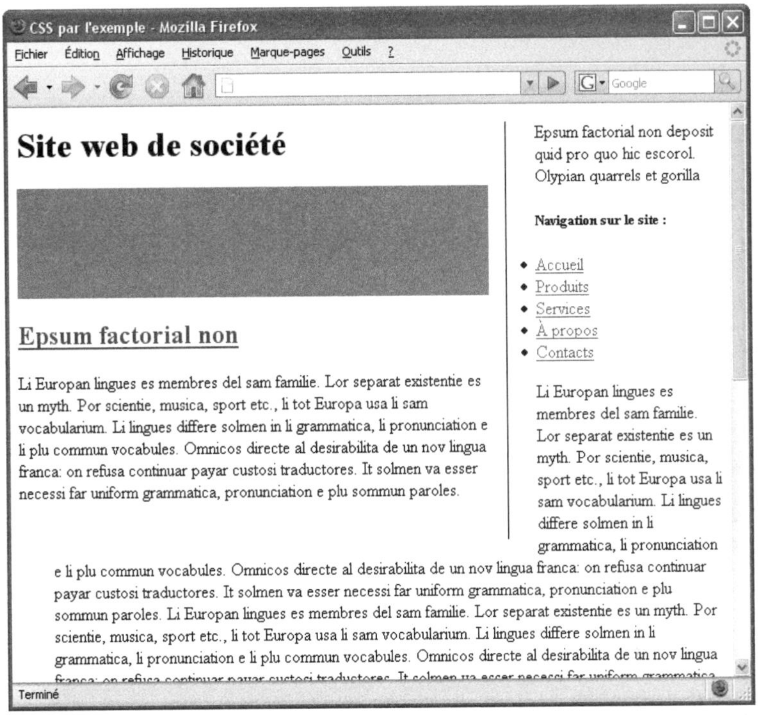

Figure 9-5. Déroulement de texte indésirable sous la colonne de gauche

La méthode pour résoudre le problème consiste à définir la marge de gauche ou l'espacement dans la colonne droite de manière que sa largeur soit au moins conservée après que le contenu a dépassé l'élément flottant :

```
#colonnePrincipale {
 width: 400px;
 /* Espacement suffisant pour compenser la colonne de gauche. */
 padding-left: 200px;
}
#navigation {
 float: left;
 width: 175px;
}
```

Si vous voulez inverser les colonnes (voir la *figure 9-6*), changer l'ordre des colonnes en utilisant le balisage suivant :

```
<div id="colonneDroite">
 [...]
</div>
<div id="colonneGauche">
 [...]
</div>
<div id="basDePage">
 [...]
</div>
```

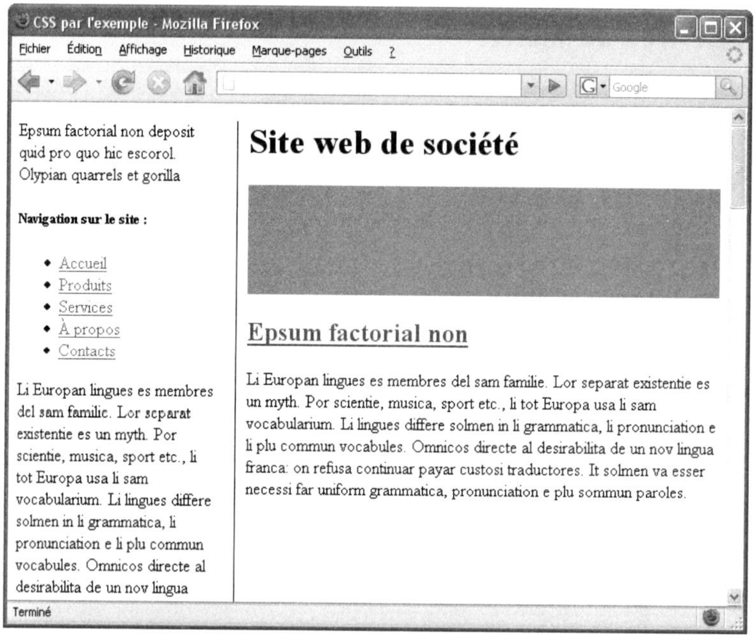

Figure 9-6. Les colonnes sont inversées

Puis appliquez les règles suivantes :

```
#colonneDroite {
 float: right;
 width: 67%;
 padding-bottom: 20px;
 padding-top: 0;
}
#colonneGauche {
 width: 29%;
 padding-right: 1em;
 border-right: 1px solid black;
 padding-top: 0;
}
```

Notez que des valeurs comme `colonneDroite` et `colonneGauche` pour les identifiants, comme dans cette recette, permettent au lecteur de déterminer rapidement à quelle colonne s'applique un style. Cependant, cette approche ne constitue pas une bonne pratique. Les valeurs d'`id` doivent décrire de manière sémantique le contenu. Autrement dit, les valeurs représentent le contenu placé dans l'élément `div`, comme un menu de navigation ou une publicité.

Voir aussi

La recette 9.3 pour une mise en pages sur deux colonnes de largeur fixe ; l'article « From Table Hacks to CSS Layout: A Web Designer's Journal » de Jeffrey Zeldman pour la description des bases de cette solution (*http://www.alistapart.com/articles/journey/*).

9.3. Créer une mise en pages sur deux colonnes de largeur fixe

Problème

Vous voulez créer une présentation sur deux colonnes de largeur fixe.

Solution

Tout d'abord, balisez le contenu avec des éléments `div` en leur associant des attributs `id` avec des valeurs appropriées représentant leur emplacement sur la page (voir la *figure 9-7*) :

```
<div id="entete">
 [...]
</div>
<div id="colonneGauche">
 [...]
</div>
<div id="colonneDroite">
 [...]
</div>
<div id="basDePage">
 [...]
</div>
```

En utilisant la propriété `float`, définissez la largeur de la colonne gauche à l'aide d'unités de dimensions plutôt qu'à l'aide de pourcentages. De même, définissez la largeur du document entier en unités de dimension (voir la *figure 9-8*) :

```
body {
 margin: 0;
 padding: 0;
 font-family: Georgia, Times, "Times New Roman", serif;
```

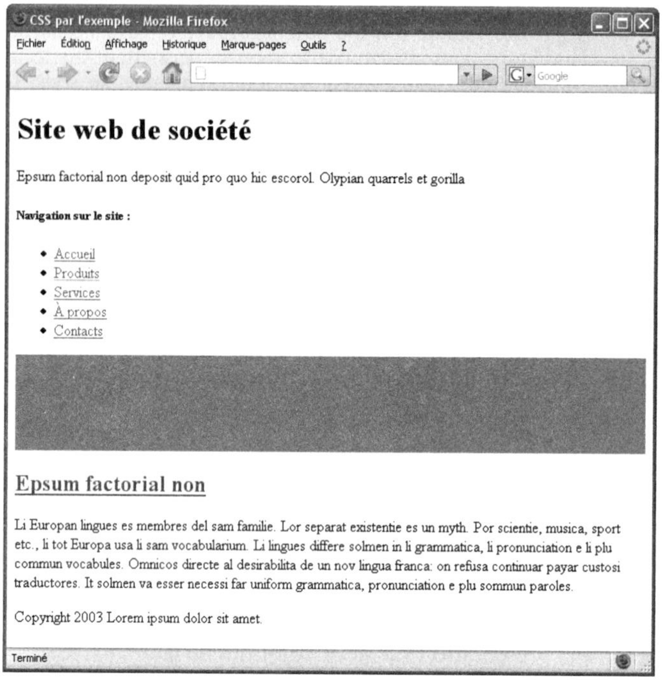

Figure 9-7. Rendu par défaut de la page

```
 color: black;
 width: 600px;
 border-right: 1px solid black;
}
#entete {
 background-color: #666;
 border-bottom: 1px solid #333;
}
#colonneGauche {
 float: left;
 width: 160px;
 margin-left: 10px;
 padding-top: 1em;
}
#colonneDroite {
 padding-top: 1em;
 margin: 0 2em 0 200px;
}
#basDePage {
 clear: both;
 background-color: #ccc;
 padding-bottom: 1em;
 border-top: 1px solid #333;
 padding-left: 200px;
}
```

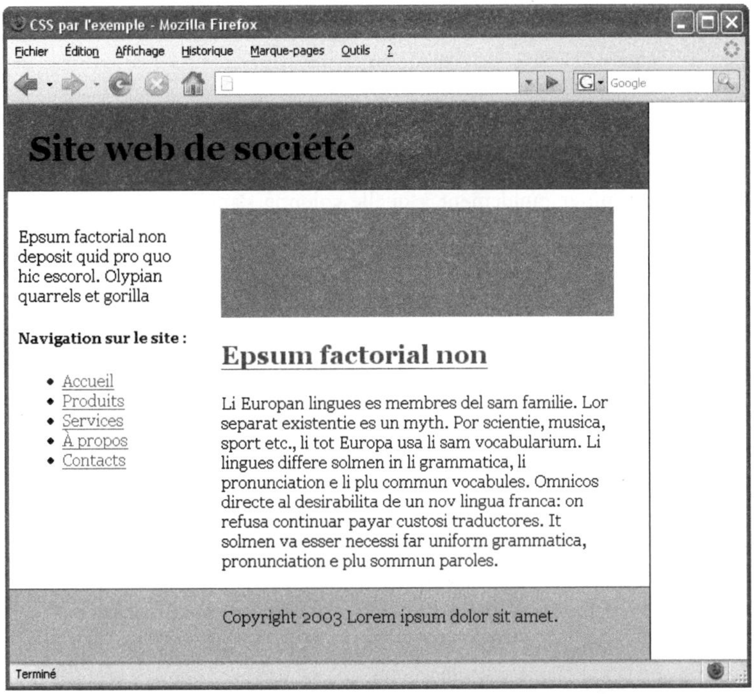

Figure 9-8. Présentation sur deux colonnes permise par CSS

Discussion

Par défaut, les éléments de bloc occupent la largeur de leur bloc conteneur. Si la fenêtre du navigateur est réduite, les éléments de bloc se compriment — en d'autres termes, le texte du contenu forme des colonnes plus étroites.

Cependant, lorsque vous utilisez des unités de dimension plutôt que des pourcentages, la largeur des colonnes devient fixe. Même si la fenêtre du navigateur se réduit ou s'élargit, les largeurs de colonnes restent fixes.

Pour fixer la largeur de la colonne de gauche tout en permettant à la colonne principale de s'étirer, supprimez simplement la propriété `width` assignée à l'élément `body`.

Si vous souhaitez inverser les colonnes, comme le montre la *figure 9-9*, réordonnez le contenu dans le balisage suivant :

```
<div id="entete">
 [...]
</div>
<div id="colonneDroite">
 [...]
</div>
<div id="colonneGauche">
 [...]
</div>
```

```
<div id="basDePage">
 [...]
</div>
```

Notez que des valeurs comme `colonneDroite` et `colonneGauche` pour les identifiants, comme dans cette recette, permettent au lecteur de déterminer rapidement à quelle colonne s'applique un style. Cependant, cette approche ne constitue pas une bonne pratique. Les valeurs d'`id` doivent décrire de manière sémantique le contenu. Autrement dit, les valeurs représentent le contenu placé dans l'élément `div`, comme un menu de navigation ou une publicité.

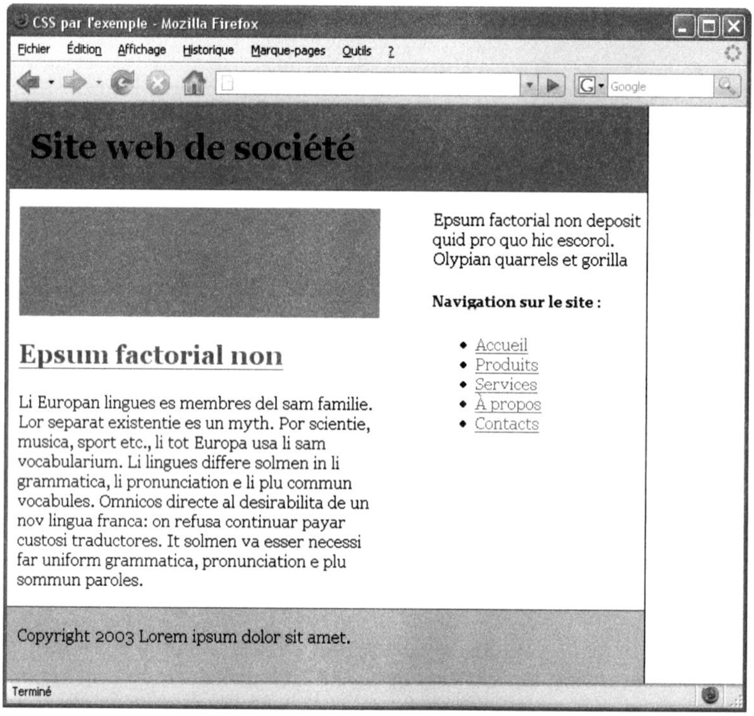

Figure 9-9. Les colonnes sont inversées

Puis, utilisez les règles CSS actualisées suivantes :

```
#colonneGauche {
 width: 340px;
 margin-left: 10px;
 margin-top: 1em;
}
```

```
#colonneDroite {
 float: right;
 width: 200px;
}
#basDePage {
 clear: both;
 background-color: #ccc;
 padding-bottom: 1em;
 border-top: 1px solid #333;
 padding-left: 10px;
}
```

Voir aussi

La recette 9.2 pour la création d'une présentation sur deux colonnes de largeur variable.

9.4. Créer un multicolonnage souple avec des colonnes flottantes

Problème

Vous voulez créer une présentation sur trois colonnes redimensionnables à la largeur du navigateur, comme l'illustre la *figure 9-10*.

Solution

D'abord, balisez le contenu à l'aide d'éléments `div` avec leur l'attribut `id` contenant les valeurs représentant leur emplacement sur la page (voir la *figure 9-11*) :

```
<div id="entete">
 [...]
</div>
<div id="colonneGauche">
 [...]
</div>
<div id="colonnePrincipale">
 [...]
</div>
<div id="colonneDroite">
 [...]
</div>
<div id="basDePage">
 [...]
</div>
```

Ensuite, faites flotter chaque colonne à gauche, en vous assurant que la largeur est définie en pourcentage. La somme des trois valeurs des colonnes doit être égale à 100% (voir la *figure 9-12*) :

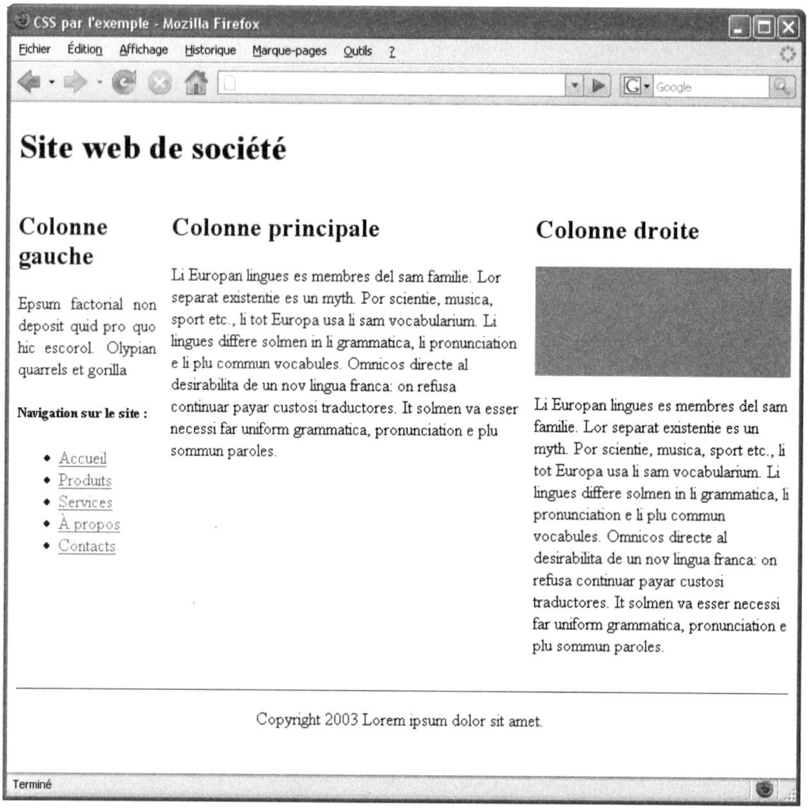

Figure 9-10. Présentation sur trois colonnes obtenue grâce à CSS

```
#colonneDroite {
 width: 33%;
 float: left;
 background: white;
 padding-bottom: 1em;
}
#colonneGauche {
 width: 20%;
 float:left;
 background: white;
 padding-bottom: 1em;
 text-align: justify;
}
#colonnePrincipale {
 width:47%;
 float:left;
 background: white;
 padding-bottom: 1em;
}
```

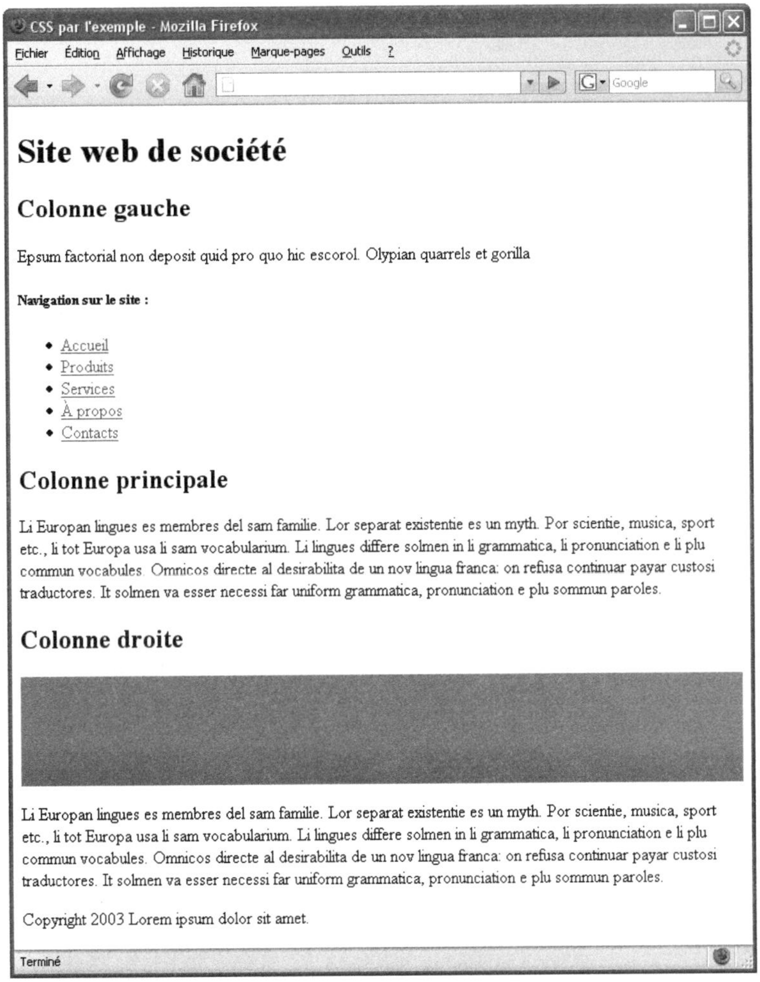

Figure 9-11. Rendu par défaut de la page

```
#basDePage {
 clear: both;
 padding-bottom: 1em;
 border-top: 1px solid #333;
 text-align: center;
}
```

Discussion

Cette technique fonctionne parce que toutes les colonnes flottent à gauche et que leur largeur cumulée n'est pas supérieure à 100%. Définir le flottement à droite peut déplacer les colonnes, mais le résultat est le même.

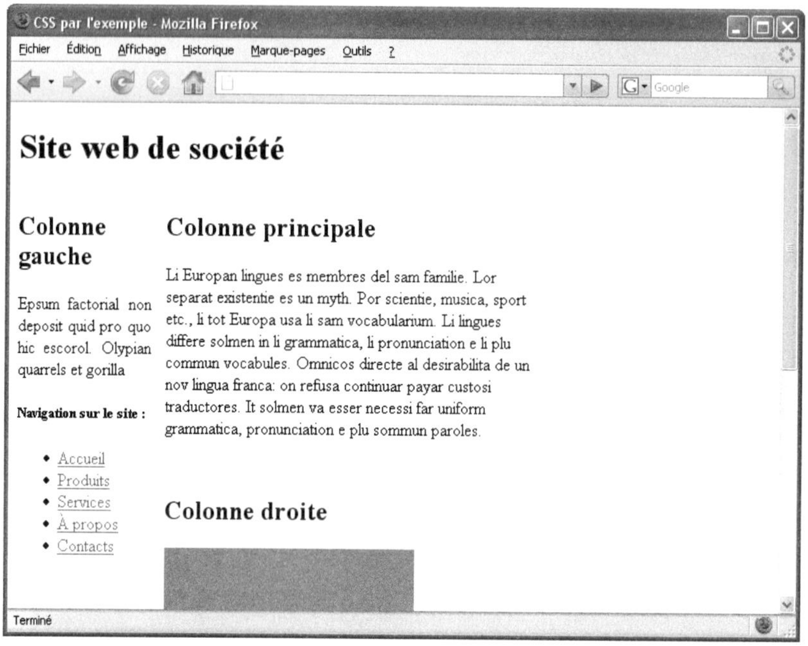

Figure 9-12. L'augmentation de la largeur de la colonne principale force la colonne de droite à passer dessous celle-ci

Veillez à appliquer des marges et un espacement aux éléments dans les colonnes (à moins que vous ne preniez en compte leur largeur lorsque vous dimensionnez les colonnes). Si vous ne le faites pas, les colonnes s'étendront au-delà de 100%, ce qui aura pour effet de forcer une ou plusieurs colonnes à se dérouler les unes en dessous des autres, comme l'illustre la *figure 9-12*.

Voir aussi

La recette 9.5 concernant la création d'une présentation sur trois colonnes de largeur fixe ; la création de présentations sur trois colonnes dont une de largeur variable et deux fixes (*http://www.realworldstyle.com/nn4_3col_header.html*).

9.5. Créer un multicolonnage avec des colonnes flottantes de largeur fixe

Problème

Vous voulez créer une présentation sur trois colonnes de largeur fixe.

Solution

Commencez par baliser le contenu à l'aide d'éléments div avec leur l'attribut id contenant les valeurs représentant leur emplacement sur la page (voir la *figure 9-13*) :

```
<div id="entete">
 [...]
</div>
<div id="colonnePrincipale">
 [...]
</div>
<div id="colonneGauche">
 [...]
</div>
<div id="colonneDroite">
 [...]
</div>
<div id="basDePage">
 [...]
</div>
```

Ensuite, insérez les éléments div constituant la colonne principale et la colonne de gauche dans un élément div enveloppant et définissez la valeur de l'attribut id à enclos. De même, englobez l'ensemble des éléments div dans un dernier élément div dont l'attribut id est paramétré à cadre :

```
<div id="cadre">
 <div id="entete">
  [...]
 </div>
 <div id="enclos">
  <div id="colonnePrincipale">
   [...]
  </div>
  <div id="colonneGauche">
   [...]
  </div>
 </div>
 <div id="colonneDroite">
  [...]
 </div>
 <div id="basDePage">
  [...]
 </div>
</div>
```

Fixez la largeur de la page à l'aide d'un sélecteur d'identifiant pour la valeur cadre de l'attribut id de l'élément div :

```
#cadre {
 margin-left: 20px;
 width: 710px;
}
```

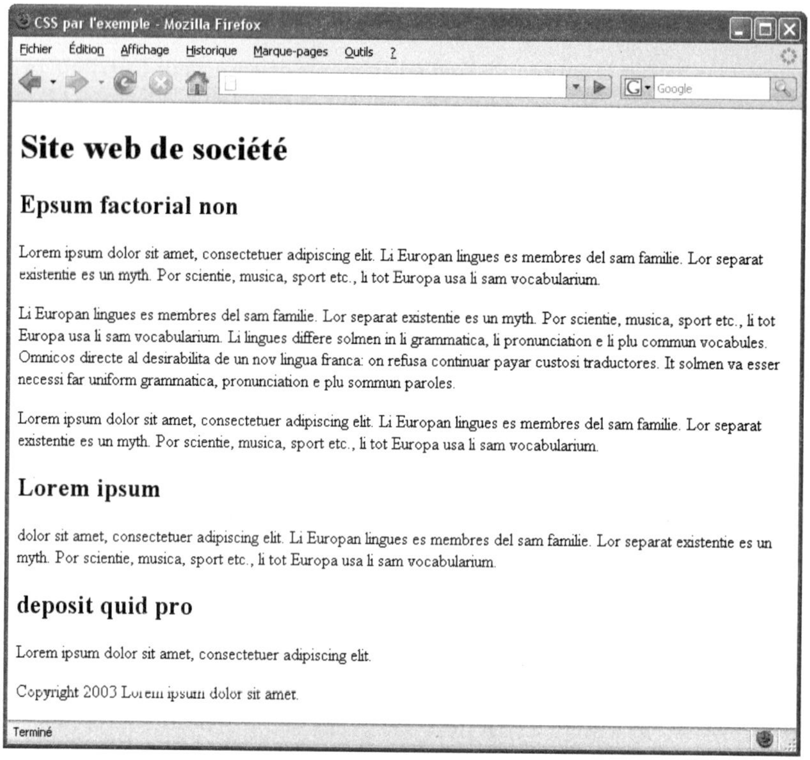

Figure 9-13. Rendu par défaut de la page

Définissez ensuite à `float` les éléments `div` de la colonne de même que les éléments `div` ayant pour valeur d'`id` `enclos` (voir la *figure 9-14*) :

```
#colonnePrincipale {
 float: right;
 width: 380px;
}
#colonneGauche {
 float: left;
 width: 150px;
}
#colonneDroite {
 float: right;
 width: 120px;
}
#enclos {
 float:left;
 width:560px;
}
#basDePage {
 clear: both;
 padding-top: 1em;
 text-align: center;
}
```

Figure 9-14. Présentation sur trois colonnes de largeur fixe

Discussion

Puisque la largeur des colonnes est définie en pixels, les colonnes sont fixes. Pour afficher les colonnes, vous avez besoin d'un élément `div` supplémentaire qui enveloppe la colonne principale et celle de gauche. Grâce à cet élément `div` supplémentaire, auquel est associé un attribut `id` de valeur `enclos`, l'ensemble constitué par la colonne principale et la colonne de gauche flotte à gauche. Dans le `div enclos`, la colonne principale est alignée à droite tandis que la colonne gauche est alignée à gauche.

Voir aussi

La recette 9.4, page 355, sur la création d'une présentation sur trois colonnes de largeur variable.

9.6. Créer un multicolonnage souple avec le positionnement

Problème

Vous voulez créer une présentation sur quatre colonnes redimensionnables à la largeur du navigateur, comme le montre la *figure 9-15*.

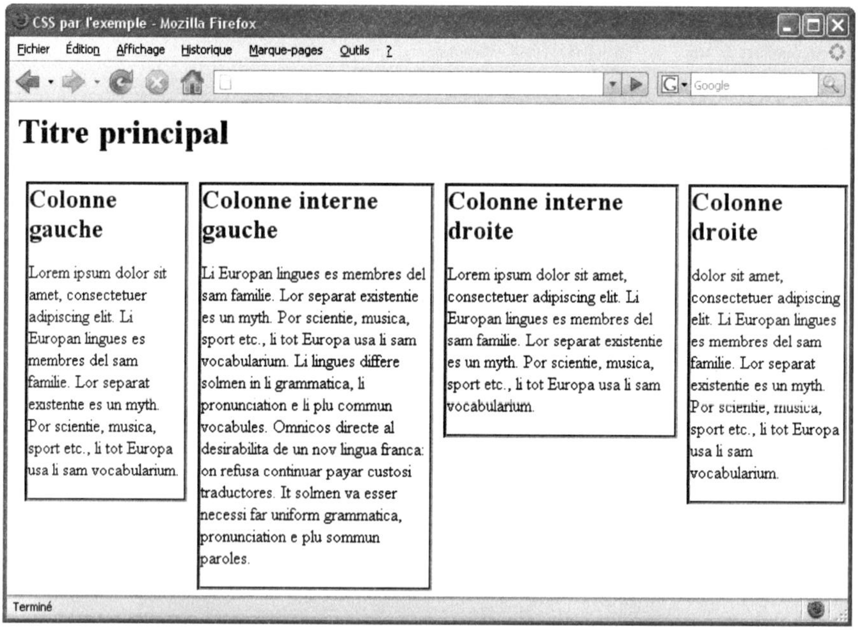

Figure 9-15. Mise en pages sur quatre colonnes dont la largeur est fixée en pourcentage

Solution

Commencez par baliser le contenu à l'aide d'éléments div avec leur l'attribut id contenant les valeurs représentant leur emplacement sur la page (voir la *figure 9-16*) :

```
<div id="entete">
 [...]
</div>
<div id="colonneGauche">
 [...]
</div>
<div id="colonneInterneGauche">
 [...]
</div>
 [...]
```

```
<div id="colonneInterneDroite">
  [...]
</div>
 [...]
<div id="colonneDroite">
 [...]
</div>
```

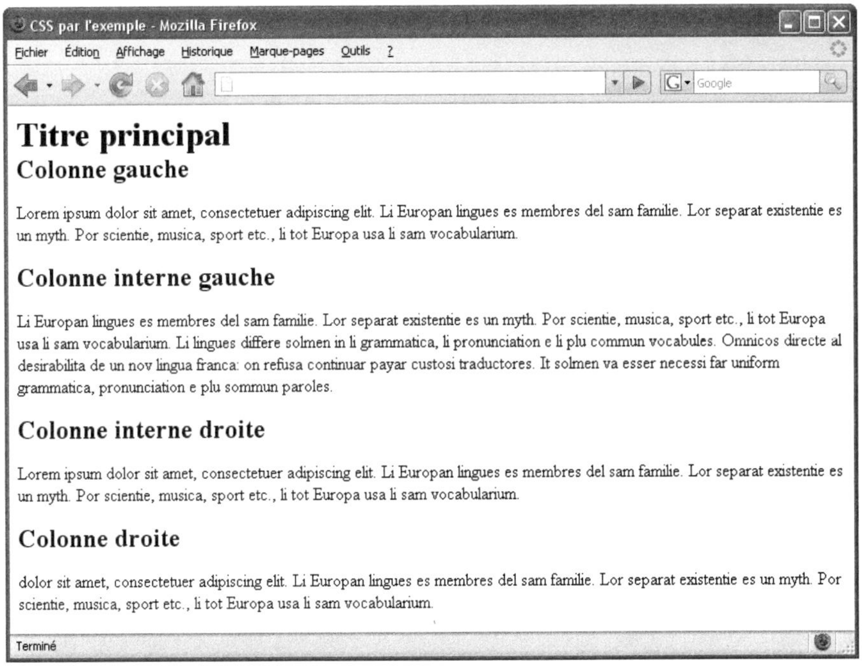

Figure 9-16. Rendu par défaut du contenu

Ensuite, utilisez la propriété `position` dans chaque colonne, en fixant sa valeur à `absolute` tout en plaçant les colonnes à l'aide des propriétés `left` et `top` :

```
#colonneGauche {
 position: absolute;
 left:1%;
 width:20%;
 top: 4em;
 background:#fff;
}
#colonneInterneGauche {
 position: absolute;
 left: 22%;
 width: 28%;
 top: 4em;
 background: #fff;
 border-width: 0;
}
```

```
#colonneInterneDroite {
 position: absolute;
 left: 51%;
 width: 28%;
 top: 4em;
 background: #fff;
}
#colonneDroite {
 position: absolute;
 left: 80%;
 width: 19%;
 top: 4em;
 background: #fff;
}
```

Discussion

En définissant la propriété `position` à `absolute`, vous sortez complètement l'élément du cours du document. Lorsqu'un élément est défini à `float`, d'autres éléments de la page peuvent se dérouler autour de l'élément flottant. Lorsqu'un élément est défini à `absolute`, il est traité comme un élément fantôme.

Le rendu par défaut d'un élément lorsqu'il est positionné de manière absolue est le coin supérieur gauche de son ancêtre positionné le plus proche ou du bloc conteneur initial. Autrement dit, pour positionner de manière absolue un élément enfant dans son élément parent, commencez par positionner ce dernier de manière absolue ou relative (il ne doit pas être statique). Si d'autres éléments sont présents dans la page, il en résulte un chevauchement de contenu, comme le montre la *figure 9-17*.

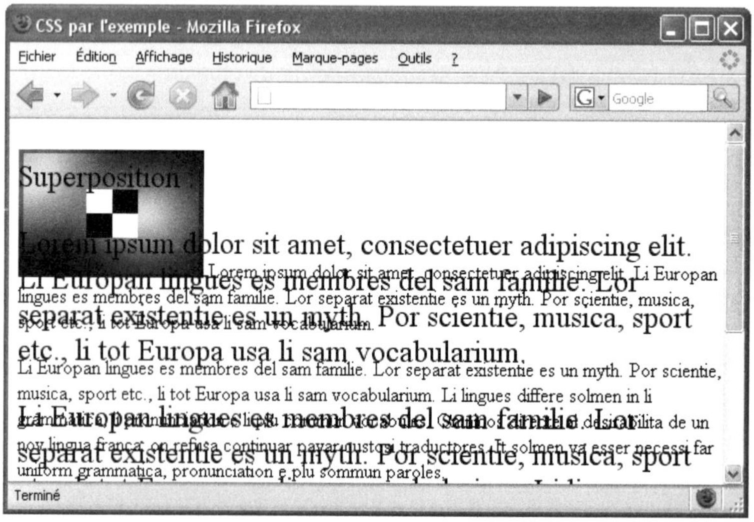

Figure 9-17. Texte recouvrant une image et autre texte dans un document web

Pour éviter ce problème, utilisez quatre propriétés CSS supplémentaires qui permettent le déplacement de l'élément à n'importe quel emplacement : `top`, `left`, `bottom` et `right`. Veillez à définir les valeurs des colonnes en pourcentage pour maintenir des largeurs s'adaptant au redimensionnement du navigateur.

Utilisez également des pourcentages comme valeurs de la propriété `left` pour marquer la distance à partir du côté gauche de la zone d'affichage du navigateur. Toutefois, utilisez des unités em comme valeurs de la propriété `top` pour compenser la hauteur du titre. Si vous voulez utiliser une image pour le titre, modifiez les valeurs de `top` en pixels pour vous assurer qu'il y a assez d'espace pour l'en-tête du graphique.

Bien que cette technique garantisse la liberté de placement des éléments, il existe des contre-indications à l'utilisation de la valeur `absolute` pour positionner des éléments. Dans certaines circonstances, Netscape Navigator 4 oublie l'emplacement des éléments positionnés lorsque vous redimensionnez la fenêtre.

Alors que le placement de colonnes contiguës peut être effectué facilement avec cette technique, le placement d'un bas de page en bas des colonnes est difficile à faire à moins de savoir où les colonnes se terminent exactement en bas de la page.

Voir aussi

Les Recommandations CSS 2.1 pour la propriété `position` (*http://www.w3.org/TR/CSS21/visuren.html#propdef-position*) ; les Recommandations CSS 2.1 sur le positionnement absolu des éléments (*http://www.w3.org/TR/CSS21/visuren.html#position-props*) ; des informations complémentaire sur les blocs conteneurs (*http://www.w3.org/TR/2003/WD-CSS21-20030915/visudet.html#containing-block-details*).

9.7. Créer un multicolonnage de largeur fixe avec le positionnement

Problème

Vous voulez créer une présentation sur quatre colonnes de largeur fixe.

Solution

Balisez d'abord le contenu à l'aide d'éléments `div` accompagnés de leur l'attribut `id` contenant les valeurs représentant leur emplacement sur la page :

```
<div id="entete">
 [...]
</div>
<div id="colonneGauche">
 [...]
</div>
<div id="colonneInterneGauche">
 [...]
</div>
```

```
  [...]
<div id="colonneInterneDroite">
  [...]
</div>
  [...]
<div id="colonneDroite">
  [...]
</div>
```

Ensuite, utilisez la propriété `position` dans chaque colonne, définissez sa valeur à `absolute` et paramétrez le placement des colonnes à l'aide des propriétés `left` et `top`, en veillant à utiliser les pixels comme unités de dimension :

```
#colonneGauche {
 position: absolute;
 left:5px;
 width:190px;
 top: 44px;
 background:#fff;
}
#colonneInterneGauche {
 position: absolute;
 left: 205px;
 width: 190px;
 top: 44px;
 background: #fff;
 text-align: justify;
 border-width: 0;
}
#colonneInterneDroite {
 position: absolute;
 left: 405px;
 width: 190px;
 top: 44px;
 background: #fff;
}
#colonneDroite {
 position: absolute;
 left: 605px;
 width: 190px;
 top: 44px;
 background: #fff;
}
```

Discussion

Le fait de définir les largeurs de colonnes de même que les propriétés `left` et `top` en unités de dimension crée des colonnes de largeur fixe. La solution ici est tout aussi aisée avec deux, trois ou davantage de colonnes. Restez réaliste et souvenez-vous que des présentations de plus de quatre ou cinq colonnes sont impraticables.

Avec cette solution, la présentation est bien adaptée à une image dont la hauteur est inférieure ou égale à 44 pixels. Si du texte est placé dans l'en-tête, il est possible qu'il remette en cause la mise en pages en faisant apparaître l'en-tête sous les colonnes. Ce phénomène provient du fait que l'en-tête se trouve dans le flux du document, tandis que le positionnement absolu en fait sortir les colonnes.

Si ce problème concerne votre conception, commencez par placer un élément `div` autour des colonnes et fixez la valeur de son attribut `id` à `contenu` :

```
<div id="entete">
 [...]
</div>
<div id="contenu">
 <div id="colonneGauche">
  [...]
 </div>
 <div id="colonneInterneGauche">
  [...]
 </div>
  [...]
 <div id="colonneInterneDroite">
   [...]
 </div>
  [...]
 <div id="colonneDroite">
  [...]
 </div>
</div> <!-- fin CONTENU -->
```

Ensuite, écrivez une règle CSS qui positionne de manière relative le contenu :

```
#contenu {
 position: relative;
}
```

Cette étape supplémentaire consolide l'en-tête et retire le sommet des colonne.

Voir aussi

La recette 9.3, page 351, relative à la création d'une présentation sur deux colonnes de largeur fixe ; la recette 9.5, page 358, concernant la création d'une présentation sur plusieurs colonnes de largeur fixe avec des éléments flottants.

9.8. Afficher des colonnes dans un ordre quelconque avec des éléments flottants

Problème

Vous souhaitez développer un système permettant d'afficher des colonnes avec du contenu et ce dans n'importe quel ordre.

Solution

Prenons le balisage suivant :

```
<div id="conteneur-externe">
 <div id="conteneur">
  <div id="contenu" class="colonne">
   <div class="enveloppe">
    [...]
   </div>
  </div><!-- /FIN #contenu -->

  <div id="navigation" class="colonne">
   <div class="enveloppe">
    [...]
   </div>
  </div><!-- /FIN #navigation -->

  <div id="autres-infos" class="colonne">
   <div class="enveloppe">
    [...]
   </div>
  </div><!-- /FIN #autres-infos -->
 </div><!-- /FIN #conteneur -->
</div><!-- /FIN #conteneur-externe -->
```

Appliquons les règles CSS suivantes :

```
.colonne {
 float: left;
}

#contenu {
 margin-left: 20%;
 width: 60%;
}

#navigation {
 margin-left: -80%;
 width: 20%;
}

#autres-infos {
 width: 19%;
}

/* Correctifs pour IEx. \*/
* html .colonne {
 display: inline;
}
```

```
* html #navigation li {
 height: 1%;
}
/**/
```

Cela conduit à la mise en pages basique représentée à la *figure 9-18*, avec deux barres latérales étroites de largeur variable entourant une colonne centrale, également de largeur variable.

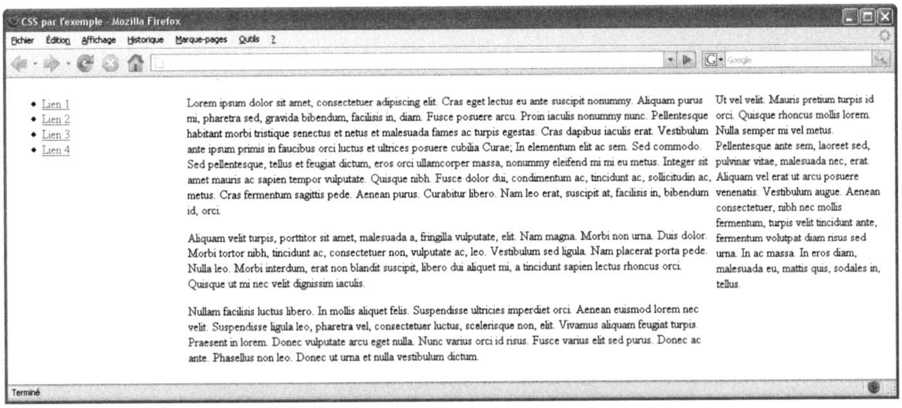

Figure 9-18. Mise en forme basique de la page

À partir de cette base, nous pouvons ajouter d'autres règles CSS pour obtenir la présentation de la *figure 9-19* :

```
body {
 font: normal 62.5%/1.7 Verdana, Geneva, Helvetica, Arial, sans-serif;
 margin: 0;
 padding: 0;
}
#conteneur:after {
 clear: both;
 content: ".";
 display: block;
 height: 0;
 visibility: hidden;
}
#conteneur {
 display: inline-block;
}
/* Caché à MacIE5. \*/
#conteneur {
 display: block;
}
/**/
#conteneur-externe {
 background: url("fond-gauche.gif") repeat-y 20% 0;
}
```

```
#conteneur {
 background: url("fond-droit.gif") repeat-y 80% 0;
}
.colonne .enveloppe {
 padding: 20px;
}
#contenu .enveloppe {
 padding: 20px 30px;
}
#contenu p {
 margin-top: 0;
}
#contenu p:first-child {
 font: normal 1.4em/1.6 Georgia, Times, "Times New Roman", serif;
}
#contenu p:first-child:first-line {
 text-transform: uppercase;
}
#navigation ul, #navigation ul li {
 list-style: none;
 margin: 0;
 padding: 0;
}
#navigation ul li {
 margin-bottom: .4em;
}
#navigation li a {
 background: #36C;
 color: #FFF;
 border-left: 7px solid #09F;
 display: block;
 padding: .4em .4em .4em 20px;
 text-decoration: none;
}
#navigation li a:hover {
 border-left: none;
 border-right: 7px solid #09F;
 padding-left: 27px;
}
#autres-infos {
 color: #555;
 font-style: italic;
}
#copyright {
 border: 1px solid #B2B2B2;
 border-width: 1px 0;
 clear: both;
 padding: 10px 20px;
 text-align: center;
}
```

```
#copyright p {
 margin: 0;
}
```

Figure 9-19. Présentation améliorée de la page

Discussion

L'histoire des éléments flottants est un véritable conte. Les auteurs des spécifications CSS n'ont jamais défini les éléments flottants pour qu'ils soient utilisés dans la mise en pages. La propriété `float` a été imaginée pour le contrôle du flux du contenu autour d'un objet, de la même manière que `align="left"` ou `align="right"` provoque le placement du texte autour d'un élément `img`. Mais, malgré l'objectif initial établi par les spécifications, les éléments flottants constituent une alternative puissante et souple aux techniques traditionnelles de mise en pages s'appuyant sur des tableaux.

Alex Robinson a publié un article reconnu traitant de la création en CSS de colonnes placées dans un ordre quelconque (*http://www.positioniseverything.net/articles/onetruelayout/*). Sa technique permet aux développeurs de créer facilement des mises en pages sur plusieurs colonnes en utilisant les éléments flottants afin d'afficher chacune d'elles dans un ordre quelconque, quel que soit leur ordre d'apparition dans le document.

Le balisage

Pour employer cette technique, vous devez commencer par définir les colonnes dans le balisage :

```
<div id="conteneur">
 <div id="contenu" class="colonne">
  [...]
 </div><!-- /FIN #contenu -->

 <div id="navigation" class="colonne">
  [...]
 </div><!-- /FIN #navigation -->
```

```
  <div id="autres-infos" class="colonne">
   [...]
  </div><!-- /FIN #autres-infos -->
 </div><!-- /FIN #conteneur -->

 <div id="copyright">
  <p>Les infos de copyright vont ici.</p>
 </div>
```

Dans chaque élément `div`, placez le contenu balisé que vous souhaitez. La *figure 9-20* montre l'aspect du document non stylé, avec, pour faire bonne mesure, quelques paragraphes et une liste non ordonnée.

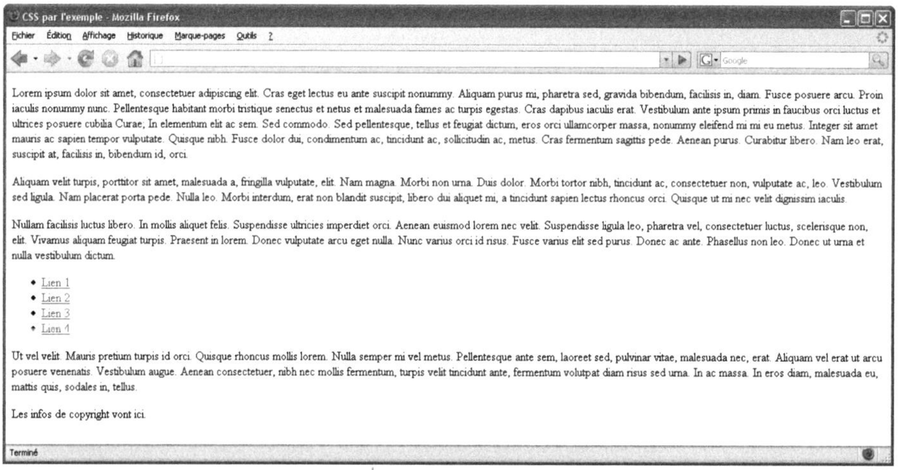

Figure 9-20. Une mise en pages sans style

À ce stade des explications, un élément `div` est défini pour chacune des trois colonnes et ils reçoivent un attribut `id` décrivant le type de leur contenu. Dans notre solution, les valeurs des attributs `id` sont `contenu`, `navigation` et `autres-infos`. Il aurait été aussi facile d'utiliser `center`, `left` et `right`, mais cette approche aurait vite affiché ses limites : que faites-vous si le fichier CSS du site doit être changé et que la nouvelle mise en pages impose que le `div` de gauche apparaisse sur le côté droit de la page ?

Définir les colonnes

Avec ce balisage simple en place, vous pouvez appliquer une règle `float` générique aux trois éléments `div` dont l'identifiant est `colonne` :

```
.colonne {
 float: left;
}
```

Comme vous pouvez le voir à la *figure 9-21*, la mise en pages n'est pas vraiment différente. Le texte des informations de copyright est un peu décalé, mais le contenu principal de la page apparaît comme précédemment avec un empilement horizontal des `div colonne`. Cependant, lorsque des dimensions sont affectées à ces blocs, les choses changent rapidement.

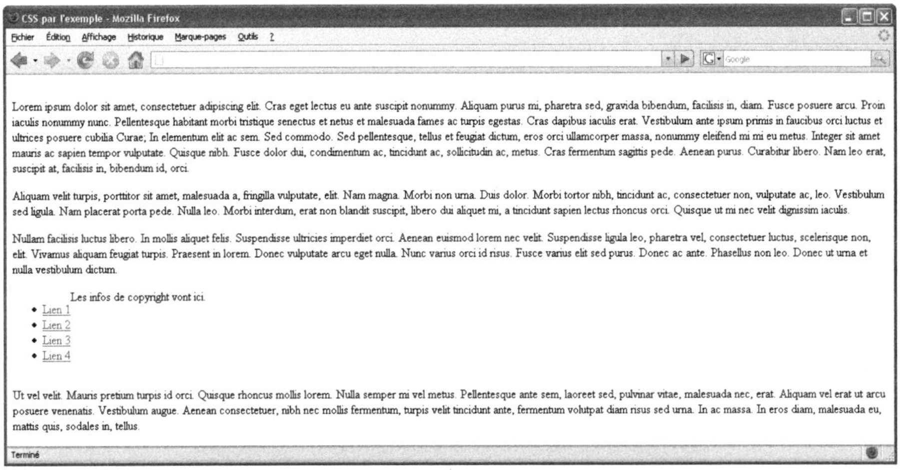

Figure 9-21. Les informations de copyright ont bougé

Tout d'abord, commençons par le bloc de contenu. Pour qu'il occupe 60 % de la largeur de la fenêtre et que la barre latérale gauche occupe 20 % de l'écran, définissez la règle suivante :

```
#contenu {
 margin-left: 20%;
 width: 60%;
}
```

La *figure 9-22* montre que la mise en pages est devenue un peu bizarre, mais qu'elle commence à prendre forme.

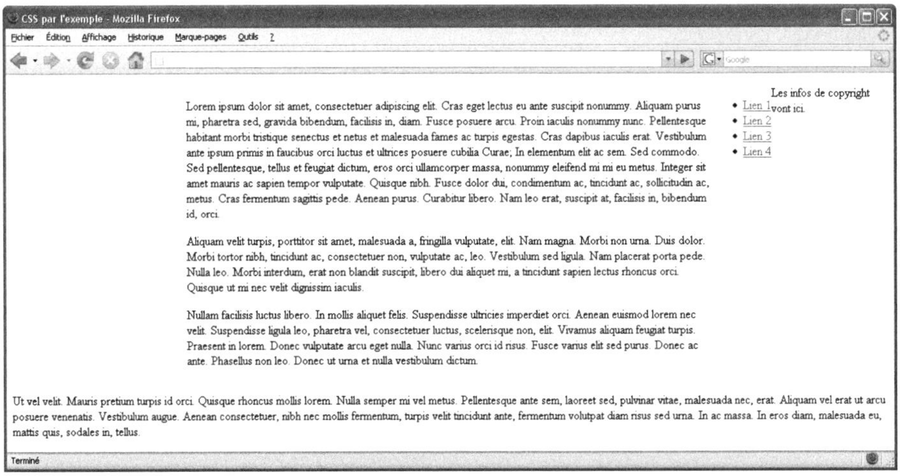

Figure 9-22. Appliquer des styles à une partie du contenu de la page

En fixant une marge gauche égale à la largeur de la barre latérale gauche, vous avez simplement réservé un espace pour cette barre. L'étape suivante consiste à définir des marges négatives pour éloigner le `div` `navigation` du `div` de contenu vers la gauche de la page :

```
#navigation {
 margin-left: -80%;
 width: 20%;
}
```

La valeur de `margin-left` correspond à la somme de la largeur de la colonne centrale (60 %) et de la marge gauche (20 %). Ainsi, la colonne de navigation prend la place qui lui a été réservée (voir la *figure 9-23*).

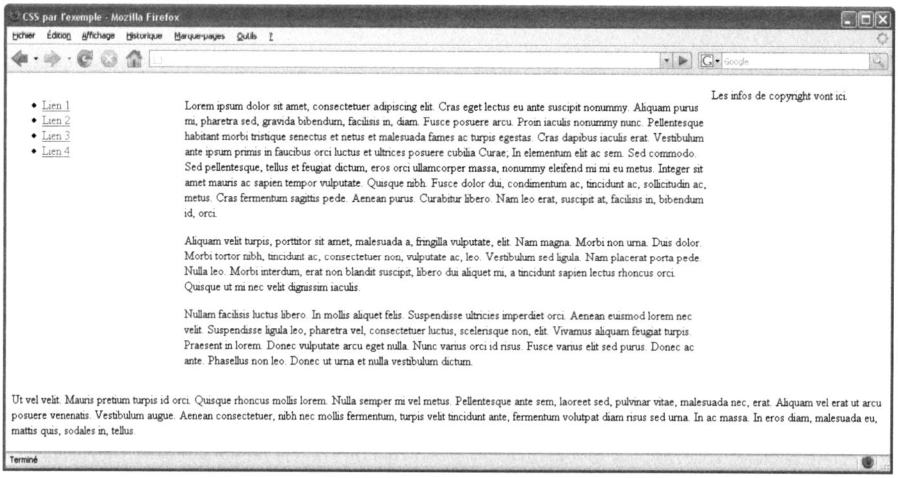

Figure 9-23. La barre de navigation est déplacée dans la colonne de gauche

Ensuite, par une simple affectation d'une largeur au bloc `autres-infos`, la mise en pages sur trois colonnes est complète (voir la *figure 9-24*) :

```
#autres-infos {
 width: 20%;
}
```

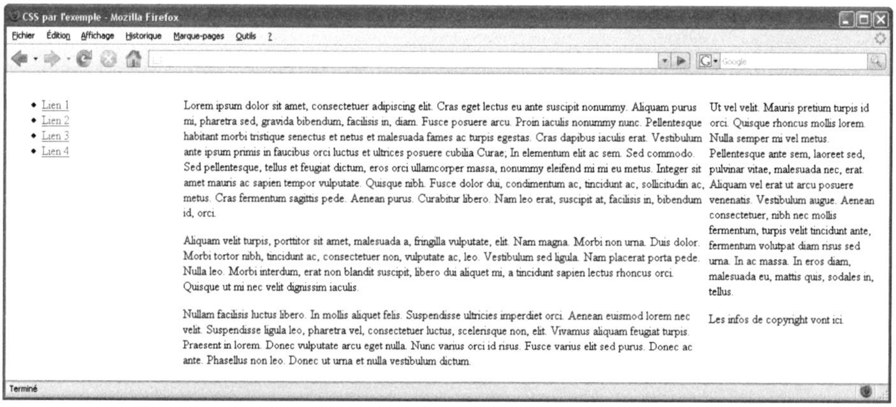

Figure 9-24. Déplacer le contenu de la colonne de droite au bon endroit

Cela semble parfait, même si le `div copyright` est encore un peu décalé. Cela se règle facilement à l'aide de la propriété `clear` (voir la *figure 9-25*) :

```
#copyright {
 clear: both;
}
```

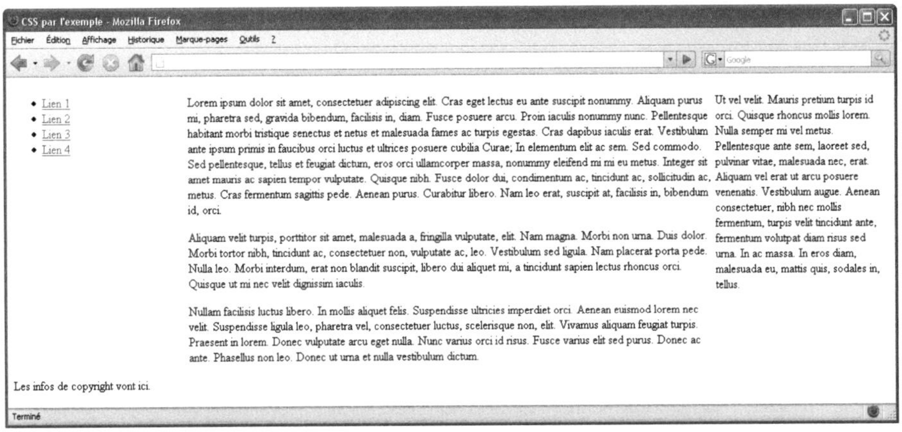

Figure 9-25. Placer les informations de copyright en bas de la page

Avec ses trois colonnes, la mise en pages peut sembler terminée, mais la *figure 9-26* montre qu'Internet Explorer pour Windows pose pourtant un problème.

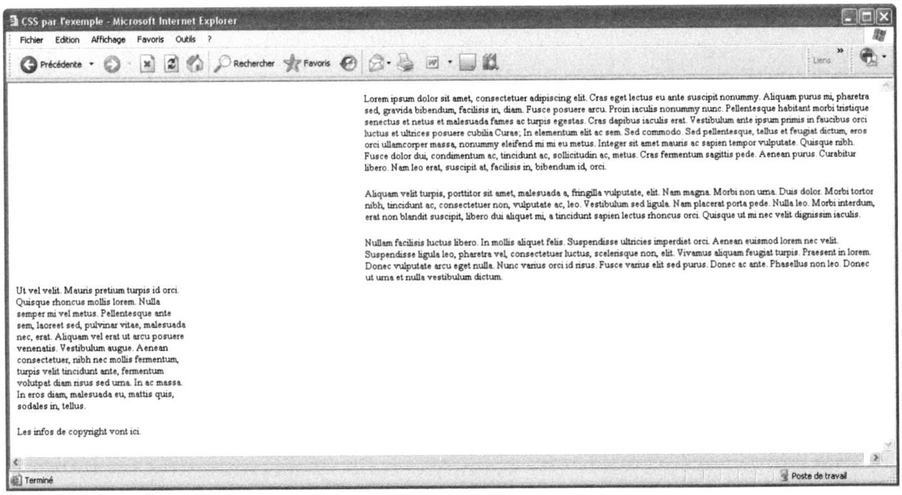

Figure 9-26. Les problèmes de la mise en pages dans Internet Explorer pour Windows

Heureusement, ce bogue d'IE est connu et appelé le « bogue de la marge flottante doublée » (*http://positioniseverything.net/explorer/doubled-margin.html*). En bref, lorsqu'une marge est appliquée à une boîte flottante dans la même direction que l'élément flottant, sa taille est doublée.

Puisqu'une marge gauche est appliquée à l'élément flotttant à gauche, Internet Explorer pour Windows prend cette marge de 20 % et la passe à 40 %.

La solution à ce problème est simple : il suffit d'appliquer `display:inline` à l'élément source du problème. Pour cela, ajoutez les lignes suivantes dans la feuille de style CSS :

```
/* Correctifs pour IEx. \*/
* html .colonne {
 display: inline;
}
/**/
```

Les commentaires dans le format ancien et le préfixe `* html` garantissent que ce code n'est interprété que par Internet Explorer pour Windows. Comme vous pouvez le constater à la *figure 9-27*, Internet Explorer se comporte alors correctement.

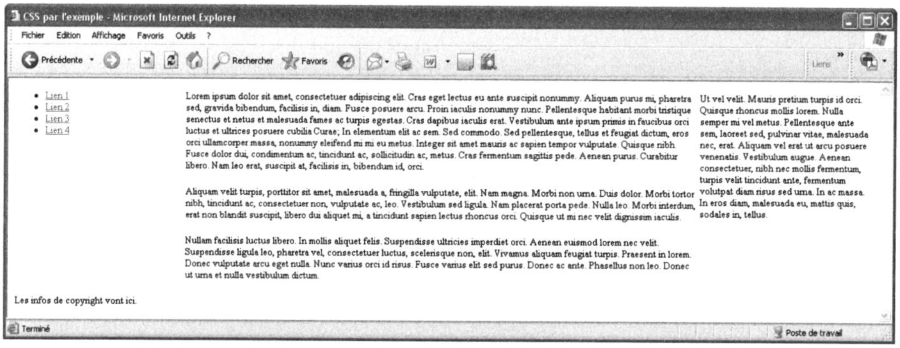

Figure 9-27. Une fois le correctif appliqué, la présentation est correcte dans Internet Explorer pour Windows

Nous y sommes parvenus : voici un modèle de mise en pages sur trois colonnes adaptatif. Comment pouvons-nous maintenant l'étendre ?

Créer des espaces

L'espace qui sépare les colonnes se nomme une *gouttière*. Pour augmenter la taille des gouttières, une solution consiste à appliquer des marges autour des colonnes. Il existe plusieurs manières d'obtenir cet effet, mais commençons par ajouter un `div` à chacune des colonnes :

```
<div id="conteneur">
 <div id="contenu" class="colonne">
  <div class="enveloppe">
   [...]
  </div>
 </div><!-- /fin #contenu -->
 <div id="navigation" class="colonne">
  <div class="enveloppe">
   [...]
  </div>
 </div><!-- /fin #navigation -->
```

```
  <div id="autres-infos" class="colonne">
   <div class="enveloppe">
    [...]
   </div>
  </div><!-- /fin #autres-infos -->
</div><!-- /fin #conteneur -->
```

Lorsque les div d'enveloppe sont en place, utilisez la propriété CSS padding afin de leur donner plus d'espace (voir la *figure 9-28*) :

```
.colonne .enveloppe {
 padding: 20px;
}

#contenu .enveloppe {
 padding: 20px 30px;
}
```

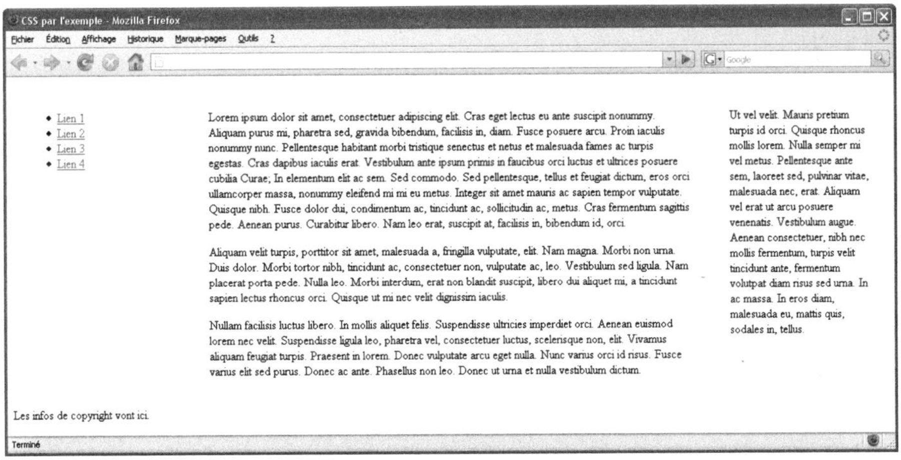

Figure 9-28. Augmenter la taille des gouttières

Ajuster l'ordre des colonnes

Comme vous l'avez certainement remarqué, la méthode décrite dans cette recette repose sur une utilisation intelligente des marges positives pour réserver un espace et des marges négatives pour « extraire » les colonnes de leur emplacement naturel.

Simplifiez les règles CSS en retirant toutes les marges de colonnes :

```
#contenu {
 width: 60%;
}
#navigation {
 width: 20%;
}
#autres-infos {
 width: 19%;
}
```

La mise en pages obtenue est illustrée à la *figure 9-29*, où chaque colonne apparaît à sa position naturelle donnée par l'ordre des éléments flottants.

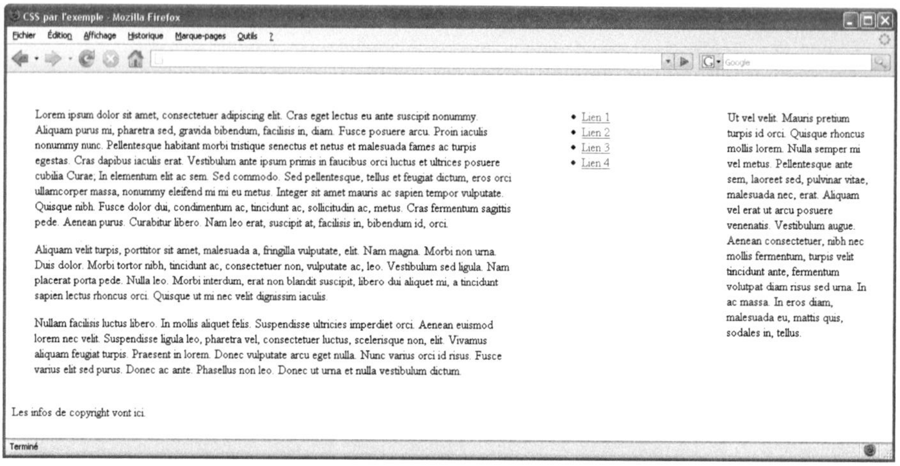

Figure 9-29. Déplacer la navigation entre les colonnes

En ajoutant une marge gauche au `div navigation`, puis en utilisant une marge gauche négative afin de déplacer le `div autres-infos`, vous pouvez inverser l'ordre des deux dernières colonnes. Les règles CSS suivantes permettent d'obtenir la mise en pages de la *figure 9-30* :

```
#contenu {
 width: 60%;
}
#navigation {
 margin-left: 20%;
 width: 20%;
}
#autres-infos {
 margin-left: -39%;
 width: 19%;
}
```

Pour terminer la démonstration, placez la colonne de contenu sur le côté droit de la page (voir la *figure 9-31*) :

```
#contenu {
 margin-left: 40%;
 width: 60%;
}
#navigation {
 margin-left: -100%;
 width: 20%;
}
#autres-infos {
 margin-left: -80%;
 width: 19%;
}
```

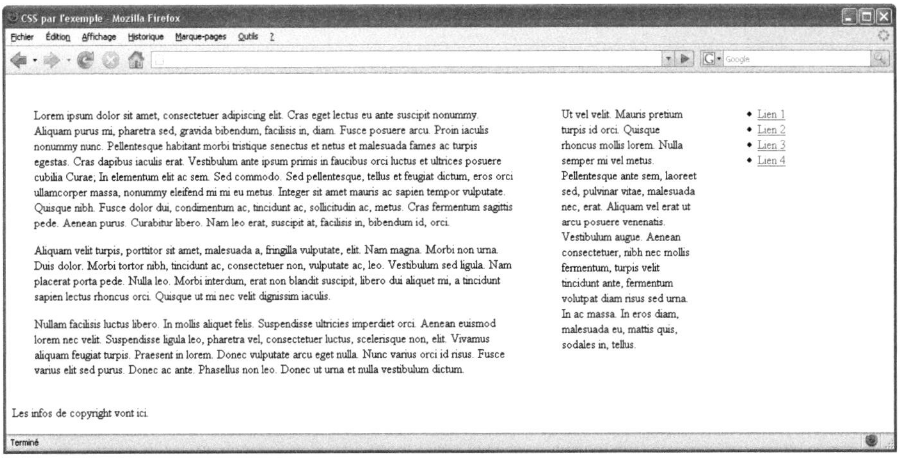

Figure 9-30. Inverser l'ordre des colonnes

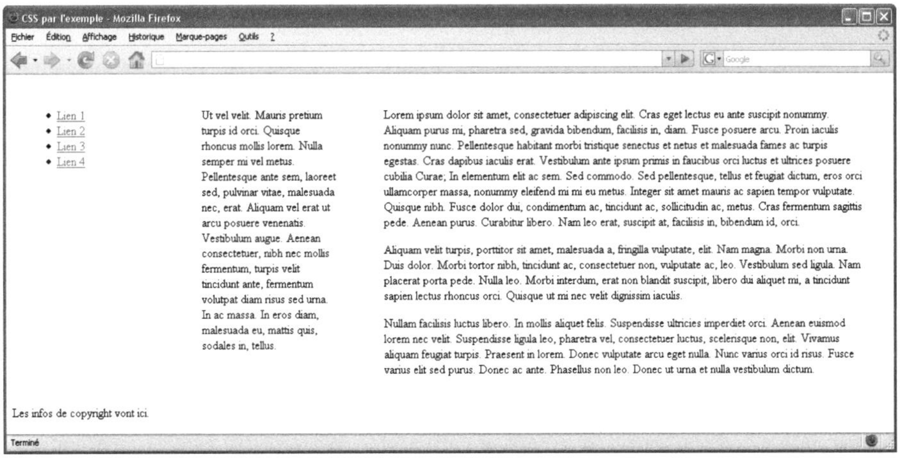

Figure 9-31. La colonne de contenu a été déplacée sur le côté droit de la page

Comme pour la première mise en pages, nous avons appliqué une marge à la colonne de contenu afin de réserver un espace sur le côté gauche de la page. Ensuite, nous avons utilisé des marges gauches négatives pour placer les `div` de navigation et d'informations complémentaires aux bonnes positions.

Algorithme de mise en pages

Pour déterminer la disposition des colonnes, une manière simple consiste à suivre un algorithme de calcul des marges négatives d'une colonne :

1. Pour la colonne dont vous souhaitez déterminer la marge négative, commencez par calculer le point le plus à droite de toutes les colonnes qui la précèdent dans le code source.
2. Ensuite, précisez le point le plus à gauche de la colonne.

3. Enfin, soustrayez la valeur extrême droite de la valeur extrême gauche afin d'obtenir la marge gauche de l'élément.

Si cette technique ne fonctionne pas, vous pouvez toujours vous tourner vers celle des essais et erreurs.

Fausses colonnes

Revenons maintenant à notre première mise en pages (voir la *figure 9-32*) et voyons comment nous pouvons améliorer l'aspect des colonnes. La première étape passe par des images d'arrière-plan.

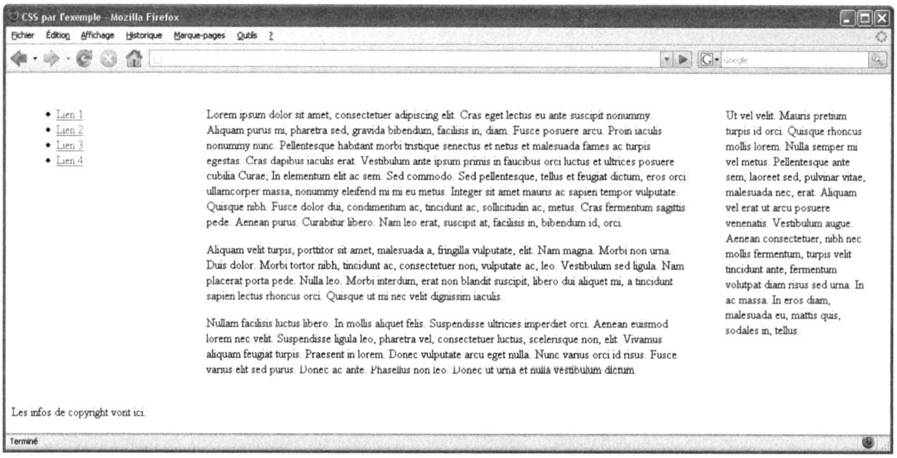

Figure 9-32. Mise en pages initiale attendant les images des colonnes

La technique des fausses colonnes a été développée par le graphiste Dan Cederholm (*http://alistapart.com/articles/fauxcolumns/*). Elle repose sur la répétition horizontale d'une image d'arrière-plan.

En utilisant une image en mosaïque, la méthode de Cederholm fonctionne parfaitement bien lorsque les largeurs sont fixes. Cependant, la souplesse de la technique signifie que nous devons légèrement la modifier pour notre mise en pages polyvalente.

Tout d'abord, nous avons besoin de deux images, une pour chaque côté de la colonne de contenu (voir la *figure 9-33*).

Figure 9-33. Images pour le côté gauche et le côté droit

Ensuite, le bloc conteneur doit être placé dans un div supplémentaire :

```
<div id="conteneur-externe">
 <div id="conteneur">
```

```
  [Suite du modèle.]
 </div>
</div>
```

Enfin, les règles suivantes doivent être ajoutées à la feuille de style :

```
#conteneur:after {
 clear: both;
 content: ".";
 display: block;
 height: 0;
 visibility: hidden;
}
#conteneur {
 display: inline-block;
}
/*\*/
#conteneur {
 display: block;
}
/**/
/*\*//*/
#conteneur {
 display: inline-block;
}
/**/
#conteneur-externe {
 background: url("fond-gauche.gif") repeat-y 20% 0;
}
#conteneur {
 background: url("fond-droit.gif") repeat-y 80% 0;
}
```

Grâce à ce code, les colonnes apparaissent sur toute leur longueur, comme celles illustrées à la *figure 9-34*.

À ce stade, vous pouvez ajouter tout style typographique que vous souhaitez. Ceux donnés dans la solution de cette recette permettent d'obtenir la présentation de la *figure 9-35*.

Autre solution

L'utilisation des éléments flottants pour la mise en pages est un modèle puissant, mais son apprentissage peut demander du temps. C'est pourquoi de nombreux concepteurs graphiques estiment que le positionnement absolu est une alternative séduisante, qui leur permet de positionner de manière précise les différents éléments de leur conception à l'aide de coordonnées x et y.

Malheureusement, les éléments positionnés sortent du flux du document, ce qui a pour effet de réduire leur élément conteneur. Par conséquent, ce type de mise en pages ne bénéficie plus du concept de dégagement qui permet aux différentes parties de la page de se placer en fonction d'un contexte. Autrement dit, un `div` de pied de page (comme les informations de copyright) peut être dégagé des blocs flottants au-dessus de lui, mais pas des éléments positionnés sur la page.

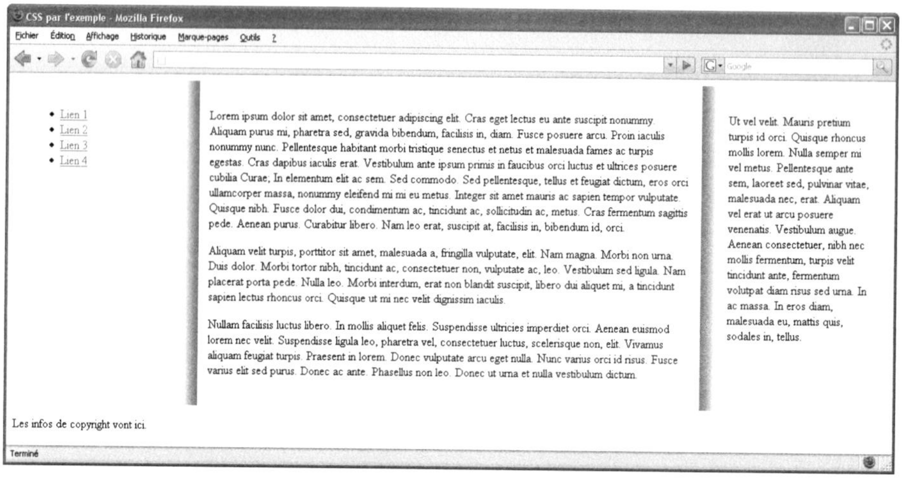

Figure 9-34. Des images matérialisent les colonnes

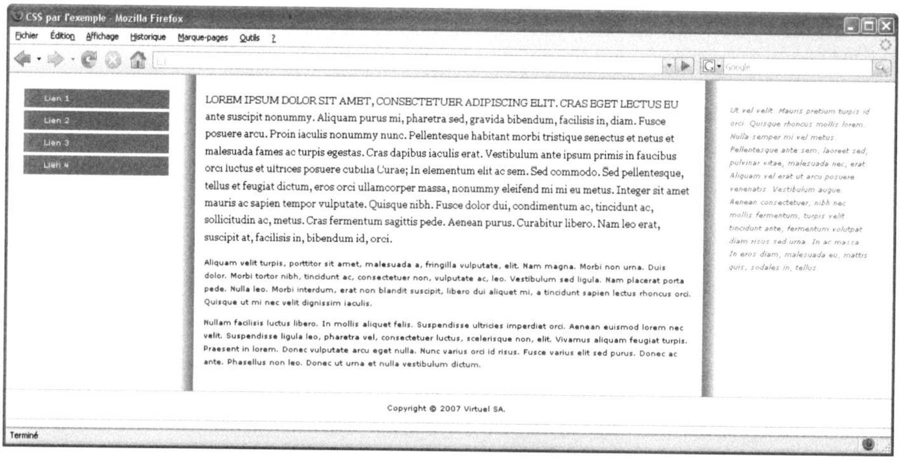

Figure 9-35. Mise en pages finale

Shaun Inman, un concepteur/développeur web talentueux, a écrit une fonction JavaScript permettant de corriger ce problème (*http://shauninman.com/plete/2006/05/clearance-position-inline-absolute.php*). Lorsqu'il est ajouté à vos pages web, le script d'Inman « dégage » automatiquement les éléments de tout élément positionné sur la page (voir la *figure 9-36*).

Cette méthode a pour principal inconvénient d'exiger l'activation de JavaScript dans le navigateur de l'utilisateur. Cela dit, si votre contenu est accessible lorsque JavaScript est désactivé dans le navigateur, alors tout est parfait.

Voir aussi

La recette 9.9 pour la conception d'une mise en pages asymétrique sans utiliser le positionnement absolu.

Figure 9-36. Utiliser le positionnement absolu pour la mise en pages

9.9. Créer une mise en pages asymétrique

Problème

Vous voulez créer une présentation souple, asymétrique ou organique comme l'illustre la *figure 9-37*.

Solution

Balisez d'abord le contenu à l'aide d'éléments `div` accompagnés de leur l'attribut `id` contenant les valeurs représentant leur emplacement sur la page :

```
<div id="entete">
 [...]
</div>
<div id="colonnePetite">
 [...]
</div>
<div id="colonnePrincipale">
 [...]
</div>
<div id="colonneMoyenne">
 [...]
</div>
```

Figure 9-37. Placement asymétrique du contenu

Ensuite, utilisez la propriété `position` dans chaque colonne, fixez sa valeur à `absolute` et paramétrez le placement des colonnes à l'aide des propriétés `left` et `top`, en veillant à utiliser des pourcentages. Utilisez également des valeurs en pourcentage pour positionner une image de fond (voir la *figure 9-38*) :

```
body {
 margin:5px 0 0 5px;
 background-image: url(fleur5.jpg);
 background-position: 50% 35%;
 background-repeat: no-repeat;
 }
#entete {
 position: absolute;
 left: 65%;
 top: 50%;
 width: 125px;
 font-size: small;
}
#colonnePetite {
 position: absolute;
 left: 35%;
 width: 15%;
```

```
 top: 1%;
 background: #fff;
font-size: small;
}
#colonnePrincipale {
 position: absolute;
 left: 5%;
 width: 45%;
 top: 40%;
 background: #fff;
 text-align: justify;
 border-width: 0;
 font-size: large;
}
#colonneMoyenne {
 position: absolute;
 left: 80%;
 width: 20%;
 top: 10%;
 background: #fff;
}
```

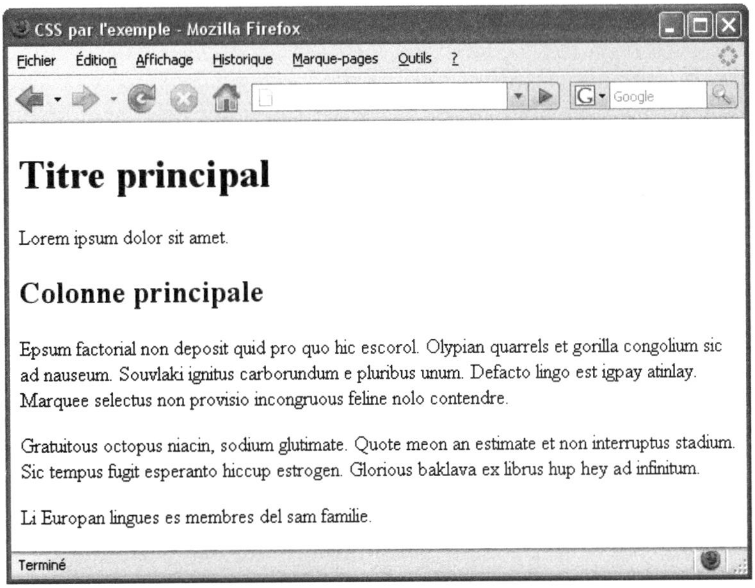

Figure 9-38. Rendu par défaut de la page

Discussion

Bien que les sites web semblent utiliser une mise en pages traditionnelle des colonnes, CSS permet aux développeurs web d'emprunter de nouvelles voies pour présenter leurs documents. Par l'intermédiaire des propriétés `position`, `top` et `left`, vous pouvez partager un contenu en plusieurs parties, les styler séparément et les placer selon des arrangements uniques.

L'image d'arrière-plan se déplace avec le contenu si la fenêtre du navigateur est redimensionnée parce que vous avez utilisé une valeur en pourcentage pour définir sa position.

Au lieu de modifier les valeurs des propriétés `position`, `top` et `left` manuellement, vous pouvez plus facilement placer des éléments `div` avec une application WYSIWYG telle que Adobe Dreamweaver.

Si vous voulez créer une présentation asymétrique ou organique avec des colonnes de largeur fixe au lieu de rendre cette présentation redimensionnable, utilisez des unités de dimension pour déterminer la position exacte à la fois du contenu et de l'image d'arrière-plan :

```
body {
 margin:5px 0 0 5px;
 background-image: url(flower5.jpg);
 background-position: -400px -200px;
 background-repeat: no-repeat;
}
#entete {
 position: absolute;
 left: 500px;
 top: 200px;
 width: 125px;
 font-size: small;
}
#colonneGauche {
 position: absolute;
 left: 200px;
 width: 125px;
 top: 10px;
 background:#fff;
 font-size: small;
}
#colonneInterneGauche {
 position: absolute;
 left: 50px;
 width: 375px;
 top: 175px;
 background: #fff;
 text-align: justify;
 border-width: 0;
 font-size: large;
}
#colonneInterneDroite {
 position: absolute;
 left: 600px;
 width: 150px;
 top: 50px;
 background: #fff;
}
```

Voir aussi

Les recettes 3.3 (page 117) et 3.4 (page 118) pour l'insertion d'images d'arrière-plan dans une page web ; la recette 1.17, page 54, pour l'utilisation de CSS dans Adobe Dreamweaver ; plus d'informations sur Adobe Dreamweaver (*http://www.adobe.com/fr/products/dreamweaver/*).

10

Impression

Introduction

Pour créer une version imprimable d'une page web, il faudrait normalement, soit convertir à la main son contenu en une nouvelle page réduite à l'essentiel, soit utiliser dynamiquement un script pour générer une page séparée.

CSS vous permet cependant d'appliquer automatiquement des styles aux documents lorsqu'ils sont imprimés. Ainsi, vous n'avez pas à écrire une page particulière pour la version imprimable et vous économisez sur le serveur les ressources spécialement requises pour générer la page.

La prise en charge de CSS pour les médias imprimés est chose assez commune de nos jours. Actuellement, les navigateurs qui reconnaissent cet aspect de la technologie sont Firefox, Internet Explorer 4+ pour Windows, Internet Explorer 4.5+ pour Mac, Navigator 6+, Safari et Opera.

Il existe des propriétés d'impression exclusives associées à CSS. Cependant, elles jouissent d'un support limité de la part des navigateurs du marché ; Opera 5 et 7 sont les seuls navigateurs qui prennent en charge plusieurs de ces types de propriétés (15 propriétés d'impression sur les 16 définies par les standards).

En raison de cet état de fait et de l'objectif de ce livre, qui est de se concentrer sur la nature pratique de CSS et sur la compatibilité avec les navigateurs, les recettes de ce chapitre visent davantage à styler le contenu de la page qu'à étudier la théorie des propriétés d'impression de CSS. Pour plus d'informations sur les propriétés CSS d'impression, consultez le chapitre 14 de l'ouvrage *CSS — La référence*, 2e édition d'Eric A. Meyer (Éditions O'Reilly).

Le présent chapitre vous explique comment, lorsque le document est envoyé à l'impression, indiquer au navigateur quelle feuille de style il doit utiliser. Il décrit également comment supprimer certains graphiques avant impression et comment développer un document pour l'impression.

10.1. Créer une page adaptée à l'impression

Problème

Vous voulez créer une page adaptée à l'impression sans avoir à générer manuellement ou dynamiquement une autre page web.

Solution

Créez une feuille de styles séparée contenant les règles CSS définissant l'apparence de la page imprimée. Dans cet exemple, la feuille de style d'impression se nomme `impression.css`.

Ensuite, associez la feuille de style et fixez la propriété `media` à `print` :

```
<link rel="stylesheet" type="text/css" href="avance.css"
      media="screen" />
<link rel="stylesheet" type="text/css" href="impression.css"
      media="print" />
```

Discussion

Vous pouvez utiliser des feuilles de style pour imposer la présentation de documents pour une grande variété de supports. Par défaut, la valeur de l'attribut `media` est `all`. Sans l'attribut, l'agent utilisateur appliquera les règles CSS de la feuille de style à tous les supports.

Bien que l'attribut le plus courant que vous ayez rencontré soit `screen`, utilisé principalement pour l'affichage de documents sur les moniteurs couleurs, les Recommandations CSS 2.1 définissent en fait un total de dix types de support, comme le recense le *tableau 10-1*.

Tableau 10-1. Types de médias

Type de média	Description
`all`	Convient pour tous les périphériques.
`braille`	Destiné aux appareils tactiles implémentant le Braille.
`embossed`	Destiné aux imprimantes de pages en Braille.
`handheld`	Destiné aux appareils portables (en général, les écrans de petite taille, les appareils à bande passante limitée).
`print`	Destiné aux dispositifs paginés et aux documents visualisés à l'écran en mode aperçu avant impression.
`projection`	Destiné aux projections de présentations — par exemple, à l'aide de projecteurs.
`screen`	Destiné à l'origine pour les écrans couleur d'ordinateur.

Tableau 10-1. Types de médias (suite)

Type de média	Description
`speech`	Destiné aux synthétiseurs vocaux.
`tty`	Destiné aux supports utilisant une grille de caractères à espacement fixe (tels que télétypes, terminaux ou appareils portables aux capacités d'affichage limitées).
`tv`	Destiné aux appareils de type téléviseur (dotés d'écrans couleurs basse résolution à défilement limité et du son).

Vous pouvez utiliser une feuille de style pour tous les supports :

```
<link rel="stylesheet" type="text/css" href="tous.css" media="all" />
```

Ou bien, vous pouvez utiliser une feuille de style pour plusieurs médias (mais pas tous).

Par exemple, pour utiliser une feuille de style à la fois pour la projection et l'impression de contenus, séparez simplement les valeurs associées aux supports par une virgule :

```
<link rel="stylesheet" type="text/css" href="impression.css"
media="print,projection" />
```

Dans le code précédent, la feuille de styles `impression.css` est utilisée pour la projection et l'impression du document web lorsqu'il est affiché.

Utiliser @import lors de l'affectation des types de médias

Vous pouvez utiliser d'autres méthodes, en dehors de `link`, pour assigner des types de supports. L'une de ces méthodes est `@import`, comme le montre la ligne suivante qui spécifie la feuille de style pour l'impression et la projection :

```
@import URI(impression.css) print,projection;
```

La règle `@import` doit être placée dans un élément `style` ou dans une feuille de style externe.

Utiliser @media lors de l'affectation des types de médias

Une autre méthode que vous pouvez utiliser pour associer des feuilles de style et des types de médias est `@media` qui vous permet d'écrire des blocs de règles CSS définies pour différents supports, le tout étant dans *une* feuille de style :

```
<style type="text/css">
@media print {
 body {
  font-size: 10pt;
  background-color: white;
  color: black;
 }
}
```

```
@media screen {
 body {
  font-size: medium;
  background-color: black;
  color: white;
 }
}
</style>
```

Voir aussi

Les types de médias à la section 7 du document de travail des Recommandations CSS 2.1 (*http:// www.w3.org/TR/CSS21/media.html*).

10.2. Créer un formulaire web prêt à imprimer

Problème

Vous avez besoin d'un formulaire que les utilisateurs remplissent en ligne ou qu'ils peuvent imprimer et remplir hors connexion, comme celui de la *figure 10-1*.

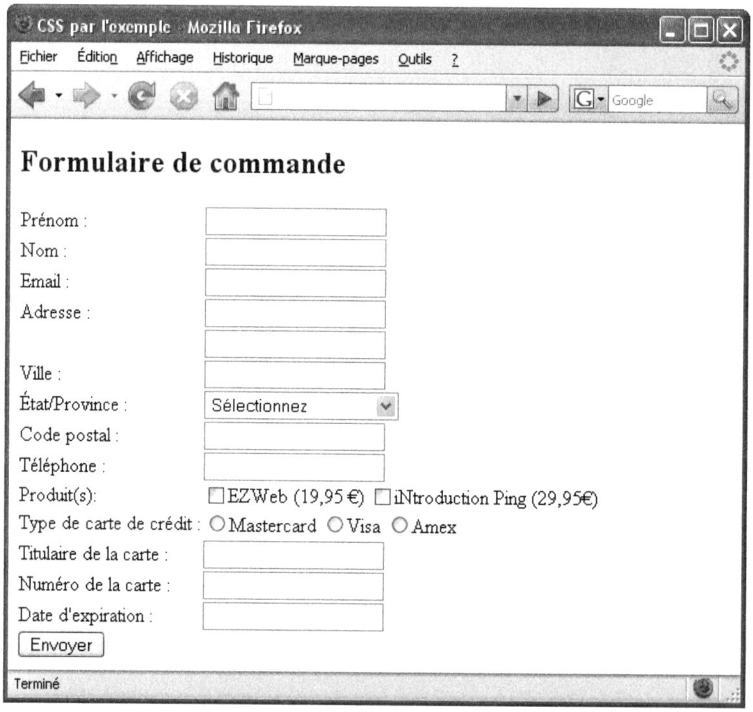

Figure 10-1. Un formulaire en ligne

Solution

Créez d'abord une feuille de style d'impression et un sélecteur de classe qui transforme les éléments `form` pour qu'ils affichent un texte en noir et une bordure de 1 pixel à la partie inférieure. Par exemple, le code HTML suivant pour un élément de saisie de texte :

```
<label for="prenom">Prénom :</label>
<input class="remplissage" name="prenom" type="text" id="prenom" />
```

requiert la règle CSS suivante :

```
<style type="text/css" media="print ">
.remplissage {
 color: black;
 border-width: 0;
 border: 1px solid #000;
 width: 300pt;
}
</style>
```

Pour les menus déroulants, masquez tout l'élément `select` et ajoutez un balisage supplémentaire pour faciliter la production de la bordure inférieure :

```
<label for="petitdej">Petit déjeuner</label>
<select name="petitdej" size="1">
 <option selected="selected">Choisissez</option>
 <option>Lait</option>
 <option>Croissants</option>
 <option>Jus d'orange</option>
 <option>Journal</option>
 </select><span class="postchoix"> </span>
```

Ensuite, dans les règles CSS, convertissez l'élément en-ligne `span` en un élément de bloc. Cela vous permet de définir la largeur de l'élément `span` et de placer la bordure en bas sans tenir compte des éléments `input` de la règle CSS précédente :

```
<style type="text/css" media="print">
select {
 display: none;
}
.postchoix {
 display: block;
 width: 300pt;
 height: 1em;
 border: none;
 border-bottom: 1px solid #000;
}
</style>
```

Pour les éléments tels que le bouton d'envoi, qui peut être utilisé sur la page imprimée, définissez la propriété `display` à `none`. Le produit terminé est illustré à la *figure 10-2*.

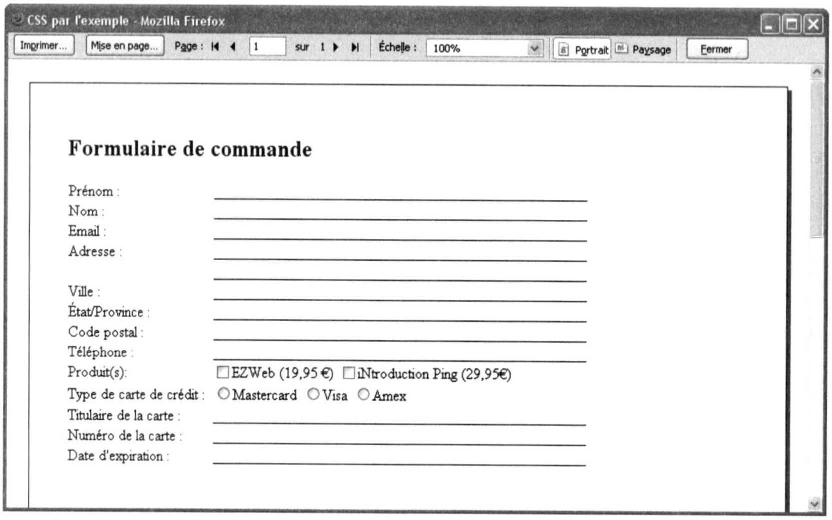

Figure 10-2. Le même formulaire prêt pour l'impression

Discussion

Les lignes d'un formulaire de commande indiquent à l'utilisateur qu'il peut remplir le formulaire. En utilisant la propriété `border`, vous pouvez facilement créer ces lignes dans un navigateur, rendant ainsi le formulaire web utile à la fois en ligne et hors connexion.

Pour les éléments `select`, la solution procède plutôt du bricolage, impliquant d'interférer avec le marquage idéal ; mais elle fonctionne et le code HTML reste valide. Placez un élément `span` après l'élément `select` :

```
<select name="petitdej" size="1">
 <option selected="selected">Choisissez</option>
 <option>Lait</option>
 <option>Croissants</option>
 <option>Jus d'orange</option>
 <option>Journal</option>
</select>
<span class="postchoix"> </span>
```

Définissez alors l'élément `select` pour qu'il soit masqué :

```
select {
 display: none;
}
```

Maintenant, définissez l'élément `span` pour qu'il s'affiche comme un élément de bloc et autorise la définition de propriétés de largeur et de hauteur. Celles-ci étant définies, la bordure du bas peut être placée en fonction du reste des éléments du formulaire :

```
.postchoix {
 display: block;
 width: 300pt;
```

```
 height: 1em;
 border: none;
 border-bottom: 1px solid #000;
}
```

Utiliser des sélecteurs d'attributs pour distinguer les éléments de formulaire

Puisque les navigateurs commencent à reconnaître les sélecteurs d'attributs proposés par les Recommandations CSS, il devient plus facile de styler les formulaires pour l'impression. Actuellement, seuls les navigateurs Firefox, Netscape Navigator 6+ et Opera 5+ prennent en charge les sélecteurs d'attributs. Lorsque vous utilisez ces sélecteurs, il est plus facile de déterminer les éléments de formulaire auxquels doivent être appliqués des styles que lorsque vous insérez dans le balisage des attributs `classe` et leur valeur.

Dans le code suivant, la première règle CSS s'applique uniquement aux éléments `input` de saisie de texte, alors que la seconde règle masque le bouton d'envoi et le menu déroulant Sélectionnez :

```
input[type="text"] {
 color: black;
 border-width: 0;
 border: 1px solid #000;
}
input[type="submit"], select {
 display: none;
}
```

Ajouter des informations pour l'utilisateur

Puisque le formulaire est imprimé, les visiteurs du site ne peuvent employer le bouton d'envoi pour transmettre leurs données.Vous devez donc inclure les étapes du processus d'envoi que l'utilisateur doit suivre après qu'il a imprimé et rempli le formulaire. Par exemple, si vous voulez qu'il l'envoie par la poste, ajoutez une adresse postale sur la page imprimée :

```
<div id="impression">
 <p>Veuillez envoyer le formulaire à l'adresse suivante :</p>
 <address class="adr">
  <span class="org">
   <span class="nom-organisme">La Maison Blanche</span>
  </span><br />
  <span class="rue">1600 Pennsylvania Avenue NW</span><br />
  <span class="localite">Washington, DC</span>
  <span class="code-postal">20500</span><br />
  <span class="pays">États-Unis</span>
 </address>
</div>
```

Notez que les instructions sont placées dans un élément `div` dont la valeur de l'attribut `id` est `impression`. Dans la feuille de style destinée à l'affichage sur un écran, fixez la propriété `display` de cet identifiant à `none` :

```
<style type="text/css" media="screen">
 #impression {
  display: none;
 }
</style>
```

Dans une feuille de style séparée réservée à l'impression, activez l'affichage des instructions en fixant la propriété `display` à `block` :

```
<style type="text/css" media="print">
 #impression {
  display: block;
 }
</style>
```

Voir aussi

La documentation sur les sélecteurs d'attributs dans les Recommandations du W3C (*http://www.w3.org/TR/CSS21/selector.html#attribute-selectors*) ; les Recommandations HTML 4.01 pour la balise `label` (*http://www.w3.org/TR/html401/interact/forms.html#edef-LABEL*).

10.3. Insérer des URI après les liens

Problème

Vous souhaitez afficher les URI (*Uniform Resource Identifier*) des liens insérés dans l'article lorsque la page web est imprimée.

Solution

Utilisez le pseudo-élément `:after` pour demander au navigateur d'imprimer les URI des liens dans un paragraphe :

```
p a:after {
 content: " <" attr(href) "> " ;
}
```

Discussion

Les sélecteurs tels que `:after` sont appelés pseudo-éléments. Le navigateur interprète le sélecteur comme si des éléments supplémentaires étaient utilisés pour baliser le document web.

Par exemple, en utilisant la règle CSS suivante, vous pouvez afficher la première lettre d'un paragraphe dans une taille de 2 em :

```
p:first-letter {
 font-size: 2em;
}
```

Vous utilisez le sélecteur `:after` (ou le sélecteur `:before`) pour insérer un contenu généré avant (ou après) un élément. Dans cette recette, la valeur de l'attribut `href`, qui contient l'information sur l'URI, est placée après chaque élément ancre (`a`) dans un élément `p`.

Pour que des accolades apparaissent autour de l'URI, placez des guillemets autour des accolades. Pour ajouter un espace tampon entre l'élément ancre et le contenu en-ligne suivant, placez un espace devant l'accolade gauche et un autre après l'accolade droite, puis insérez l'URI à l'aide de la fonction `attr(x)`. Quel que soit l'attribut remplacé par `x`, CSS reconnaît l'attribut dans l'élément et retourne une chaîne comme valeur.

Un autre exemple de la puissance de ce pseudo-élément concerne le retour de la valeur d'abréviations et d'acronymes dans un document encombré de termes spéciaux ou à la mode. Pour ce faire, associez d'abord la forme étendue du terme ou de la phrase à l'attribut `title` de `abbr` ou de `acronym` :

```
<p>Le <acronym title="World Wide Web Consortium">W3C</acronym>
fait des choses remarquables comme les <abbr title="Cascading Style
Sheets">CSS</abbr> !</p>
```

Puis, dans les règles CSS, indiquez au navigateur de retourner la valeur de l'attribut `title` :

```
abbr:after, acronym:after {
 content: " (" attr(title) ") ";
}
```

Placer le nom de domaine avant les liens absolus

Dans le cas des liens absolus, seules la barre oblique et les données concernant le dossier et le nom du fichier apparaîtront lors de l'impression de la page. Pour contourner ce problème, les Recommandations CSS 3 apportent une solution basée sur un sélecteur de sous-chaîne :

```
p a:after {
 content: " <" attr(href) "> " ;
}
p a[href^="/"]:after {
 content: " <http://www.oreilly.fr" attr(href) "> " ;
}
```

L'accent circonflexe, ^, indique que le sélecteur choisit tous les liens qui commencent par une barre oblique, c'est-à-dire les liens absolus.

Actuellement, la génération de contenu par le biais de pseudo-éléments fonctionne dans Firefox, Netscape 6+, Mozilla et Safari, mais pas dans Internet Explorer pour Windows.

D'autre part, les Recommandations CSS 3 sont peu implémentées. Cependant, puisque peu de navigateurs reconnaissent les sélecteurs de sous-chaîne et/ou les feuilles de style pour l'impression, vous pouvez ajouter la règle sans craindre que la sortie papier du visiteur de votre site en soit défigurée.

Voir aussi

La recette 2.2, page 65, pour plus d'informations sur l'utilisation des polices dans un document web ; les Recommandations CSS 2.1 pour le contenu généré (*http://www.w3.org/TR/REC-CSS2/generate.html#content*).

10.4. Insérer des caractères spéciaux avant les liens

Problème

Vous souhaitez insérer des caractères spéciaux comme », avant un lien lors de l'impression du document.

Solution

Vérifiez que votre feuille de style est destinée au média d'impression, utilisez les pseudo-éléments `:after` ou `:before` pour inclure l'URI après un lien dans le document web :

```
p a:after {
 content: attr(href) ;
}
```

Ensuite, placez l'équivalent hexadécimal du caractère spécial avant le lien :

```
p a:after {
 text-decoration: underline;
 content: " \00BB "  attr(href);
}
```

Lorsque la page est imprimée, un lien est suivi d'un texte similaire à celui-ci :

```
» http://www.oreilly.fr/
```

Discussion

N'oubliez pas la barre oblique inverse avant la valeur hexadécimale du caractère afin que le navigateur n'affiche pas celle-ci comme du texte générique. Dans notre exemple, si la valeur du guillemet droit n'était pas précédée de la barre oblique inverse, le texte « 00BB » serait affiché à la place du caractère :

```
00BB http://www.oreilly.fr/
```

La syntaxe CSS empêche d'utiliser des nombres ou des noms HTML pour identifier les caractères spéciaux dans la propriété `content`. Ils doivent être indiqués par une barre oblique inverse suivie de leur valeur hexadécimale.

Des caractères spéciaux donnés dans la propriété CSS `content` peuvent également être utilisés en dehors de la page imprimée. Essayez de les employer avec une feuille de style destinée à l'écran. N'oubliez pas d'inclure la feuille en précisant le média `all` ou `screen`.

Actuellement, la génération de contenu par le biais de pseudo-éléments fonctionne dans Firefox, Netscape 6+, Mozilla et Safari, mais pas dans Internet Explorer pour Windows.

Voir aussi

La liste des caractères spéciaux et leurs équivalents décimaux (*http://www.ascii.cl/htmlcodes.htm*) ; les Recommandations CSS 2.1 pour l'échappement des caractères (*http://www.w3.org/TR/CSS21/syndata.html#escaped-characters*).

10.5. Exemple de conception : une page adaptée à l'impression avec CSS

Dans cet exemple de conception, vous allez transformer un document web existant (illustré à la *figure 10-3*) et l'adapter pour l'impression.

Figure 10-3. Page web stylée pour l'écran

Bien que CSS ait changé la manière dont nous concevons pour le Web, il a également permis aux développeurs de modifier la manière dont ils livrent des versions de leurs documents prêtes pour l'impression. Au lieu d'avoir à créer des pages séparées ou d'écrire des scripts, il est possible d'utiliser CSS pour créer un document prêt pour l'impression dès que l'utilisateur a cliqué sur le bouton Imprimer. Le code HTML de la page ne figure pas dans ce livre, car le miracle de CSS est de permettre de changer la présentation sans modifier le code HTML.

Lors de la création d'une feuille de style pour l'impression, utilisez un navigateur web. Ceci vous permettra de visualiser rapidement les effets des règles CSS sur l'affichage du document. Ce procédé épargne l'environnement et vous permet d'économiser de l'argent en ne gaspillant pas l'encre de l'imprimante. Aussi, mettez entre commentaires la feuille de style utilisée pour l'écran afin de pouvoir créer de nouvelles règles CSS destinées à l'impression :

```
<!-- Masquer les règles CSS destinées à l'écran pendant le développement
     des règles réservées à l'impression. -->
<!-- link href="avance.css" type="text/css" rel="stylesheet"
         media="screen" -->
<style type="text/css">
/* Les règles CSS pour l'impression vont ici. */
</style>
```

Définir la page pour une impression en noir et blanc

Appliquez la première règle CSS à l'élément body. Dans cette règle, définissez la couleur d'arrière-plan à blanc et celle de la police à noir :

```
body {
 background-color: white;
 color: black;
}
```

Ensuite, définissez la typographie de la page à l'aide d'une police sérif. La lecture d'un texte à l'écran dans une police sans-sérif est plus facile, mais il est préférable pour l'impression d'utiliser une police sérif, en particulier pour les passages de texte. Pour un choix ultérieur, vous pourriez opter pour la police Times pour les documents imprimés car elle est installée sur la plupart des ordinateurs (sinon tous) et s'avère performante. Pour le cas où Times ne serait pas installée sur la machine des utilisateurs, fournissez d'autres possibilités de choix :

```
body {
 background-color: white;
 color: black;
 font-family: Times, "Times New Roman", Garamond, serif;
}
```

Maintenant, vous voulez vous débarrasser des liens hypertexte et de certains éléments de la page que vous ne voulez pas voir sur la page imprimée. Cela comprend la barre de navigation principale en-dessous du titre principal et les ancres internes à la page elle-même. Si votre page comporte des bannières publicitaires, il est préférable de les masquer également (voir la *figure 10-4*) :

```
#navigation, hr, body>div>a, #noteverticale {
 display: none;
}
```

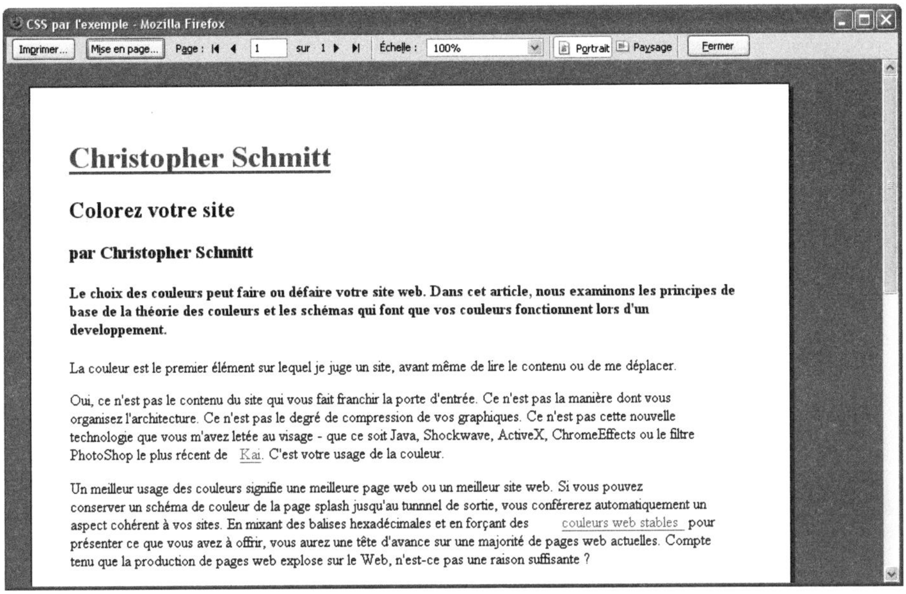

Figure 10-4. Masquer la barre de navigation et d'autres éléments

Créer le titre principal

Comme vous avez à faire avec une police en noir ou en gris sur une page blanche, vous disposez de peu d'options en ce qui concerne l'aspect du titre principal de la page. Cependant, en utilisant ce que vous avez à votre disposition, il est néanmoins aisé de créer un cartouche de titre qui attire l'attention de lui-même.

Tout d'abord, définissez la couleur de fond en noir et la couleur du texte en blanc :

```
#entete h1 {
 color: white;
 background-color: black;
}
```

Puisque vous voulez que les utilisateurs lisent vraiment le titre, le texte est en blanc pour créer le contraste. En la circonstance, le titre principal agit aussi comme un outil d'orientation — c'est un lien vers la page d'accueil. En conséquence, la couleur du titre est dictée par les règles de styles définies pour les liens. Pour remédier à cette situation, ajoutez une règle séparée :

```
#entete h1 {
 background-color: black;
}
#entete h1 a {
 color: white;
}
```

Maintenant que le texte est visible, donnez-lui un peu de style pour qu'il ressorte. Vous pourriez, par exemple, centrer le texte, augmenter sa taille et mettre en majuscules toutes les lettres :

```
#entete h1 {
 background-color: black;
 font-size: 24pt;
 text-align: center;
 text-transform: uppercase;
}
```

Bien que cela lui confère un aspect correct, vous pouvez augmenter son impact en passant à une police sans-sérif (pour qu'il se démarque du reste du texte du document) et en lui ajoutant un espace en haut et en bas (voir la *figure 10-5*) :

```
#entete h1 {
 background-color: black;
 font-size: 24pt;
 text-align: center;
 font-family: Helvetica, Verdana, Arial, sans-serif;
 padding: 7pt;
 text-transform: uppercase;
}
```

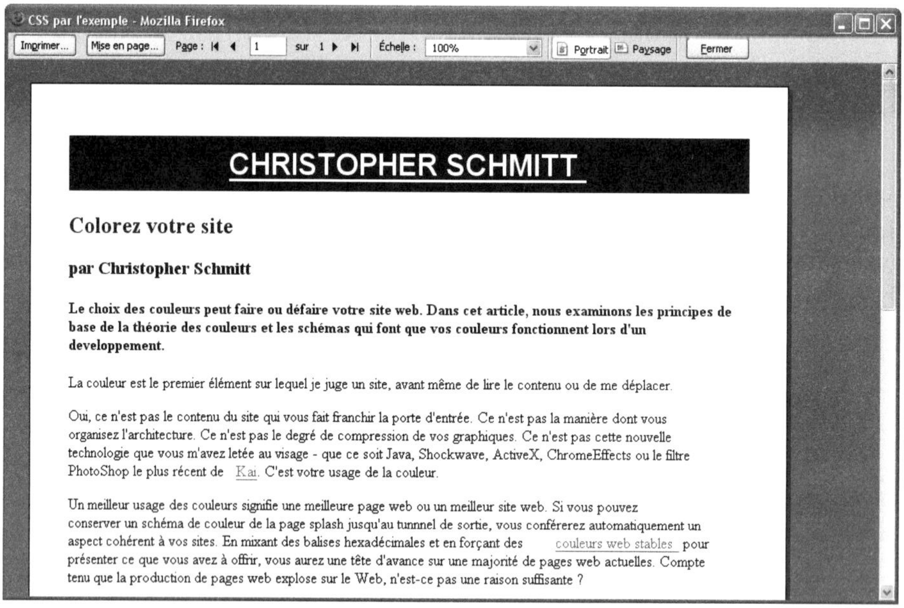

Figure 10-5. Styler le titre principal

Donner un style à l'en-tête de l'article et à la signature

Pour le titre de l'article et la signature, adoptez une approche plus spectaculaire en paramétrant à zéro les marges et l'espacement des éléments de titres h2 et h3 :

```
#contenu h2 {
 padding: 0;
 margin: 0;
}
#contenu h3 {
 padding: 0;
 margin: 0 ;
}
```

Augmentez ensuite la taille de la police utilisée pour le titre de l'article et soulignez celui-ci d'une règle très fine sur toute la largeur. Ensuite, alignez la signature à droite et définissez son style de police à `italic` (voir la *figure 10-6*) :

```
#contenu h2 {
 padding: 0;
 margin: 0;
 font-size: 20pt;
 border-bottom: 1px solid black;
}
#contenu h3 {
 padding: 0;
 margin: 0;
 text-align: right;
 font-style: italic;
}
```

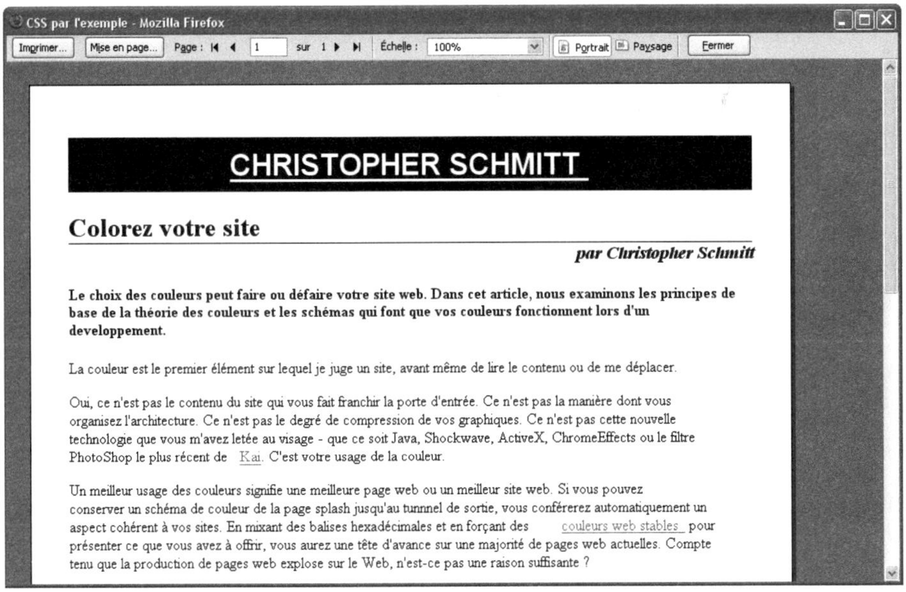

Figure 10-6. Conception du titre de l'article et de la signature

Attirer l'attention grâce à l'accroche

Vient ensuite le contenu de l'élément h4. Du fait qu'il sert d'accroche, il devrait être visuellement distinct du texte de l'article. Pour ce faire, définissez le fond à 30% de noir, modifiez la police en sans-sérif et introduisez des espaces (voir la *figure 10-7*) :

```
#contenu h4 {
 font-family: Helvetica, Verdana, Arial, sans-serif;
 border-top: 3pt solid black;
 background-color: #BEBEBE; /* ~30% black */
 padding: 12pt;
 margin: 0;
}
```

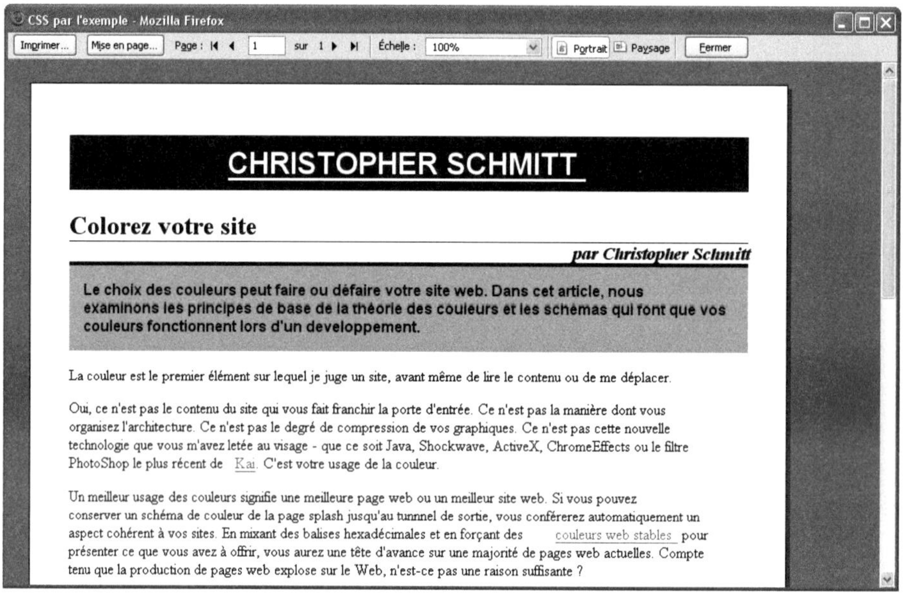

Figure 10-7. Définir l'accroche de l'article

En ce qui concerne le contenu de l'article, laissez le texte tel qu'il est, à l'exception de deux points intéressants : l'interlignage, abordé ici, et les liens, traités à la prochaine section.

Rappelez-vous que dans l'élément body, la police de la page est une police sérif et que, en raison de l'héritage, le style de cette police est repris aussi dans les paragraphes. Cependant, vous pouvez désirer espacer les lignes ou augmenter l'interlignage du texte des paragraphes. Pour ce faire, modifiez la propriété line-height :

```
#contenu p {
 line-height: 18pt;
}
```

Afficher les URI après les liens

Les liens insérés dans l'article deviennent inutiles dès lors que la page est imprimée. Cependant, pour que le lecteur de la page imprimée puisse en bénéficier, assurez-vous que les URI correspondant à ces liens soient affichés. Pour cela, définissez une règle CSS pour afficher un URI après chaque lien du contenu de chaque division du document. Pour obtenir des effets visuels, supprimez le soulignement par défaut des liens, assurez-vous que l'épaisseur de la police (`font-weight`) soit définie à `bold` et paramétrez la couleur à gris (voir la *figure 10-8*) :

```
#contenu a:after {
 content: " <" attr(href) "> ";
 font-family: courier, monospace;
 font-weight: normal;
}
a {
 text-decoration: none;
 font-weight: bold;
 color: #626466;
}
```

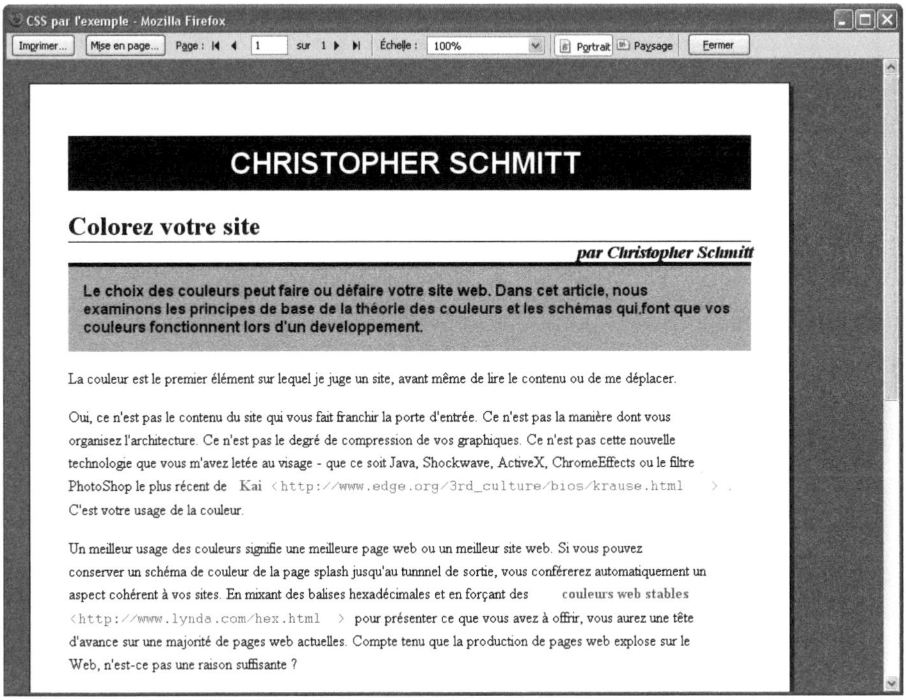

Figure 10-8. Ajuster les liens et l'interlignage du contenu

Terminer par le pied de page

À ce stade, vous êtes prêt à tracer votre route jusqu'au pied de page qui contient le copyright. Comme le titre principal est dans une police sans-sérif, équilibrez la page en choisissant une police sans-sérif, en centrant la note sur le copyright et en créant une règle par l'intermédiaire de la propriété `border-top` (voir la *figure 10-9*) :

```
#basDePage {
 border-top: 1px solid #000;
 text-align: center;
 font-family: Helvetica, Verdana, Arial, sans-serif;
}
```

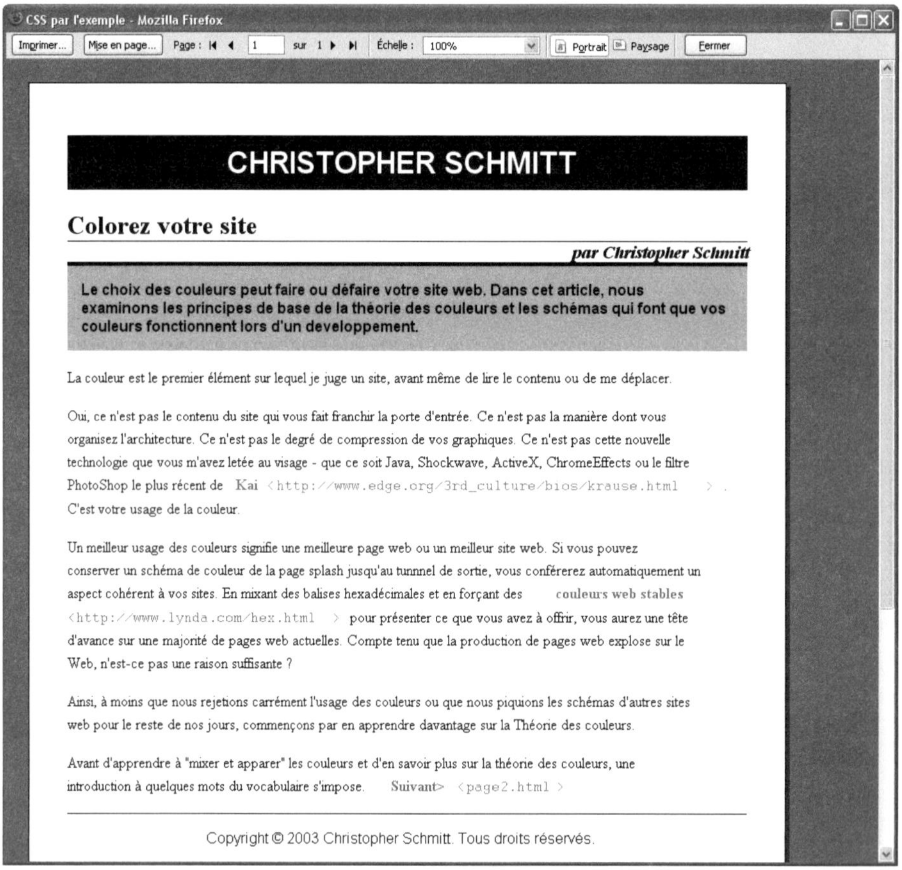

Figure 10-9. Le pied de page stylé

Les styles d'impression CSS étant entièrement définis, copiez les règles CSS dans une feuille de style externe appelée *impression.css*. Ensuite, enlevez les commentaires des règles CSS pour l'écran et associez les CSS d'impression par l'intermédiaire de l'élément `link` :

```
<link href="avance.css" type="text/css" rel="stylesheet"
media="screen" />
<link href="impression.css" type="text/css" rel="stylesheet"
media="print" />
```

Vous pouvez maintenant créer une feuille de style adaptée à l'impression. Si on suppose que vos visiteurs disposent d'un navigateur compatible avec les feuilles de style d'impression, ils obtiendront automatiquement la bonne présentation lors de l'impression du document.

11

Astuces, solutions de rechange et dépannage

Introduction

Lorsqu'ils conçoivent leurs sites web, les développeurs ont l'habitude d'employer des astuces et des solutions de rechange pour pallier les contraintes des navigateurs.

Le milieu des années 90 a vu la prolifération de ces astuces, en particulier les images GIF contenant un seul pixel, les balises `font` et les tableaux imbriqués, pour n'en citer que quelques-unes. Bien que CSS 2 ait acquis le statut de Recommandations dès mai 1998, les développeurs de navigateurs ne l'ont entièrement implémenté que très récemment. Ce décalage temporel, entre les navigateurs ne prenant pas en charge CSS et ceux disposant d'une implémentation complète ou quasi parfaite de CSS, signifie que de nombreux utilisateurs se servent encore de navigateurs ayant un piètre support de CSS.

Pour contourner les bogues de ces navigateurs répandus, les développeurs web se tournent toujours vers des astuces et des solutions de rechange permettant d'obtenir les mises en pages qu'ils souhaitent.

Même si les problèmes peuvent être résolus en utilisant les dernières versions des navigateurs, plusieurs raisons amènent encore les développeurs web à utiliser des astuces pour parvenir à leurs fins.

Contrairement aux concepteurs web, la plupart des utilisateurs ne mettent pas systématiquement à jour leur navigateur dès qu'une nouvelle version est disponible. Ils ont tendance à s'en tenir à celle existant sur leur système, car elle fonctionne parfaitement, et ne passent à la nouvelle version que lorsqu'ils achètent un nouvel ordinateur. D'autre part, les services informatiques des sociétés verrouillent fréquemment les systèmes afin d'empêcher les utilisateurs de mettre à jour eux-mêmes leurs logiciels.

Pour les concepteurs web qui affinent laborieusement leurs mises en pages, ce chapitre explique comment s'y prendre avec les navigateurs dont la prise en charge de CSS est incomplète. Il inclut également des méthodes pour masquer les feuilles de styles avancées à Netscape Navigator 4, tenir compte des particularités d'Internet Explorer 5.*x* pour Windows et de son interprétation particulière du modèle de boîte, etc.

11.1. Dissimuler certains styles à Netscape Navigator 4.x

Problème

Vous voulez empêcher Netscape Navigator 4.*x* d'utiliser certaines règles CSS. Par exemple, Navigator 4.*x* ne transmet pas correctement l'héritage des styles comme `font-family` et `color`, définis pour le corps du document, à des éléments tels que `table`, `div` et `p`.

Solution

Dans une feuille de styles séparée, placez les règles CSS qui ne doivent pas être utilisées par Netscape Navigator 4.*x*. Ensuite, utilisez la méthode `@import` pour associer les règles CSS « avancées » (en vous assurant que la feuille de style avancés est insérée après la feuille des styles de base) pour pouvoir neutraliser certains styles de base :

```
<link rel="stylesheet" type="text/css" media="all" title="CSS de base"
      href="/base.css" />
<style type="text/css" media="all">
 @import "/css/avance.css";
</style>
```

Discussion

Netscape Navigator 4 fut le premier navigateur de Netscape à offrir le support de CSS. Malheureusement, Netscape avait développé son navigateur avant la finalisation des spécifications. En conséquence, Netscape a proposé sa propre technologie, JSSS (*JavaScript Style Sheets*), sur laquelle s'appuyait Navigator 4. Ainsi, lorsque le W3C proposa CSS, les ingénieurs de Netscape durent rapidement procéder à des manipulations pour corriger leur implémentation. C'est pourquoi vous pouvez désactiver le support de CSS dans Navigator 4 en désactivant le support de JavaScript dans la fenêtre des préférences du programme.

Du fait que l'implémentation de CSS dans Navigator était essentiellement un remodelage de son moteur JSSS, le support effectif de CSS pour l'implémentation de choses comme la méthode `@import` d'association de styles externes à une page web était regrettablement incomplète. Du reste, les styles CSS inclus dans Navigator étaient implémentés incorrectement. Comme les nouveaux navigateurs offrent un support plus robuste et plus puissant de CSS, une méthode de dissimulation de certaines règles CSS à Navigator 4 est devenue une nécessité dès lors que les développeurs conçoivent des présentations à base de CSS.

Astuce de Caio

Bien que la méthode `@import` fonctionne, vous devez écrire les règles CSS dans deux fichiers séparés : l'un pour Navigator 4 et l'autre pour les autres navigateurs capables d'exécuter la méthode `@import`. Un autre moyen de dissimuler les styles à Navigator 4 et de maintenir les styles dans une seule feuille consiste à utiliser un tour de passe-passe faisant appel aux commentaires, connu sous le nom de « astuce de Caio », d'après le nom de son développeur, Caio Chassot.

Dans l'exemple de code suivant, les styles sont dissimulés à Navigator 4 par l'intermédiaire de cette astuce :

```
.p1 {
 font-size: 200%;
 text-decoration: underline;
}
/*/*/
.p2 {
 font-size: 200%;
 text-decoration: underline;
}
/* */
.p3 {
 font-size: 200%;
 text-decoration: underline;
}
```

Voici le code HTML qui est utilisé à la *figure 11-1* :

```
<h2>Test de Netscape Navigator 4 :</h2>
<p class="p1">Ce texte est de grande taille et souligné.</p>
<p class="p2">Ce texte n'est <em>ni</em> de grande taille
  <em>ni</em> souligné dans Netscape Navigator 4.x.</p>
<p class="p3">Ce texte est de grande taille et souligné.</p>
```

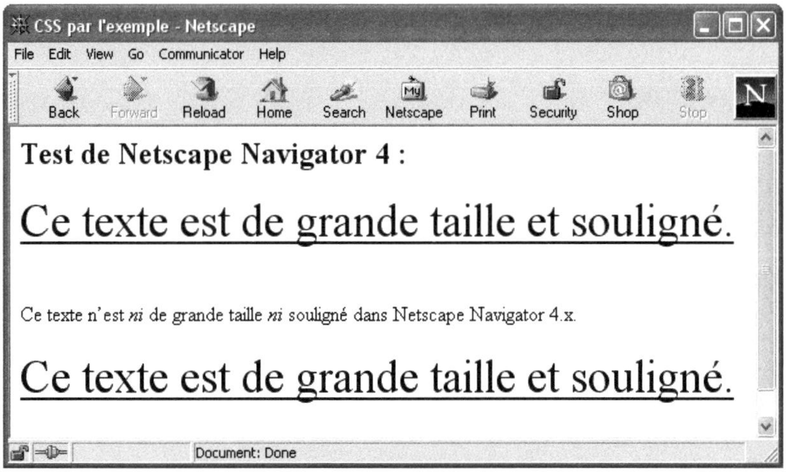

Figure 11-1. Le problème de l'analyseur de commentaires de Netscape Navigator utilisé pour masquer certains styles

Navigator 4 interprète le code de commentaires suivant `/*/*/` comme un commentaire ouvert : tout ce qui figure après lui est masqué au navigateur. D'autres navigateurs voient ces balises comme ouvrant et fermant un commentaire. Pour fermer cette astuce et permettre à Netscape Navigator 4 de voir le reste des styles, ajoutez une paire de balises de commentaires, cette fois avec un espace entre les astérisques :

```
/* */
```

Vous pouvez aussi inclure l'astuce avec les styles en-ligne :

```
<p style="/*/*/ color: font-size: 200%; text-decoration:
underline;">Cet élément p avec un style en-ligne n'est ni de grande taille
ni souligné dans Navigator 4.</p>
```

Solution @media

En dehors du problème d'analyse syntaxique des commentaires, Netscape Navigator 4 n'incorpore pas les feuilles de style lorsque l'attribut `media` est égal à `all` :

```
<link rel="stylesheet" type="text/css" href="/css/avance.css"
media="all">
```

D'autre part, Navigator 4 n'interprète pas les feuilles de style lorsqu'il y a plusieurs valeurs associées à l'attribut `media`. Ainsi, si vous utilisez une combinaison de valeurs pour les attributs `media`, Navigator 4 ignore la feuille de style :

```
<link rel="stylesheet" type="text/css" href="/css/avance.css"
media="screen, print" >
```

Sélecteurs de descendant

Vous pouvez aussi masquer les styles à Navigator 4 en utilisant des sélecteurs de descendant, en plaçant, par exemple, l'élément `html` comme sélecteur avant le sélecteur suivant (parce que Navigator 4 n'inclut pas l'élément `html` dans le document analysé).

Dans l'exemple suivant, la taille du texte et la décoration n'apparaîtront pas à l'écran de Navigator 4 :

```
html .p2 {
 font-size: 200%;
 text-decoration: underline;
}
```

Voir aussi

La page web de Caio Chassot présentant une manière de résoudre le problème (*http://www.v2studio.com/k/css/n4hide/*) ; la proposition originelle de Netscape concernant les styles JSSS (*http://www.w3.org/Submission/1996/1/WD-jsss-960822*) ; la description d'autres problèmes sur Navigator 4.x (*http://www.mako4css.com/Issues.htm*).

11.2. Écrire des styles réservés à Internet Explorer 5.x pour Windows

Problème

Vous souhaitez que les propriétés CSS aient des valeurs différentes dans Internet Explorer 5.*x* pour Windows, en particulier la propriété `width` pour tenir compte du modèle de boîte défini par Microsoft.

Solution

Écrivez la déclaration réservée à Internet Explorer 5.*x* pour Windows et utilisez l'astuce « astérisque HTML » pour indiquer les valeurs destinées aux autres navigateurs :

```
div#contenu {
 /* Valeur pour tous les navigateurs. */
 width: 500px;
}
* html div#contenu {
 /* Valeur pour IE. */
 width: 566px;
 /* Valeur pour MacIE. */
 w\idth: 500px;
}
```

Discussion

CSS stipule que la propriété `width` définit la largeur de la zone de contenu d'une boîte et que les marges, les bordures et l'espacement se placent en dehors de cette zone. Par exemple, dans le code suivant, l'élément a une largeur de 500 pixels :

```
div#contenu {
 width: 500px;
 padding: 33px;
 margin: 50px;
 background-color: #666;
}
```

La *figure 11-2* montre que la boîte a une largeur de 566 pixels. Les 66 pixels supplémentaires proviennent de l'espacement (`padding`) ajouté autour des 500 pixels.

Dans Internet Explorer 5.*x* pour Windows, la largeur n'est pas celle stipulée par CSS. Le modèle de boîte de Microsoft dessine la boîte avec les bordures et l'espacement à l'intérieur de la largeur indiquée. Pour obtenir la largeur de la zone de contenu, vous devez soustraire l'espacement et les bordures de la largeur précisée :

propriété `width`
- bordure gauche - espacement gauche
- espacement droit - bordure droite
= modèle de boîte de Microsoft

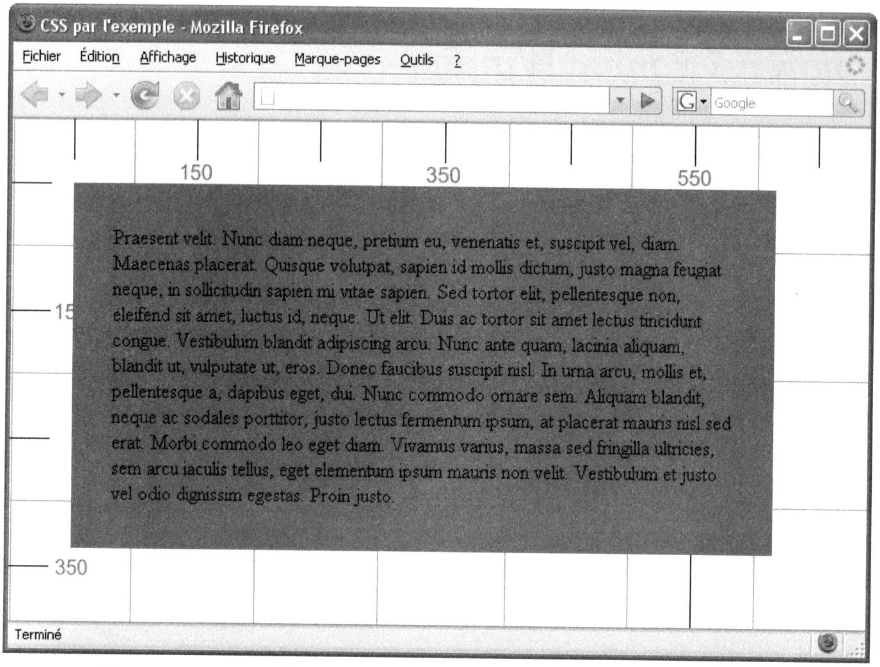

Figure 11-2. Le modèle de boîte correctement implémenté par Mozilla

Dans l'exemple CSS précédent, la largeur calculée par Internet Explorer 5.*x* pour Windows est de 434 pixels (voir la *figure 11-3*) :

500px - 33px - 33px = 434px

Il manque donc 66 pixels à la zone de contenu de l'élément de bloc, dont la largeur initiale avait été fixée à 500 pixels.

Ce modèle de boîte propre à Microsoft est utilisé par Internet Explorer pour Windows 5.*x* (et par Internet Explorer 6 pour Windows en *mode approximatif*) lorsque la largeur d'un élément de bloc est fixée en même temps qu'un espacement ou des bordures.

Astuce « astérisque HTML »

Dans cette astuce, la première règle indique la valeur correcte pour tous les navigateurs :

```
div#contenu {
 /* Valeur pour tous les navigateurs. */
 width: 500px;
}
```

La deuxième donne la valeur destinée à Internet Explorer. Le sélecteur stipule que tout élément `div` dont l'attribut `id` vaut `contenu` et qui est un descendant d'un élément `html` est un descendant de n'importe quel élément.

```
div#contenu {
 /* Valeur pour tous les navigateurs. */
 width: 500px;
}
```

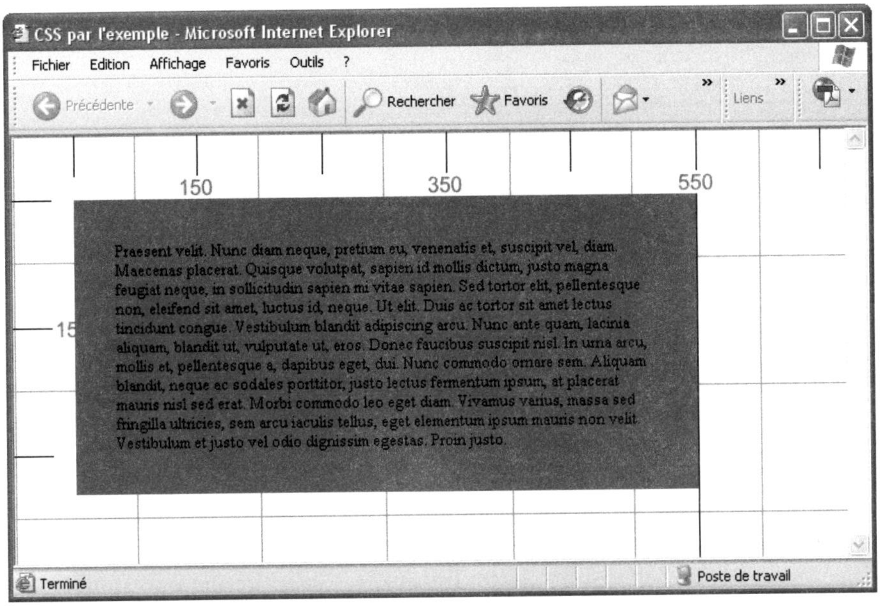

Figure 11-3. Implémentation du modèle de boîte dans Internet Explorer 6 pour Windows en mode approximatif

```
* html div#contenu {
 /* Valeur pour IE. */
 width: 566px;
}
```

Puisque html est l'élément racine, il ne peut être un descendant d'un autre élément. Les navigateurs au comportement correct ignorent donc cette règle CSS. Ce n'est pas le cas d'Internet Explorer, qui l'accepte. Puisque deux règles sont données, la cascade entre en action et Internet Explorer passe la largeur de l'élément de 500 pixels à 566 pixels.

La dernière étape consiste à corriger la règle pour Internet Explorer pour Mac. Même si ce navigateur partage son nom avec Internet Explorer pour Windows, la version Mac implémente correctement le modèle de boîte et notre astuce lui pose un problème.

La solution consiste à écrire une déclaration destinée à Internet Explorer pour Mac :

```
div#contenu {
 /* Valeur pour tous les navigateurs. */
 width: 500px;
}
* html div#contenu {
 /* Valeur pour IE. */
 width: 566px;
 /* Valeur pour MacIE. */
 w\idth: 500px;
}
```

La barre oblique inverse applique l'échappement à la lettre « i ». Cette astuce permet de conserver la deuxième valeur pour Internet Explorer pour Windows, tout en donnant la troisième à Internet Explorer pour Mac puisqu'il considère cette déclaration comme valide.

Astuce du modèle de boîte de Tantek

Tantek Çelik, le représentant de Microsoft dans les groupes de travail sur CSS et HTML du W3C (*World Wide Web Consortium*), a montré comment l'astuce suivante pallie les problèmes du modèle de boîte d'Internet Explorer 5.*x* pour Windows :

```
div#contenu  {
 /* Valeur pour WinIE en premier, puis la valeur
    souhaitée deux fois de suite. */
 background-color: red;
 voice-family: "\"}\"";
 voice-family: inherit;
 background-color: green;
}
html>div#contenu
 background-color: green;
}
```

Puisque le modèle de boîte est un élément essentiel de la conception, il est indispensable de corriger les incohérences qu'il peut provoquer.

L'astuce du modèle de boîte s'appuie sur un bogue de l'analyseur syntaxique pour terminer prématurément une règle. Tout ce qui vient après les deux propriétés `voice-family` est ignoré par Internet Explorer 5.*x* pour Windows. Cependant, puisque d'autres navigateurs, comme Opera 5, peuvent être affectés par cette solution, il faut ajouter la règle CSS suivante :

```
html>div#contenu
 background-color: green;
}
```

Elle utilise un sélecteur d'enfant pour attribuer de nouveau les valeurs aux propriétés dans les navigateurs comme Opera qui peuvent être perturbés par l'astuce du modèle de boîte, mais qui implémentent correctement les sélecteurs d'enfant.

Voir aussi

Les informations sur la propriété `width` dans le cadre du modèle de boîte (*http://www.w3.org/TR/CSS21/visudet.html#the-width-property*) ; l'explication de Tantek Çelik sur son astuce du modèle de boîte (*http://www.tantek.com/CSS/Examples/boxmodelhack.html*) ; les informations sur la propriété `voice-family` (*http://www.w3.org/TR/CSS21/aural.html#voice-char-props*) ; la mise à jour des astuces du modèle de boîte et d'autres informations de base (*http://css-discuss.incutio.com/?page=BoxModelHack*).

11.3. Supprimer le scintillement dans IE 5.x pour Windows

Problème

Vous voulez supprimer le scintillement initial d'un contenu non stylé avant qu'Internet Explorer 5.*x* pour Windows applique votre feuille de style CSS.

Solution

Ajoutez dans votre document web un élément `link` ou `script` comme enfant de l'élément `head` :

```
<head>
 <title>christopher.org</title>
 <link rel="stylesheet" type="text/css" media="print"
       href="impression.css" />
 <style type="text/css" media="screen">@import "avance.css";</style>
</head>
```

Discussion

Si une page web contient une feuille de style associée par l'intermédiaire uniquement de la méthode `@import`, les navigateurs Internet Explorer 5.*x* pour Windows montrent d'abord le contenu de la page web sans aucun des styles appliqués dans le balisage. Après une fraction de seconde, ces navigateurs réaffichent la page web en appliquant les styles.

L'ajout d'un élément `link` ou `script` dans l'en-tête du document web, avant la règle `@import`, force le navigateur à charger les styles lorsqu'il dessine initialement la page dans la zone d'affichage, évitant l'effet de scintillement.

Ce phénomène de rendu n'est pas un problème imputable au navigateur lui-même. Les Recommandations CSS n'indiquent pas si ce comportement est acceptable ou non, en conséquence le navigateur est conforme aux spécifications. Vous ou votre audience percevrez sans doute ce scintillement comme un bogue ou un désagrément, d'où la nécessité de l'empêcher.

Voir aussi

Un aperçu de l'effet (*http://www.bluerobot.com/web/css/fouc.asp*).

11.4. Fixer les images de fond dans IE 6 pour Windows

Problème

Vous voulez que l'image d'arrière-plan soit fixe dans Internet Explorer 6 pour Windows.

Solution

Utilisez l'astuce JavaScript suivante pour forcer cet effet. Copiez d'abord dans la page web le code suivant pour appeler le code JavaScript :

```
<head>
 <title>CSS par l'exemple</title>
 <script type="text/javascript" src="fixe.js"></script>
</head>
```

Puis dans le fichier *fixe.js*, placez le code JavaScript de la solution de contournement, que l'on peut trouver dans l'archive des exemples sur le site des éditions O'Reilly à l'adresse : *http://www.oreilly.fr/catalogue/2841774325* ou sur le site web d'Andrew Clover à l'adresse *http://doxdesk.com/software/js/fixed.html*.

Discussion

Selon les Recommandations CSS 2, lorsqu'une image de fond est immobilisée avec la propriété `background-attachment`, elle ne doit pas bouger lorsque l'utilisateur fait défiler la page web. Cette propriété ne fonctionne avec Internet Explorer pour Windows qu'à partir de sa version 7.

Cependant, cette étonnante astuce JavaScript développée par Andrew Clover corrige le problème en ajoutant simplement un lien JavaScript dans la page web. Le code JavaScript fonctionne en recalculant dynamiquement la position de la zone d'affichage lorsque l'utilisateur fait défiler le contenu et ajuste alors l'image de fond en conséquence.

Voir aussi

La recette 3.7, page 124, pour plus d'informations sur la définition d'une image d'arrière-plan fixe ; les Recommandations CSS pour la propriété `background-attachment` (*http:// www.w3.org/TR/CSS21/colors.html#propdef-background-attachment*).

11.5. Exploiter les commentaires conditionnels d'Internet Explorer pour Windows

Problème

Vous souhaitez écrire du code spécifique pour différentes versions d'Internet Explorer pour Windows.

Solution

Utilisez les commentaires conditionnels d'Internet Explorer :

```
<!--[if IE]>
<p>Vous voyez cette phrase car vous utilisez Internet Explorer.</p>
<![endif]-->
```

Pour destiner du code aux différentes versions d'Internet Explorer pour Windows, servez-vous du numéro de version du navigateur :

```
<!--[if IE 5]>
<p>Vous voyez cette phrase car vous utilisez Internet Explorer 5.</p>
<![endif]-->
<!--[if IE 5.0]>
<p>Vous voyez cette phrase car vous utilisez Internet Explorer 5.0.</p>
<![endif]-->
<!--[if IE 5.5]>
<p>Vous voyez cette phrase car vous utilisez Internet Explorer 5.5.</p>
<![endif]-->
<!--[if IE 6]>
<p>Vous voyez cette phrase car vous utilisez Internet Explorer 6.</p>
<![endif]-->
```

Pour que le code soit interprété uniquement par Internet Explorer 5 pour Windows et les versions ultérieures, utilisez le commentaire suivant :

```
<!--[if gte IE 5]>
<p>Vous voyez cette phrase car vous utilisez Internet Explorer 5 ou une
version ultérieure.</p>
<![endif]-->
```

Pour que le code soit interprété par Internet Explorer 5.5 pour Windows et les versions précédentes, procédez de la manière suivante :

```
<!--[if lte IE 5.5]>
<p>Vous voyez cette phrase car vous utilisez une version d'Internet Explorer
inférieure ou égale à 5.5.</p>
<![endif]-->
```

Dans l'exemple suivant, le code est réservé aux versions d'Internet Explorer pour Windows antérieures à la version 6 :

```
<!--[if lt IE 6]>
<p>Vous voyez cette phrase car vous utilisez une version d'Internet Explorer
inférieure à 6.</p>
<![endif]-->
```

Discussion

Microsoft a développé son propre système de commentaires pour réserver du code HTML à différentes versions de son navigateur Internet Explorer pour Windows.

Ce code ne peut être utilisé qu'en plaçant du contenu HTML entre les instructions de condition. Cela signifie que des règles CSS peuvent cibler différentes versions d'Internet Explorer pour Windows si elles sont combinées aux commentaires conditionnels. Par exemple, pour qu'une feuille de style soit réservée à Internet Explorer 5.x, placez une balise `link` qui y fait référence entre deux commentaires conditionnels :

```
<link rel="stylesheet" type="text/css" media="screen, presentation"
href="/_actifs/css/ecran/ecran.css" />
<link rel="stylesheet" type="text/css" media="aural"
href="/_actifs/css/audio.css" />
<!--[if lt IE 6]>
<link rel="stylesheet" type="text/css" media="screen, presentation"
href="/_actifs/css/ecran/ie.css" />
<![endif]-->
```

De même, des styles embarqués peuvent être placés entre les commentaires conditionnels :

```
<!--[if lt IE 6]>
<style type="text/css">
 h1 {
  font-family: Verdana, Arial, Helvetica, sans-serif;
  font-size: 36px;
}
</style>
<![endif]-->
```

Les commentaires conditionnels peuvent être employés conjointement à un système de gestion intelligente des astuces (voir la recette 11.7, page 421).

Notez que les commentaires conditionnels font une différence entre IE 5 et IE 5.0. Pour réserver du code à Internet Explorer 5.0, utilisez `IE 5.0`. Pour qu'il concerne toutes les versions d'Internet Explorer dont le numéro de version principal est 5, utilisez `IE 5`.

Les opérateurs `lt` et `gt` signifient respectivement « inférieur à » et « supérieur à », tandis que `lte` et `gte` signifient « inférieur ou égal à » et « supérieur ou égal à ».

Voir aussi

L'article MSDN sur les commentaires conditionnels (*http://msdn.microsoft.com/workshop/author/dhtml/overview/ccomment_ovw.asp*).

11.6. Masquer certaines règles CSS à Internet Explorer 5 pour Mac

Problème

Vous voulez dissimuler certaines règles à Internet Explorer 5 pour Mac.

Solution

Pour masquer certaines règles CSS à Internet Explorer 5 pour Mac, insérez une barre oblique inverse avant la balise de fermeture du commentaire `*/` :

```
/* \*/
h1 {
 font-size: 200%;
 text-transform: uppercase;
 background-color: #666;
 }
```

Après les règles destinées à Internet Explorer 5 pour Mac, insérez une autre ligne de commentaires :

```
/* */
p {
 text-transform: uppercase;
}
```

Discussion

Cette méthode exploite un simple problème d'analyse syntaxique des commentaires dans Internet Explorer 5 pour Mac. La barre oblique inverse, avant la balise de fermeture de commentaires, leurre le navigateur en lui faisant croire que le commentaire n'est pas fermé ; toutes les règles CSS valides sont ainsi masquées ; ce qui permet de masquer des blocs entiers de règles au navigateur jusqu'à la prochaine balise de fermeture de commentaires.

Voir aussi

Les Recommandations CSS sur l'ajout des commentaires (*http://www.w3.org/TR/2004/CR-CSS21-20040225/syndata.html#comments*).

11.7. Mettre en place un système de gestion intelligente des astuces

Problème

Vous souhaitez développer un système permettant de séparer les règles CSS correctes de celles employées pour les astuces et les solutions de rechange.

Solution

Liez une feuille de style à une page web :

```
<link rel="stylesheet" type="text/css" media="screen, presentation"
href="/_actifs/css/ecran/ecran.css" />
```

Dans la feuille de style *ecran.css*, importez la feuille de base qui contient les valeurs correctes :

```
@import url(cssexemple.css);
```

Puis, utilisez des filtres pour importer les règles CSS nécessaires à la correction des problèmes des navigateurs (voir la *figure 11-4*). Par exemple, Internet Explorer 5.x pour Windows aura certainement besoin de sa propre feuille de style. Servez-vous du filtre « Mid Pass » pour réserver la feuille de style à ce navigateur :

```
@import url(cssexemple.css);
/* Styles pour Internet Explorer 5 pour Windows. */
@media tty {
 i{content:"\";/*" "*/}} @import 'winie5.css'; /*";}
}/* */
```

Internet Explorer pour Mac pourrait également avoir besoin d'une feuille de style dédiée. Pour cela, utilisez le filtre « Mac Band Pass » :

```
@import url(/_actifs/css/cssexemple.css);
/* Styles pour Internet Explorer 5 pour Windows. */
@media tty {
 i{content:"\";/*" "*/}} @import '/_actifs/css/winie5.css'; /*";}
}/* */
/* Styles pour Internet Explorer pour Mac. */
/*\*//*/&#8232;
@import "ie5mac.css";&#8232;
/**/
```

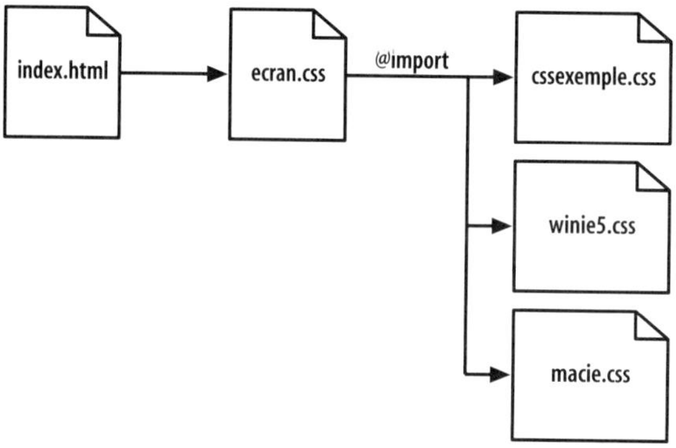

Figure 11-4. Principe du système de gestion intelligente des astuces

Discussion

Il existe deux avantages à séparer les feuilles de style en fonction du navigateur cible. Premièrement, la feuille de style de base est dépourvue de toute astuce ou solution de rechange.

Deuxièmement, en conservant les astuces et les solutions de rechange propres à chaque navigateur dans des fichiers distincts, il est plus facile de supprimer les règles CSS lorsque la prise en charge d'un navigateur n'est plus nécessaire.

La liste des filtres CSS permettant de cibler différents navigateurs est disponible sur la page *http://www.centricle.com/ref/css/filters/*.

La technique décrite dans cette recette s'appuie sur des astuces CSS pour sélectionner les feuilles de style. Une autre approche repose sur une solution côté serveur. Mark Pilgrim, un développeur web, a proposé une solution basée sur le module `mod_rewrite` du serveur Apache.

En analysant l'en-tête HTTP indiquant le navigateur de l'utilisateur, chaque navigateur reçoit sa propre feuille de style et celle de base. Pour plus d'informations sur cette technique, consultez la page *http://diveintomark.org/archives/2003/01/16/the_one_ive_never_tried*.

Voir aussi

L'article de Molly Holzschlag sur la gestion des astuces (*http://www.informit.com/articles/printerfriendly.asp?p=170511*).

11.8. Diagnostiquer les bogues CSS et les problèmes du navigateur

Problème

Vous souhaitez résoudre un problème lié à votre code ou à la mise en œuvre de CSS par le navigateur.

Solution

Suivez les étapes ci-après afin d'isoler les problèmes liés aux conceptions basées sur CSS :

1. Validez le contenu HTML. Allez sur le site *http://validator.w3.org/* pour vérifier la validité du balisage.
2. Validez le CSS. Allez sur le site *http://jigsaw.w3.org/css-validator/* pour vérifier la validité des règles CSS.
3. Rationalisez les valeurs des propriétés. Ajoutez une nouvelle règle CSS *à la fin* des feuilles de style, en utilisant le sélecteur universel pour fixer les propriétés de tous les éléments :

```
* {
  margin: 0;
  padding: 0;
}
```

4. Appliquez une bordure à chaque élément de bloc :

```
* {
  margin: 0;
  padding: 0;
  border: 1px solid red;
}
```

5. Essayez différentes valeurs pour les propriétés.

6. Placez en commentaires les règles et/ou les propriétés CSS à l'origine du problème. Retirez les commentaires un à un jusqu'à ce que le problème resurgisse. Pour plus d'informations sur l'ajout de commentaires dans CSS, consultez la recette 1.9, page 41.
7. Recherchez la description de problèmes similaires dans Google et sur *http://www.positioniseverything.net*, qui présente un ensemble bien documenté des bogues CSS.

Discussion

D'après mon expérience personnelle, 90 % des problèmes d'une conception basée sur CSS proviennent d'erreurs de syntaxe dans l'écriture des règles CSS ou d'un balisage mal formé.

Si, après avoir effectué toutes les étapes précédentes, vos problèmes ne sont pas résolus, effectuez une recherche sur Google ou un site dédié aux bogues CSS pour savoir si une autre personne a décrit et/ou découvert un problème similaire.

Voir aussi

Le livre *CSS — La référence*, 2e édition d'Eric A. Meyer (Éditions O'Reilly) pour en savoir plus sur les Recommandations CSS.

11.9. Tester une conception sur plusieurs plates-formes avec un seul ordinateur

Problème

Vous souhaitez vérifier la compatibilité de votre site web avec plusieurs navigateurs, mais vous n'avez accès qu'à un seul ordinateur.

Solution

L'utilisation d'émulateurs peut permettre de réduire les coûts car il n'est plus indispensable de disposer de plusieurs ordinateurs.

Si vous avez un PC

Navigateurs pour Mac

Sur Windows, il n'existe aujourd'hui aucun émulateur de Macintosh (et donc de ses navigateurs). Cependant, le service en ligne iCapture (*http://www.danvine.com/icapture/*) permet aux développeurs de voir le rendu d'une page dans Safari.

Navigateurs Linux

Knoppix

Knoppix est un système Linux qui réside sur un CD-ROM amorçable. Aucune installation n'est donc nécessaire. Pour plus d'informations, voir le site *http://www.knoppix-fr.org/*.

VMWare Workstation

VMWare Workstation permet d'installer plusieurs systèmes d'exploitation virtuels au-dessus de Windows. Bien que des logiciels doivent être installés, le redémarrage de l'ordinateur n'est plus nécessaire chaque fois que vous souhaitez tester un site web. Pour plus d'informations, voir *http://www.vmware.com/fr/products/ws/*.

Double-amorçage Linux et Windows

Debian Linux peut être installé sur une partition séparée afin que l'utilisateur puisse démarrer son ordinateur sous Linux ou sous Windows. Pour plus d'informations, voir la page *http://www.aboutdebian.com/dualboot.htm*.

Si vous avez un Mac

Virtual PC pour Mac

Virtual PC pour Mac, un logiciel de Microsoft, permet d'installer des systèmes d'exploitation virtuels, dont Windows XP Professionnel, Windows XP Familial et Windows 2000 Professionnel, et, par conséquent, différentes versions d'Internet Explorer. Pour plus d'informations, voir le site *http://www.microsoft.com/france/mac/virtualpc/*.

Boot Camp

Boot Camp, une application d'Apple, permet aux utilisateurs d'installer Windows sur les Mac Intel. Pour plus d'informations, voir *http://www.apple.com/fr/macosx/bootcamp/*.

Si vous avez une station Linux

Wine

Wine, un logiciel *Open Source*, est une implémentation de l'API Windows qui s'exécute au-dessus de X et de Linux. Pour plus d'informations, voir le site *http://www.winehq.com/*.

Discussion

Pour que vos créations CSS soient compatibles avec différentes plates-formes et différents navigateurs, il est indispensable de les tester dans le maximum de configurations possibles. Pour ne pas trop grever votre budget, vous pouvez installer plusieurs systèmes d'exploitation sur un même ordinateur. Une fois cela fait, installez un navigateur sur le nouveau système. Vous pouvez y procéder rapidement en téléchargeant une archive des différents navigateurs à *http://browsers.evolt.org/*.

BrowserCam est un service web de capture d'écran. Vous devez remplir un formulaire pour donner un lien vers votre page web et indiquer les configurations de navigateurs et de systèmes d'exploitation qui vous intéressent. Le service vous renverra les captures d'écran correspondantes. Pour plus d'informations, allez sur le site *http://www.browsercam.com/*.

Voir aussi

Les informations sur l'installation de plusieurs navigateurs sur un seul ordinateur (*http://www.thesitewizard.com/webdesign/multiplebrowsers.shtml*).

11.10. Installer plusieurs versions d'Internet Explorer pour Windows sur un ordinateur

Problème

Vous souhaitez exécuter plusieurs versions d'Internet Explorer pour Windows sur votre système Windows XP.

Solution

Prenez une machine qui fonctionne sous Windows XP et sur laquelle Internet Explorer 6 pour Windows est installé.

Téléchargez les versions précédentes d'Internet Explorer sur le site evolt.org (*http://browsers.evolt.org/?ie/32bit/standalone*) :

- Internet Explorer pour Windows 5.5 Service Pack 2 (*http://browsers.evolt.org/download.php?/ie/32bit/standalone/ie55sp2_nt.zip*) ;
- Internet Explorer pour Windows 5.01 Service Pack 2 (*http://browsers.evolt.org/download.php?/ie/32bit/standalone/ie501sp2_nt.zip*) ;
- Internet Explorer 4 pour Windows (*http://browsers.evolt.org/download.php?/ie/32bit/standalone/ie401_nt.zip*) ;
- Internet Explorer 3 pour Windows (*http://browsers.evolt.org/download.php?/ie/32bit/standalone/ie3_nt.zip*).

Installez ensuite les navigateurs dans leur propre répertoire et lancez-les en double-cliquant sur le fichier *iexplore.exe* présent dans chaque répertoire.

Discussion

Puisqu'Internet Explorer pour Windows est le navigateur le plus répandu, il est indispensable de tester la conception de vos pages web dans ce navigateur. Cependant, avant que la technique décrite dans la solution ne soit découverte par Insert Title Web Design (*http://labs.insert-title.com/labs/Multiple-IEs-in-Windows_article795.aspx*), les développeurs web devaient utiliser des émulateurs ou plusieurs ordinateurs.

En modifiant certains fichiers pour chaque version du navigateur, il est maintenant possible d'en exécuter plusieurs versions sur un seul système Windows.

> Notez que les fichiers mentionnés dans cette recette ont déjà été modifiés et que vous n'avez plus rien à faire. Cependant, pour plus de précautions, lors de l'installation d'un logiciel, effectuez une sauvegarde de votre travail.

Si vous lancez plusieurs Internet Explorer pour Windows sur une machine, voici quelques problèmes que vous pourrez rencontrer :

- Internet Explorer 4 n'accepte aucun URI saisi dans la barre d'adresse. Pour donner un URI, passez par les menus. Vous pouvez également utiliser le raccourci clavier Ctrl+O pour afficher la boîte de dialogue.
- Les commentaires conditionnels (voir la recette 11.5, page 418) ne fonctionnent pas sur tous ces navigateurs. Internet Explorer 4 se déclare comme Internet Explorer 6 pour Windows.
- Les versions 5 et 5.5 sont connues pour se planter lorsqu'on tente d'afficher les favoris.
- Les cookies risquent de ne pas être reconnus lorsque plusieurs Internet Explorer sont installés.

> Il est possible de faire fonctionner les commentaires conditionnels en modifiant le Registre de l'ordinateur. Pour plus d'informations, consultez le document *http://www.positioniseverything.net/articles/multiIE.html*.

Voir aussi

D'autres informations sur cette technique (*http://www.quirksmode.org/browsers/multiple-ie.html*).

11.11. Tester un site web dans un navigateur textuel

Problème

Vous souhaitez vérifier le comportement de votre site web dans un navigateur textuel.

Solution

Utilisez un outil en ligne, comme Lynx Viewer (*http://www.delorie.com/web/lynxview.html*), qui simule un navigateur textuel.

Placez un fichier nommé *delorie.htm*, qui peut être vide, afin d'indiquer à l'application web que le navigateur peut afficher le site par le biais du service en ligne.

Ensuite, entrez l'URL de votre site et examinez le résultat (voir la *figure 11-5*).

Discussion

Lynx est l'archétype du navigateur textuel. Au lieu d'utiliser un émulateur web, vous pouvez télécharger Lynx et l'installer sur un PC. Pour plus d'informations, visitez le site *http://www.subir.com/lynx/build.html*.

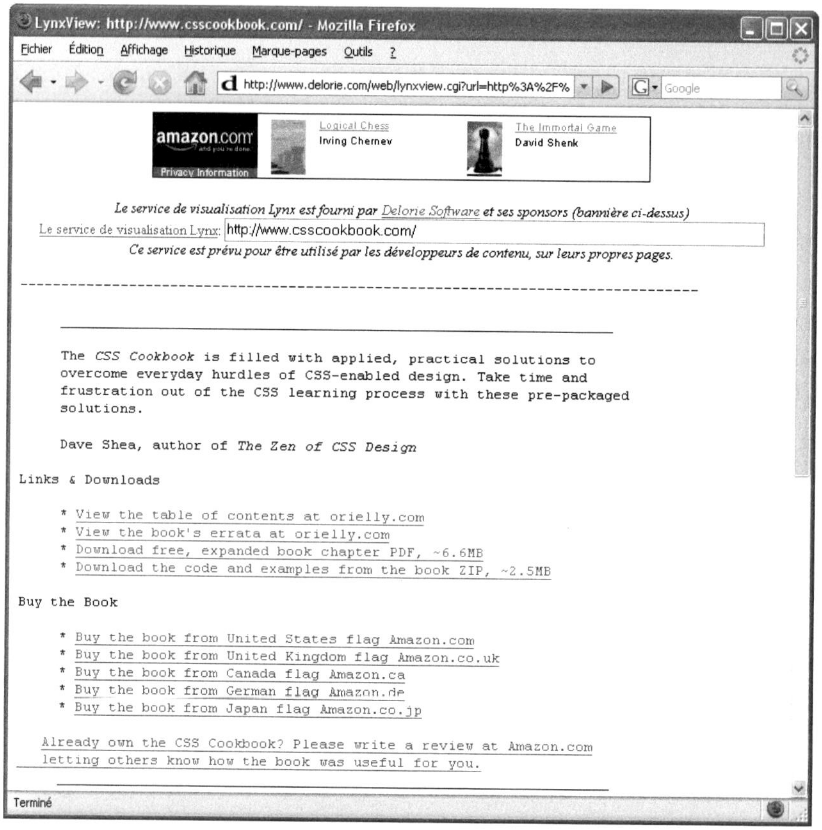

Figure 11-5. Affichage d'un site web par Lynx Viewer

Voir aussi

Le bref descriptif de Lynx (*http://people.cc.ku.edu/~grobe/early-lynx.html*).

12

Conception avec CSS

Introduction

Bien que les concepteurs ou développeurs web passent souvent beaucoup de temps à contourner les bogues des navigateurs et à lire les derniers trucs publiés par les gourous, il est bon de se rappeler avant tout, que ce sont des concepteurs et que CSS n'est qu'un moyen de convertir des idées de conception en actes de création.

CSS est une technologie parfaite pour attirer l'attention des visiteurs vers un site web. Au lieu d'utiliser des tableaux HTML et de découper des images pour créer des effets captant le regard, vous pouvez aller plus loin avec un balisage valide et CSS, économiser sur la taille des fichiers et vous débarrasser du code HTML et des images inutiles. En bref, vous pouvez faire ce que tout concepteur web professionnel devrait faire : créer un impact maximum avec un minimum de ressources.

À un niveau élémentaire, un développeur peut apprendre tout ce qu'il y a à savoir sur la syntaxe CSS et sur les limites techniques de cette technologie. Mais n'oubliez jamais que le code se contente d'implémenter la conception. Fondamentalement, CSS est un langage *visuel*. À ceci s'ajoute le besoin de comprendre, au moins de façon modeste, comment utiliser les principes du design avec CSS.

Ce chapitre explique les principes de la conception basée sur CSS. Spécifiquement, il décrit plusieurs méthodes pour capturer l'attention qui utilisent des techniques à base de règles CSS ; parmi elles, comment diriger l'œil vers des contenus en se servant de contrastes, utiliser un texte de très grande taille, créer des bulles de texte à partir de citations et utiliser différents formats d'images pour créer des présentations cohérentes.

12.1. Agrandir le texte

Problème

Vous voulez attirer l'attention sur une page web en agrandissant une partie du texte (voir la *figure 12-1*).

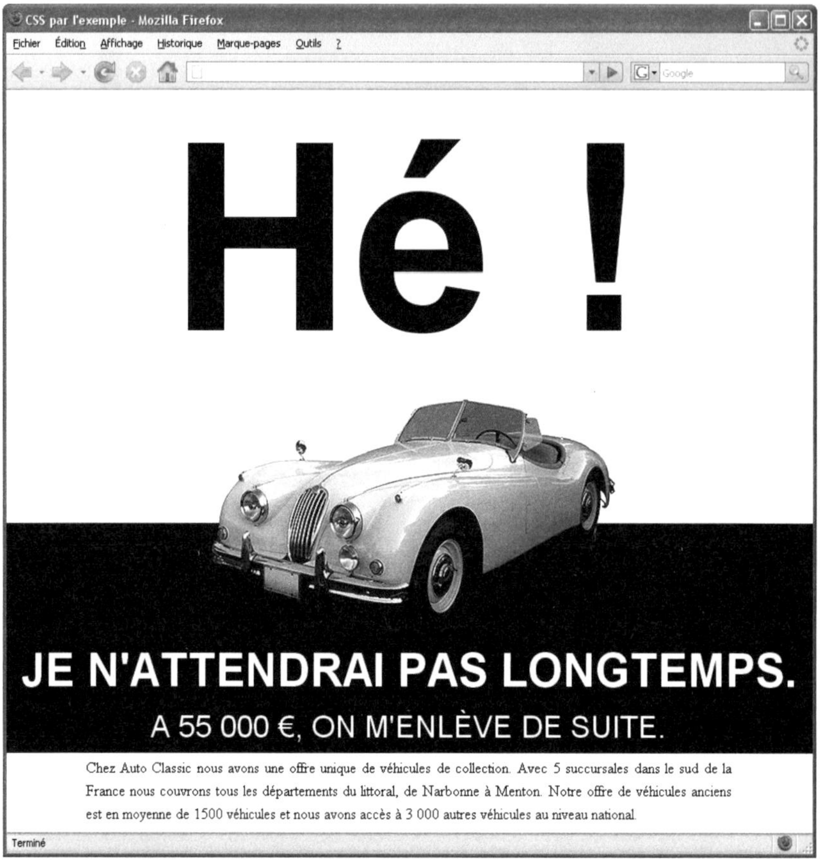

Figure 12-1. Exemple d'agrandissement du texte à l'excès

Solution

Augmentez la taille du titre afin qu'il soit hors de proportion avec le reste du texte. Écrivez d'abord cette ligne de code HTML :

```
<h1>Hé !</h1>
```

Utilisez ensuite la règle CSS suivante :

```
h1 {
 font-size: 17em;
 margin: 0;
 padding: 0;
 text-align: center;
 font-family: Arial, Verdana, Helvetica, sans-serif;
}
```

Discussion

Il est évident que tout élément de plus grande taille que les éléments environnants saute aux yeux. Cette approche conduit à présentation plus dynamique de la page, contrairement à une page dont tous les éléments ont la même taille.

Ainsi, lorsque vous voulez attirer l'attention sur une zone d'une page web, utilisez une taille de police démesurée.

Dans cet exemple, la taille de la police du mot « Hé ! » a été fixée à `17em`. Selon les spécifications concernant la propriété `font-size`, une unité em est égale à la taille de la police du conteneur. Ainsi, la valeur 17em est égale à 17 fois la taille de la police par défaut. Il n'y a pas de limite théorique à la taille du texte, mais en pratique, certains navigateurs fixent une limite supérieure. Jamais personne n'aura un moniteur assez grand pour visualiser une police dont la taille serait de 1 mile (ou 63 360 pouces) :

```
h3 {
 font-size: 63360in;
}
```

Voir aussi

La recette 2.2, page 65, pour spécifier les unités de mesure des polices et leurs tailles ; l'article « The Elements of Text and Message Design and Their Impact on Message Legibility: A Literature Review » du Journal of Design Communication (*http://scholar.lib.vt.edu/ejournals/JDC/Spring-2002/bix.html*) ; les Recommandations CSS 2 pour les longueurs, y compris les unités em (*http://www.w3.org/TR/REC-CSS2/syndata.html#length-units*).

12.2. Créer une incongruité inattendue

Problème

Vous devez capter l'attention du lecteur en utilisant deux éléments qui ne semblent pas aller ensemble.

Solution

Placez visuellement l'un des éléments dans l'autre. Dans la page web illustrée à la *figure 12-2,* qui représente l'imminente collision de la terre avec un astéroïde, une image de la Terre vue de l'espace a été placée dans l'image de la table de billard.

Le code HTML de cette page est simple :

```
<h2><span class="non">Nouvelles de la Terre</span></h2>
<p>La Terre a échappé à une collision potentielle avec un astéroïde
tueur ; échapperons-nous au prochain en 2014 ? <a href="suite.html">
Pour en savoir plus.</a></p>
```

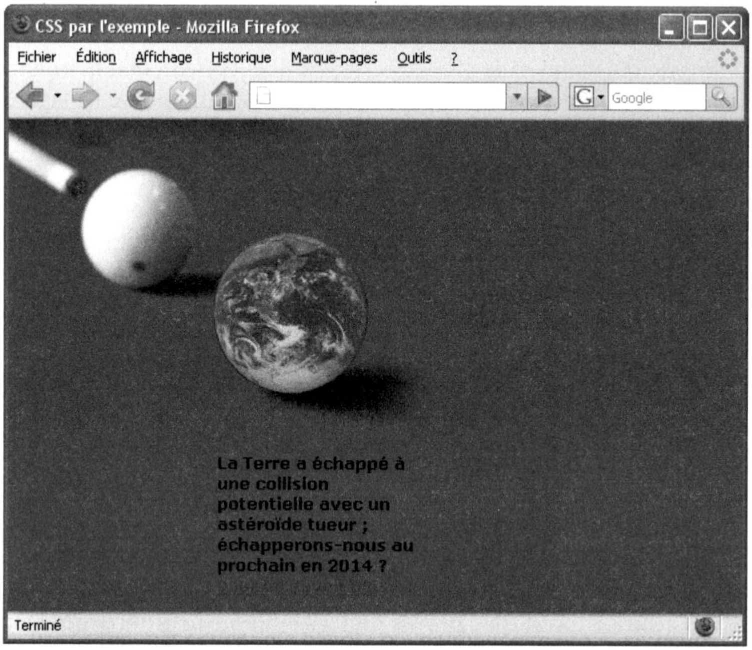

Figure 12-2. Image de la terre placée utilisée comme boule de billard

Du point de vue CSS, placez la photo représentant le jeu de billard dans l'élément body et positionnez-la dans le coin supérieur gauche. Utilisez ensuite pour h2 la technique de remplacement d'image exposée à la recette 3.9, page 128, pour placer la photo de la Terre :

```
<style type="text/css">
body {
 background-color: #009E69;
 margin: 0;
 background-image: url(billard.jpg);
 background-repeat: no-repeat;
}
h2 {
 background-image: url(terre.gif);
 position:absolute;
 width:126px;
 height:126px;
 z-index:1;
 left: 166px;
 top: 69px;
}
.non {
 display: none;
}
```

```
p {
 width: 160px;
 margin: 260px 100px 0 170px;
 font-family: Verdana, sans-serif;
 font-size: small;
 font-weight: bold;
}
</style>
```

Discussion

Un moyen puissant d'attirer l'attention est de montrer quelque chose que l'on n'attend pas. En combinant astucieusement deux éléments différents en une image, on peut forcer les utilisateurs à accorder une attention particulière à celle-ci ou simplement mettre en exergue le propos du contenu.

Cet exemple utilise deux images — l'une montre une queue de billard et une boule, l'autre représente la Terre vue de l'espace. La première image est placée comme image d'arrière-plan de l'élément `body`. L'image de la Terre est placée à l'arrière-plan de `h2` et est déplacée en définissant sa position à `absolute`. Elle est alors combinée avec l'image du billard par superposition.

Voir aussi

La recette 12.3 sur la combinaison d'éléments disparates ; la recette 3.13, page 140, sur la combinaison d'images de formats différents.

12.3. Combiner des éléments disparates pour créer des contrastes

Problème

Vous voulez créer un contraste sur une page web en intégrant deux éléments différents, tels que les polices sérif et sans-sérif, comme le montre la *figure 12-3*.

Solution

Utilisez différentes polices dans le même titre. Ajustez d'abord le balisage pour permettre les changements de propriétés des polices :

```
<h2>Franch<span>i</span>r <span>le pas</span></h2>
<h4>La sénatrice Jane Gordon (<span>I</span>-Utah) abandonne le GOP (Grand
Old Party); <br /> elle change de part<span>I</span> pour devenir
<span>I</span>ndependante</h4>
```

Manipulez ensuite les règles CSS concernant l'élément `span` pour créer un mélange de polices :

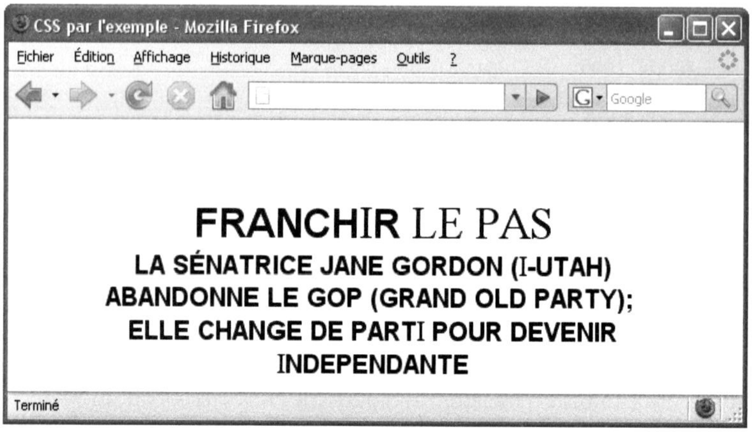

Figure 12-3. Éléments de polices juxtaposés dans le même titre

```
body {
 margin: 25% 10% 0 10%;
}
h2 {
 font-size: 2em;
 font-weight: bold;
 font-family: Arial, Verdana, Helvetica, sans-serif;
 text-transform: uppercase;
 text-align: center;
 padding: 0;
 margin: 0;
}
h2 span {
 font-family: Times, "Times New Roman", Georgia, serif;
 font-size: 1.1em;
 font-weight: normal;
 }
h4 {
 margin: 0;
 padding: 0;
 font-size: 1.25em;
 font-weight: bold;
 font-family: Arial, Verdana, Helvetica, sans-serif;
 text-transform: uppercase;
 text-align: center;
}
h4 span {
 font-family: Times, "Times New Roman", Georgia, serif;
 font-size: 1.1em;
 font-weight: normal;
}
```

Discussion

La combinaison d'éléments dissemblables crée un contraste visuel. Dans cet exemple, différentes caractéristiques de polices sérif et sans-sérif créent les contrastes du titre. Cependant, vous pouvez aussi créer des contrastes avec des images. Ainsi, dans cet exemple, vous pourriez intégrer les logos du Parti démocrate et du Parti républicain et les placer côte à côte. Ou vous pourriez encore aller plus loin dans la symbolique en plaçant côte à côte des photos de différents types de partis : l'une décrivant un grand rassemblement dans un club et l'autre montrant une jeune fille soufflant dans une trompe au-dessus d'un gâteau avec une bougie allumée.

Voir aussi

La recette 3.13, page 140, sur la combinaison d'images de formats différents.

12.4. Attirer l'attention par des contrastes

Problème

Vous voulez créer une sensation de profondeur ou de mouvement dans le texte. Dans une page contenant quatre paragraphes quasiment identiques, il est difficile de déterminer le paragraphe à voir en premier (voir la *figure 12-4*). Si vous modifiez la taille de la police dans les colonnes dans une direction particulière (par exemple, en diminuant la taille de gauche à droite) vous captez le regard du lecteur (voir la *figure 12-5*).

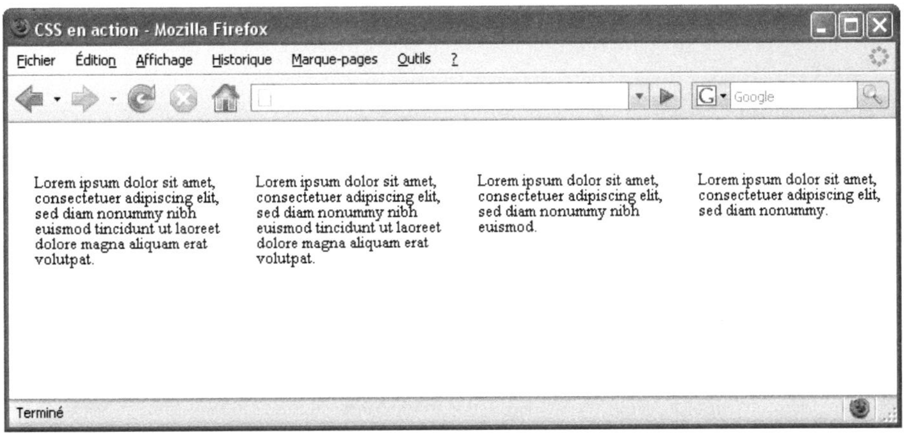

Figure 12-4. Quatre paragraphes presque identiques

Solution

Pour accrocher l'œil du lecteur, modifiez la taille de la police en ajoutant une règle CSS comme celle-ci :

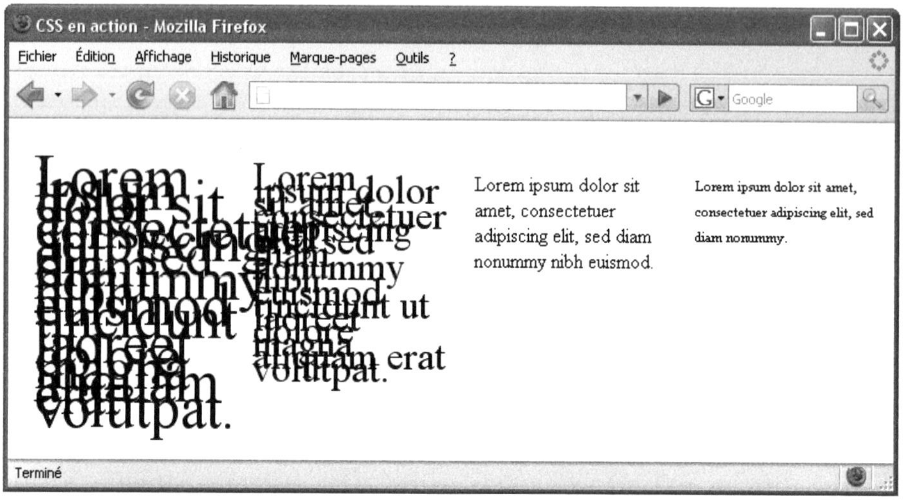

Figure 12-5. Modifier la taille de la police pour que l'œil du lecteur passe de gauche à droite

```
/* Taille du texte. */
#coucher4  {
 font-size: .7em;
 line-height: 20px;
}
#couche3  {
 font-size: 1em;
 line-height: 20px;
}
#couche2  {
 font-size: 2em;
 line-height: 10px;
}
#couche1  {
 font-size: 3em;
 line-height: 10px;
}
```

Discussion

Une différence évidente entre deux éléments provoque un contraste. Une page sans contraste fera que le lecteur ne discernera pas ce qui est important de ce qui ne l'est pas. En manipulant la valeur visuelle d'un élément, vous pouvez créer des contrastes entre deux éléments semblables. Voici certaines de ces valeurs visuelles :

- taille ;
- couleur ;
- forme ;

- position sur la page ;
- direction ;
- densité.

Un contenu correctement balisé a un style inhérent parce que le navigateur utilise sa propre feuille de style pour rendre le contenu lorsqu'aucune autre feuille de style n'est présente. Les titres, tels que l'élément `h1`, sont mis en forme dans une police de grande taille et en gras ; ils sont séparés des paragraphes (voir la *figure 12-6*). Ces différentes polices créent les contrastes qui vont aider les lecteurs à trouver un sens au document.

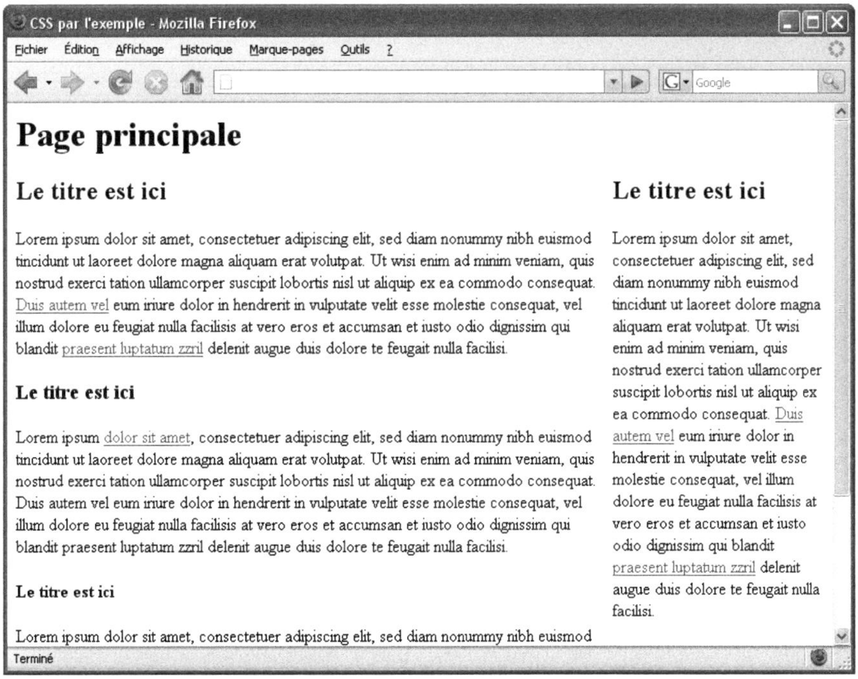

Figure 12-6. Attirer l'attention sur les titres en les définissant dans une police en gras et de plus grande taille

Sans les allusions qui peuvent être fournies par l'intermédiaire d'une feuille de style, l'œil du lecteur s'égarerait dans le document. La mise en pages de la *figure 12-7* crée une sorte de confusion car elle ne propose pas au lecteur un sens de lecture clair et n'indique pas ce qui doit être lu en premier. Les titres et le texte partagent tous les mêmes valeurs de police, de taille et de couleur.

Voir aussi

Comment créer des contrastes plus efficaces *http://www.lighthouse.org/color_contrast.htm*) ; les principes de base de la conception de contrastes (*http://graphicdesign.about.com/library/weekly/aa012700a.htm*).

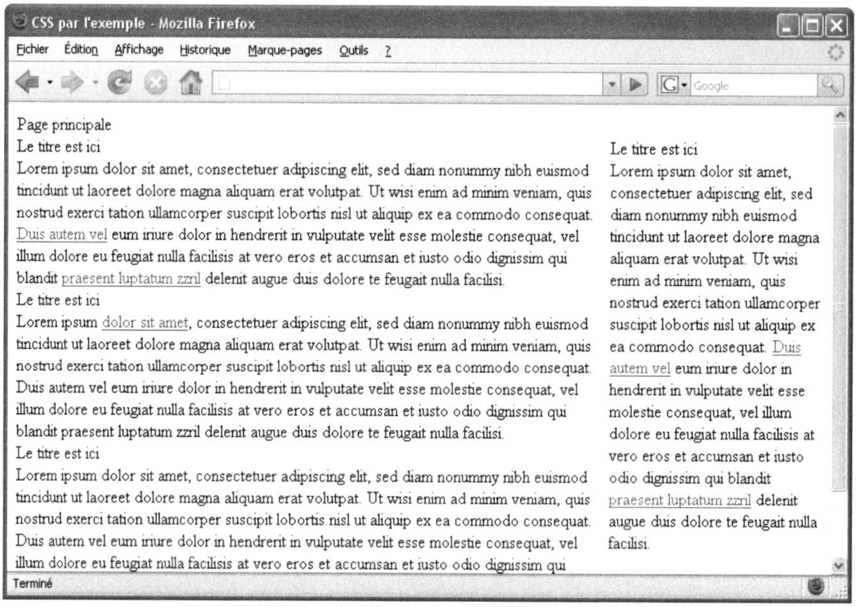

Figure 12-7. La page illustrée à la figure 12-6, mais sans contraste

12.5. Vérifier le contraste des couleurs

Problème

Vous souhaitez vérifier que le contraste entre deux couleurs est suffisant.

Solution

Utilisez l'analyseur de taux de contraste (*Luminosity Contrast Ratio Analyser*) proposé par JuicyStudio.com à l'adresse *http://juicystudio.com/services/luminositycontrastratio.php*.

Saisissez deux valeurs dans le validateur et cliquez sur le bouton Calculate Luminosity Contrast Ratio, comme l'illustre la *figure 12-8*.

Outre un échantillon d'utilisation des deux couleurs, vous obtenez un résumé indiquant si vous passez les niveaux de contraste 2 et 3, ou bien aucun. À la *figure 12-9*, la combinaison de couleurs saisie a passé ces deux niveaux.

Discussion

Le document *Web Content Accessibility Guidelines* du W3C stipule que, pour obtenir un texte lisible, les graphistes doivent faire en sorte que le contenu à l'avant-plan se distingue de l'arrière-plan.

Lorsque la couleur du texte est d'une teinte trop proche de celle de l'arrière-plan, le texte devient illisible. Pour obtenir du texte parfaitement lisible, les couleurs doivent avoir

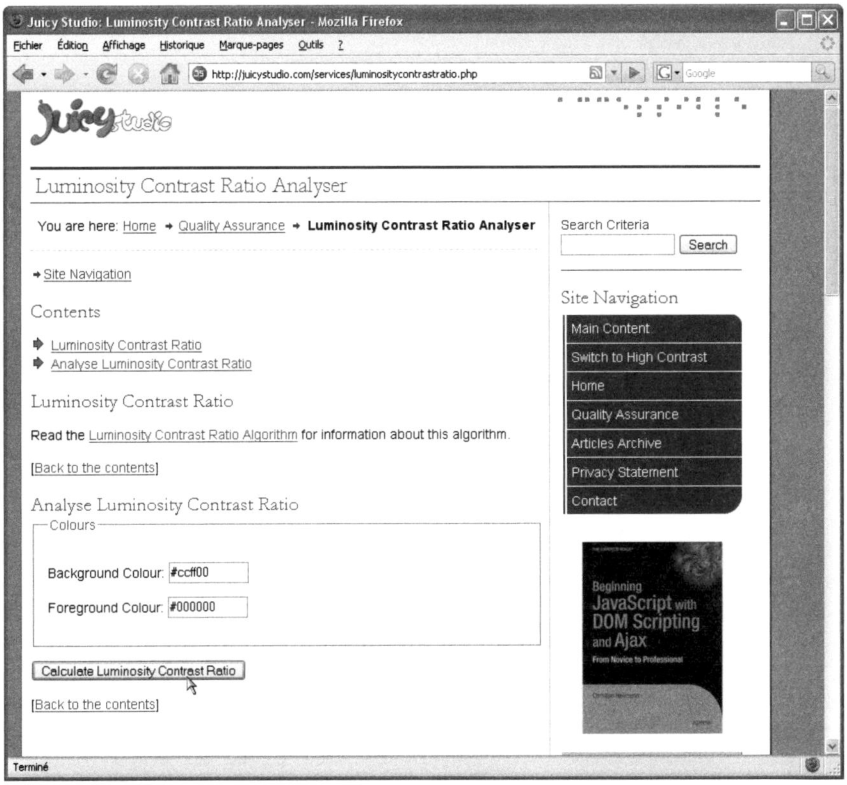

Figure 12-8. Saisie des valeurs dont on souhaite vérifier le taux de contraste

un contraste plus important, soit en les prenant dans des portions éloignées du spectre, soit en choisissant des teintes plus foncées ou plus claires de la même couleur.

Par exemple, un texte jaune sur un arrière-plan noir offre un fort contraste, comme le logo de Batman (dans le film *Batman* de Tim Burton dans les années 90).

Pour que les couleurs passent le deuxième niveau, le taux de contraste doit être au moins égal à 5:1. Autrement dit, une couleur doit être au moins cinq fois plus foncée ou plus claire que l'autre.

Pour passer le troisième niveau, le taux de contraste doit être au moins égal à 10:1.

Voir aussi

Les explications de JuicyStudio.com sur l'algorithme de calcul du taux de contraste (*http://juicystudio.com/article/luminositycontrastratioalgorithm.php*).

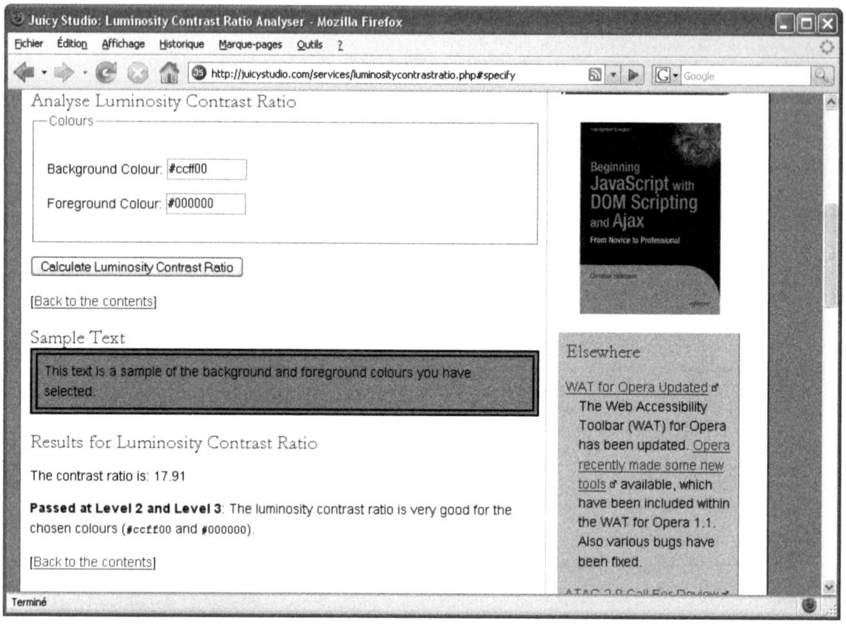

Figure 12-9. Les résultats du test

12.6. Mettre une citation en évidence

Problème

Vous voulez mettre l'accent sur une citation en la plaçant entre guillemets en gras et de taille plus importante comme l'illustre la *figure 12-10*.

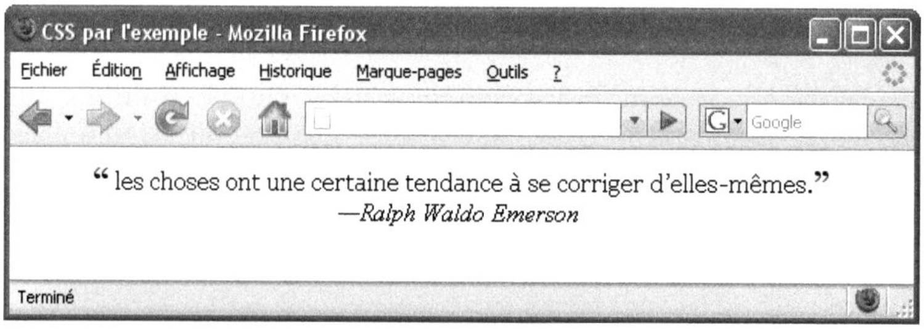

Figure 12-10. La citation stylée

Solution

Codez d'abord le balisage de la citation (voir la *figure 12-11*) :

```
<blockquote>
 <p>Les choses ont une certaine tendance à se corriger d'elles-mêmes.</p>
 <cite>Ralph Waldo Emerson</cite>
</blockquote>
```

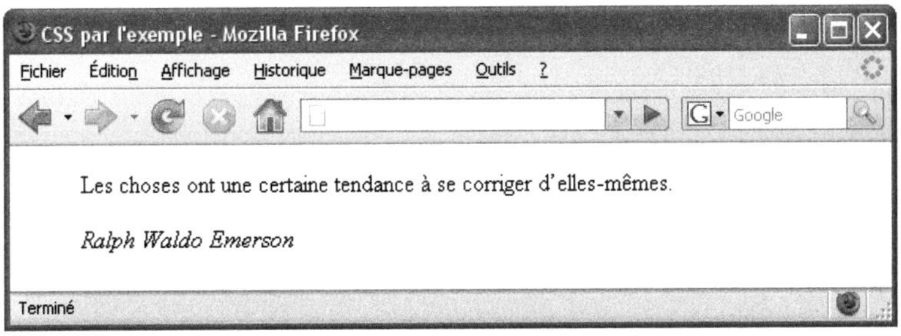

Figure 12-11. La citation telle qu'elle devrait apparaître normalement

Appliquez ensuite les règles CSS suivantes pour donner un style à la citation :

```
blockquote {
 padding: 0;
 margin: 0;
 text-align: center;
}
p {
 font-size: 1em;
 padding-bottom: 3em;
 text-transform: lowercase;
 font-family: Georgia, Times, "Times New Roman", serif;
 margin: 0;
 padding: 0;
}
cite {
 display: block;
 text-align: center;
}
```

Enfin, utilisez les pseudo-éléments `:before` et `:after` pour styler la ponctuation dans la citation et placer un tiret d'un em — un tiret horizontal égal à la taille par défaut de la police — avant le nom de la source citée :

```
blockquote p:before {
 content: "\201C";
 font-size: 1.2em;
 font-weight: bold;
 font-family: Georgia, Times, "Times New Roman", serif;
}
blockquote p:after {
 content: "\201D";
 font-size: 1.2em;
 font-weight: bold;
 font-family: Georgia, Times, "Times New Roman", serif;
}
cite:before {
 content: "\2014\0020";
}
```

```
cite {
 display: block;
 text-align: center;
}
```

Discussion

Les pseudo-éléments sont des sélecteurs que les navigateurs utilisent en premier lieu pour sélectionner des pages ou portions de page et les styler lorsque le balisage standard HTML ne peut pas s'appliquer. Par exemple, vous pouvez utiliser des pseudo-éléments pour donner une style à la première ligne d'un paragraphe ou, dans le cas de cette recette, pour insérer un contenu généré avant et après un élément existant.

Dans la solution, nous insérons des guillemets avant et après la citation réelle. Pour les guillemets gauches, nous utilisons cette déclaration :

```
content: "\201C";
```

Le texte à afficher après un élément doit être placé entre des guillemets. Puisque nous utilisons ces guillemets pour baliser le contenu, celui-ci ne peut lui-même contenir d'autres guillemets. Pour placer des guillemets autour d'une citation, nous devons donc utiliser les valeurs hexadécimales correpondant à ces caractères, à savoir `201C` et `201D`.

Comme tout ce qui se trouve entre les guillemets est généré automatiquement comme tel, nous devons placer une séquence d'échappement (une barre oblique inverse) avant les valeurs hexadécimales représentant les guillemets.

La propriété `content` dans les Recommandations CSS 2.1 accepte des paramètres permettant d'insérer facilement ces guillemets de citation. Par exemple, pour recréer les guillemets gauches, utilisez la déclaration suivante :

```
content: open-quote;
```

Cependant, notez que le mot-clé `open-quote` n'est pris en charge que dans Mozilla et Opera. Notez aussi que les pseudo-éléments `:before` et `:after` ne fonctionnent pas dans Internet Explorer 5+ pour Windows et Internet Explorer pour Mac.

Voir aussi

La recette 10.3, page 396, sur la manière d'inclure des liens dans les impressions de pages web en utilisant des pseudo-éléments ; la liste des entités de caractères HTML (*http://homepages.luc.edu/~vbonill/Entities923-8472.html*) ; les Recommandations CSS 2 concernant la mise entre guillemets du contenu généré (*http://www.w3.org/TR/REC-CSS2/generate.html#quotes*).

A

Ressources

Lorsqu'on travaille avec CSS, il faut garder en mémoire ces deux conseils : simplifier et vérifier. Simplifiez en n'utilisant que les sélecteurs et les propriétés dont vous avez vraiment besoin ; du code superflu peut entraîner une certaine confusion. Vérifiez ensuite le code (X)HTML et CSS à l'aide de validateurs.

Ces deux étapes résolvent la plupart des problèmes que rencontrent les développeurs lorsqu'ils utilisent CSS. Cependant, si vos problèmes persistent, cette annexe fournit une liste de références, de groupes de discussion et d'outils qui vous aideront dans vos développements.

Apprentissage général de HTML et CSS

Guide de Dave Shea pour l'utilisation des standards

http://www.mezzoblue.com/archives/2004/04/30/a_roadmap_to/index.php

Une introduction intéressante et une présentation dynamique destinées aux concepteurs web qui souhaitent s'initier au développement basé sur les standards du Web.

Page web d'un didacticiel CSS pour les concepteurs

http://www.wpdfd.com/editorial/basics/index.html

Les développeurs web qui débutent en CSS trouveront un grand intérêt à ce didacticiel très bien construit.

Les bases du positionnement en CSS de Community MX

http://www.communitymx.com/content/article.cfm?cid=3B56F&print=true

Pour plus d'informations sur le positionnement avec CSS, consultez ce didacticiel de Community MX.

Didacticiel sur la propriété float

http://css.maxdesign.com.au/floatutorial/index.htm

Tout savoir sur les éléments flottants avec CSS, à partir de différents exemples pratiques.

Didacticiel sur les sélecteurs

http://css.maxdesign.com.au/selectutorial/index.htm

Mieux connaître les sélecteurs CSS grâce à ce didacticiel. Il montre également comment les sélecteurs peuvent servir à construire une mise en pages sur trois colonnes.

Ressources sur la conception

A List Apart : rubriques CSS

http://www.alistapart.com/topics/code/css/

La plupart des articles sur CSS publiés par A List Apart proviennent de concepteurs web partageant leurs idées et leurs découvertes en matière de créations à base de CSS.

BlueRobot.com Layout Reservoir

http://www.bluerobot.com/web/layouts/

Ce gisement de petite taille, mais précieux, couvre les mises en pages sur deux et trois colonnes.

CSS-Edge

http://www.meyerweb.com/eric/css/edge/

Ce site d'Eric A. Meyer présente certaines de ses expérimentations CSS les plus élaborées.

CSS Zen Garden

http://www.csszengarden.com/

CSS Zen Garden expose le travail de développeurs web du monde entier, consistant à styler le même contenu. L'étude des différentes conceptions est non seulement source d'inspiration, mais également une très bonne manière de comprendre le concept de séparation du contenu et de sa présentation.

Techniques de mises en pages avec CSS de Glish.com

http://www.glish.com/css/

L'une des premières collections de présentations multi-colonnes créées avec CSS sans l'utilisation de tableaux HTML.

Microformats

http://www.microformats.org/

Définit et encourage des standards de codage pour la création de contenus autonomes réutilisables. La liste de microformats recense des méthodes pour coder des informations classiques, comme des rendez-vous, des informations de contact ou même l'élément `abbr`.

Real World Style

http://www.realworldstyle.com/

Site de ressources sur la conception, géré par Mark Newhouse. Le but de ce site est de promouvoir les créations à base de CSS, non seulement pour les navigateurs populaires du moment qui tournent sous Mac OS ou sous Windows, mais aussi pour les navigateurs de machines Unix.

SimpleQuizes

http://www.simplebits.com/bits/simplequiz/

Le concepteur et le créateur de sites web Dan Cederholm a mené plusieurs enquêtes pour tenter de déterminer les meilleurs méthodes pour créer et styler des développements web classiques. Outre la lecture de la conclusion de chaque enquête, consultez les commentaires apportés par les concepteurs afin de vous informer sur les pratiques de codage.

Typetester

http://typetester.maratz.com/

Outil permettant aux développeurs web de personnaliser trois jeux de polices de caractères et de générer les règles CSS correspondantes afin de les copier-coller. Vous pouvez modifier le type de la police, sa taille, son approche, l'interlignage, l'espacement des lettres, les alignements, etc.

Groupes de discussion

Babble List

http://www.babblelist.com/

Ce groupe, animé et géré par Christopher Schmitt, est dédié au développement et à la conception de contenus web. Il s'attache à résoudre, entre autres, les problèmes complexes de conception. Le site propose un échange vivant d'informations, de ressources, de théories et de solutions pratiques à l'intention des concepteurs et des développeurs.

css-discuss

http://www.css-discuss.org/

Cette liste de diffusion, chaperonnée par l'expert en CSS Eric A. Meyer, auteur en particulier de l'ouvrage des Éditions O'Reilly : *CSS — La référence*, a pour but de fournir des exposés pratiques sur la mise en application de CSS.

Groupes Usenet sur les feuilles de style

news:comp.infosystems.www.authoring.stylesheets

Fondé en 1997, ce groupe de discussion sans modérateur couvre la théorie et les applications de CSS. Les principales rubriques traitées concernent les applications pratiques, les questions sur les spécifications, les avantages de CSS, l'existence des bogues dans les navigateurs, etc. Vous trouverez la FAQ de ce groupe à l'adresse *http://css.nu/faq/ciwas-mFAQ.html*.

www-style (liste de diffusion du W3C)

http://lists.w3.org/Archives/Public/www-style/

Gérée par le W3C (*World Wide Web Consortium*), cette liste de diffusion offre un espace de discussion sur les théories de CSS et son avenir. Les questions relatives aux spécifications ou aux propositions CSS sont les bienvenues ; cependant, les discussions tournant autour des applications pratiques de la technologie n'y ont pas leur place.

Références

Tableaux sur la prise en charge de CSS par les navigateurs

http://www.westciv.com/style_master/academy/browser_support/

Si vous rencontrez des problèmes lors de vos développements avec CSS, consultez les tableaux de prise en charge de CSS pour savoir si les problèmes ne viennent pas de votre navigateur.

DTD conseillées par le W3C

http://www.w3.org/QA/2002/04/valid-dtd-list.html

En attribuant la bonne déclaration DOCTYPE à une page web, vous indiquez clairement de quelle manière les navigateurs et les validateurs doivent interpréter votre code. Cette page web du W3C recense les déclarations DOCTYPE les plus usitées.

Page CSS du W3C

http://www.w3.org/Style/CSS/

Il s'agit du site officiel de CSS. Vous y trouverez l'historique de CSS, des informations sur les ressources en matière d'apprentissage de CSS et de création de contenu et les dernières nouvelles sur CSS.

Spécifications CSS 2.1

http://www.w3.org/TR/CSS21/

Les implémentations des spécifications CSS par les navigateurs donnent parfois le sentiment d'une certaine confusion. Lorsque vous êtes à la recherche d'une certaine apparence ou d'un bogue d'implémentation, vérifiez les spécifications (de même que les tableaux de prise en charge de CSS).

Spécifications HTML 4.01

http://www.w3.org/TR/html4/

Pour tirer le maximum de l'utilisation de CSS en matière de conception web, vous devez baliser vos documents web de manière structurée au lieu d'utiliser des astuces et des solutions de rechange. De plus, vous devez baliser vos documents avec des éléments pour induire un sens inhérent à la présentation. Par exemple, vous devez mettre en évidence les mots importants en utilisant l'élément `em` et non l'élément `b`. Si vous devez modifier vos méthodes de production, fouillez les spécifications HTML et réapprenez les éléments du langage.

Spécifications XHTML 1.0

http://www.w3.org/TR/xhtml1/

Le langage XHTML (*Extensible HyperText Markup Language*) est le résultat de la restructuration de HTML 4 en XML 1.0. Bien que le balisage XHTML soit plus strict que celui de HTML 4, ses avantages sont simples : davantage de balisage logique, une meilleure interopérabilité et une accessibilité étendue.

Outils

BrowserCam

http://www.browsercam.com/

BrowserCam est un service internet abordable qui teste une conception web dans de nombreux navigateurs sur différents systèmes d'exploitation. Au moment de l'écriture de ces lignes, une période d'évaluation gratuite de 24 heures est proposée aux développeurs qui s'enregistrent sur le site.

iCapture

http://www.danvine.com/icapture/

Outil gratuit pour les développeurs web qui leur permet de prévisualiser leurs pages dans Safari. Un très bon site pour les utilisateurs de Windows, lorsque le seul produit Mac qu'ils veulent acheter est l'iPod.

SelectORacle

http://gallery.theopalgroup.com/selectoracle/

Service d'accès gratuit conçu pour aider les gens à en apprendre davantage sur les sélecteurs CSS complexes en traduisant leur signification dans un langage simple. Les sélecteurs CSS peuvent être utilisés de deux manières différentes. La première méthode consiste à copier et à coller un sélecteur CSS dans le formulaire. La seconde consiste à entrer, soit une URL de page web avec une feuille de style associée, soit une URL vers une feuille externe. Ce service explique les sélecteurs CSS dans un langage facile à comprendre.

Validateur CSS du W3C

http://jigsaw.w3.org/css-validator/

Ce service gratuit, proposé sur le serveur du W3C, vérifie la conformité de la structure de vos règles CSS. Vous pouvez tester votre balisage en téléchargeant des fichiers, en entrant une adresse web dans le formulaire, et ensuite, en copiant/collant vos CSS dans un champ de formulaire. Mieux encore, vous pouvez télécharger et installer le validateur sur votre propre serveur.

Validateur HTML du W3C

http://validator.w3.org/

Le validateur HTML du W3C est un autre service gratuit offert par le W3C. Similaire au validateur CSS, il vérifie si votre balisage est conforme aux standards.

Extension Web Developer pour Mozilla

https://addons.mozilla.org/firefox/60/

Chris Pedrick a créé une extension indispensable pour les navigateurs Firefox et Mozilla. Parmi ses possibilités, vous trouverez une fonction d'édition des règles CSS de la page dans le navigateur, l'envoi du code de la page directement au validateur du W3C, l'insertion d'un contour à tous les éléments de bloc, et bien d'autres fonctions disponibles par un simple clic de la souris.

Xyle scope

http://www.culturedcode.com/xyle/

Xyle scope est un outil indispensable destiné à toutes les personnes, quel que soit leur niveau d'expertise. Il accepte un lien vers un site web ou extrait une page web de votre ordinateur, puis il présente la manière dont le balisage et les règles CSS permettent d'obtenir la présentation de la page. Puisque ce logiciel est lié à Web Kit, le moteur de rendu de Safari, il n'est disponible que pour Mac OS.

Sites francophones

http://www.pompage.net

Ce site reprend des articles anglais pour les traduire ou fournit des références à des traductions d'articles.

http://openweb.eu.org/css

Cette « partie CSS » du site est axée sur les standards du Web (informations sur les principaux standards du Web et les navigateurs qui les respectent, conseils aux développeurs soucieux de l'accessibilité).

http://www.alsacreations.com

Alsacreations s'attache à la conception de sites web HTML et CSS conformes aux standards du W3C et accessibles aux personnes handicapées. Vous trouverez sur ce site un forum traitant des différentes technologies du Web, ainsi que de nombreux des exercices de style CSS.

B

Propriétés CSS 2.1 et extensions particulières

Cette annexe propose un tableau des propriétés CSS issues des spécifications CSS 2.1 du W3C (*http://www.w3.org/TR/CSS21*), un tableau des extensions CSS propres à Microsoft et un tableau de quelques extensions spécifiques à Mozilla.

Le *tableau B-1* recense les valeurs des propriétés, les valeurs initiales, le contexte d'application, si les valeurs sont héritées, si les propriétés acceptent les valeurs en pourcentage et le groupe de médias auxquels elles appartiennent.

Le *tableau B-2* présente la liste des extensions de Microsoft. Ces propriétés ne passeront pas les tests de validation et n'auront un effet que dans un navigateur développé par Microsoft. La pertinence sur l'utilisation de ces propriétés peut varier selon les personnes.

Au moment de l'écriture de ces lignes, les extensions proposées par Mozilla sont disponibles dans les navigateurs Mozilla, Firefox et Netscape Navigator 6+, mais ne sont pas totalement documentées. Le *tableau B-3* recense celles décrites sur le site web dédié au développement dans Mozilla. Ce site donne également la liste complète des extensions (*http://developer.mozilla.org/en/docs/CSS_Reference:Mozilla_Extensions*).

Tableau B-1. Propriétés CSS 2.1

<table>
<tr><th>Nom</th><th>Valeurs</th><th>Valeur initiale</th><th>S'applique à (tous par défaut)</th><th>Héritée ?</th><th>Pourcentages (SO par défaut)</th><th>Groupes de médias</th></tr>
<tr><td>'background-attachment'</td><td>scroll | fixed | inherit</td><td>scroll</td><td></td><td>Non</td><td></td><td>visuel</td></tr>
<tr><td>'background-color'</td><td><couleur> | transparent | inherit</td><td>transparent</td><td></td><td>Non</td><td></td><td>visuel</td></tr>
<tr><td>'background-image'</td><td><uri> | none | inherit</td><td>none</td><td></td><td>Non</td><td></td><td>visuel</td></tr>
<tr><td>'background-position'</td><td>[[<pourcentage> | <longueur> | left | center | right] [<pourcentage> | <longueur> | top | center | bottom]?] | [[left | center | right] || [top | center | bottom]] | inherit</td><td>0% 0%</td><td></td><td>Non</td><td>Font référence à la taille de la boîte elle-même.</td><td>visuel</td></tr>
<tr><td>'background-repeat'</td><td>repeat | repeat-x | repeat-y | no-repeat | inherit</td><td>repeat</td><td></td><td>Non</td><td></td><td>visuel</td></tr>
<tr><td>'background'</td><td>['background-color' || 'background-image' || 'background-repeat' || 'background-attachment' || 'background-position'] | inherit</td><td>Voir les propriétés individuelles.</td><td></td><td>Non</td><td>Autorisés avec 'background-position'.</td><td>visuel</td></tr>
<tr><td>'border-collapse'</td><td>collapse | separate | inherit</td><td>separate</td><td>Éléments 'table' et 'inline-table'.</td><td>Oui</td><td></td><td>visuel</td></tr>
<tr><td>'border-color'</td><td>[<couleur> | transparent] {1,4} | inherit</td><td>Voir les propriétés individuelles.</td><td></td><td>Non</td><td></td><td>visuel</td></tr>
<tr><td>'border-spacing'</td><td><longueur> <longueur>? | inherit</td><td>0</td><td>Éléments 'table' et 'inline-table'.</td><td>Oui</td><td></td><td>visuel</td></tr>
</table>

Tableau B-1. Propriétés CSS 2.1 (suite)

<table>
<tr><th>Nom</th><th>Valeurs</th><th>Valeur initiale</th><th>S’applique à (tous par défaut)</th><th>Héritée ?</th><th>Pourcentages (SO par défaut)</th><th>Groupes de médias</th></tr>
<tr><td>'border-style'</td><td><style-bordure>{1,4} | inherit</td><td>Voir les propriétés individuelles.</td><td></td><td>Non</td><td></td><td>visuel</td></tr>
<tr><td>'border-top'
'border-right'
'border-bottom'
'border-left'</td><td>[<largeur-bordure> || <style-bordure> || 'border-top-color'] | inherit</td><td>Voir les propriétés individuelles.</td><td></td><td>Non</td><td></td><td>visuel</td></tr>
<tr><td>'border-top-color'
'border-right-color'
'border-bottom-color'
'border-left-color'</td><td><couleur> | transparent | inherit</td><td>La valeur de la propriété 'color'.</td><td></td><td>Non</td><td></td><td>visuel</td></tr>
<tr><td>'border-top-style'
'border-right-style'
'border-bottom-style'
'border-left-style'</td><td><style-bordure> | inherit</td><td>none</td><td></td><td>Non</td><td></td><td>visuel</td></tr>
<tr><td>'border-top-width'
'border-right-width'
'border-bottom-width'
'border-left-width'</td><td><largeur-bordure> | inherit</td><td>medium</td><td></td><td>Non</td><td></td><td>visuel</td></tr>
<tr><td>'border-width'</td><td><largeur-bordure>{1,4} | inherit</td><td>Voir les propriétés individuelles.</td><td></td><td>Non</td><td></td><td>visuel</td></tr>
<tr><td>'border'</td><td>[<largeur-bordure> || <style-bordure> || 'border-top-color'] | inherit</td><td>Voir les propriétés individuelles.</td><td></td><td>Non</td><td></td><td>visuel</td></tr>
</table>

Tableau B-1. Propriétés CSS 2.1 (suite)

<table>
<tr><th>Nom</th><th>Valeurs</th><th>Valeur initiale</th><th>S'applique à (tous par défaut)</th><th>Héritée ?</th><th>Pourcentages (SO par défaut)</th><th>Groupes de médias</th></tr>
<tr><td>'bottom'</td><td><longueur> | <pourcentage> | auto | inherit</td><td>auto</td><td>Éléments positionnés.</td><td>Non</td><td>Font référence à la hauteur du bloc conteneur.</td><td>visuel</td></tr>
<tr><td>'caption-side'</td><td>top | bottom | inherit</td><td>top</td><td>Éléments 'table-caption'.</td><td>Oui</td><td></td><td>visuel</td></tr>
<tr><td>'clear'</td><td>none | left | right | both | inherit</td><td>none</td><td>Éléments de bloc.</td><td>Non</td><td></td><td>visuel</td></tr>
<tr><td>'clip'</td><td><forme> | auto | inherit</td><td>auto</td><td>Éléments positionnés de manière absolue.</td><td>Non</td><td></td><td>visuel</td></tr>
<tr><td>'color'</td><td><couleur> | inherit</td><td>Dépend de l'agent utilisateur.</td><td></td><td>Oui</td><td></td><td>visuel</td></tr>
<tr><td>'content'</td><td>normal | none | [<chaîne> | <uri> | <compteur> | attr(<identifiant>) | open-quote | close-quote | no-open-quote | no-close-quote]+ | inherit</td><td>normal</td><td>Pseudo-élements :before et :after.</td><td>Non</td><td></td><td>all</td></tr>
<tr><td>'counter-increment'</td><td>[<identifiant> <entier>?]+ | none | inherit</td><td>none</td><td></td><td>Non</td><td></td><td>all</td></tr>
<tr><td>'counter-reset'</td><td>[<identifiant> <entier>?]+ | none | inherit</td><td>none</td><td></td><td>Non</td><td></td><td>all</td></tr>
</table>

Tableau B-1. Propriétés CSS 2.1 (suite)

<table>
<tr><th>Nom</th><th>Valeurs</th><th>Valeur initiale</th><th>S'applique à (tous par défaut)</th><th>Héritée ?</th><th>Pourcentages (SO par défaut)</th><th>Groupes de médias</th></tr>
<tr><td>'cursor'</td><td>[[<uri> ,]* [auto | crosshair | default | pointer | move | e-resize | ne-resize | nw-resize | n-resize | se-resize | sw-resize | s-resize | w-resize | text | wait | help | progress]] | inherit</td><td>auto</td><td></td><td></td><td></td><td>visuel, interactif</td></tr>
<tr><td>'direction'</td><td>ltr | rtl | inherit</td><td>ltr</td><td>Tous les éléments, mais voir le texte.</td><td>Oui</td><td></td><td>visuel</td></tr>
<tr><td>'display'</td><td>inline | block | list-item | run-in | inline-block | table | inline-table | table-row-group | table-header-group | table-footer-group | table-row | table-column-group | table-column | table-cell | table-caption | none | inherit</td><td>inline</td><td></td><td>Non</td><td></td><td>all</td></tr>
<tr><td>'empty-cells'</td><td>show | hide | inherit</td><td>show</td><td>Éléments 'table-cell'.</td><td>Oui</td><td></td><td>visuel</td></tr>
<tr><td>'float'</td><td>left | right | none | inherit</td><td>none</td><td>Tous, mais voir la recette 9.7, page 365.</td><td>Non</td><td></td><td>visuel</td></tr>
<tr><td>'font-family'</td><td>[[<nom-famille> | <famille-générique>] [, <nom-famille>| <famille-générique>]*] | inherit</td><td>Dépend de l'agent utilisateur.</td><td></td><td>Oui</td><td></td><td>visuel</td></tr>
</table>

Tableau B-1. Propriétés CSS 2.1 (suite)

<table>
<tr><th>Nom</th><th>Valeurs</th><th>Valeur initiale</th><th>S'applique à (tous par défaut)</th><th>Héritée ?</th><th>Pourcentages (SO par défaut)</th><th>Groupes de médias</th></tr>
<tr><td>'font-size'</td><td><taille-absolue> | <taille-relative> | <longueur> | <pourcentage> | inherit</td><td>medium</td><td></td><td>Oui</td><td>Font référence à la taille de police de l'élément parent.</td><td>visuel</td></tr>
<tr><td>'font-style'</td><td>normal | italic | oblique | inherit</td><td>normal</td><td></td><td>Oui</td><td></td><td>visuel</td></tr>
<tr><td>'font-variant'</td><td>normal | small-caps | inherit</td><td>normal</td><td></td><td>Oui</td><td></td><td>visuel</td></tr>
<tr><td>'font-weight'</td><td>normal | bold | bolder | lighter | 100 | 200 | 300 | 400 | 500 | 600 | 700 | 800 | 900 | inherit</td><td>normal</td><td></td><td>Oui</td><td></td><td>visuel</td></tr>
<tr><td>'font'</td><td>[['font-style' || 'font-variant' || 'font-weight']? 'font-size' [/ 'line-height']? 'font-family'] | caption | icon | menu | message-box | small-caption | status-bar | inherit</td><td>Voir les propriétés individuelles.</td><td></td><td>Oui</td><td>Voir les propriétés individuelles.</td><td>visuel</td></tr>
<tr><td>'height'</td><td><longueur> | <pourcentage> | auto | inherit</td><td>auto</td><td>Tous les éléments, excepté les éléments en-ligne non remplacés, les colonnes de tableaux et les groupes de colonnes.</td><td>Non</td><td>Acceptés ; le pourcentage est calculé par rapport à la hauteur du bloc conteneur de la boîte générée. Si cette hauteur n'est pas indiquée explicitement (dépend de la hauteur du contenu), la valeur est interprétée comme auto.</td><td>visuel</td></tr>
</table>

Tableau B-1. Propriétés CSS 2.1 (suite)

<table>
<tr><th>Nom</th><th>Valeurs</th><th>Valeur initiale</th><th>S'applique à (tous par défaut)</th><th>Héritée ?</th><th>Pourcentages (SO par défaut)</th><th>Groupes de médias</th></tr>
<tr><td>'left'</td><td><longueur> | <pourcentage> | auto | inherit</td><td>auto</td><td>Éléments positionnés.</td><td>Non</td><td>Font référence à la largeur du bloc conteneur.</td><td>visuel</td></tr>
<tr><td>'letter-spacing'</td><td>normal | <longueur> | inherit</td><td>normal</td><td></td><td>Oui</td><td></td><td>visuel</td></tr>
<tr><td>'line-height'</td><td>normal | <nombre> | <longueur> | <pourcentage> | inherit</td><td>normal</td><td></td><td>Oui</td><td>Font référence à la taille de police de l'élément lui-même.</td><td>visuel</td></tr>
<tr><td>'list-style-image'</td><td><uri> | none | inherit</td><td>none</td><td>Éléments avec 'display: list-item'.</td><td>Oui</td><td></td><td>visuel</td></tr>
<tr><td>'list-style-position'</td><td>inside | outside | inherit</td><td>outside</td><td>Éléments avec 'display: list-item'.</td><td>Oui</td><td></td><td>visuel</td></tr>
<tr><td>'list-style-type'</td><td>disc | circle | square | decimal | decimal-leading-zero | lower-roman | upper-roman | lower-greek | lower-latin | upper-latin | armenian | georgian | lower-alpha | upper-alpha | none | inherit</td><td>disc</td><td>Éléments avec 'display: list-item'.</td><td>Oui</td><td></td><td>visuel</td></tr>
<tr><td>'list-style'</td><td>['list-style-type' || 'list-style-position' || 'list-style-image'] | inherit</td><td>Voir les propriétés individuelles.</td><td>Éléments avec 'display: list-item'.</td><td>Oui</td><td></td><td>visuel</td></tr>
</table>

Tableau B-1. Propriétés CSS 2.1 (suite)

Nom	Valeurs	Valeur initiale	S'applique à (tous par défaut)	Héritée ?	Pourcentages (SO par défaut)	Groupes de médias
'margin-right' 'margin-left'	<largeur-marge> | inherit	0	Tous les éléments, excepté ceux avec un affichage de type tableau autre que table et inline-table.	Non	Font référence à la largeur du bloc conteneur.	visuel
'margin-top' 'margin-bottom'	<largeur-marge> | inherit	0	Tous les éléments, excepté ceux avec un affichage de type tableau autre que table et inline-table.	Non	Font référence à la largeur du bloc conteneur.	visuel
'margin'	<largeur-marge>{1,4} | inherit	Voir les propriétés individuelles.	Tous les éléments, excepté ceux avec un affichage de type tableau autre que table et inline-table.	Non	Font référence à la largeur du bloc conteneur.	visuel
'max-height'	<longueur> | <pourcentage> | none | inherit	none	Tous les éléments, excepté les éléments en-ligne non remplacés, les colonnes de tableaux et les groupes de colonnes.	Non	Acceptés ; le pourcentage est calculé par rapport à la hauteur du bloc conteneur de la boîte générée. Si cette hauteur n'est pas indiquée explicitement (dépend de la hauteur du contenu), la valeur est interprétée comme auto.	visuel

Tableau B-1. Propriétés CSS 2.1 (suite)

Nom	Valeurs	Valeur initiale	S'applique à (tous par défaut)	Héritée ?	Pourcentages (SO par défaut)	Groupes de médias
`'max-width'`	<longueur> | <pourcentage> | `none` | `inherit`	`none`	Tous les éléments, excepté les éléments en-ligne non remplacés, les lignes de tableaux et les groupes de lignes.	Non	Font référence à la largeur du bloc conteneur.	visuel
`'min-height'`	<longueur> | <pourcentage> | `inherit`	`0`	Tous les éléments, excepté les éléments en-ligne non remplacés, les colonnes de tableaux et les groupes de colonnes.	Non	Acceptés ; le pourcentage est calculé par rapport à la hauteur du bloc conteneur de la boîte générée. Si cette hauteur n'est pas indiquée explicitement (dépend de la hauteur du contenu), la valeur est interprétée comme `auto`.	visuel
`'min-width'`	<longueur> | <pourcentage> | `inherit`	`0`	Tous les éléments, excepté les éléments en-ligne non remplacés, les lignes de tableaux et les groupes de lignes.	Non	Font référence à la largeur du bloc conteneur.	visuel
`'orphans'`	<entier> | `inherit`	`2`	Éléments de bloc.	Oui		visuel, paginé
`'outline-color'`	<couleur> | `invert` | `inherit`	`invert`		Non		visuel, interactif
`'outline-style'`	<style-bordure> | `inherit`	`none`		Non		visuel, interactif
`'outline-width'`	<largeur-bordure> | `inherit`	`medium`		Non		visuel, interactif

Tableau B-1. Propriétés CSS 2.1 (suite)

<table>
<tr><th>Nom</th><th>Valeurs</th><th>Valeur initiale</th><th>S'applique à (tous par défaut)</th><th>Héritée ?</th><th>Pourcentages (SO par défaut)</th><th>Groupes de médias</th></tr>
<tr><td>'outline'</td><td>['outline-color' || 'outline-style' || 'outline-width'] | inherit</td><td>Voir les propriétés individuelles.</td><td></td><td>Non</td><td></td><td>visuel, interactif</td></tr>
<tr><td>'overflow'</td><td>visible | hidden | scroll | auto | inherit</td><td>visible</td><td>Éléments de bloc non remplacés, cellules de tableaux et éléments de bloc en-ligne.</td><td>Non</td><td></td><td>visuel</td></tr>
<tr><td>'padding-top'
'padding-right'
'padding-bottom'
'padding-left'</td><td><largeur-espacement> | inherit</td><td>0</td><td>Tous les éléments, excepté ceux avec un affichage de type tableau autre que table, inline-table et table-cell.</td><td>Non</td><td>Font référence à la largeur du bloc conteneur.</td><td>visuel</td></tr>
<tr><td>'padding'</td><td><largeur-espacement>{1,4} | inherit</td><td>Voir les propriétés individuelles.</td><td>Tous les éléments, excepté ceux avec un affichage de type tableau autre que table, inline-table et table-cell.</td><td>Non</td><td>Font référence à la largeur du bloc conteneur.</td><td>visuel</td></tr>
<tr><td>'page-break-after'</td><td>auto | always | avoid | left | right | inherit</td><td>auto</td><td>Éléments de bloc.</td><td>Non</td><td></td><td>visuel, paginé</td></tr>
<tr><td>'page-break-before'</td><td>auto | always | avoid | left | right | inherit</td><td>auto</td><td>Éléments de bloc.</td><td>Non</td><td></td><td>visuel, paginé</td></tr>
<tr><td>'page-break-inside'</td><td>avoid | auto | inherit</td><td>auto</td><td>Éléments de bloc.</td><td>Oui</td><td></td><td>visuel, paginé</td></tr>
<tr><td>'position'</td><td>static | relative | absolute | fixed | inherit</td><td>static</td><td></td><td>Non</td><td></td><td>visuel</td></tr>
</table>

Tableau B-1. Propriétés CSS 2.1 (suite)

Nom	Valeurs	Valeur initiale	S'applique à (tous par défaut)	Héritée ?	Pourcentages (SO par défaut)	Groupes de médias
`'quotes'`	[<chaîne> <chaîne>]+ | none | `inherit`	Dépend de l'agent utilisateur.		Oui		visuel
`'right'`	<longueur> | <pourcentage> | `auto` | `inherit`	`auto`	Éléments positionnés.	Non	Font référence à la largeur du bloc conteneur.	visuel
`'table-layout'`	`auto` | fixed | `inherit`	`auto`	Éléments `'table'` et `'inline-table'`.	Non		visuel
`'text-align'`	`left` | `right` | `center` | `justify` | `inherit`	`'left'` si `'direction'` vaut `'ltr'` ; `'right'` si `'direction'` vaut `'rtl'`.	Éléments de bloc, cellules de tableaux et éléments de bloc en-ligne.	Oui		visuel
`'text-decoration'`	`none` | [`underline` || `overline` || `line-through` || `blink`] | `inherit`	`none`			Acceptés ; le pourcentage est calculé par rapport à la hauteur du bloc conteneur de la boîte générée. Si cette hauteur n'est pas indiquée explicitement (dépend de la hauteur du contenu), la valeur est interprétée comme `auto`.	visuel
`'text-indent'`	<longueur> | <pourcentage> | `inherit`	`0`	Éléments de bloc, cellules de tableaux et éléments de bloc en-ligne.	Oui	Font référence à la largeur du bloc conteneur.	visuel
`'text-transform'`	`capitalize` | `uppercase` | `lowercase` | `none` | `inherit`	`none`		Oui		visuel

Tableau B-1. Propriétés CSS 2.1 (suite)

Nom	Valeurs	Valeur initiale	S'applique à (tous par défaut)	Héritée ?	Pourcentages (SO par défaut)	Groupes de médias
'top'	<longueur> | <pourcentage> | auto | inherit	auto	Éléments positionnés.	Non	Font référence à la hauteur du bloc conteneur.	visuel
'unicode-bidi'	normal | embed | bidi-override | inherit	normal	Tous les éléments, mais voir le texte.	Non		visuel
'vertical-align'	baseline | sub | super | top | text-top | middle | bottom | text-bottom | <pourcentage> | <longueur> | inherit	baseline	Éléments en-ligne et éléments 'table-cell'.	Non	Font référence à la valeur de la propriété 'line-height' de l'élément.	visuel
'visibility'	visible | hidden | collapse | inherit	visible		Oui		visuel
'white-space'	normal | pre | nowrap | pre-wrap | pre-line | inherit	normal		Oui		visuel
'widows'	<entier> | inherit	2	Éléments de bloc.	Oui		visuel, paginé
'width'	<longueur> | <pourcentage> | auto | inherit	auto	Tous les éléments, excepté les éléments en-ligne non remplacés, les lignes de tableaux et les groupes de lignes.	Non	Font référence à la largeur du bloc conteneur.	visuel
'word-spacing'	normal | <longueur> | inherit	normal		Oui		visuel
'z-index'	auto | <entier> | inherit	auto	Éléments positionnés.	Non		visuel

Tableau B-2. Extensions de CSS propres à Microsoft

<table>
<tr><th>Nom</th><th>Valeurs</th><th>Valeur initiale</th><th>S'applique à (tous par défaut)</th><th>Héritées ?</th><th>Pourcentages (SO par défaut)</th><th>Groupes de médias</th></tr>
<tr><td>'background-position-x'</td><td><longueur> | <pourcentage> | left | center | right</td><td>0%</td><td></td><td>Non</td><td>Oui</td><td>visuel</td></tr>
<tr><td>'background-position-y'</td><td><longueur> | <pourcentage> | top | center | bottom</td><td>0%</td><td></td><td>Non</td><td>Oui</td><td>visuel</td></tr>
<tr><td>'filter'</td><td>Voir http://tinyurl.com/c8vpf.</td><td>SO</td><td></td><td>Non</td><td></td><td>Propriétés de filtrage</td></tr>
<tr><td>'ime-mode'</td><td>auto | active | inactive | disabled</td><td>auto</td><td></td><td>Oui</td><td></td><td>visuel</td></tr>
<tr><td>'layout-grid'</td><td>mode | type | line | char</td><td>both loose none none</td><td></td><td>Oui</td><td></td><td>visuel</td></tr>
<tr><td>'layout-grid-char'</td><td><longueur> | <pourcentage> | none | auto</td><td>none</td><td></td><td>Non</td><td>Oui</td><td>visuel</td></tr>
<tr><td>'layout-grid-line'</td><td><longueur> | <pourcentage> | none | auto</td><td>none</td><td></td><td>Non</td><td>Oui</td><td>visuel</td></tr>
<tr><td>'layout-grid-mode'</td><td>both | none | line | char</td><td>both</td><td></td><td>Oui</td><td></td><td>visuel</td></tr>
<tr><td>'layout-grid-type'</td><td>loose | strict | fixed</td><td>loose</td><td></td><td>Oui</td><td></td><td>visuel</td></tr>
<tr><td>'line-break'</td><td>normal | strict</td><td>normal</td><td></td><td>Oui</td><td></td><td>visuel</td></tr>
<tr><td>'overflow-x'</td><td>visible | scroll | hidden | auto</td><td>visible (hidden pour les éléments textarea)</td><td></td><td>Non</td><td></td><td>visuel</td></tr>
<tr><td>'overflow-y'</td><td>visible | scroll | hidden | auto</td><td>visible (auto pour les éléments textarea)</td><td></td><td></td><td></td><td>visuel</td></tr>
</table>

Tableau B-2. Extensions de CSS propres à Microsoft (suite)

Nom	Valeurs	Valeur initiale	S'applique à (tous par défaut)	Héritées ?	Pourcentages (SO par défaut)	Groupes de médias
'scrollbar-3dlight-color'	<couleur>	Couleur par défaut.	Élément avec une barre de défilement.	Oui		visuel
'scrollbar-arrow-color'	<couleur>	Couleur par défaut.	Élément avec une barre de défilement.	Oui		visuel
'scrollbar-base-color'	<couleur>	Couleur par défaut.	Élément avec une barre de défilement.	Oui		visuel
'scrollbar-darkshadow-color'	<couleur>	Couleur par défaut.	Élément avec une barre de défilement.	Oui		visuel
'scrollbar-face-color'	<couleur>	Couleur par défaut.	Élément avec une barre de défilement.	Oui		visuel
'scrollbar-highlight-color'	<couleur>	Couleur par défaut.	Élément avec une barre de défilement.	Oui		visuel
'scrollbar-shadow-color'	<couleur>	Couleur par défaut.	Élément avec une barre de défilement.	Oui		visuel
'text-autospace'	none | ideograph-alpha | ideograph-numeric | ideograph-parenthesis | ideograph-space	none		Non		visuel

Tableau B-2. Extensions de CSS propres à Microsoft (suite)

<table>
<tr><th>Nom</th><th>Valeurs</th><th>Valeur initiale</th><th>S'applique à (tous par défaut)</th><th>Héritées ?</th><th>Pourcentages (SO par défaut)</th><th>Groupes de médias</th></tr>
<tr><td>'text-justify'</td><td>auto | distribute | distribute-all-lines | distribute-center-last | inter-cluster | inter-ideograph | inter-word | kashida | newspaper</td><td>auto</td><td></td><td>Oui</td><td></td><td>visuel</td></tr>
<tr><td>'text-kashida-space'</td><td><pourcentage> | inherit</td><td>0%</td><td></td><td>Oui</td><td></td><td>visuel</td></tr>
<tr><td>'text-underline-position'</td><td>above | below | auto | auto-pos</td><td>auto</td><td></td><td>Oui</td><td></td><td>visuel</td></tr>
<tr><td>'word-break'</td><td>normal | break-all | keep-all</td><td>normal</td><td></td><td>Oui</td><td></td><td>visuel</td></tr>
<tr><td>'word-wrap'</td><td>normal | break-word</td><td>normal</td><td></td><td>Oui</td><td></td><td>visuel</td></tr>
<tr><td>'writing-mode'</td><td>lr-tb | tb-rl</td><td>lr-tb</td><td></td><td>Non</td><td></td><td>visuel</td></tr>
<tr><td>'zoom'</td><td>normal | <nombre> | <pourcentage></td><td>normal</td><td></td><td>Non</td><td>Oui</td><td>visuel</td></tr>
</table>

Tableau B-3. Extensions de CSS propres à Mozilla

<table>
<tr><th>Nom</th><th>Valeurs</th><th>Valeur initiale</th><th>S'applique à (tous par défaut)</th><th>Héritées ?</th></tr>
<tr><td>'-moz-appearance'</td><td>none | button | button-small | checkbox | checkbox-container | checkbox-small | dialog | listbox | menu | menuitem | menulist | menulist-button | menulist-textfield| progressbar | radio | radio-container | radio-small | resizer| scrollbar | scrollbarbutton-down | scrollbarbutton-left | scrollbarbutton-right | scrollbarbutton-up | scrollbartrack-horizontal | scrollbartrack-vertical | separator | statusbar | tab | tab-left-edge | tab-panels | textfield | toolbar | toolbarbutton | toolbox | tooltip | treeheadercell | treeheadersortarrow | treeitem | treetwisty | treetwistyopen | treeview | window</td><td>none</td><td></td><td>Non</td></tr>
<tr><td>'-moz-binding'</td><td>uri | none</td><td>none</td><td></td><td>Non</td></tr>
<tr><td>'-moz-background-clip'</td><td>border | padding</td><td>border</td><td></td><td>Non</td></tr>
<tr><td>'-moz-background-inline-policy'</td><td>bounding-box | continuous | each-box</td><td>continuous</td><td>Éléments en-ligne.</td><td>Non</td></tr>
<tr><td>'-moz-background-origin'</td><td>border | padding | content</td><td>padding</td><td></td><td>Non</td></tr>
<tr><td>'-moz-border-bottom-colors'
'-moz-border-left-colors'
'-moz-border-right-colors'
'-moz-border-top-colors'</td><td><couleur> | transparent</td><td>SO</td><td></td><td>Non</td></tr>
<tr><td>'-moz-border-radius'</td><td><longueur> | <pourcentage></td><td>0</td><td></td><td>Non</td></tr>
<tr><td>'-moz-border-radius-bottomleft'
'-moz-border-radius-bottomright'
'-moz-border-radius-topleft'
'-moz-border-radius-topright'</td><td><longueur> | <pourcentage></td><td>0</td><td></td><td>Non</td></tr>
</table>

Tableau B-3. Extensions de CSS propres à Mozilla (suite)

<table>
<tr><th>Nom</th><th>Valeurs</th><th>Valeur initiale</th><th>S'applique à (tous par défaut)</th><th>Héritées ?</th></tr>
<tr><td>'-moz-box-align'</td><td>start | center | end | baseline | stretch</td><td>stretch</td><td>Éléments dont la propriété CSS display vaut -moz-box ou -moz-inline-box.</td><td>Non</td></tr>
<tr><td>'-moz-box-direction'</td><td>normal | reverse</td><td>normal</td><td>Éléments dont la propriété CSS display vaut -moz-box ou -moz-inline-box.</td><td>Non</td></tr>
<tr><td>'-moz-box-flex'</td><td>0 | >0</td><td>0</td><td>Éléments dont la propriété CSS display vaut -moz-box ou -moz-inline-box.</td><td>Non</td></tr>
<tr><td>'-moz-box-orient'</td><td>horizontal | vertical</td><td>horizontal</td><td>Éléments dont la propriété CSS display vaut -moz-box ou -moz-inline-box.</td><td>Non</td></tr>
<tr><td>'-moz-box-pack'</td><td>start | center | end | justify</td><td>start</td><td>Éléments dont la propriété CSS display vaut -moz-box ou -moz-inline-box.</td><td>Non</td></tr>
<tr><td>'-moz-box-sizing'</td><td>content-box | border-box | padding-box</td><td>content-box</td><td></td><td>Non</td></tr>
<tr><td>'-moz-image-region'</td><td>Pour les valeurs rect(), un rectangle constitué de quatre longueurs calculées.</td><td>auto</td><td>Éléments d'image XUL et pseudo-éléments :-moz-tree-image, :-moz-tree-twisty et :-moz-tree-checkbox.</td><td>yes</td></tr>
</table>

Tableau B-3. Extensions de CSS propres à Mozilla (suite)

Nom	Valeurs	Valeur initiale	S'applique à (tous par défaut)	Héritées ?
'-moz-opacity'	0 (ou moins) | 0 < nombre < 1 | 1 (ou plus)	1		Non
'-moz-outline'	-moz-outline-color | -moz-outline-style | -moz-outline-width	Voir les propriétés individuelles.		Non
'-moz-outline-color'	<couleur> | invert	invert		Non
'-moz-outline-offset'	<nombre>	0		Non
'-moz-outline-radius'	<longueur> | <pourcentage>	0		Non
'-moz-outline-radius-bottomleft' '-moz-outline-radius-bottomright' '-moz-outline-radius-topleft' '-moz-outline-radius-topright'	<longueur> | <pourcentage>	0		Non
'-moz-outline-style'	none | dotted | dashed | solid | double | groove | ridge | inset | outset	none		Non
'-moz-outline-style'	<largeur>	medium		Non

C

Sélecteurs, pseudo-classes et pseudo-éléments CSS 2.1

S'assurer que les styles sont appliqués aux bons éléments s'avère tout aussi important que connaître les propriétés CSS. Cette annexe propose trois tableaux de référence qui expliquent comment appliquer les styles aux éléments voulus.

Le *tableau C-1* recense les sélecteurs CSS 2.1. Ils permettent d'indiquer au navigateur la cible des déclarations CSS.

> Dans la colonne « Motif générique », les valeurs C, R et S remplacent des sélecteurs de type.

Le *tableau C-2* donne la liste des pseudo-classes. Une pseudo-classe est une classe invisible définie par le navigateur lui-même. Elles permettent par exemple e définir des propriétés pour les états visité, actif et survolé d'un lien.

Le *tableau C-3* récapitule les pseudo-éléments. De nature similaire aux pseudo-classes, ils placent des balises invisibles autour d'un contenu d'une page web et appliquent ensuite des styles à cet élément. Puisque la structure est plus semblable à un élément classique qu'à une pseudo-classe, ces éléments sont appelés pseudo-éléments.

Tableau C-1. Sélecteurs CSS 2.1

Sélecteur	Motif générique	Description	Exemple

Universel	`*`	Correspond à tous les éléments.	`* {`
			`  text-decoration: none;`
			`}`

De type	`C`	Correspond à n'importe quel élément ; dans l'exemple, à tous les éléments `h2`.	`h2 {`
			`  font-weight: normal;`
			`}`

De descendant	`C R S`	Correspond à tout élément `S` qui est un descendant d'un élément `R`, lui-même descendant d'un élément `C`.	`div#contenu p em {`
			`  background-color:`
			`    yellow;`
			`}`

Tableau C-1. Sélecteurs CSS 2.1 (suite)

<table>
<tr><th>Sélecteur</th><th>Motif générique</th><th>Description</th><th>Exemple</th></tr>
<tr><td>D'enfant</td><td>C > S</td><td>Sélectionne tout élément S qui est un enfant de l'élément C.</td><td>li > ul {
  list-style-type:
    circle;
}</td></tr>
<tr><td>De frère adjacent</td><td>C + S</td><td>Sélectionne tout élément S qui se trouve immédiatement après un élément C.</td><td>div#contenu+p {
  text-indent: 0;
}</td></tr>
<tr><td>Regroupement</td><td>C, R, S</td><td>Plusieurs sélecteurs utilisent les mêmes déclarations.</td><td>h1, h2, h3, h4 {
  color: #0cf;
}</td></tr>
<tr><td>De classe</td><td>C.classeR</td><td>Sélectionne tout élément C qui contient un attribut class de valeur classeR.</td><td>img.contenu {
  padding: 4px;
  border: 1px
  solid black;
}</td></tr>
<tr><td>D'identifiant</td><td>C#identifiantR</td><td>Sélectionne tout élément C qui contient un attribut id de valeur identifiantR.</td><td>div#contenu {
  color: #333;
}</td></tr>
<tr><td>D'attribut</td><td>C[attribut]</td><td>Sélectionne tout élément C qui contient l'attribut indiqué.</td><td>a[link] {
  text-decoration: none;
}</td></tr>
<tr><td>D'attribut</td><td>C[attribut=
  "valeurR"]</td><td>Sélectionne tout élément C qui contient l'attribut indiqué de valeur valeurR.</td><td>input[type="text"] {
  width: 33%;
}</td></tr>
<tr><td>D'attribut</td><td>C[attribut~=
  "valeurR"]</td><td>Sélectionne tout élément C qui contient l'attribut indiqué dont la valeur est une liste de mots séparés par des espaces et l'un d'eux correspond à la valeur valeurR.</td><td>div.pub
form[class~="session"] {
  float: left;
  margin-left: 7px;
}</td></tr>
<tr><td>D'attribut</td><td>C[attribut|=
  "valeurR"]</td><td>Sélectionne tout élément C qui contient l'attribut indiqué dont la valeur est une liste de mots séparés par des tirets et le premier correspond à la valeur valeurR.</td><td>note[lang="fr"]:after {
  content: " Zut !"
}</td></tr>
</table>

Tableau C-2. Pseudo-classes CSS 2.1

Pseudo-classe	Motif générique	Description	Exemple

`:first-child`	`C:first-child`	Correspond à un élément `C` qui est le premier enfant d'un autre élément.	`div p:first-child {`
			`  color: white;`
			`  background-color: red;`
			`}`

`:link`	`C:link`	Correspond à tout lien non visité de l'élément `C`.	`a:link {`
			`  text-decoration: none;`
			`}`

`:visited`	`C:visited`	Correspond à tout lien visité de l'élément `C`.	`a:visited {`
			`  font-weight: normal;`
			`}`

`:hover`	`C:hover`	Correspond à l'élément `C` sélectionné par l'utilisateur, mais non activé (généralement en survolant le lien avec le pointeur).	`a:hover {`
			`  background-color:`
			`    orange;`
			`}`

`:active`	`C:active`	Correspond à l'élément `C` activé par l'utilisateur.	`a:active {`
			`  color: green;`
			`}`

`:focus`	`C:focus`	Correspond à l'élément `C` qui possède le focus (généralement un champ de saisie dans un formulaire).	`input:focus {`
			`  background-color:`
			`    #F7F7D5;`
			`}`

`:lang`	`C:lang(R)`	Correspond à l'élément `C` qui utilise la langue R.	`p:lang(fr) {`
			`  font-weight: bold;`
			`}`

Tableau C-3. Pseudo-éléments CSS 2.1

Pseudo-élément	Motif générique	Description	Exemple

`:first-line`	`C:first-line`	Sélectionne la première ligne de texte de l'élément `C`.	`h2+p:first-line {`
			`  color: #727977;`
			`}`

`:first-letter`	`C:first-letter`	Sélectionne la première lettre de l'élément `C`.	`h1:first-letter {`
			`  font-size: 66%;`
			`  text-transform:`
			`  lowercase;`
			`}`

`:before`	`C:before`	Place le contenu généré avant un élément ; utilisé avec la propriété `content`.	`ul.pistes li:before {`
			`  content: "Titre : ";`
			`}`

`:after`	`C:after`	Place le contenu généré après un élément ; utilisé avec la propriété `content`.	`div#pied`
			`p.copyright:after {`
			`  content: "Trèsjuste !";`
			`}`

D

Styler les éléments de formulaire

Les formulaires jouent un rôle important dans notre « vie en ligne ». Les concepteurs web veulent donc pouvoir maîtriser la présentation des éléments de formulaires. Malheureusement, leur aspect visuel change d'un navigateur à l'autre. Pire encore, le même navigateur est capable d'afficher différemment un élément de formulaire en fonction du système d'exploitation sous-jacent.

Pour aider les développeurs web à mieux concevoir leurs formulaires, cette annexe documente un grand nombre de propriétés CSS visuelles et leurs effets sur les formulaires dans les navigateurs actuels.

La première partie recense les propriétés testées et leurs valeurs respectives (voir le *tableau D-1*).

La seconde partie examine huit éléments de formulaires et comment ils sont modifiés par les vingt propriétés du *tableau D-1* dans dix navigateurs différents. Les récapitulatifs des tests des différents éléments sont donnés dans les tableaux suivants :

- les cases à cocher dans le *tableau D-2* ;
- le téléchargement de fichier dans le *tableau D-3* ;
- les boutons radios dans le *tableau D-4* ;
- les champs de saisie dans le *tableau D-5* ;
- la sélection de plusieurs éléments dans le *tableau D-6* ;
- la sélection d'un seul élément dans le *tableau D-7* ;
- les boutons d'envoi dans le *tableau D-8* ;
- les zones de texte dans le *tableau D-9*.

Les valeurs utilisées dans ces tableaux sont SO, O, N et P.

SO, pour *Sans objet*, signifie que la propriété CSS ne s'applique pas à l'élément de formulaire. O, pour *Oui*, signifie que la valeur de la propriété CSS est appliquée correctement. N, pour *Non*, signifie que la valeur de la propriété CSS n'est pas appliquée. P, pour *Partiellement*, signifie qu'une partie de la valeur de la propriété CSS est appliquée.

Notez que les indications *Partiellement* signalent des cas inhabituels. Certains aspects des spécifications HTML et CSS sont définis de manière équivoque et la réussite de l'application des règles CSS peut être difficile à déterminer.

Par exemple, Firefox étend la largeur du champ de saisie, ainsi que l'espace entre les lettres lors de l'utilisation de la propriété `letter-spacing`.

Dans ce cas, la différence peut être due au fait que Firefox calcule la largeur par défaut du champ de saisie en fonction d'un certain nombres de caractères, tandis que les autres navigateurs la base sur une valeur prédéterminée ou sur un nombre non ajusté de caractères dans la taille de la police du champ.

Les copies d'écran de l'effet des différentes propriétés sur les éléments testés dans les dix navigateurs sont disponibles dans le fichier *fig-annexed.html* des exemples du livre.

Propriétés CSS testées

Tableau D-1. Les propriétés et leurs valeurs utilisées dans le test des éléments de formulaire

Propriété	**Valeur**
`background-color`	`#ccff00;`
`background-image`	`url(fond-echiquer.gif);`
`border`	`0;`
`border-color`	`1px solid red;`
`border-style`	`groove;`
`border-width`	`24px;`
`color`	`#00ccff;`
`font-family`	`Georgia, Times, 'Times New Roman', serif;`
`font-size`	`24px;`
`font-weight`	`bold;`
`height`	`100px;`
`letter-spacing`	`24px;`
`line-height`	`1.5;`
`margin`	`24px;`
`padding`	`24px;`
`text-align`	`right;`
`text-decoration`	`underline;`
`text-indent`	`24px;`
`width`	`100px;`
`word-spacing`	`24px;`

Case à cocher

Tableau D-2. Récapitulatif des propriétés CSS pour les cases à cocher

	WinIE5	WinIE5.5	WinIE6	WinIE7	Safari2	WinFF1.5	MacFF1.5	WinNN7.2	MacNN7.2	Op8.5
`background-color`	P	P	P	P	N	N	N	N	N	O
`background-image`	P	P	P	P	N	N	N	N	N	O
`border`	N	N	N	N	N	N	N	N	N	N
`border-color`	P	P	P	P	N	N	N	N	N	O
`border-style`	P	P	P	P	N	N	N	N	N	O
`border-width`	N	N	N	N	N	N	N	N	N	N
`color`	N	N	N	N	N	N	N	N	N	N
`font-family`	SO	SO	SO	SO	SO	SO	SO	SO	SO	SO
`font-size`	N	N	N	N	N	N	N	N	N	N
`font-weight`	N	N	N	N	N	N	N	N	N	N
`height`	P	P	P	N	N	P	O	P	O	N
`letter-spacing`	SO	SO	SO	SO	SO	SO	SO	SO	SO	SO
`line-height`	N	N	N	N	N	N	N	N	N	N
`margin`	O	O	O	O	O	O	O	O	O	O
`padding`	N	N	N	N	N	N	N	N	N	O
`text-align`	SO	SO	SO	SO	SO	SO	SO	SO	SO	SO
`text-decoration`	SO	SO	SO	SO	SO	SO	SO	SO	SO	SO
`text-indent`	O	O	O	P	N	N	N	N	N	N
`width`	P	P	P	P	P	P	O	P	O	P
`word-spacing`	SO	SO	SO	SO	SO	SO	SO	SO	SO	SO

Téléchargement de fichier

Tableau D-3. Récapitulatif des propriétés CSS pour les champs de saisie des fichiers à télécharger

	WinIE5	WinIE5.5	WinIE6	WinIE7	Safari2	WinFF1.5	MacFF1.5	WinNN7.2	MacNN7.2	Op8.5
`background-color`	O	O	O	O	N	O	O	O	O	N
`background-image`	O	O	O	O	N	N	N	N	N	N
`border`	O	P	O	O	N	N	N	N	N	N
`border-color`	O	O	O	O	N	O	O	O	O	O
`border-style`	O	O	O	O	N	N	N	N	N	O
`border-width`	O	O	O	O	N	N	N	N	N	P
`color`	N	N	N	N	N	N	N	N	N	N
`font-family`	N	N	N	N	N	N	N	N	N	O
`font-size`	O	O	O	O	N	O	O	O	O	O
`font-weight`	N	N	N	N	N	N	N	N	N	O
`height`	O	O	O	O	N	O	O	O	O	O
`letter-spacing`	N	N	N	N	N	N	P	N	N	N
`line-height`	N	N	N	N	N	N	N	N	N	N
`margin`	O	O	O	O	O	O	O	O	O	O
`padding`	O	O	O	O	N	N	N	N	N	O
`text-align`	N	N	N	N	N	P	P	P	P	N
`text-decoration`	N	N	N	N	N	N	N	N	N	N
`text-indent`	O	O	O	O	N	O	O	O	O	N
`width`	O	O	O	O	O	P	P	P	P	O
`word-spacing`	N	N	N	N	N	N	P	N	P	N

Bouton radio

Tableau D-4. Récapitulatif des propriétés CSS pour les boutons radios

	WinIE5	WinIE5.5	WinIE6	WinIE7	Safari2	WinFF1.5	MacFF1.5	WinNN7.2	MacNN7.2	Op8.5
`background-color`	P	P	P	P	N	N	N	N	N	O
`background-image`	P	P	P	P	N	N	P	N	P	P
`border`	N	N	N	N	N	N	N	N	N	N
`border-color`	P	P	P	P	N	N	N	N	N	P
`border-style`	P	P	P	P	N	N	N	N	N	P
`border-width`	N	N	N	N	N	N	N	N	N	N
`color`	N	N	N	N	N	N	N	N	N	N
`font-family`	SO	SO	SO	SO	SO	SO	SO	SO	SO	SO
`font-size`	N	N	N	N	N	N	N	N	N	N
`font-weight`	SO	SO	SO	SO	SO	SO	SO	SO	SO	SO
`height`	P	P	P	P	N	N	O	P	O	P
`letter-spacing`	SO	SO	SO	SO	SO	SO	SO	SO	SO	SO
`line-height`	N	N	N	N	N	N	N	N	N	N
`margin`	O	O	O	O	O	O	O	O	O	O
`padding`	N	N	N	N	N	N	N	N	N	P
`text-align`	SO	SO	SO	SO	SO	SO	SO	SO	SO	SO
`text-decoration`	SO	SO	SO	SO	SO	SO	SO	SO	SO	SO
`text-indent`	O	O	O	P	N	N	N	N	N	N
`width`	P	P	P	P	P	N	O	P	O	P
`word-spacing`	SO	SO	SO	SO	SO	SO	SO	SO	SO	SO

Saisie de texte

Tableau D-5. Récapitulatif des propriétés CSS pour les champs de saisie de texte

	WinIE5	WinIE5.5	WinIE6	WinIE7	Safari2	WinFF1.5	MacFF1.5	WinNN7.2	MacNN7.2	Op8.5
background-color	O	O	O	O	O	O	O	O	O	O
background-image	O	O	O	O	N	O	O	O	O	O
border	O	O	O	O	N	O	O	O	O	O
border-color	O	O	O	O	N	O	O	O	O	O
border-style	O	O	O	O	N	O	O	O	O	O
border-width	O	O	O	O	N	O	O	O	O	N
color	O	O	O	O	O	O	O	O	O	O
font-family	O	O	O	O	O	O	O	O	O	O
font-size	O	O	O	O	O	O	O	O	O	O
font-weight	O	O	O	O	O	O	O	O	O	O
height	O	O	O	O	N	O	O	O	O	P
letter-spacing	O	O	O	O	N	P	P	O	O	O
line-height	N	N	N	N	N	N	N	N	N	N
margin	O	O	O	O	O	O	O	O	O	O
padding	O	P	O	O	N	O	O	O	O	P
text-align	N	N	N	N	N	N	N	N	N	N
text-decoration	O	O	O	O	N	O	O	O	O	N
text-indent	P	P	P	P	N	O	O	O	O	N
width	O	O	O	O	O	O	O	O	O	O
word-spacing	N	N	O	O	N	O	O	O	O	N

Sélection multiple

Tableau D-6. Récapitulatif des propriétés CSS pour les éléments de sélection multiple

	WinIE5	WinIE5.5	WinIE6	WinIE7	Safari2	WinFF1.5	MacFF1.5	WinNN7.2	MacNN7.2	Op8.5
background-color	O	O	O	O	N	O	O	O	O	O
background-image	N	N	N	N	N	O	O	O	O	N
border	N	N	N	N	N	O	O	N	N	O
border-color	N	N	N	N	N	O	O	N	P	O
border-style	N	N	N	N	N	O	O	N	N	O
border-width	N	N	N	N	N	O	O	N	N	N
color	O	O	O	O	N	O	O	O	O	O
font-family	O	O	O	O	O	O	O	O	O	O
font-size	O	O	O	O	O	O	O	O	O	O
font-weight	O	O	O	O	O	O	O	O	O	O
height	P	P	P	P	O	O	O	O	O	O
letter-spacing	N	N	N	N	N	P	P	P	P	P
line-height	N	N	N	N	N	N	N	N	N	N
margin	O	O	O	O	O	O	O	O	O	O
padding	N	N	N	N	N	O	O	O	O	N
text-align	N	N	N	N	N	O	O	O	O	O
text-decoration	O	O		O	N	N	N	N	N	N
text-indent	P	P	P	P	N	N	N	N	N	N
width	O	O	O	O	O	O	O	O	O	O
word-spacing	N	N	N	N	N	P	P	P	P	N

Sélection unique

Tableau D-7. Récapitulatif des propriétés CSS pour les éléments de sélection unique

	WinIE5	WinIE5.5	WinIE6	WinIE7	Safari2	WinFF1.5	MacFF1.5	WinNN7.2	MacNN7.2	Op8.5
background-color	O	O	O	O	N	O	O	O	O	O
background-image	N	N	N	N	N	N	N	N	N	N
border	N	N	N	N	N	O	O	N	N	O
border-color	N	N	N	N	N	O	O	N	P	O
border-style	N	N	N	N	N	O	O	N	N	O
border-width	N	N	N	N	N	O	O	N	N	N
color	O	O	O	O	N	O	O	O	O	O
font-family	O	O	O	O	N	O	O	O	O	O
font-size	O	O	O	O	N	O	O	O	O	O
font-weight	O	O	O	O	N	O	O	O	O	O
height	N	N	N	N	N	P	P	P	P	O
letter-spacing	N	N	N	N	N	O	O	O	O	O
line-height	N	N	N	N	N	N	N	N	N	N
margin	O	O	O	O	O	O	O	O	O	O
padding	N	N	N	N	N	O	O	O	O	N
text-align	N	N	N	N	N	O	O	O	O	N
text-decoration	O	O	O	O	N	N	N	N	N	N
text-indent	P	P	P	P	N	O	O	O	O	N
width	O	O	O	O	O	O	O	O	O	O
word-spacing	N	N	N	N	N	O	O	O	O	O

Bouton d'envoi

Tableau D-8. Récapitulatif des propriétés CSS pour les boutons d'envoi

	WinIE5	WinIE5.5	WinIE6	WinIE7	Safari2	WinFF1.5	MacFF1.5	WinNN7.2	MacNN7.2	Op8.5
`background-color`	O	O	O	O	N	O	O	O	O	O
`background-image`	O	O	N	N	N	O	O	O	O	O
`border`	O	O	O	O	N	O	O	O	O	O
`border-color`	O	O	O	O	N	O	O	O	O	O
`border-style`	O	O	O	O	N	O	O	O	O	O
`border-width`	O	O	O	O	N	O	O	O	O	N
`color`	O	O	O	O	N	O	O	O	O	O
`font-family`	O	O	O	O	N	O	O	O	O	O
`font-size`	O	O	O	O	N	O	O	O	O	O
`font-weight`	O	O	O	O	N	O	O	O	O	O
`height`	O	O	O	O	N	O	O	O	O	O
`letter-spacing`	O	O	O	O	N	O	O	O	O	O
`line-height`	N	N	N	N	N	N	N	N	N	N
`margin`	O	O	O	O	O	O	O	O	O	O
`padding`	O	O	O	O	N	O	O	O	O	O
`text-align`	N	N	O	O	N	N	N	N	N	O
`text-decoration`	O	O	O	O	N	N	N	N	N	N
`text-indent`	P	P	P	P	N	O	O	O	O	N
`width`	O	O	O	O	O	O	O	O	O	O
`word-spacing`	N	N	O	O	N	O	O	O	O	N

Zone de texte

Tableau D-9. Récapitulatif des propriétés CSS pour les zones de texte

	WinIE5	WinIE5.5	WinIE6	WinIE7	Safari2	WinFF1.5	MacFF1.5	WinNN7.2	MacNN7.2	Op8.5
background-color	O	O	O	O	O	O	O	O	O	O
background-image	O	O	O	O	N	O	O	O	O	O
border	O	O	O	O	N	O	O	O	O	O
border-color	O	O	O	O	N	O	O	O	O	O
border-style	O	O	O	O	N	O	O	O	O	O
border-width	O	O	O	O	N	O	O	O	O	N
color	O	O	O	O	O	O	O	O	O	O
font-family	O	O	O	O	O	O	O	O	O	O
font-size	O	O	O	O	O	O	O	O	O	O
font-weight	O	O	O	N	O	O	O	O	O	O
height	O	O	O	O	O	O	O	O	O	O
letter-spacing	O	O	O	O	N	P	P	O	O	O
line-height	O	O	O	O	N	O	O	N	N	N
margin	O	O	O	O	O	O	O	O	O	O
padding	O	O	O	P	N	P	P	P	P	P
text-align	O	O	O	O	O	O	O	O	O	O
text-decoration	O	O	O	O	N	O	O	O	O	N
text-indent	P	P	P	P	N	O	O	O	O	N
width	O	O	O	O	O	O	O	O	O	O
word-spacing	N	N	O	O	N	O	O	O	O	N

Index

A

B

D

E

I

J

K

L

M

N

O

P

Q

R

S

U

V

W

X

Z

À propos de l'auteur

Christopher Schmitt est le fondateur de HeatVision.com Inc., une société de conception, de réalisation et de publication de contenu web, basée à Tallahassee en Floride.

Concepteur de contenu web depuis 1993, distingué par des récompenses, Christopher a travaillé comme stagiaire pour David Siegel et Lynda Weinman dans le milieu des années 90 alors qu'il était étudiant aux beaux-arts, avec une spécialisation en conception graphique, à l'Université d'État de Floride.

Il a poursuivi ses études au FSU College of Communication for Interactive and New Communication Technology, où il a obtenu son diplôme de maîtrise scientifique.

En 2000, il a mené à la victoire une équipe de cinq concepteurs web talentueux dans la compétition Cool Site in a Day où il s'agissait de bâtir en huit heures un site web complètement opérationnel pour une organisation caritative.

Il est l'auteur de *Designing CSS Web Pages* (New Riders). Il est aussi co-auteur de *Professional CSS* (Wrox), *Photoshop CS in 10 Steps or Less* (Wiley) et de *Dreamweaver MX Design Projects* (glasshaus) et a rédigé quatre chapitres de l'ouvrage *XML, HTML, and XHTML Magic* (New Riders). Schmitt a aussi écrit pour *New Architect Magazine*, *A List Apart*, *Digital Web* et *Web Reference*.

Schmitt a participé à des exposés lors de conférences telles que Web Visions, The Other Dreamwaver Conference et SXSW pour expliquer et démontrer les avantages des créations à base de CSS. Il est le modérateur de la liste Babble (*http//:www.babblelist.com*), une liste de diffusion destinée à la communauté des developpeurs et concepteurs et dédiée à des rubriques pointues sur le développement et la conception web.

Sur son site personnel, *http://www.christopherschmitt.com,* il parle de ses activités et de ses réalisations les plus récentes. Il mesure 2 m, n'est pas joueur professionnel de basketball, mais ne rechigne pas devant une bonne partie d'échecs.

Colophon

Mûrement réfléchie, la présentation de nos ouvrages a été conçue afin de satisfaire les exigences de nos revendeurs sans trahir les attentes du lecteur. En cela, le choix d'une couverture délibérément hors de propos témoigne du souci permanent d'offrir une approche originale de sujets réputés austères.

L'animal figurant sur la couverture est un grizzly (*Ursus arctos horribilis*). Parmi les caractéristiques distinctives du grizzly, on cite les épaules protubérantes, un long museau et de longues griffes incurvées. La couleur de son pelage varie dans les nuances de roux, de brun et de noir ou un mélange des trois ; les longs poils de protection du pelage ont souvent des extrémités blanches ou argentées qui lui donnent cet aspect grisonnant. Le grizzly peut peser de 150 à 350 kg et atteindre une hauteur aux épaules de 1,35 m quand il est sur ses quatre pattes. En station debout, il peut atteindre la hauteur de 2,40 m. Malgré sa grande taille, le grizzly peut atteindre des vitesses de 55 à 65 km à l'heure.

La nourriture favorite des grizzly est constituée de noix, baies, insectes, saumons, charognes et petits mammifères. L'alimentation d'un grizzly varie en fonction de la saison et de l'habitat. Les grizzly de certaines parties de l'Alaska se nourrissent de saumons tandis que les grizzly séjournant en altitude dans les régions montagneuses mangent principalement des baies et des insectes.

Les grizzly vivent en solitaire et préfèrent les montagnes accidentées et les forêts. On les trouve dans les provinces canadiennes telles que la Colombie britannique, l'Alberta, le Yukon et les Territoires du nord-ouest et dans certains états des États-Unis tels que l'Alaska, l'Idaho, le Wyoming, le Montana et l'État de Washington.

Le grizzly est considéré comme une espèce menacée : il n'existe plus qu'environ 850 ours dans les 48 états du continent. Avant la conquête de l'Ouest, la population des grizzly était estimée entre 50 000 et 100 000 individus. Les menaces qui pèsent sur la survie des grizzly tiennent à la destruction de l'habitat causée par l'exploitation forestière et minière, le développement humain et le braconnage.

L'image de couverture provient d'une gravure du 19e siècle appartenant au fond de la Dover Picturial Archive.

L'édition française

La couverture de l'édition française a été créée par Marcia Friedman.

Cette traduction a été relue par Emmanuel Benoit.

Les polices du texte de la version française sont Le Monde Livre et TheSansMonoCon.

Au catalogue O'Reilly

Introduction à HTML et CSS

Éric Sarrion
ISBN 2-84177-400-7
1re édition, février 2006
244 pages

> *Guide d'apprentissage et référence pour débutants*

Introduction à HTML et CSS se propose de vous apprendre comment écrire vos premières pages web. Il vous guide pas à pas dans l'écriture de pages HTML. A l'aide de très nombreux exemples vous apprendrez très vite à écrire une page web.

Une fois la connaissance de HTML acquise, il vous faudra maîtriser la présentation des pages à l'aide de CSS. Placer correctement le texte, choisir la bonne typographie, orner les tables de bordures esthétiques, sont autant de moyen de rendre vos pages attractives.

HTML avec CSS et XHTML — Tête la première

Elisabeth & Eric Freeman
ISBN 2-84177-413-9
1re édition, septembre 2006
720 pages

> *Guide d'apprentissage pour débutants et expérimentés*

Vous aimeriez apprendre HTML, mais sans devoir ingurgiter un ouvrage entier avant de créer vos premières pages ? C'est parti avec ce nouvel ouvrage de la collection *Tête la première*. Vous allez enfin pouvoir communiquer de façon efficace avec vos amis, votre famille ou vos clients. Fini les pages qui ne s'affichent correctement que dans un seul navigateur. Vous allez faire des jaloux !

CSS — précis & concis

Eric A. Meyer
ISBN 2-84177-307-8
2e édition, novembre 2004
124 pages

> *Référence de poche pour tous*

Référence idéale de tous les créateurs de pages web, ce *précis & concis* couvre tout ce qu'il y a à savoir sur les feuilles de style : les concepts clés et toutes les propriétés. Il couvre CSS2 et CSS 2.1.

Pratique de CSS et JavaScript

Éric Sarrion
ISBN 2-84177-381-7
1re édition, novembre 2005
320 pages

> *Guide d'apprentissage pour débutants et expérimentés*

Aujourd'hui, les principaux navigateurs Web savent à la fois interpréter JavaScript et comprendre les *Cascading Style Sheets*. Même si vous n'avez que quelques notions de HTML, ce livre vous expliquera tout ce qu'il est possible de faire dans une simple page Web grâce aux CSS 2.0 et à JavaScript, et même à maîtriser les fonctions AJAX, qui permettent une communication client-serveur ultra-rapide.

CSS — La référence

Eric A. Meyer
ISBN 2-84177-357-4
2e édition, avril 2005
539 pages

> *Guide d'apprentissage pour expérimentés et référence pour tous niveaux*

Cet ouvrage constitue un guide complet et pratique pour qui veut contrôler la présentation de ses pages web. Sont abordés le fonctionnement des feuilles de style, la manière de gérer les tables, les marges, les polices, la couleur, le texte, etc. L'auteur montre comment les différentes propriétés interagissent entre elles, les erreurs à éviter et fournit conseils et exemples. Cet ouvrage couvre CSS2, 2.1 et CSS3.

CSS en action

Christopher Schmitt
ISBN 2-84177-365-5
1re édition, octobre 2005
288 pages

> *Solutions adaptables pour tous niveaux*

CSS en action laisse de côté la théorie pour vous fournir des recettes directement utilisables pour mettre en forme vos pages web. Prenant appui sur CSS2, le livre explore des sujets aussi divers que la typographie et la mise en page ou encore le formatage des listes, des formulaires et des tableaux. Un ouvrage indispensable si vous voulez que, quel que soit le navigateur utilisé, on s'extasie sur vos pages web.

Au catalogue O'Reilly (suite)

Les briques du Web en concentré

Jennifer Niederst
ISBN 2-84177-416-3
3e édition, novembre 2006
806 pages

> *Manuel de référence pour tous niveaux*

Tout ce qu'il faut savoir pour réaliser des pages web attrayantes, mais également compatibles avec les navigateurs existants et conformes avec les standards en vigueur. Les outils essentiels sont traités dans cet ouvrage dont vous ne pourrez plus vous passer : HTML 4.01 (tables, cadres, formulaires, polices, couleurs et feuilles de style), DHTML, JavaScript, XML, XHTML, WML et SMIL.

XML précis et concis

ISBN 2-84177-401-5
3e édition, février 2006
200 pages

> *Référence de poche pour tous*

Ce petit ouvrage décrit toutes les instructions XML, depuis les attributs réservés jusqu'aux différents types d'entités et de données en passant par les déclarations IGNORE et INCLUDE. On y trouvera en outre une référence complète du langage XSLT, dont la puissance permet de manipuler et transformer les documents XML à volonté.

Dreamweaver 8

Marc Campbell
ISBN 2-84177-422-8
1re édition, juin 2006
312 pages

> *Guide d'apprentissage pour débutants*

Savoir se servir d'un logiciel ne suffit pas si l'on a l'ambition de construire un site web. De multiples connaissances sont nécessaires : choix de l'hébergeur, du type d'images, des polices de caractères, etc. Grâce à cet ouvrage, vous apprendrez à la fois à vous servir de Dreamweaver, mais vous découvrirez également tous les ingrédients d'un site réussi.

XML en concentré

W. Scott Means & Elliotte Rusty Harold
ISBN 2-84177-353-1
3e édition, avril 2005
782 pages

> *Manuel de référence pour tous niveaux*

Cette troisième édition constitue une référence complète pour qui travaille avec des documents XML. Le webmaster tout comme le développeur y trouveront une explication sur la manière dont ces technologies fonctionnent, ainsi qu'une référence sur leur syntaxe. De nouveaux chapitres sur XInclude, la grammaire de XML 1.1, CSS, les derniers jeux de caractères Unicode, etc., complètent cette mise à jour.

Le meilleur d'ActionScript 2.0

Colin Moock
ISBN 2-84177-313-2
1re édition, décembre 2004
560 pages

> *Guide d'apprentissage pour tous niveaux*

Colin Moock aborde dans cet ouvrage tout ce qu'il faut connaître sur la nouvelle version du langage ActionScript 2.0. Les programmeurs nouvellement venus à Flash ainsi que les développeurs le pratiquant déjà trouveront ici les meilleures solutions et techniques pour créer des applications Flash stables, des films et des animations pour le Web.

Flash sur un plateau

Robert Hoekman
ISBN 2-84177-370-1
1re édition, novembre 2005
256 pages

> *Guide d'apprentissage pour débutants et expérimentés*

Le meilleur moyen d'apprendre Macromedia Flash est de se jeter à l'eau et de créer sans tarder une animation. Cet ouvrage vous offre sur un plateau tous les ingrédients d'une présentation graphique réussie. À vous d'y piocher au fil des exercices, selon vos besoins et le temps dont vous disposez, jusqu'à devenir un vrai pro de Flash.

Au catalogue O'Reilly

(suite)

Flash à 200 %

Sham Bhangal
ISBN 2-84177-301-9
1 re édition, novembre 2004
488 pages

> *100 techniques inédites pour tous*

Cet ouvrage offre 100 solutions inattendues et amusantes sur différents aspects de Flash, ainsi que sur son langage de scripts ActionScript. L'optimisation, la création d'effets, la 3D, le son et la vidéo, l'augmentation de la performance et la sécurité sont quelques-uns des nombreux thèmes abordés. Couvre Flash MX, Flash MX 2004 et MX Professional 2004.

Introduction à PHP 5

David Sklar
ISBN 2-84177-266-7
1 re édition, octobre 2004
368 pages

> *Guide d'apprentissage pour débutants*

Cet ouvrage s'adresse plus particulièrement à des non programmeurs, qu'ils soient graphistes, spécialisés dans la conception de sites web, bloggers ou webmaster. Il présente à l'aide d'exemples es notions élémentaires du langage ainsi que ses fonctionnalités plus avancées (formulaires web, connexions à des bases de données, etc.), et permettra aux débutants de créer rapidement un site dynamique.

Ajax — Tête la première

Brett McLaughlin
ISBN 2-84177-410-4
1 re édition, juillet 2006
444 pages

> *Guide d'apprentissage pour tous niveaux*

Fatigué de créer des sites web qui se rechargent à chaque mouvement de souris? Lassé d'attendre des serveurs qui prennent tout leur temps pour répondre à un utilisateur demandant un ticket de cinéma ? On dirait bien que vous avez besoin d'Ajax...

L'approche des auteurs est basée sur la pédagogie. Les concepts s'appuient sur des images et des exercices qui stimuleront votre cerveau. Avec *Ajax Tête la première* apprenez tout en vous amusant !

Fontes et codages

Yannis Haralambous
ISBN 2-84177-273-X
1 re édition, avril 2004
1012 pages

> *Guide d'apprentissage pour tous niveaux*

Si vous avez déjà rêvé de manipuler des polices de caractères, de modifier une ligature ou d'adapter l'espacement naturel entre les mots, que ce soit sous Mac OS, sous Unix avec X Window, ou sous MS-Windows, ce livre vous comblera. Du réencodage des fontes PostScript ou OpenType à l'installation de fontes virtuelles TeX/Omega, en passant par la création de fontes avec Fontlab, FontForge, et même Metafont, laissez-vous guider par l'un des grands spécialistes mondiaux de la typographie numérique.

Apache en action

Ken Coar & Rich Bowen
ISBN 2-84177-229-2
1 re édition, mars 2004
254 pages

> *Solutions adaptables pour tous niveaux*

À destination des webmasters et des administrateurs réseau, cette collection de recettes leur permettra de résoudre en un clin d'œil des problèmes connus et moins connus, concernant la performance, la sécurité, les serveurs virtuels, mais aussi l'accès aux bases de données, l'exécution de scripts, le chargement de modules comme mod

Ajax par la pratique

Justin Gehtland, Ben Galbraith & Dion Almaer
ISBN 2-84177-387-6
1 re édition, mai 2006
250 pages

> *Guide d'apprentissage pour débutants et expérimentés*

Ajax par la pratique se veut aussi complet que possible sur les différents moyens de mettre en œuvre Ajax, indépendamment du navigateur, et quelle que soit l'architecture utilisée. Vous apprendrez bien sûr à maîtriser le comportement de l'objet *XMLHttpRequest* sur toutes les plates-formes, mais vous vous familiariserez surtout avec les bibliothèques et APIs les plus intéressantes comme Script.aculo.us, Prototype, Dojo, ou E4X.

Au catalogue O'Reilly (suite)

Ajax à 200%

Bruce W. Perry
ISBN 2-84177-395-7
1re édition, juillet 2006
450 pages

> *Solutions adaptables pour tous niveaux*

Ajax à 200% est un recueil de 80 techniques et secrets pour mettre un tigre dans le moteur de vos pages web. Il résulte de l'expérience pratique d'un as du design. Cet ouvrage vous permettra d'utiliser Ajax pour exploiter à fond les principaux protocoles internet, optimiser la réactivité de vos formulaires, sécuriser les validations ou tirer parti de services web externes pour votre site. Enfin, vous pourrez aller au-delà de ces concepts en vous appuyant sur des bibliothèques comme Prototype ou script.aculo.us, ajouter des effets spéciaux et développer en Ajax avec Ruby on Rails.

Maîtriser MySQL 5

Philippe Rigaux & Yves Darmaillac
ISBN 2-84177-340-X
1re édition, décembre 2005
400 pages

> *Guide d'apprentissage pour tous niveaux*

Cet ouvrage s'adresse à la fois aux administrateurs et aux développeurs. L'objectif est de leur montrer comment utiliser MySQL 5 de manière optimale, par une approche raisonnée des problèmes à résoudre, mais aussi par une connaissance intime du fonctionnement du système.
Il couvre la mise en œuvre d'une base MySQL, le langage SQL et le développement d'applications côté client et côté serveur.

MySQL — précis & concis

George Reese
ISBN 2-84177-261-6
1re édition, mars 2004
96 pages

> *Référence de poche pour tous*

Dans la mesure où il est impossible de mémoriser la cascade d'options offertes par MySQL, un aide-mémoire s'impose pour trouver la commande adéquate ou se rappeler la syntaxe adaptée. On trouvera dans cet ouvrage toute l'information nécessaire sur le lancement d'utilitaires depuis la ligne de commande, les structures de données, les instructions SQL, les opérateurs et les fonctions disponibles.

Pratique de MySQL et PHP

Philippe Rigaux
ISBN 2-84177-338-8
3e édition, janvier 2005
624 pages

> *Guide d'apprentissage pour débutants et expérimentés*

Plébiscité depuis 5 ans comme le meilleur ouvrage sur le tandem de choc MySQL et PHP, ce livre inégalé profite de sa 3*e* édition pour renforcer les chapitres de formation, en particulier sur la programmation orientée objet et la gestion des erreurs, mais aussi sur XML et RSS. De plus, tous les exemples ont été entièrement révisés pour pouvoir s'appliquer à d'autres bases de données, comme SQLite, PosgreSQL, DB2 ou même Oracle.

Pratique de Ruby on Rails

Éric Sarrion
ISBN 2-84177-388-4
1re édition, octobre 2006
608 pages

> *Guide d'apprentissage pour débutants*

Un manuel d'apprentissage progressif et très complet sur cette nouvelle plate-forme de développement Web qui remporte tous les suffrages. Grâce aux exemples limpides d'Éric Sarrion, vous vous formerez à Ruby, à la conception de bases de données ou aux interfaces Ajax, tout en appliquant rigoureusement les préceptes du fameux modèle MVC. Il vous suffira alors de quelques heures pour élaborer, avec une facilité déconcertante, des sites de qualité professionnelle.

Ruby par l'exemple

Lucas Carlson & Leonard Richardson
ISBN 2-84177-347-7
1re édition, septembre 2006
850 pages

> *Solutions adaptables pour tous niveaux*

Avec le succès de Rails, Ruby reçoit enfin toute l'attention qu'il mérite. Cet ouvrage consacre naturellement un chapitre à Rails, mais Ruby ne se limite pas au fameux framework. Toutes les autres recettes du livre démontrent la puissance et l'élégance du langage lui-même : du traitement des nombres à l'écriture de scripts d'administration système, en passant par la mise en place des différents clients internet les plus connus.

Au catalogue O'Reilly

(suite)

Firefox à 200%

Nigel McFarlane
ISBN 2-84177-377-9
1re édition, juillet 2005
416 pages

> *Solutions adaptables pour tous niveaux*

Cet ouvrage vous donnera toutes les clés pour optimiser et personnaliser Firefox, et exploiter à fond les multiples extensions disponibles. Vous apprendrez par exemple comment paramétrer le niveau de sécurité des transactions en ligne, choisir une méthode d'installation appropriée, écrire du code CSS compatible ou bien encore générer des contenus XUL au moyen de bibliothèques PHP.

Freebox à 200%

François Yves Le Gal
ISBN 2-84177-341-8
2e édition, décembre 2005
200 pages

> *100 techniques inédites pour tous*

On branche et ça marche ? Pas si simple. Voici une deuxième édition spéciale ADSL2+, qui montre en 100 astuces comment améliorer les performances de sa ligne Freebox, pour l'Internet comme pour la téléphonie, que l'on reçoive ou pas la télévison. Vous apprendrez non seulement à optimiser votre connexion, mais aussi à comprendre quelles sont les démarches susceptibles d'aboutir quand tout va mal.

Google à 200%

ISBN 2-84177-345-0
2e édition, septembre 2005
470 pages

> *100 techniques inédites pour tous*

Google, connu comme le moteur de recherche le plus performant du Web, comprend tellement d'applications que seuls les spécialistes peuvent prétendre le connaître et le maîtriser. C'est ce que cette seconde édition propose avec une centaine de fiches : utiliser des raccourcis pour vos recherches, explorer les arcanes de Gmail, automatiser des tâches dans Google, accroître la visibilité de votre site, etc.

GarageBand 2- Maîtrise complète

David Pogue
ISBN 2-84177-326-4
1re édition, mai 2005
340 pages

> *Guide d'apprentissage et solutions adaptables pour débutants et expérimentés*

GarageBand 2 est la réponse d'Apple à ceux qui pensent que l'informatique musicale est trop coûteuse ou compliquée. GarageBand comprend trois logiciels en un, le tout derrière une interface intuitive. Grâce au talent de David Pogue, son auteur, vous trouverez dans cet ouvrage une approche progressive et pédagogique pour tirer parti de toute la puissance cachée de GarageBand 2.

PC à 200 %

Jim Aspinwall
ISBN 2-84177-351-5
1re édition, mars 2005
314 pages

> *100 techniques inédites pour tous*

Overclocker une CPU, optimiser le choix d'une carte vidéo, minimiser les plantages, faire démarrer un PC plus rapidement, utiliser plusieurs systèmes d'exploitation, autant de choses que tout utilisateur de PC souhaite faire.
Sous la forme de 100 fiches indépendantes, cet ouvrage vous propose des techniques pour obtenir le maximum des ressources matérielles de votre PC, mais aussi comment prévenir les problèmes.

VoIP à 200 %

Theodore Wallingford
ISBN 2-84177-408-2
1re édition, mai 2006
340 pages

> *100 techniques inédites pour tous*

La voix sur IP séduit un nombre croissant de particuliers et d'entreprises, et pas uniquement pour des raisons budgétaires. Pour tous ceux qui s'interrogent sur cette nouvelle technologie, voici des dizaines d'astuces pour mettre en place un réseau VoIP, tout savoir sur les protocoles SIP et H.323, créer un PABX avec Asterisk, utiliser Skype, etc.

Au catalogue O'Reilly (suite)

PDF à 200 %

Sid Steward
ISBN 2-84177-314-0
1re édition, avril 2005
304 pages

> *100 techniques inédites pour tous*

PDF à 200% devrait combler tous ceux qui travaillent régulièrement avec le format PDF. Les 100 astuces livrées dans cet ouvrage vous permettront d'exploiter toutes les possibilités de ce format, depuis la lecture, à la création, en passant par l'annotation, la transformation et l'automatisation de PDF, et tout cela avec, et même sans, les produits Adobe !

PHP à 200%

Jack Herrington
ISBN 2-84177-396-5
1re édition, octobre 2006
480 pages

> *100 techniques inédites pour tous*

Pionnier du développement web, Jack Herrington a plus d'un tour dans son sac dès lors qu'il s'agit de développer des applications PHP robustes mais néanmoins sophistiquées. Toutes les facettes du développement PHP sont traitées : utilisation de DHTML, insertion de graphiques, accès aux bases de données, recours aux modèles de conception, etc. Du code clé en main pour réaliser les applications dont vous rêviez.

Palm à 200 %

Fabrice Neuman & Jean-Christophe Vignes
ISBN 2-84177-324-8
1re édition, mai 2006
304 pages

> *100 techniques inédites pour tous*

Simple agenda électronique pour les uns, outil de travail connecté pour d'autres, le Palm et sa version smartphone, le Treo, ont en commun une interface intuitive inégalée ainsi qu'une logithèque immense et variée. Avec Palm à 200%, découvrez des usages insoupçonnés de votre PDA et profitez au maximum de ses possibilités avec nos nombreux conseils et astuces.

Excel à 200%

David & Raina Hawley
ISBN 2-84177-291-8
1re édition, octobre 2004
288 pages

> *100 techniques inédites pour tous*

Excel occupe une place à part dans le domaine de la bureautique et offre un éventail de fonctionnalités étonnamment puissantes, mais rarement exploitées à fond (graphiques, formules, tableaux croisées dynamiques, validation des données, etc). Cet ouvrage vous propose des outils (notamment VBA), des techniques et plein d'astuces qui donneront une nouvelle vie à vos données.

Jeux vidéo à 200 %

Simon Carless
ISBN 2-84177-327-2
1re édition, février 2005
288 pages

> *100 techniques inédites pour tous*

Le jeu vidéo présente un univers riche dans lequel chacun peut trouver une part de rêve. Cet ouvrage se propose d'ouvrir nombre de perspectives à ceux qui n'en connaissent que certains aspects. Du monde PC au réseau sur consoles de jeu, découvrez les arcanes d'un univers mouvant à travers 100 fiches abordant tous les domaines.

Le WiFi à 200 %

Rob Flickenger
ISBN 2-84177-282-9
1re édition, février 2004
320 pages

> *100 techniques inédites pour tous*

Le matériel sans fil est en train de se démocratiser, ainsi de plus en plus d'utilisateurs profitent de connexions WiFi. Vous trouverez dans cet ouvrage, 100 astuces et solutions pour développer des services WiFi, construire votre antenne, intégrer les dernières normes (802.11g, Bluetooth, GPRS) dans votre réseau.

eBay à 200%

David A. Karp
ISBN 2-84177-298-5
1re édition, juin 2004
384 pages

> *100 techniques inédites pour tous*

Que vous soyez acheteur ou vendeur, passionné ou professionnel, devenez un maître d'eBay, le rendez-vous des cyberbrocanteurs. L'auteur vous livre ici son expérience au travers de 100 astuces surprenantes, qui sont autant de conseils et de techniques pour qui veut réussir des enchères fructueuses et disposer d'outils pour son futur commerce en ligne (paiement sécurisé, suivi de vos stocks, etc.).

iPhoto 4

iPhoto 4 — Maîtrise complète

David Pogue & Derrick Story
ISBN 2-84177-268-3
3e édition, novembre 2004
380 pages

> *Guide d'apprentissage pour débutants et expérimentés*

La photographie numérique offre des possibilités étonnantes, mais encore faut-il savoir comment prendre de bons clichés, importer ses photos sur son ordinateur, les retoucher et les présenter de manière attrayante. Si vous voulez que l'on vous complimente sur vos photos de vacances ou sur la bouille de votre petit dernier, ce livre est fait pour vous.

Passez à OpenOffice !

François Cerbelle
ISBN 2-84177-362-0
2e édition, décembre 2005
268 pages

> *Guide d'apprentissage pour débutants et expérimentés*

OpenOffice est une suite bureautique gratuite et ouverte, qui s'installe sur tous les systèmes et rivalise désormais avec Microsoft Office. Pour les utilisateurs qui veulent passer de MS Office à OpenOffice sans heurt, cet ouvrage fournira dans le détail toutes les différences entre les deux suites. Le cédérom offert contient OpenOffice pour toutes les plateformes (Windows, Mac et Linux) ainsi que les applications *open source*préférées des Editions O'Reilly.

Photographie numérique à 200 %

Derrick Story
ISBN 2-84177-325-6
1re édition, mars 2005
350 pages

> *100 techniques inédites pour tous*

Le monde de la photographie numérique en 100 fiches c'est possible ! Apprendre à préparer son matériel avant de faire la chasse à la prise de vue, maîtriser en douceur l'art du portrait, créer un filtre avec un collant, faire des effets grâce au flash ou encore exploiter l'appareil photo de son téléphone mobile ne sont que quelques uns des nombreux trucs à découvrir dans cet ouvrage.

Introduction à Unix pour Mac OS X Panther

David Taylor & Brian Jepson
ISBN 2-84177-304-3
2e édition, juillet 2004
180 pages

> *Guide d'apprentissage et référence pour débutants*

Cet ouvrage vous emmène à la découverte du Terminal et d'Unix pour Mac OS X Panther. Grâce à de nombreux exercices et exemples, il vous permettra de vous familiariser aisément avec les commandes Unix, vous offrant ainsi le choix d'utiliser le Terminal ou l'interface graphique selon les tâches à effectuer : la gestion de fichiers, les entrées/sorties, l'Internet, etc.

Le système Mac OS X

James Duncan Davidson
ISBN 2-84177-334-5
1re édition, juin 2004
320 pages

> *Guide d'apprentissage pour expérimentés*

Cet ouvrage s'adresse à ceux qui souhaitent aller au-delà de la configuration standard Apple, en leur montrant comment adapter Mac OS X Panther au plus près de leurs besoins. L'auteur aborde aussi bien la gestion des différents types de comptes que le paramétrage des préférences, le comportement au démarrage, les services d'annuaire, NetInfo, les impressions ou les services réseaux.

Mac OS X — Maîtrise complète

David Pogue
ISBN 2-84177-288-8
3e édition, mai 2004
800 pages

> *Guide d'apprentissage pour tous niveaux*

Le célèbre ouvrage de David Pogue se devait d'être réactualisée à l'occasion de ce lancement. Cette nouvelle édition accompagnera tous les utilisateurs du nouvel Apple dont les points essentiels et les nouvelles fonctionnalités sont ici documentés. Des menus, au Dock, au Finder, en passant par l'Unix de votre Mac ou encore le réseau, le mail, tout y est.

Mac OS X Panther pour les Unixiens

Brian Jepson & Ernest E. Rothman
ISBN 2-84177-272-1
2e édition, novembre 2004
400 pages

> *Guide d'apprentissage et référence pour débutants et expérimentés*

Organisé autour des thèmes-clés de l'administration Unix, cet ouvrage effectue un tour d'horizon des principaux outils du système Unix *à la Mac*. De Fink à Directory Services, vous constaterez que la fameuse interface graphique de Mac OS X Panther cohabite parfaitement avec les outils les plus efficaces.

Mac OS X Panther à 200 %

ISBN 2-84177-305-1
2e édition, octobre 2004
324 pages

> *100 techniques inédites pour tous*

Cette nouvelle édition, dédiée à Panther (10.3), propose 50 solutions concrètes et astuces surprenantes pour résoudre les problèmes rencontrés par tous. Les thèmes abordés couvrent les côtés Aqua et Unix de votre Mac : l'interface, les accessoires (PDA, iPod, etc.), le réseau, le mail, la messagerie instantanée, le fax, le multimédia font partie des thèmes qui sont ici abordés.

Mac OS X Tiger — précis & concis

Chuck Toporek
ISBN 2-84177-366-3
4e édition, décembre 2005
240 pages

> *Référence de poche pour tous*

Depuis le Dock jusqu'au Finder, Exposé et Terminal, tout est passé en revue. Ce petit guide décline aussi une série de tâches courantes répondant ainsi aux questions que se posent les utilisateurs. Introduction et véritable aide-mémoire, ce *précis & concis* a sa place juste à côté de votre machine.

Passez à Mac OS X !, édition Tiger

Nathalie Nicoletis
ISBN 2-84177-368-X
1re édition, janvier 2006
314 pages

> *Guide d'apprentissage pour débutants et expérimentés*

Cet ouvrage guidera le lecteur, qu'il vienne de Windows ou qu'il n'ait jamais touché à un ordinateur, et lui fournira les points de repère indispensables pour l'installation, la configuration et l'utilisation quotidienne de son Mac : création et échange de documents, navigation Internet, utilisation d'une messagerie électronique, mode d'emploi d'iPhoto, d'iTune, etc.

SQL en concentré

Kevin Kline, Daniel Kline & Brand Hunt
ISBN 2-84177-300-0
2e édition, juillet 2005
736 pages

> *Manuel de référence pour tous niveaux*

Difficile de se rappeler les innombrables instructions et fonctions SQL, sans compter les risques de confusion induits par l'existence de différents dialectes ! Une fois de plus O'Reilly vole à votre secours et vous offre une véritable somme. Cet ouvrage couvre SQL Server, DB2, MySQL, Oracle et PostgreSQL.

Au catalogue O'Reilly
(suite)

SQL précis et concis

Jonathan Gennick
ISBN 2-84177-391-4
1re édition, février 2006
176 pages

> *Manuel de référence pour tous niveaux*

SQL est quasiment l'unique langage d'accès aux bases de données, qu'il s'agisse de MySQL, IBM DB2, MS SQL Server ou Oracle, les quatre SGBDR couverts par cet ouvrage. Ce guide de poche répertorie les principales fonctions et les instructions les plus utiles (SELECT, DELETE, INSERT, UPDATE, MERGE, START TRANSACTION, SAVEPOINT, COMMIT, ROLLBACK). Un concentré des instructions les plus courantes.

STL — précis & concis

Ray Lischner
ISBN 2-84177-260-8
1re édition, mars 2004
128 pages

> *Référence de poche pour tous*

Ce petit ouvrage évitera des recherches fastidieuses dans la volumineuse documentation C++ et fournira au programmeur l'essentiel de ce qu'il faut savoir pour utiliser au mieux la bibliothèque STL. Le programmeur C qui souhaite passer à C++ y trouvera toute l'information nécessaire pour opérer la conversion.

UML 2 en concentré

Dan Pilone & Neil Pitman
ISBN 2-84177-373-6
1re édition, janvier 2006
238 pages

> *Guide d'apprentissage pour expérimentés et référence pour tous niveaux*

Si vous êtes perdu dans la multiplicité des classes et des diagrammes d'UML, c'est qu'il vous manque un bon ouvrage de référence. *UML 2 en concentré* non seulement propose une description complète du langage, mais insiste également sur les nouveautés introduites par la version 2.0. Loin d'être un exposé purement descriptif et froid, cet ouvrage adopte une approche résolument pédagogique et illustrative.

Apprendre à programmer avec Python

Gérard Swinnen
ISBN 2-84177-299-3
2e édition, avril 2005
424 pages

> *Guide d'apprentissage pour débutants*

Le bon duo pour apprendre à programmer, c'est un langage bien structuré, simple, mais suffisamment évolué, en l'occurrence Python, et une démarche pédagogique confirmée. Gérard Swinnen, qui enseigne l'informatique sait de quoi il parle. Très vite, le lecteur pourra réaliser des applications simples, mais utiles, et prendra goût à la programmation.

C en action

Yves Mettier
ISBN 2-84177-289-6
1re édition, juin 2005
540 pages

> *Solutions adaptables pour tous niveaux*

C en action propose aux programmeurs en C, débutants ou expérimentés, des recettes pratiques prêtes à l'emploi. Des centaines de cas, étayés d'exemples, illustrent la diversité des thèmes abordés : écrire du code réutilisable, les tableaux, les listes, les dates et les heures, les chaînes de caractères, la gestion de la mémoire, le réseau, la compression, etc.

C++ en action

D. Ryan Stephens, Christopher Diggins, Jonathan Turkanis & Jeff Cogswell
ISBN 2-84177-407-4
1re édition, mai 2006
582 pages

> *Solutions adaptables pour tous niveaux*

C++ en action propose un ensemble de 171 solutions adaptables immédiatement. L'accent a été mis sur la portabilité, la performance, ainsi que le recours aux nombreuses bibliothèques, et notamment *Boost*. Les recettes proposées couvrent un large éventail de domaines, tels que les algorithmes, l'internationalisation, les dates et heures, la construction d'applications, la gestion des exceptions et la sécurité, etc.

Au catalogue O'Reilly (suite)

De l'art de programmer en Perl

Damian Conway
ISBN 2-84177-369-8
1re édition, mars 2006
environ 550 pages

> *Guide d'apprentissage pour tous niveaux*

À travers 256 recommandations, Damian Conway dévoile un ensemble cohérent de préconisations pour mieux programmer en Perl. Ce livre aidera le programmeur à améliorer son code, à changer son style de programmation de manière que ses programmes soient plus robustes, plus efficaces et plus faciles à maintenir.

Extreme Programming — précis & concis

chromatic
ISBN 2-84177-358-2
1re édition, mars 2005
120 pages

> *Référence de poche pour tous*

L'Extreme Programming, ou XP, est une nouvelle approche du développement logiciel, qui met l'accent sur la simplicité, le feedback et l'implication de tous les membres d'un projet. Ce guide présente ce qu'est XP et en explique les différentes composantes : règles de base, bonnes pratiques, manière de coder, organisation du travail en équipe, relations avec le client, gestion du calendrier.

Gestion de projets avec Subversion

Ben Collins-Sussman, Brian W. Fitzpatrick & C. Michael Pilato
ISBN 2-84177-269-1
1re édition, novembre 2004
320 pages

> *Guide d'apprentissage pour débutants et expérimentés*

Outil de suivi de versions, Subversion est le digne successeur de CVS. Après une introduction, l'auteur fait l'inventaire des fonctionnalités principales, avant d'aborder des sujets plus pointus comme par exemple la gestion des branches de développement ou l'administration d'un référentiel. Cet ouvrage s'adresse aussi bien à des utilisateurs aguerris de CVS qu'à des néophytes complets.

IPv6, théorie et pratique

Gisèle Cizault
ISBN 2-84177-337-X
4e édition, novembre 2005
484 pages

> *Guide d'apprentissage pour tous niveaux*

Écrit par les meilleurs spécialistes mondiaux et mis à jour à partir des toutes dernières spécifications techniques, cet ouvrage de référence considère tous les aspects d'IPv6, depuis le routage jusqu'à la sécurité en passant par la mobilité, et détaille l'installation et le déploiement d'IPv6 sur tous types de systèmes, de même que les techniques de programmation de l'API.

Linux en action

Carla Schroder
ISBN 2-84177-359-0
1re édition, septembre 2005
500 pages

> *Solutions adaptables pour tous niveaux*

Fini les tests sans fin, les retours en arrière, les découragements. Des développeurs Linux chevronnés ont déjà résolu les problèmes qui peuvent surgir et vous livrent des recettes toutes prêtes. Qu'il s'agisse de la gestion des utilisateurs, des partitions ou des fichiers, de la mise à jour du noyau, du partage d'imprimantes ou encore de la configuration d'un serveur mail blindé contre le spam, tout y est !

Linux sans fil

Roger Weeks, Edd Dumbill & Brian Jepson
ISBN 2-84177-321-3
1re édition, octobre 2004
330 pages

> *Solutions adaptables pour tous niveaux*

Linux, système réseau par excellence serait sous-exploité s'il ne tirait pas parti du Sans-fil. Se connecter partout grâce au WiFi, synchroniser son mobile par le bluetooth, trouver son chemin par le GPS ou encore partager son réseau en Infrarouge sont autant de configurations peu intuitives que cet ouvrage livre à l'utilisateur pour que le Sans-fil ne soit plus un problème sous Linux.

Administration Linux à 200%

Rob Flickenger
ISBN 2-84177-295-0
1re édition, mars 2004
278 pages

> *100 techniques inédites pour tous*

Tout utilisateur de Linux endosse un jour ou l'autre le rôle d'administrateur. De la mise sous tension à l'extinction de la machine, il se doit d'être efficace et de tout gérer. Au travers de fiches indépendantes, *Administration Linux à 200 %* vous permettra de gagner un temps précieux, de réagir aux problèmes inattendus et d'innover par le biais de 100 hacks, tous plus surprenants les uns que les autres.

Administration Linux à 200 %, Volume 2

Bill von Hagen & Brian K. Jones
ISBN 2-84177-406-6
1re édition, avril 2006
300 pages

> *100 techniques inédites pour tous*

Ce second tome se compose de 50 hacks. Les auteurs y ont abordés leurs outils préférés, la manière de garder un système en bon état de marche, tout cela accompagné d'astuces qui rendront le sourire à vos utilisateurs.
Cet ouvrage vous réserve des hacks inattendus et surprenants. Il vous permettra de gagner du temps, de réagir aux problèmes, et même, de vous amuser.

Administration réseau sous Linux

Tony Bautts, Terry Dawson & Olaf Kirch
ISBN 2-84177-320-5
3e édition, juillet 2005
377 pages

> *Guide d'apprentissage pour débutants et expérimentés*

Cet ouvrage apporte aux administrateurs Linux toutes les bases nécessaires à l'administration du sytème et du réseau. Il passe en revue la configuration des utilitaires fournis avec Linux. La mise en œuvre des services les plus critiques (le mail, l'impression, la sécurité, etc.) est abordée. Cette troisième édition s'enrichit d'autre part de chapitres sur Apache, Samba, OpenLDAP, le sans fil, IMAP et IPv6.

Utiliser Linux à 200 %

ISBN 2-84177-352-3
1re édition, juillet 2005
336 pages

> *100 techniques inédites pour tous*

Partez à la découverte des bureaux Linux et optimisez l'utilisation quotidienne de votre système. Au travers de 100 fiches, cet ouvrage vous livre les secrets de la console, des interfaces graphiques, des applications multimédias ou bureautique, et de la gestion du matériel.

Essayez Linux !

Phil Lavigna
ISBN 2-84177-309-4
1re édition, novembre 2005
288 pages

> *Guide d'apprentissage pour débutants*

Voici un ouvrage pour tous les utilisateurs Windows qui aimeraient bien essayer Linux sans pour autant l'installer ni le configurer. Il suffit d'insérer le cédérom d'accompagnement pour découvrir l'univers Linux et les multiples applications gratuites qui lui sont associées. Vous pourrez tester la messagerie électronique, créer un lettre ou une feuille de calcul et même retoucher vos photos numériques, le tout sous Linux.

Debian à 200%

Frédéric Aupépin, Eric Barons, Isabelle Hurbain & Sébastien Namèche
ISBN 2-84177-367-1
1re édition, juin 2006
324 pages

> *100 techniques inédites pour tous*

Considérée souvent comme la distribution *Open Source* par excellence, Debian méritait bien qu'on lui consacre un ouvrage. Les 50 *hacks* qui composent cet ouvrage vous surprendront et vous permettront également de voir différemment votre Debian. L'installation, le démarrage, la personnalisation, la sauvegarde, le réseau, le dépannage font partie des thèmes abordés.

Au catalogue O'Reilly (suite)

Knoppix à 200 %

Kyle Rankin
ISBN 2-84177-316-7
1re édition, février 2005
344 pages

> *100 techniques inédites pour tous*

Knoppix est une distribution Linux bootable sur CD comprenant des centaines d'applications et d'utilitaires indispensables, en bref un véritable couteau suisse. Cet ouvrage regroupe 100 techniques inédites pour les débutants sous Linux, les utilisateurs avertis et les administrateurs système. Ces hacks et astuces vous révèleront les ressources insoupçonnées de Knoppix, de sa découverte à son utilisation comme boîte à outils d'administration système, et tout cela sans rien installer sur votre disque dur !

Le système Linux

Matthias Kalle Dalheimer & Matt Welsh
ISBN 2-84177-319-1
5e édition, juin 2006
904 pages

> *Guide d'apprentissage pour débutants et expérimentés*

Reflet de la maturité du système et de l'offre logicielle croissante, cette cinquième édition a été largement augmentée et remaniée. Musique, vidéo et son, filtrage de spams, outils multimédias et de bureautique occupent une plus large place. Des sujets comme les connexions distantes et la programmation shell font leur apparition.

Achevé d'imprimer par Corlet, Imprimeur, S.A. - 14110 Condé-sur-Noireau
N° d'Imprimeur : 99183 - Dépôt légal : mars 2007 - *Imprimé en France*